Heike Trost

Die Katharinenkirche in Lübeck

edition COELDE

FRANZISKANISCHE FORSCHUNGEN

herausgegeben von Theofried Baumeister OFM • Dieter Berg • Werinhard Einhorn OFM
Leonhard Lehmann OFMCap • Johannes Schlageter OFM • Raynald Wagner OFM

47. Heft

edition COELDE

Heike Trost

Die Katharinenkirche in Lübeck

Franziskanische Baukunst im Backsteingebiet

Von der Bettelordensarchitektur zur Bürgerkirche

2006

edition COELDE

Gedruckt mit Unterstützung des Förderungs- und Beihilfefonds Wissenschaft der VG Wort

Bibliografische Information der Deutschen Nationalbibliothek

Die Deutsche Nationalbibliothek verzeichnet diese Publikation in der Deutschen Nationalbibliografie; detaillierte bibliografische Daten sind im Internet über http.://dnb.d-nb.de abrufbar.

verlags gruppe engagement

ISBN 978-3-7666-2106-1

Druck und Bindearbeiten: WAZ-Druck, Duisburg

Inhaltsverzeichnis

Vorwort

Die vorliegende Studie über die Lübecker Katharinenkirche wurde 2004 an der Philosophischen Fakultät der Rheinischen Friedrich-Wilhelms-Universität in Bonn als Dissertationsschrift angenommen.

Für die kritische, ermunternde und in methodischen Fragen stets unbestechliche Begleitung danke ich meiner Doktormutter, Prof. Dr. Barbara Schellewald, ganz herzlich. Mit großem Interesse hat auch meine Zweitkorrektorin, PD Dr. Katharina Corsepius, die Arbeit begleitet, deren Exkursion zum Thema Backsteingotik den Anstoß für diese Studie gegeben hat. Dafür danke ich ihr sehr.

Vor Ort haben mir zahlreiche Personen immer wieder Auskünfte gegeben und standen für Diskussionen zur Verfügung. Besonders danken möchte ich Frau Dr. Hildegard Vogeler von der Kunsthalle Museum St. Annen, Frau Dr. Annegret Möhlenkamp und Frau Dr. Irmgard Hunecke aus der Lübecker Denkmalbehörde sowie den Mitarbeitern der Stadtbibliothek und Herrn Dr. Ulrich Simon im Archiv der Hansestadt und nicht zuletzt den beiden Bauforschern Herrn Jens Christian Holst und Herrn Dr. Michael Scheftel. Die Diskussionen mit ihnen, oft unmittelbar am Objekt, waren mir besonders hilfreich.

Für die zweite Heimat, die sie mir während meiner zum Teil noch aus dem Rheinland unternommenen längeren Lübeck-Aufenthalte gaben, danke ich ganz herzlich Dr. Carl Friedrich Wallroth und Eileen Wulff. Eine große Hilfe war auch die freundschaftliche Unterstützung von den Mitarbeitern des Instituts für Franziskanische Geschichte in Münster. Und schließlich möchte ich mich noch bei meinen Korrekturleserinnen, Dr. Bettina Rutsch, Franziska Richter und Dr. Julia Berger, bedanken und bei Anette Ernst und Katharina Henrici, die mir ihren Scanner zur Verfügung gestellt und bei der Bildbearbeitung geholfen haben.

Prof. Theofried Baumeister und Dr. Werinhard Einhorn bin ich für die Aufnahme in die Reihe „Franziskanische Forschungen" sehr zu Dank verpflichtet und der VG Wort für die großzügige finanzielle Unterstützung des Drucks. In das im Januar 2004 abgeschlossene Manuskript wurden vor dem Druck die wichtigsten neu erschienenen Publikationen knapp eingearbeitet.

Hamburg, im Juni 2006

Diese vorbildlichen Menschen haben sich aber,
auch wenn sie kein einziges großes äußeres
Werk vollbracht hätten,
durch ihr bloßes Leben zu unvergeßlichen Meistern
und Bezwingern der Herzen gemacht,
indem sie ihr gesamtes Tun und Leben
aus einem einzigen höheren Geiste führten,
ebenso wie wenn ein Baumeister und Künstler
einen Dom oder Palast nicht nach jeweiliger Willkür
und schwankender Laune,
sondern aus einem klaren und lebendigen Gedanken
und Plan untrüglich zu Ende führt.

(Hermann Hesse: Franz von Assisi, Frankfurt/Main 1988, S. 9)

Einleitung

Thema dieser Arbeit ist die ehemalige Franziskanerkirche St. Katharinen in Lübeck. Ihre Einzigartigkeit ist oft betont worden. Gerade in der Literatur über die Baukunst der Bettelorden wurden ihre besonderen Merkmale, wie die offenen Strebebögen, das Querhaus oder auch der doppelgeschossige Chor, herausgestellt. Dies führte in vielen wissenschaftlichen Abhandlungen dazu, St. Katharinen als einen Sonderfall einzuordnen und aus den vergleichenden Betrachtungen und näheren Untersuchungen auszuklammern. Eine detaillierte Auseinandersetzung mit ihrer Architektur fehlt bislang sowohl hinsichtlich einer Einbettung innerhalb der Lübecker Geschichte als auch im Kontext der Ordensbaukunst der Franziskaner.

St. Katharinen ist die einzige Klosterkirche, die sich in Lübeck aus dem Mittelalter erhalten hat. Aus dem 13. und 14. Jahrhundert existieren in der Travestadt, dem ehemaligen „Haupt der Hanse", weiterhin die Pfarrkirchen der vier Kirchspiele und der Dom des 1160 hier etablierten Bistums. Mit ihrer Länge von gut 70 Metern übertrifft die Franziskanerkirche die Mehrzahl der Pfarrkirchen wie auch die ehemaligen Klosterkirchen der Dominikaner, Zisterzienserinnen und Nonnen an St. Annen. Lediglich die Hauptpfarrkirche St. Marien und die ehemalige Bischofskirche haben größere Ausmaße.

Die dreischiffige Backsteinbasilika weist einen bemerkenswerten doppelgeschossigen, im 5/8 Polygon schließenden Langchor auf. Dieser wird von zwei Chorseitenschiffen begleitet. Ein kaum hervortretendes zweischiffiges Querhaus schließt sich an. Das fünfjochige Langhaus wird im Westen von einer glatten Fassade abgeschlossen. Die Westfront reiht sich mit zwei hohen Lanzettfenstern und einer farbigen Gestaltung durch einen Schichtenwechsel schwarzglasierter und natürlich rot belassener Backsteinreihen in die Häuserflucht der Königstraße ein.

In der allgemeinen Kunstgeschichtsschreibung stand die Katharinenkirche lange im Schatten der übermächtigen Marienkirche, deren Rolle als Initialbau der Kathedralgotik im Verbreitungsgebiet der nordeuropäischen Backsteinarchitektur erst jüngst relativiert wurde.[1] St. Katharinen ist oft lediglich in Hinblick auf ein mögliches Abhängigkeitsverhältnis von der Marienkirche gesehen worden. So konnten auch in diesem Kontext die herausragenden Konzeptionen der Franziskanerkirche, wie der doppelgeschossige Chor und auch das im Inneren seitenschiffsfluchtende Querhaus, kaum erklärt werden. Doch gerade mit diesen Merkmalen steht die Katharinenkirche einzigartig nicht nur in Lübeck, sondern auch im überregionalen Rahmen dar.

Erklärungen fanden sich erst, als Wolfgang Schenkluhn nun nicht mehr das „kleinste Bezugssystem“, sondern im Sinne Erwin Panofskys ein „größeres“ befragte[2] und erstmalig Argumente für eine Einreihung der Katharinenkirche in die Bautradition der Franziskaner anführte.[3] Durch seine Arbeit, in der er die zweigeschossige Mutterkirche in Assisi als Vorbild der Ostteile von St. Katharinen nannte, geriet die Lübecker Kirche stärker in das Blickfeld der Kunsthistoriker, konnte sich dann dort aufgrund bislang fehlender Kenntnisse zu den historischen Zusammenhängen, in denen der Bau entstand, nicht überzeugend behaupten. Schenkluhn selbst dimmt das Rampenlicht, in das er die Kirche gestellt hatte: Postulierte er 1985 noch den doppelgeschossigen Chor und die Fenster des Polygons als ein sich in der Hansemetropole mit ihren reichen Handelsbeziehungen selbst erklärendes Zitat des italienischen Vorbildes, so bleibt ihm im Jahre 2000 die „denkbare Verbindung zu Assisi“ ohne nachweisbare geschichtliche Bezüge „rätselhaft“[4].

---

[1] HUYER, Michael: Zur Baugeschichte von St. Nikolai, in: Wenn Räume singen, hg. von Paul-Ferdi Lange, Stralsund 2001, S. 75-83; JACOBS, Hans-Joachim: Die hochgotischen Chorbauten der Marienkirche in Lübeck und der Nikolaikirche in Stralsund. Zur Bestimmung ihrer kirchenrechtlichen und formgeschichtlichen Voraussetzungen, in: Nordelbingen 71 (2002), S. 11-31.

[2] PANOFSKY, Erwin: Zum Problem der historischen *Zeit*, in: Erwin Panofsky: Aufsätze zu Grundfragen der Kunstwissenschaft, hg. von Hariolf OBERER und Egon VERHEYEN, Berlin 1992, S. 77-83, hier: S. 81, Anm. 6.

[3] SCHENKLUHN, Wolfgang: *Ordines Studentes*, Aspekte zur Kirchenarchitektur der Dominikaner und Franziskaner im 13. Jahrhundert, Diss. Marburg 1983, Berlin 1985, S. 183.

[4] SCHENKLUHN, Wolfgang: *Architektur der Bettelorden*, Die Baukunst der Dominikaner und Franziskaner in Europa, Darmstadt 2000, S. 63.

Dem angedeuteten Forschungsbedarf der Eingliederung der Architektur will die Arbeit auf der Grundlage einer detaillierten Bauuntersuchung nachgehen. Ziel der Studie ist es, den Bau in seinen lokalen Bedingtheiten und überörtlichen Bezügen näher zu untersuchen und zu erklären.

Die Arbeit zeichnet zunächst den Forschungsstand nach und führt in dem sich daran anschließenden Kapitel die Quellen zur Baugeschichte der Kirche und des Klosters im Mittelalter auf.

Das „Die Franziskaner in Lübeck" überschriebene Kapitel erarbeitet das historische Bedingungsgefüge der Baugeschichte. Der Geschichtsprospekt dient zunächst dazu, die dürftige Quellenlage auf eine breitere Grundlage zu stellen. Indem es das historische Spannungsfeld aufzeigt, in welchem die Katharinenkirche entstanden ist, impliziert es Hinweise auf das Anspruchsniveau der Bauherren. Gemeinsam mit der kunsthistorischen Auseinandersetzung bieten sie einen zentralen Schlüssel zur Erklärung der baulichen Konzeptionen.

Die beiden weiteren Kapitel konzentrieren sich auf die Bausubstanz, die im Zweiten Weltkrieg lediglich am Gewölbe des dritten südlichen Seitenschiffsjoches beschädigt worden ist.[5] So kann eine detaillierte Untersuchung an ihr die relative Bauchronologie ablesen. Bislang wurden meist zwei Bauetappen voneinander unterschieden, ohne diese genauer zu differenzieren. Fragen nach etwaigen Planänderungen oder Unterbrechungen sind nie gestellt worden. Unklarheit in das grobe System brachte nicht zuletzt die 1980 durchgeführte dendrochronologische Untersuchung des Dachwerks über den beiden Baukörpern der Ostteile und des Langhauses. Die bis dahin stets als Ergebnis zweier getrennter Bauabschnitte aufgefassten Bauteile tragen einen Dachstuhl, dessen Hölzer gleichzeitig (um 1303 +4/-0) gefällt wurden. Um diesen Widerspruch zu erklären, schließt sich im nächsten, den technischen Aspekten des Kirchenbaues gewidmeten Kapitel eine eingehende Analyse der Dachwerkkonstruktion an, aus der sich neue Erkenntnisse für die zeitliche Einordnung gewinnen lassen.

Die Rekonstruktion einer absoluten Bauchronologie basiert auf der Verflechtung der bekannten historischen Hintergründe und Daten mit dem erarbeiteten Bauverlauf.

---

[5] GERLACH, Dankwart: Katharinenkirche, Einrichtung für den Gottesdienst 1946, Masch.-Schr. Lübeck 1976 (AHL LXI 399).

Auf der Basis der vorgenannten Kapitel erfolgt schließlich die kunsthistorische Analyse und Bewertung der Kirchenarchitektur. Entsprechend der Tatsache, dass sich die Besonderheiten der Kirche in einzelnen räumlichen Ausprägungen begründen und nicht so sehr im künstlerischen Detail, ist es überwiegend typologisch orientiert. Die wesentlichen Charakteristika der Kirche werden im Vergleich mit regionalen Bauten wie auch Ordenskirchen herausgearbeitet und kunstgeschichtlich eingeordnet.

Das letzte Kapitel bietet einen kurzen Überblick über das Schicksal der Kirche nach der Vertreibung der Franziskaner zur Reformationszeit. Über Jahrhunderte hinweg als Filialkirche von St. Marien genutzt, wurde sie 1848 als Ausstellungsort von Werken der Plastik eröffnet. Seit der Mitte des 20. Jahrhunderts kündet die Aufstellung der Skulpturengruppe der „Gemeinschaft der Heiligen" von Ernst Barlach und Gerhard Marcks von der heutigen Nutzung im Inneren. Aufgestellt in den Nischen der Westfassade, erinnert sie im Typus an die Figurenprogramme der gotischen Königsgalerien und spannt damit einen Bogen zu der Erbauungszeit der Kirche.

Die Zusammenfassung resümiert noch einmal die neuen Erkenntnisse zur Baugeschichte und zum Stellenwert der mittelalterlichen Architektur.

I. Der Forschungsstand

A. Überblick über die bisherigen Untersuchungen zur Baugeschichte

Die früheste architekturgeschichtliche Beschäftigung mit der einstigen Franziskanerkirche findet sich 1871. Der ehemalige Schüler des Katharineums, Paul Laspeyres, der sich später in Italien als Architekturschriftsteller und Architekt hervortat,[1] publizierte auf der Basis eigener Vermessungen (*Abb. 4-7;75*) und eingehender Baubeobachtungen eine erste Rekonstruktion der Baugeschichte.[2] Den Entstehungsprozess der Kirche unterteilt Laspeyres in drei Bauphasen. Er erkennt „beim Fortschreiten von Osten nach Westen ein Verkümmern des Baues hinter dem Querschiff"[3]. Dieser Formveränderung ordnet er eine Chronologie zu, nach der Chor und Querschiff vor dem Langhaus errichtet seien. Die Westfassade unterscheidet er als weiteren eigenen Bauabschnitt aufgrund ihrer Vielfalt an Formsteinen, die sie mit dem Chor, nicht aber mit dem Langhaus, gemein hat.

Die konkreten Datierungsvorschläge des Autors orientieren sich vornehmlich an den zwei erhaltenen Bauinschriften. Die ältere dieser beiden Tafeln befindet sich an der Westfront und berichtet von einer Grundsteinlegung im Jahr 1335 durch Bischof Hinrich. Laspeyres bezieht sie unmittelbar auf ihren Anbringungsort und datiert daher die Westfassade in das Jahr 1335. Die andere Inschrift ist im Westflügel des einstigen Kreuzganges angebracht. Sie nennt das Jahr 1353 als Vollendungsdatum von Klostergebäuden und ergänzt damit chronikalische Überlieferungen, die einen Baubeginn von Klosterbauten für das Jahr 1351 überliefern. Dieser Bauphase des Klosters gehören nach Laspeyres auch die Ostteile der Kirche, nämlich Chor und Querhaus, an. Das Langhaus sei im zeitnahen An-

---

1 Nach seinen Plänen entstand 1874-76 das Anfang des 20. Jahrhunderts abgerissene Deutsche Archäologische Institut auf dem Kapitol. Zudem veröffentlichte Laspeyres mehrere Abhandlungen zur italienischen Renaissance. VOLLMER, Hans (Hg.): Allgemeines Lexikon der Bildenden Künstler 22, Leipzig 1928, S. 408; ZIMMERMANN, Jan: Ein ansehnliches *Gymnasium*. Die Geschichte der Bilder des Katharineums zu Lübeck bis 1942, Hamburg 1993, S. 26.

2 LASPEYRES, P(aul): Die St. Catharinen-Kirche zu Lübeck, in: Zeitschrift für Bauwesen 21 (1871), Spalte 357-364. Die Vermessungen hatte er bereits 1861 durchgeführt, von denen ein Teil in der Zeitschrift abgedruckt ist. Der Gesamtbestand seiner Zeichnungen liegt heute im Lübecker Amt für Denkmalpflege. Als Laspeyres seine Schnitte und Risse anfertigte, existierte lediglich ein Grundriss der Katharinenkirche von Johann Heinrich Schlösser und August Albrecht Tischbein aus einer 1832 erschienenen Publikation, der dem Symmetrieideal des Klassizismus verpflichtet war und dementsprechend im Mauerwerk vorhandene Brüche und Unregelmäßigkeiten kaschiert. SCHLÖSSER, Johann Heinrich/TISCHBEIN, August Albrecht: Denkmale der altdeutschen Backsteinbaukunst zu Lübeck, Lübeck 1832.

3 LASPEYRES, Sp. 359.

schluss errichtet worden, also zu Beginn der zweiten Hälfte des 14. Jahrhunderts. Laspeyres Baubeobachtungen sind in Hinblick auf stilistische Unterschiede aufschlussreich, seine vorgeschlagene Bauabfolge jedoch erscheint fraglich: Denn die Ausführung der Westfront als Solitär ist in statischer Hinsicht wenig überzeugend. Auch der umfassende Bezug der überlieferten Bauzeit auf mehrere Bauteile kann aufgrund des Missverhältnisses der nur dreijährigen Zeitspanne zu dem angenommenen immensen Baupensum nicht überzeugen.

Die beiden Inschriftendaten bieten jedoch bis heute Anlass für unterschiedliche Theorien zur Bauabfolge, da sie zwar exakte Zahlen nennen, nicht aber die Bauteile ausweisen, auf die sie sich beziehen.

Grundlegend für die Erforschung der Kirche sind die Untersuchungen von Johann Baltzer und Friedrich Bruns, die 1928 im vierten Inventarband der Bau- und Kunstdenkmäler Lübecks erschienen.[4] Die Autoren bieten neben einer erneuten intensiven Bauuntersuchung eine eingehende Auswertung der vorhandenen älteren Beschreibungen der Kirche, Testamentsstiftungen und Begräbnisbücher. Ihre Quellenforschung stellt den bis heute in der kunsthistorischen Literatur gültigen Stand der Wissenschaft dar.

Erstmals analysieren sie die von Laspeyres als Schnittstelle unterschiedlicher Bauformen lediglich angedeutete vertikale Baunaht zwischen Quer- und Langhaus, an der sich die Obergadenwand nach Westen hin etwa um die Tiefe eines Backsteines verjüngt. Aufgrund ihrer Beobachtung unterscheiden Baltzer und Bruns zwei wesentliche Bauphasen. Die erste – Chor und Querschiff umfassend – datieren sie in die Zeit zwischen 1300 und 1325. Als Anhaltspunkt nutzen sie zum einen den stilistischen Vergleich der Maßwerkformen von St. Katharinen mit denjenigen der Briefkapelle, die ab 1310 als Anbau an die Lübecker Marienkirche entstand. Zum anderen ziehen sie die Nachrichten der Jahre 1325 und 1332 über Bestattungen in den Chorseitenkapellen von St. Katharinen als Datierungshilfe heran.[5] In einer zweiten Bauphase errichteten die Bauleute das Langhaus mit seinem Westabschluss. Ihren Baubeginn zeige der Inschriftenstein von 1335 an. Das Autorenteam geht von einer Fertigstellung der Kirche in der Mitte des 14. Jahrhunderts aus. Als Beleg hierfür führen sie testamentarische Stiftungen der Jahre 1350 und 1354 zugunsten einer großen „testudo“ an, die sie

---

4 BALTZER, Johann/BRUNS, Friedrich: Das St.-Katharinen-Kloster, in: BALTZER, Johann/ BRUNS, Friedrich/RAHTGENS, Hugo: Die Bau- und Kunstdenkmäler der Freien und Hansestadt Lübeck, Band 4, Lübeck 1928, S. 35-165 (im Weiteren mit BUK 4 abgekürzt).

5 Sie geben als Todesjahr der Stifterin der südlichen Chorseitenkapelle irrtümlich 1322 statt 1332 an. BUK 4, S. 63f.

als Stiftung zur Erbauung eines Hochschiffgewölbes identifizieren,[6] sowie das 1356 in Lübeck abgehaltene franziskanische Provinzkapitel mit seiner auffallend hohen Teilnehmerzahl.[7]

Der These von Baltzer und Bruns zur Baugeschichte folgt der Großteil der Wissenschaftler, so im Jahr 1968 Günther Hinrich Jaacks[8], später Wolfgang Teuchert[9], Hans Josef Böker[10] und Lutz Wilde[11] sowie im Jahr 2000 auch Wolfgang Schenkluhn[12].

Günter Jaacks Monographie enthält im Wesentlichen genaue Baubeobachtungen, in denen er beispielsweise die drei Strebepfeilertypen der Kirche voneinander unterscheidet. Allerdings verzichtet der Autor weitestgehend darauf, seine Betrachtungen in einen Bezug zur Bauchronologie zu stellen oder auch Schlussfolgerungen aus seinen kunsthistorischen Vergleichen zu ziehen. In einem Punkt klärt Jaacks die Baugeschichte hingegen durch seine stilistische Einordnung der Kalksteinsäulen, die den Unterchor in drei Schiffe teilen. Fußend auf den bis dahin unberücksichtigten Forschungen des Dänen Johnny Roosval, gelingt es ihm überzeugend, diese Säulen als gotländische Kunsterzeugnisse der Zeit um 1300 bzw. des ersten Viertels des 14. Jahrhunderts auszuweisen.[13] Zuvor waren sie wegen der frühgotisch anmutenden Stilformen der Kapitelle und Basen stets als Spolien des Vorgängerbaues angesehen worden.[14]

---

6 BUK 4, S. 36; Patricius Schlager, der sich 1907 mit der Konventsgeschichte befasste, hatte „testudo" als großes Wappenschild interpretiert. SCHLAGER, Patricius: Zur Geschichte des Franziskanerklosters in *Lübeck*, Separatdruck aus: Jahrbuch der sächsischen Franziskanerprovinz, Düsseldorf 1907, S. 1-21, hier: S. 7. Näheres zur Bedeutung von „testudo" siehe: Kap. II, Anm. 69.

7 Die Inschrift im Westflügel des ehemaligen Kreuzganges, von Laspeyres auf Kloster und Ostteile der Kirche bezogen, nutzen sie ausschließlich zur Datierung des Klosters.

8 JAACKS, Günther H(inrich): St. Katharinen zu Lübeck. Baugeschichte einer Franziskanerkirche (= VGHL 21), Diss. Kiel 1967, Lübeck 1968.

9 Wolfgang Teuchert ordnet den Chor aufgrund seiner Formen zeitlich bereits um 1300 ein. TEUCHERT, Wolfgang: Ehem. St. Katharinenkloster der Franziskaner, in: Reclams Kunstführer 5, Stuttgart 1976, S. 396-399, hier: S. 396.

10 BÖKER, Hans Josef: Die mittelalterliche Backsteinarchitektur Norddeutschlands, Darmstadt 1988, S. 121-126.

11 WILDE, Lutz: Katharinenkirche, in: *Dehio* Hamburg, Schleswig-Holstein, München/Berlin 1994, S. 485-492; ders.: Die Katharinenkirche in Lübeck, München/Berlin o.J. (2002), S. 8.

12 SCHENKLUHN, Wolfgang: *Architektur der Bettelorden*, Die Baukunst der Dominikaner und Franziskaner in Europa, Darmstadt 2000, S. 200f.

13 JAACKS, S. 37f., nach ROOSVAL, Johnny: Den Baltiska Nordens Kyrkor (= Föreningen Urds Skrifter 2), Uppsala 1924, S. 138.

14 LASPEYRES, Sp. 360 ; BUK 4, S. 54f. und S. 63f.

1982 belebten Manfred Neugebauer, Dieter Eckstein und Sigrid Wrobel die Diskussion zur Baugeschichte der Kirche mit einer dendrochronologischen Untersuchung des Dachstuhls, die ergab, dass die Hölzer über Chor und Langhaus zeitgleich um das Jahr 1303 (+4/-0) gefällt wurden.[15] Allerdings weisen die Balken des Langhauses im Gegensatz zu denen des östlichen Bauteiles Spuren einer Zweitverwendung auf. Das Datum stimmt mit der stilistischen Einordnung des Autorenteams der Bau- und Kunstdenkmäler wie auch der von Hans Wentzel vorgenommenen überein, der den Bauschmuck des Chores überzeugend in das erste Jahrzehnt des 14. Jahrhunderts datierte.[16] Die Erbauungszeit des Chores ist durch die naturwissenschaftliche Untersuchung präzisiert, die des Langhauses jedoch unklarer als zuvor.

Die Forschung hat seither unterschiedliche Theorien entwickelt, um die einzelnen Anhaltspunkte für die Bauchronologie und die Datierung des Langhauses – die Westfassadeninschrift, die Baunaht im Langhaus und das dendrochronologisch ermittelte Fälldatum der im Dachgebälk verarbeiteten Bäume – zu einer stringenten Baugeschichte zusammenzuführen. Das Beharren auf den Erkenntnissen von 1928/68 ist dabei genauso zu beobachten wie die Neudeutung der steinernen Tafel an der Fassade als Weiheinschrift, die Manfred Neugebauer in seiner Kommentierung der Holzprobenauswertung vorschlägt.[17]

Neugebauer schließt von den dendrochronologischen Untersuchungsergebnissen auf eine Fertigstellung des gesamten Rohbaus zu Beginn des 14. Jahrhunderts. Die offen zutage liegende Anschluss-Stelle zweier Bauetappen im Mittelschiff führt er auf Planungsänderungen vor 1303 zurück. An der Westfassade entdeckt der Autor, dass die steinerne Tafel nachträglich eingesetzt worden ist. Diese Erkenntnis nutzt er argumentativ zu seiner Neubewertung der Bauinschrift als Weihetafel, wofür der Inschriftentext selbst jedoch keine Anhaltspunkte bietet.

Wolfgang Erdmann schließt sich 1987 Neugebauers These der Fertigstellung des Rohbaus zwischen 1303 und 1307 an und bestätigt mit detaillierten Untersuchungen die nachträgliche Einsetzung der Inschrift.[18] Beide Ausgangspunkte versucht er in Übereinstimmung zu bringen mit den Nachrichten der Gewölbestiftungen aus der Mitte des 14. Jahrhunderts und der

---

15 NEUGEBAUER, Manfred/WROBEL, Sigrid/ECKSTEIN, Dieter: Die Datierung mittelalterlicher Monumentalbauten in Lübeck, in: LSAK 6, 1982, S. 201-217.

16 BUK 4, S. 63; WENTZEL, Hans: Der Hochaltar in Cismar und die lübeckischen Chorgestühlswerkstätten des 14. Jahrhunderts, Diss. Göttingen 1935, Lübeck 1937, S. 14f., S. 85f.

17 NEUGEBAUER/WROBEL/ECKSTEIN, S. 214f.

18 ERDMANN, Wolfgang: Fragen zur *Baugeschichte* und Wandmalerei der Lübecker Franziskanerkirche St. Katharinen, in: ZVLGA 67 (1987), S. 31-57, besonders S. 37f.

tradierten Interpretation der Westfassadentafel als Grundstein. Nach seinen Überlegungen ergäbe sich daraus folgende Bauchronologie: Zunächst sei die Kirche gegen 1300 mit einem offenen Dachstuhl ausgeführt und erst etwa 40 bis 50 Jahre nach Fertigstellung sukzessive eingewölbt worden. Hierbei hätten die Handwerker die Dachkonstruktion jochweise verändern müssen, um diese und die neuen Gewölbehöhen aufeinander abzustimmen. Darüber hinaus sieht der Autor in dem oberen äußeren Anschluss von Westfront und Langhausobergaden eine unsaubere Anbindung, infolge derer er die gesamte Fassade als einzelnen Bauabschnitt interpretiert, auf den er, wie schon Laspeyres, die Inschrift von 1335 bezieht. So fruchtbar seine einzelnen Beobachtungen für die künftige Forschung sind, so wenig kann seine Theorie der Bauabfolge überzeugen: Erstens ist es nicht stichhaltig, von der Annahme einer Baunaht im oberen Teil des Anschlusses der Westfront in das obere Geschoss des Kirchenschiffes auf eine fehlende Anbindung beider Bauteile in voller Höhe zu schließen; zweitens sprechen technische Überlegungen hinsichtlich der Statik gegen die in seiner These implizierte Annahme einer Langzeitbaustelle ohne statisches Widerlager, wie es die Fassade bietet.

Jens Christian Holsts These zur Geschichte des Langhauses ist bislang allein durch Wolfgang Erdmanns Ausführungen bekannt.[19] Zur Erklärung der Baunaht im östlichen Teil des Langhauses rekonstruiert er – aufgrund von Überlegungen zur Gestalt eines dem dendrochronologischen Datum zuzuordnenden Dachstuhles – ein mit dem Chor baugleiches Langhaus, welches später durch das heutige unter Verwendung des älteren Dachwerkes ersetzt worden sei.

Die neueste Aufarbeitung der Forschungsmeinungen findet sich in der 1994 erschienenen Dissertation von Bettina Gnekow über den mittelalterlichen Kirchenbau in Holstein, in die sie auch eigene wertvolle Beobachtungen einbringt.[20] Sie teilt die Entstehungsgeschichte, wie schon Baltzer und Bruns, in zwei Hauptbauphasen, wobei sie die Fertigstellung des Chores aufgrund der Untersuchung von Manfred Neugebauer, Dieter Eckstein und Sigrid Wrobel um 1303 gegeben sieht. Die Entstehungszeit des Langhauses lässt sie offen,[21] beschäftigt sich aber eingehender mit seinem Entstehungsprozess. Gnekow analysiert erstmals den Wandaufriss des Mittelschiffes im Bereich der Baunaht genauer. Gingen die

---

[19] Holsts Thesen für einen geplanten Aufsatz zitiert Erdmann 1987 vorab. Bislang ist die geplante Publikation von Holst jedoch noch nicht erschienen. ERDMANN, Baugeschichte, Anm. 16, S. 37 und Anm. 30.

[20] GNEKOW, Bettina: Der mittelalterliche Kirchenbau in Holstein 1150-1300, Diss. Kiel 1989, Münster/Hamburg 1994, S. 593-598.

[21] Gnekow hält die Interpretation der Bauinschrift als Weihetafel ebenso für möglich wie die als Grundstein. GNEKOW, S. 597.

Forscher bislang von einer einzigen Veränderung des Wandaufrisses mit dem Bau des heutigen Langhauses westlich der Baunaht aus, so erkennt die Autorin, dass schon bei der Ausführung des noch zur Bauphase des Querhauses gehörigen Langhausansatzes an der Ecke zum Kreuzschiff eine Veränderung des Wandaufbaus gegenüber den östlichen Partien vorgenommen wurde. Aus den mehrmaligen Planungsänderungen leitet sie eine Bauunterbrechung ab, die gegen eine Fertigstellung des gesamten Rohbaus um 1300 spreche. Die unabhängige Errichtung der Westfassade sieht sie nach den Beobachtungen Erdmanns als erwiesen an, schließt sich jedoch hinsichtlich der Bauabfolge der These von Günther Jaacks an, der diese Front zeitlich vor den Langhausobergaden setzt. Da die Fassade jedoch nicht als einzelner Bauabschnitt bis in große Höhe ausgeführt worden sein könne, geht sie davon aus, der zweite Bauabschnitt sei mit den Seitenschiffaußenmauern begonnen und mit ihnen auch die Westfront bis in ihre Höhe errichtet worden, bevor dann ihr oberer Teil solitär entstanden sei. Den Obergaden des Mittelschiffes sieht sie als zuletzt errichteten Bauteil an. Sie stützt sich dabei argumentativ auf die Beobachtungen Erdmanns am Außenbau zum unsauberen Anschluss des Langhauses an die Fassade wie auch an Jaacks Feststellung der Unstimmigkeiten im Innenraum beim Anschluss der Gewölbe an die Fassade.

B. Die kunsthistorische Würdigung

Der skizzierte baugeschichtliche Überblick zeigt, dass die Katharinenkirche im Laufe der Forschungsgeschichte kontinuierlich früher datiert wird. Die in dieser Tendenz implizierte steigende Wertschätzung ihrer Architektur ist sicherlich ein wesentlicher Grund für die stärkere Berücksichtigung der Kirche in den kunsthistorischen Werken der letzten zwanzig Jahre. Die Autoren der allgemeinen Abhandlungen zur gotischen Baukunst hatten St. Katharinen meist allein mit regionalen Bauten verglichen und dabei in ein entwicklungsgeschichtliches Abhängigkeitsverhältnis zu ihnen gestellt.[22]

Selbst innerhalb der Literatur zur Baukunst der Mendikanten wird die Lübecker Katharinenkirche bis in das letzte Viertel des 20. Jahrhunderts hinein entweder nur im Zusammenhang lokaler Vergleiche erwähnt oder im Kontext des Ordensbaus kurz als Einzelfall außerhalb aufgezeigter Normen gewertet und nicht näher untersucht: In Richard Krautheimers grundlegender Arbeit von 1925 über Bettelordenskirchen in Deutschland findet sie nur im Kontext der regionalen

---

22 DEHIO, Georg/BETZOLD, Gustav von: Die kirchliche Baukunst des Abendlandes 2, Stuttgart 1901, S. 377-379. – Sie sprechen St. Katharinen als Bau zweiten Ranges an (S. 379).

Backsteingotik Eingang.[23] In diesem Sinne zieht Joachim Fait in seiner 1954 geschriebenen Dissertation über die Baukunst der Mendikanten zwischen Elbe und Oder ausschließlich die Lübecker Hauptpfarrkirche St. Marien zur Charakterisierung der Katharinenkirche heran.[24] Leopold Giese konstatiert 1948 in seinem ausführlichen Beitrag zu Bettelordenskirchen einen Gegensatz zwischen der Architektur von St. Katharinen und den von ihm aufgeführten Entwicklungslinien.[25] Günther Jaacks stilistische Vergleichsbeispiele aus dem gesamten Gebiet der Backsteingotik stellen daher 1968 die erste differenziertere kunsthistorische Einordnung der Architektur dar. Das von ihm eingangs angesprochene Forschungsdesiderat einer Positionierung der Kirche innerhalb der Franziskanerarchitektur kompensiert er nach eigenen Angaben jedoch nicht.[26] Diesen Weg weist 1985 Wolfgang Schenkluhn. Er konstatiert in seiner Untersuchung zur Kirchenarchitektur der Dominikaner und Franziskaner eine formale Abhängigkeit der doppelgeschossigen Choranlage von der franziskanischen Mutterkirche[27], San Francesco in Assisi.[28] Den Achteckpfeiler sieht er in der Minoritenkirche in Bologna vorgebildet. Damit hob er die Katharinenkirche aus ihrem Schattendasein heraus und stellte sie in einen überregionalen, ordensspezifischen Kontext. Von seiner Arbeit gingen – nicht zuletzt vor dem Hintergrund der angesprochenen neuen Datierungsansätze – Impulse für weitere kunsthistorische Analysen aus.

Wolfgang Erdmann beispielsweise ging Schenkluhns Vergleich der Architekturen der Minoritenkirchen in Bologna und Lübeck weiter nach und

---

[23] KRAUTHEIMER, Richard: Die Kirchen der *Bettelorden* in Deutschland, Köln 1925, S. 16 u. 29 sowie Anm. 16. Krautheimer nennt die Katharinenkirche nicht einmal in Fällen, in denen sie für die von ihm herausgearbeiteten Charakteristika der Ordensarchitektur als Beispiel zu nennen wäre, etwa im Kontext der beschriebenen Vorliebe der Bettelorden für den Achteckpfeiler, vgl. S. 36, und bei der von ihm beobachteten Flächigkeit der Fassade, vgl. S. 39.

[24] FAIT, Joachim: Die norddeutsche *Bettelordensbaukunst* zwischen Elbe und Oder, Diss. (Masch.-Schr.) Greifswald 1954, S. 68-71.

[25] GIESE, Leopold: Bettelordenskirchen, in: RDK 2, Stuttgart 1948, Sp. 394-444, hier: Sp. 413; auf ihn stützt sich auch Günther Binding in seinen Überblicken zur Architektur der Franziskaner im deutschen Sprachraum: BINDING, Günther: Die *Franziskaner-Baukunst* im deutschen Sprachgebiet, in: Harry KÜHNEL (Hg.): 800 Jahre Franz von Assisi, Krems 1982, S. 431-460, hier: S. 454f.; ders.: Die mittelalterliche Ordensbaukunst der Franziskaner im deutschen Sprachraum, in: FS 97, 1985 (1986), S. 287-316, hier: S. 289.

[26] JAACKS, S. 7 und 79f.

[27] Zu dem Begriff: Die Kirche fungiert seit dem Jahr 1230 offiziell als „caput et mater" des Franziskanerordens. Als solche bestimmte sie Papst Gregor IX. in seiner Bulle „Is qui ecclesiam suam". SCHENKLUHN, Wolfgang: *San Francesco* in Assisi: Ecclesia specialis. Die Vision Papst Gregors IX. von einer Erneuerung der Kirche, Habil.-Schr. Stuttgart 1989, Darmstadt 1991, S. 213.

[28] SCHENKLUHN, Wolfgang: *Ordines Studentes*. Aspekte zur Kirchenarchitektur der Dominikaner und Franziskaner im 13. Jahrhundert, Diss. Marburg 1983, Berlin 1985, S. 183.

stellte die Westfassade von St. Katharinen zu derjenigen in Bologna in Beziehung.[29] Hans Josef Böker hob 1988 das Anspruchsniveau der Franziskanerkirche im regionalen Kontext hervor, indem er St. Katharinen als entwicklungsgeschichtlichen Höhepunkt der franziskanischen Sakralarchitektur in Norddeutschland wertete.[30] Und 1992 führte Werinhard Einhorn in seiner Arbeit zu unterschiedlichen Franziskanerklöstern in Brandenburg und Mecklenburg-Vorpommern mit seiner Rekonstruktion einer doppelgeschossigen Choranlage für die Greifswalder Kirche ein Vergleichsbeispiel für die Lübecker Minoritenkirche in die Architekturgeschichte ein.[31]

C. Der sich aus dem Literaturüberblick ergebende Forschungsbedarf

In seiner neuesten Arbeit zur Architektur der Bettelorden warnt gerade Wolfgang Schenkluhn vor einem allzu leichtfertigen Umgang mit der Annahme von Abhängigkeitsverhältnissen allein aufgrund stilistischer oder typologischer Parallelitäten. Wertete er 1985 noch den doppelgeschossigen Chor und die Fenster des oberen Langchores von St. Katharinen als Zitate der italienischen Mutterkirche, die vor dem Hintergrund der weitreichenden Handelsbeziehungen der Hansemetropole zu verstehen seien, so bleibt ihm im Jahr 2000 die „denkbare Verbindung zu Assisi rätselhaft“[32]. Die bloße Entsprechung der Bauformen erlaubt in der Tat für sich genommen noch keine Rückschlüsse auf tatsächliche Abhängigkeiten. Es gilt also, die formale Vergleichbarkeit zu hinterfragen und auf der Suche nach historischen Anhaltspunkten für oder gegen die Zitatidee erstmals eine Einbettung der Geschichte von St. Katharinen in den Kontext ihres städtischen Umfeldes, aber auch in überregionale und ordensgeschichtliche Zusammenhänge, zu versuchen.

Des Weiteren muss innerhalb des lokalen Umfeldes die kunsthistorische Einordnung von St. Katharinen erneut überdacht werden. Seit der dendrochronologi-

---

[29] ERDMANN, Baugeschichte, S. 40-43.

[30] BÖKER, S. 121.

[31] EINHORN, Werinhard: Zur *Architektur* von Franziskanerklöstern in Brandenburg und Mecklenburg-Vorpommern: Prenzlau, Angermünde, Greifswald, Stralsund, in: Dieter BERG (Hg.): Bettelorden und Stadt (= SF 1), Werl 1992, S. 35-45, besonders S. 38-42.

[32] SCHENKLUHN, Wolfgang: Ordines Studentes, S. 183; ders.: Architektur der Bettelorden, S. 63. Entsprechend seinen Zweifeln an einer Ableitbarkeit der norddeutschen Architektur aus Italien führt Schenkluhn im Jahre 2000 auch nicht mehr die Fenster des oberen Chorpolygons als Assisi-Zitat an, sondern betont die regionalen Vergleiche, indem er die Parallele der tief eingenischten Polygonfenster der Katharinenkirche mit denen des Chorobergadens der Lübecker Marienkirche aufzeigt. SCHENKLUHN, Bettelorden, S. 201.

schen Datierung des Chores ist nach einer Vorbildfunktion der Franziskanerkirche, etwa hinsichtlich der Gewölbefiguration ihrer südlichen Chorseitenkapelle für die Briefkapelle an St. Marien, zu fragen, was Wolfgang Erdmann bereits angedeutet hat.[33] Das Gleiche gilt für die Querhauslösung der Katharinenkirche, welche bislang vorwiegend als Nachahmung der Zisterzienserkirche in Bad Doberan angesehen wurde.[34]

Diese kunstgeschichtlichen Fragestellungen setzen zunächst eine grundlegende, vom Objekt ausgehende Klärung der Baugeschichte voraus, die eine relative Chronologie zum Ziel hat. Die widersprüchlichen Anhaltspunkte zur Datierung, welche die Forschung gerade seit 1982 immer wieder zu unterschiedlichen Modellen von vermutlichen Bauabfolgen zusammengeführt hat, können erst vor dem Hintergrund einer genaueren Analyse der Architektur zum Aufstellen einer absoluten Bauabfolge herangezogen werden. Hierfür ist nicht zuletzt die Einbeziehung der historischen Ereignisse, die Einfluss auf das Baugeschehen nahmen, notwendig.

---

[33] ERDMANN, Baugeschichte, S. 36.

[34] Als Vorbild für das Querhaus von St. Katharinen galt folgenden Autoren die Zisterzienserkirche in Bad Doberan: LORENZ, Alfred Friedrich: Doberan. Ein Denkmal norddeutscher Backsteinbaukunst, Berlin 1958, S. 60; WILDE, Dehio, S. 485; JAACKS, S. 23-26. Henning Höppner postulierte hingegen 1985, fußend auf der dendrochronologisch bedingten Frühdatierung des Katharinenchores, die Umkehrung der bisherigen Sichtweise der Beeinflussung und formulierte, dass die Katharinenkirche mit ihrer „Querhauslösung zum Vorbild des Doberaner Querschiffes“ wurde. HÖPPNER, Henning: Die Baugeschichte der Jakobikirche zu Lübeck, Diss. Kiel 1983, Kiel 1985, S. 90. Bettina Gnekow folgerte etwas vorsichtiger, dass sich die zweijochige Querhausanlage nicht mit Bestimmtheit von der Doberaner Zisterzienserkirche herleiten ließe, wenn man eine Bauzeit für Chor und Querhaus in der 2. Hälfte des 13. Jahrhunderts annimmt. GNEKOW, S. 598.

II. Die Quellen zur Baugeschichte von Kirche und Kloster im Mittelalter

A. Quellenlage

Der Quellenfundus zur mittelalterlichen Baugeschichte von St. Katharinen setzt sich aus zahlreichen Nachrichten unterschiedlicher Quellengattungen zusammen und liefert lediglich ein grobes Bild des Baugeschehens. Da das Klosterarchiv der Franziskaner nicht mehr existiert und sich auch nicht ein einziger neuzeitlicher Hinweis auf den Verbleib seiner Schriften finden lässt, knüpfen die Forschungen an die erwähnten Überlieferungen aus anderen Bereichen, wie Stadtchroniken sowie städtische und private Urkunden an, die in Lübeck zahlreich vorhanden sind.

Die bereits im vorigen Kapitel genannten Bauinschriften liefern zunächst als Primärquelle einzelne Eckdaten der Baugeschichte. Aufschlussreich sind des Weiteren je eine mittelalterliche und frühneuzeitliche Darstellung der Stadthistorie. Da ist zunächst die Chronik des Klosterbruders Detmar aus dem 14. Jahrhundert[1] und außerdem die nachreformatorische Aufzeichnung des zum evangelischen Glauben konvertierten ehemaligen Franziskaners Reimar Kock[2]. Die beiden Schriften überliefern Angaben zum Kloster, die in einem unmittelbaren Zusammenhang mit der Geschichte Lübecks stehen, wie die Ankunft der Fratres in der Stadt oder auch Bautätigkeiten, die von der Bevölkerung getragen wurden. Neuzeitliche Darstellungen zu Lübeck bieten über die Faktensammlung hinaus kurze Beschreibungen des Innenraums der Katharinenkirche und seiner wichtigsten Ausstattungsstücke. Hier sind hervorzuheben die Arbeit Kunrat von Hövelens aus dem Jahre 1666[3], die 1697 publizierte Abhandlung Johann Gerhard Krügers[4] sowie die „Gründliche Nachricht von Lübeck“ des Pastors Jacob von

---

1 GRAUTOFF, Ferdinand Heinrich: Die lübeckischen Chroniken in niederdeutscher Sprache 1, Hamburg 1829.

2 Von Reimar Kock existieren zwei Berichte zur Stadtgeschichte. Der ältere schildert Geschehnisse der Lübecker Reformation, er wurde von Petersen herausgegeben (PETERSEN, Friedrich [Hg.]: Ausführliche Geschichte der lübeckischen Kirchen-Reformation in den Jahren 1529-1531. Aus dem Tagebuch eines Augenzeugen und Beförderers der Reformation, Lübeck 1830). – Kocks eigentliche Stadtgeschichte hingegen ist bislang nicht publiziert. Diese Arbeit greift auf die Auswertung der Handschrift, welche die Autoren der „Bau- und Kunstdenkmäler“ vorgenommen haben, zurück.

3 HÖVELEN, Kunrat von: Der kaiserlichen Freien Reichsstadt Lübeck Glaub- und Besähewürdige Herrligkeit, Lübeck 1666.

4 KRÜGER, Johann Gerhard: Die beglückte und geschmückte Stadt *Lübeck*, Lübeck 1697.

Melle, welche sich im 18. Jahrhundert einer solchen Beliebtheit erfreute, dass sie zwischen 1712 und 1787 in insgesamt drei, z.T. erweiterten Auflagen erschien.[5]

Das Urkundenbuch der Stadt, das in elf Bänden die Zeitspanne von 1139 bis 1470 abdeckt, dokumentiert vorwiegend geschichtliche Ereignisse, die sich in den Räumen der Klostergebäude abgespielt haben.[6]

Ein einmaliger Quellenschatz existiert in Lübeck mit den besonders zahlreich überlieferten Bürgertestamenten. Insgesamt liegen 1021 letztwillige Verfügungen aus dem Zeitraum zwischen 1278 und 1363 vor, die in zwei Bänden ediert sind.[7] Das Lübecker Stadtarchiv bewahrt zudem ein Handschriftenkonvolut deutscher Übersetzungen von Testamenten der Jahre 1364 bis 1370 auf.[8] Für die anschließende Zeit bis zur Reformation können Jakob von Melles Abschriften eines Teiles der Originalbestände herangezogen werden.[9] Die Testamente liefern vorwiegend Informationen zur Ausstattung der Kirche und zu einzelnen Familienkapellen.

Des Weiteren beherbergt das Lübecker Stadtarchiv noch ein Manuskript aus der Hand Hinrich Brokes, welcher im dritten Viertel des 18. Jahrhunderts die in der damaligen Zeit sichtbaren Inschriften an prominenten Lübecker Bauten verzeichnete.[10]

---

5 V. MELLE, Jacob von: *Gründliche Nachricht* von der kaiserlichen freyen und des Heiligen Römischen Reichs Stadt Lübeck, Lübeck 1712, 2. Auflage Lübeck 1742, 3. Ausgabe Lübeck 1787.

6 Urkundenbuch der Stadt Lübeck 1-11, Lübeck 1843–1905 (abgekürzt als UBL).

7 BRANDT, Ahasver von: Regesten der Lübecker Bürgertestamente des Mittelalters 1, 1278-1350, Lübeck 1964; ders.: Regesten der Lübecker Bürgertestamente 2, 1351-1370, Lübeck 1973.

8 AHL, HS 1034 d) und e).

9 AHL, HS 771, MELLE, Jacob von: *Testamenta* Lubecensia e Membranis authenticis accurate descripta, Lübeck 1738. V. Melle fertigte Abschriften von 1130 Testamenten an; hierbei handelt es sich allerdings nur um einen Teil der Gesamtbestände, denn allein aus der Zeit zwischen 1278 und 1400 sind heute 2701 Testamente überliefert, NOODT, Birgit: Religion und Familie in der Hansestadt Lübeck anhand der Bürgertestamente des 14. Jahrhunderts, Lübeck 2000, S. 32.

10 BROKES, Hinrich: Collectio Inscriptorum Lubecensium o.J. Brokes nicht näher datierte Handschrift befindet sich unter der Signatur Hs 786 b) im AHL. Sie ist nach freundlicher Auskunft von Herrn Dr. Ullrich Simon (AHL) aufgrund handschriftenkundlicher Merkmale in das 18. Jahrhundert einzuordnen. In den Eingangsworten bezeichnet sich der Verfasser selbst als promovierten Juristen. Mit Hilfe der zwei Anhaltspunkte kann der Autor als der 1706 in Lübeck geborene Hinrich Brokes identifiziert werden, von dem noch mehrere juristische Abhandlungen über Lübeck bekannt sind. Nach Fehling war Brokes nach seinem Studium zunächst außerordentlicher Professor der Rechte in Wittenberg, danach ordentlicher Professor in Jena, bevor er 1753 Ratssyndikus in seiner Heimatstadt wurde. 1768 zog er in den Rat ein, wo er als Kämmereiherr und Bürgermeister fungierte. Er starb am 21. Mai 1773. (FEHLING, E[mil] F[erdinand]: Lübeckische Ratslinie von den Anfängen der Stadt bis auf die Gegenwart, Lübeck 1978, Nr. 912). Nach diesem Lebenslauf zu schließen, wird Brokes die Lübecker Inschriften zwischen 1753 und 1773 aufgezeichnet haben.

B. Die historischen Dokumente zum mittelalterlichen Baugeschehen

1. Die Ansiedlung der Franziskaner in Lübeck und erste Bauten

Lübecker Minoriten werden erstmals für das Jahr 1225 erwähnt. Die ausführlichere der beiden erhaltenen Schilderungen der Ereignisse dieses Jahres verdanken wir einer Chronik, die, wie in ihrer Einleitung bemerkt ist, Ende des 14. Jahrhunderts von einem Lektor des Franziskanerordens geschrieben wurde.[11] Der Lesemeister berichtet, dass den Brüdern 1225 ein Bauplatz zur Verfügung gestellt worden sei, auf dem sie noch im gleichen Jahr mit der Errichtung von Klostergebäuden begonnen hätten. Der von der Forschung mit dem Lübecker Franziskaner Detmar identifizierte Autor, welcher nachweislich zwischen 1368 und 1380 Lesemeister am Minoritenkloster war,[12] nennt als seine Quelle *privilegia, de dar up de vryheit der stede sind ghegheven*[13]. Das gleiche Ereignis meldet zum selben Jahr die so genannte Ribnitzer Chronik.[14] Sie entstand wahrscheinlich ebenfalls im Lübecker Katharinenkonvent, und zwar schon zu Beginn des 14. Jahrhunderts.[15] Die Autorschaft schreibt ihr Herausgeber dem Lübecker

---

[11] Die betreffende Passage aus der Chronik ist, ins Hochdeutsche übersetzt, abgedruckt bei: MELLE, Jacob von: *Notitia Majorum*, Leipzig 1707, deutsche Neuauflage Lübeck 1981, S. 101 und in transkribierter Form ausführlicher wiedergegeben von WRIEDT, Klaus: *Geschichtsschreibung* in den wendischen Städten, in: Hans PATZE (Hg.): Geschichtsschreibung und Geschichtsbewußtsein im späten Mittelalter, Sigmaringen 1987, S. 401-426, hier: S. 404.

[12] Die Identifizierung geht auf v. Melle zurück. Als Hinweis dient ihm, dass der Auftraggeber Hermann Langhe in seinem Testament 1387 einen einzigen Franziskaner namentlich erwähnt und ihm Geld vermacht, nämlich Bruder Detmar, und dass ein Frater gleichen Namens für die Zeit von 1368 bis 1380 als Lektor des Katharinenklosters nachweisbar ist. Auch die mit Hermann Langhe verwandte Gertrud Redwisch bedachte Detmar in ihrem Letzten Willen. (Ein Testament des Thomas Morkerke ist nicht überliefert. Vgl. die Testamentstabelle bei NOODT, Birgit: Religion und Familie in der Hansestadt Lübeck anhand der Bürgertestamente des 14. Jahrhunderts, Diss. Hamburg 2000, Lübeck 2000, S. 535-589). V. MELLE, Notitia Majorum, S. 101f.; vgl. auch KOPPMANN, Detmar, S. 4f.; Wriedt folgt der Forschung zur Identifikation des Chronikautors mit dem Lübecker Lesemeister Detmar, merkt jedoch an, dass für den Zeitpunkt der Beauftragung des Lesemeisters mit der Chronik, welcher in der Einleitung mit dem Jahr 1385 angegeben ist, ein Lesemeister Detmar nicht in den Quellen auftaucht, wohl aber ein Godekin/Godefried, dem sich noch Johann von Osenbrugghe hinzufügen ließe. WRIEDT, Geschichtsschreibung, S. 403f.; SANDFUCHS, Thomas: Detmar von Lübeck, in: Die deutsche Literatur des Mittelalters. Verfasserlexikon 2, Berlin/New York 1980, Sp. 68f.

[13] GRAUTOFF, Chroniken 1, S. 101.

[14] In der Ribnitzer Chronik ist zum Jahr 1225 eingetragen: *Eodem anno recepta est domus fratrum in Lubeck, adhuc vivente s. patre nostro Francisco.* TECHEN, Friedrich: Die *Chroniken* des Klosters Ribnitz, Schwerin 1909, Angaben zum Jahr 1225: S. 6f., zur Identifikation des Chronisten und der Bestimmung der Entstehungszeit: S. 1*-8*.

[15] Die Chronik, deren Originalmanuskript leider nicht erhalten ist, berichtet über Ereignisse bis zur Reformationszeit. Allerdings wechselt ihr Sprachduktus häufiger, so dass Techen von einer

Kustos Dietrich von Studitz zu. Sie verzeichnet in lateinischer Sprache die wichtigsten Ereignisse des Franziskanerordens und des in der Lübecker Kustodie liegenden Klarissenklosters Ribnitz, für dessen Schwestern es niedergeschrieben wurde.

Das von beiden Schriftquellen angegebene Datum für einen Aufenthalt der Franziskaner in Lübeck ist auffallend früh,[16] denn zu dieser Zeit gab es in Norddeutschland noch keine Niederlassung des Ordens. Selbst in der thüringischen Gegend, in welcher sich der Minoritenorden um 1225 bereits in verschiedenen Städten ausgebreitet hatte, scheiterten noch einzelne Ansiedlungsversuche.[17]

Dennoch sind die beiden Überlieferungen als glaubwürdig anzusehen. Zum einen erhärtet die bislang in der Forschung nicht angeführte Ribnitzer Chronik die Darstellung Detmars. Denn diese für einen auswärtigen Konvent geschriebene, ältere Schrift muss als frei von denkbaren, der Detmarchronik unterstellbaren lokalpatriotisch motivierten Ambitionen einer Frühdatierung gelten, die womöglich die tief verwurzelte Rolle des Ordens vor Ort gewichtig darlegen und spürbar vor den erst 1229 nach Lübeck gekommenen Dominikanern herausstellen sollte.[18] Die Abfolge der Ankunft von Brüdern der beiden Bettelorden wird im 15. Jahrhundert auch von einem Dominikaner, nämlich Hermann Korner, bestätigt.[19]

Originalversion ausgeht, die von verschiedenen Händen weitergeführt worden ist. Die Ursprungschronik spricht er dem Kustos Dietrich von Studitz zu.

16 Die im Lübecker Urkundenbuch zusammengetragenen städtischen Dokumente nennen in Lübeck anwesende Brüder des Franziskanerordens erstmals im Jahr 1233: UBL 1, Nr. 54/ 15.03.1233.

17 In Nordhausen und Mühlhausen scheiterten 1225 die Versuche der Franziskaner, sesshaft zu werden. Dies gelang erst ab 1230 bzw. 1231. (FREED, John Beckmann: The mendicant Orders in German Society 1219-1273, Diss. Princeton University 1969, S. 403ff.). Die Ordenschronik Jordans von Giano erwähnt die Ankunft der Franziskaner in Lübeck nicht, weder zum Jahr 1225 noch zu einem späteren Zeitpunkt. Auf Bitten seiner Mitbrüder diktierte Jordan ab 1262 seine persönlichen Erinnerungen über die Anfangsjahre der Minoriten in Deutschland dem Franziskaner Balduin von Brandenburg. Zu der Zeit, als die Barfüßer in Lübeck eintrafen, leitete er die Kustodie Thüringen. Dieser Umstand sowie die Tatsache, dass Lübeck in den 1240er und z.T. noch in den 1250er Jahren zur dänischen Franziskanerprovinz gehörte (siehe Kap. III.B.1.), erklärt sein besonderes Augenmerk auf Thüringen und vielleicht auch das Übergehen der Lübecker Niederlassung. HARDICK, Lothar: Nach Deutschland und England: Die Chroniken der Minderbrüder *Jordan von Giano* und Thomas von Eccleston, Werl 1957, S. 21ff.

18 Die Konkurrenzsituation zu den Dominikanern gibt auch Ruth Schliemann als möglichen Grund einer eventuell „geschönten" Überlieferung einer besonders frühen Ankunft der Franziskaner an, ohne sich letztlich für oder gegen die Korrektheit des Ankunftsjahres 1225 auszusprechen. SCHLIEMANN, Ruth: Die Bettelordensklöster St. Maria-Magdalena und St. Johannis, Hamburg, Diss. Hamburg 1999, Hamburg 2002, S. 80.

19 In seiner Ausgabe von 1435 spricht Hermann Korner dies sogar explizit an: „notum tamen est, fratres Minores locum habuisse in Lubeke ante introductionem fratrum ordinis Praedicatorum."

Aber auch die Bedeutung der Stadt Lübeck selbst passt in das Bild, das die Chroniken zeichnen. Denn die Handelsmetropole war in der fraglichen Zeit als zweitgrößte Stadt im nördlichen Deutschland[20] besonders prädestiniert für eine Ansiedlung der Bettelorden, da diese generell Standorte anstrebten, die ihnen einen möglichst großen Wirkungskreis bieten konnten.[21] Lübeck lag damals bereits an einem wichtigen Handelsweg, der von Magdeburg, wo die Franziskaner schon 1223 eine zentrale Niederlassung gegründet hatten, in die nordische Handelsstadt führte.[22]

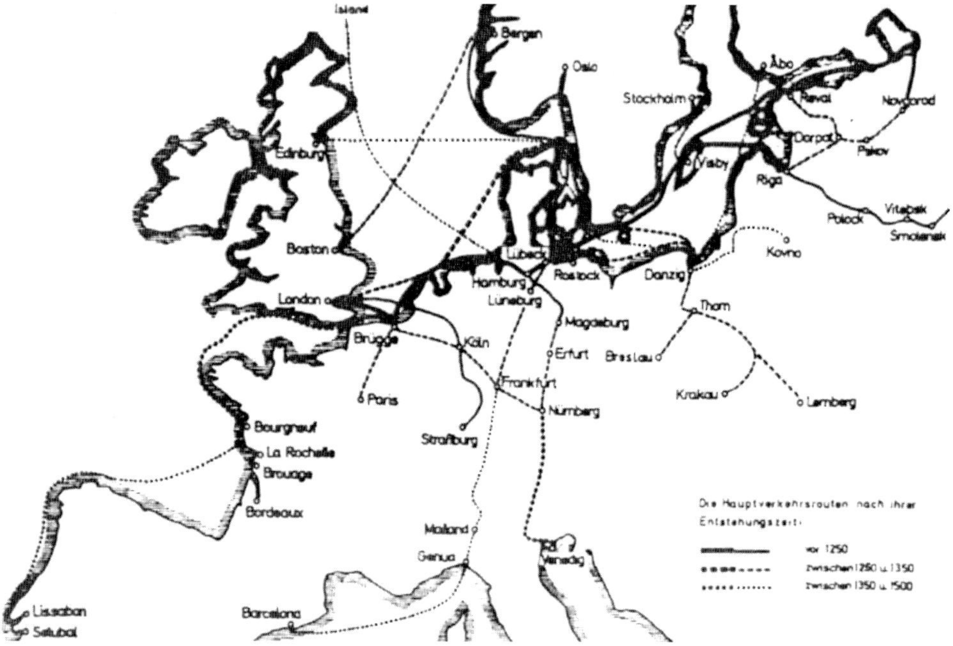

(SCHWALM, Jakob [Hg.]: Die Chronica Novella des Hermann Korner, Göttingen 1895, S. 155). Die absoluten Jahresangaben der beiden stimmen nicht miteinander überein. Korners Daten sind allerdings generell ungenau: 1423 gibt er das Ankunftsjahr mit 1226, 1435 und 1438 mit 1227 an, „offensichtlich, weil er ... den Tod des hl. Franziskus in das Jahr 1228" setzt (SCHWALM, S. 155 und 539; BUK 4, S. 35, Anm. 2). Seine Jahresangabe zur Niederlassung der Franziskaner in Lübeck wird im Geflecht der Bezüge, die er selbst herstellt und miteinander verwechselt, in jeder Ausgabe unkorrekter. 1435 schließlich setzt er die Heiligsprechung von Franz von Assisi in das Jahr 1230, nachdem er sie in den drei vorigen Fassungen (1416, 1420 und 1423) korrekt angegeben hatte.

[20] Dieser dem mittelalterlichen Köln nachfolgende Rang bemisst sich an der Bevölkerungszahl. (GRASSMANN, Antjekathrin [Hg.]: LÜBECKISCHE GESCHICHTE, Lübeck 1988, S. 306). Der Grundfläche nach war Braunschweig größer (KUNST, Hans-Joachim: Die *Marienkirche* in Lübeck. Die Präsenz bischöflicher Architekturformen in der Bürgerkirche, Worms 1986, Anm. 35).

[21] Siehe Seite 50.

[22] DOLLINGER, Philippe: Die Hanse, 5. erweiterte Auflage, Stuttgart 1998, Karte 5.

Somit ist zusammenfassend von einer korrekten Angabe der beiden Chroniken auszugehen,[23] was bedeutet, dass Lübeck als erste franziskanische Niederlassung im hohen Norden Deutschlands anzusehen ist.

Keinerlei Indizien finden sich hingegen für eine noch frühere Ankunft der Franziskaner, die Patricius Schlager in einer provisorischen Unterkunft vor den Toren der Stadt vermutet. Schlagers Überlegungen übertragen ohne jegliche tatsächliche Anhaltspunkte eine aus anderen Städten bekannte franziskanische Praxis der kurzfristigen Inanspruchnahme behelfsmäßiger Unterkünfte vor einer endgültigen Niederlassung auf die konkrete Situation der Ansiedlung der Barfüßer in Lübeck.[24]

Die Formulierung Detmars, den Franziskanern seien 1225 Privilegien *„up de vryheit de stede"* erteilt worden, impliziert eine Zuteilung des Grundstückes durch den städtischen Rat.[25] Diese Interpretation bestätigt eine spätere Urkunde aus dem Jahre 1240, in welcher die Konventsmitglieder explizit angeben, dass sie ein Grundstück aus der Hand des Lübecker Rates und durch die Unterstützung anderer „edler Herren" besäßen, das ausreichend sei für die „baulichen Ansprüche und anderen Bedürfnisse".[26] Zugleich lässt sich dieses Dokument, in

---

23 Detmars weitere Daten und Personenangaben zur Klostergeschichte überzeugen auch nach einem Vergleich mit gleichlautenden anderen Dokumenten, vgl. weiter unten seine Angaben zum Klosterbau: Die Bauzeit stimmt mit überlieferten Bauinschriften überein, und auch der von ihm genannte Bauherr, der Franziskaner „Emeke", ist durch zeitgenössische Testamente als damaliger Guardian zu identifizieren.

24 SCHLAGER, Lübeck, S. 2: Er vermutet eine erste Ansiedlung der Franziskaner „vor dem Burgtor im Leprosenhause. Gewöhnlich war ja in den Städten, wohin sie kamen, ihr erster Gang zu den Ärmsten der Armen, zu den Aussätzigen." Schon Günther Jaacks weist auf den hypothetischen Charakter dieser Angabe hin und auf die Tatsache, dass ein Leprosenhaus vor den Toren Lübecks erst für das 14. Jahrhundert überliefert ist, JAACKS, S. 15; zur Praxis der vorübergehenden Ansiedlung außerhalb der Städte vgl. MECKSEPER, Cord: Kleine Kunstgeschichte der deutschen Stadt im Mittelalter, Darmstadt 1991, S. 226.

25 So auch schon JAACKS, S. 11; POECK, Dietrich W.: *Klöster* und Bürger, in: H. KELLER/F. NEISKE (Hg.): Vom Kloster zum Klosterverband, München 1997, S. 423-451, hier: S. 425-427.

26 Diese lateinische Quelle findet sich im UBL 1 vom 28.05.1240 unter der Nr. 86. Sie lautet in deutscher Übersetzung, die freundlicherweise Adolf Clasen vorgenommen hat: *„Allen christlichen Glaubensbrüdern, die diesen Brief lesen werden, in Christus gottergebene Fürbitten von Bruder* „Thidericus, ordinis minorum dacie minister", *und von dem ganzen Konvent dieses Ordens in Lübeck. Da wir ja durch die Barmherzigkeit der Liebe Gottes und durch den Ratschluss der Lübecker Ratsherren und anderer edler Herren zur Förderung und zugleich auch durch ihre Unterstützung ein Grundstück haben, das für die baulichen Ansprüche (= ad edificia) und andere Bedürfnisse der Brüder geeignet ist, halten wir dafür, dass wir eurer Gesamtheit urkundlich versichern können, dass wir weder die Ratsherren noch andere, wen auch immer, im Hinblick auf die Erweiterung oder auch Vergrößerung besagten Grundstücks in Zukunft behelligen wollen oder dürfen."* Vom Rat erteilte Grundstücke sind beispielsweise auch von den Franziskanerkonventen

dem ausschließlich die Rede davon ist, dass sich die Brüder zufrieden mit dem bis dato Geschenkten erklären, ohne dass sich ein Hinweis auf jüngst Erhaltenes findet, als Kapitulationserklärung werten, der ein vergeblicher Versuch vorausgegangen sein wird, das Gelände zu vergrößern.[27] Die Erweiterung ihres Areals gelang der Klostergemeinschaft schließlich 1256. In diesem Jahr überließ wiederum die „communia civitatis" den Minoriten ein der Kirche benachbartes Grundstück.[28] Bei ihrem Anliegen unterstützte der damalige Bischof Johann von Diest die Brüder, der ebenfalls dem Franziskanerorden angehörte.[29] Denn er ist es, der in der betreffenden Urkunde die Grundstücksübertragung bestätigt, nicht ohne wiederum zu beteuern, keinen weiteren Platzbedarf für die Minoriten zu fordern.[30] Dieses Schriftstück gibt zugleich die erste Nachricht über die Existenz einer Kirche der Franziskaner – der Vorgängerin des erhaltenen Gebäudes – und

---

in Lüneburg, Braunschweig und Kulm überliefert. ZAHLTEN, Johannes: Die mittelalterlichen Bauten der Dominikaner und Franziskaner in Niedersachsen und ihre Ausstattung, in: Stadt im Wandel 4, S. 371-405, hier: S. 382; HEISE, Johannes (Bearb.): Die Bau- und Kunstdenkmäler der Provinz Westpreußen 5: Kreis Kulm, Danzig 1887, S. 67.

[27] Anders interpretiert Wolf-Dieter Hauschild diese Quelle, in der er eine Bewilligung zur „Erweiterung des Klostergeländes" erkennt. HAUSCHILD, Wolf-Dieter: Kirchengeschichte Lübecks, Lübeck 1981, S. 69.

[28] Urkunde vom 08.07.1256 in: UBL 1, Nr. 229. Zur Interpretation des Wortlautes vgl. HARTWIG, Julius: Der Lübecker Schoß bis zur Reformationszeit, Leipzig 1903, S. 79. Der Autor konstatiert, dass die Minoriten den Bauplatz ohne den Vorbehalt der Zahlung einer Steuer erhalten hätten. Dies entspräche auch der allgemein üblichen Praxis, nach welcher die Kirche und Klöster generell keinen Schoss zu entrichten hatten. HARTWIG, S. 53f.

[29] Zu seiner Person: UBBL 1, Nr. 290 vom März 1289, S. 314-319; BIEREYE, Wilhelm: Untersuchungen zur Geschichte des Bistums Lübeck von 1254 bis 1276, in: ZVLGA 28 (1936), S. 59-101, hier: S. 59-85; POHLE, Ulrich: Diest, Johannes von, in: Schleswig-Holsteinisches Biographisches Lexikon 2 (1971), S. 123f.; RÖNNPAG, Otto: Johann von Diest. Bischof zu Lübeck 1254-1259, in: Jahrbuch für Heimatkunde, Eutin 1982, S. 35-38.

[30] Diese „Bescheidenheits"-Floskel in einer Bestätigungsurkunde über geschenkte Immobilien scheint eine übliche Formulierung in mittelalterlichen Urkunden gewesen zu sein. Sie findet sich z.B. auch in dem Dokument über eine städtische Grundstücksvergabe an die Dominikaner im Jahr 1236 (UBL 1, Nr. 75/21.03.1236) wie auch im Jahre 1326 in einer Urkunde, die den Erhalt städtischen Areals der Franziskaner in Kulm dokumentiert (HEISE, S. 67, Anm. 207 – PUB 2, Nr. 550).

damit einen terminus ante quem für ihre Entstehung.[31] Das Patrozinium der hl. Katharina findet sich seit 1259 in den Quellen.[32]

Der große Stadtbrand des Jahres 1276, der das Kloster der Dominikaner ebenso zerstörte wie viele Häuser innerhalb der Stadt, hat die Bauten der Franziskaner verschont, wie einem Brief aus dem Lübecker Minoritenkloster an den Guardian in Riga zu entnehmen ist. Unmittelbar nach dem Brand teilte ein Klosterbruder darin mit: „*Status noster compertus est.*“[33] Anlässlich dieser Feuersbrunst von 1276, der bereits eine verheerende Brandkatastrophe im Jahr 1251 vorausgegangen war, nahm der Rat das Gebot des Steinbaus in seine Bauvorschriften auf.[34]

Mit diesen Nachrichten haben sich die Angaben zu den Vorgängerbauten der heutigen Anlage bereits erschöpft. Es ist ihnen nicht mit Bestimmtheit zu entnehmen, ob die erste überlieferte Kirche der Franziskaner bereits auf dem Grundstück der erhaltenen gotischen Kirche an der Ecke Glockengießer-/Königstraße stand (*Lageplan Abb.8*). Aber die 1225 und 1256 erfolgten Grundstücksvergaben und -erweiterungen weisen eine örtliche Kontinuität für die Anfangszeit der Niederlassung bis zu dem ersten 1256 nachgewiesenen Kirchenbau

---

[31] Über die Entstehungszeit der ersten Klosteranlage, von der eine „domus“ erstmals 1251 in den Quellen auftaucht, ist nichts Näheres bekannt. Sicherlich wird bereits 1254, zum Zeitpunkt des ersten überlieferten Provinzialkapitels in Lübeck, eine Kirche gestanden haben. Detmar gibt in seiner Chronik an, die Franziskaner hätten noch in ihrem Ankunftsjahr mit dem Bau von Konventsgebäuden begonnen. „Berücksichtigt man den Umstand“, so Ruth Schliemann, „dass dieses noch zu Lebzeiten des Franziskus stattgefunden haben müsste, erheben sich Zweifel, und (Detmars) Aussage eines gleichzeitigen Baubeginns muss vorsichtig relativiert werden.“ SCHLIEMANN, S. 80. Ob man sich hierunter ein provisorisches „Dach über dem Kopf“ vorzustellen hat oder schon eine festere Behausung, ist nicht bekannt.

[32] Im Stadtbuch wird zum Jahr 1259 ein Helmvicus Albus *apud St. Catharinam* erwähnt, BREHMER, W.: Zusammenstellung der Eintragungen in das älteste Oberstadtbuch, in: ZVLGA 4 (1884), S. 119f. und 222-260, hier: S. 234. Helmvicus findet sich nicht im Personenregister des AHL, daher ist seine Adresse nicht auszumachen. Im gleichen Jahr erwähnt auch eine städtische Urkunde das Patrozinium. UBL 1, Nr. 301/25.02.1259.

[33] PERLBACH, Max: Brief, in: Altpreußische Monatsschrift 10 (1872), S. 268ff.; RATHGENS, Hugo: Die großen Feuersbrünste, in: ZVLGA 5 (1888), S. 144-156, hier: S. 152; siehe auch BUK 4, S. 168, Anm. 2; JAACKS, S. 11.

[34] KOKKELINK, Günther: Hausbau und Hausnutzung in Lübeck vom 13. bis 17. Jahrhundert, in: Neue Forschungen zur Geschichte der Hansestadt Lübeck, Hg.: A. GRASSMANN, Lübeck 1985, S. 51-62, hier: S. 54.; vgl. auch: WROBEL, Sigrid/ECKSTEIN, Dieter: Die Bauholzversorgung in Lübeck vom 12.-16. Jahrhundert, S. 531-535, hier: S. 531 und SCHEFTEL, Michael: Skizzen zu einer Geschichte des Profanbaues in Lübeck, in: LÜBECKISCHE GESCHICHTE, S. 757-792, hier: S. 761. Im Lübeckischen Recht gab es bereits 1240 schriftlich fixierte Bauvorschriften. HACH, Johann Friedrich: Das alte Lübische Recht, Lübeck 1839, Neudruck Aalen 1969. Lübeck verfügte im europäischen Vergleich recht früh über gesetzlich festgeschriebene Bauvorschriften. Für Italien vergleiche: BRAUNFELS, Wolfgang: Mittelalterliche Stadtbaukunst in der Toskana, Berlin 1953, S. 90ff.

aus.[35] Und die Mitteilung des Klosters über den nach dem Brand von 1276 weiterhin unveränderten Zustand legt nahe, das Kloster auch über dieses Jahr hinaus an dem ursprünglichen Standort anzunehmen.[36]

Günther Jaacks wie auch Werinhard Einhorn stellen diese Annahme, dass die Franziskaner das genannte Eckgrundstück seit Beginn ihrer Niederlassung in Lübeck besaßen, als gesichert dar. Weiter bezieht Jaacks die Grundstücksschenkung des Jahres 1256 auf den östlichen Teil des heutigen Grundstücks, dessen Tiefe er mit der Breite des Gebäudes Glockengießerstraße 2 angibt, welches an den Chor der Kirche angebaut ist.[37] Anlass dazu gibt ihm die Traufenlänge des Hauses, welche der in Lübeck üblichen Grundstücksbreite entspreche.[38] Die dieser These zugrunde liegende Prämisse einer in der Handelsstadt üblichen Normparzelle hat jedoch Rolf Hammel-Kiesow überzeugend widerlegt.[39]

Geht man von der Annahme einer einmaligen Grundstücksvergabe an der Stelle Ecke Königstraße/Glockengießerstraße im Jahr 1225 und einer daran anschließenden Erweiterung im Jahr 1256 aus und versucht das Ursprungsgrundstück zu rekonstruieren, so ergeben sich mehrere Möglichkeiten zur Genese des heutigen Geländes, wobei Jaacks Vorschlag eines ersten Geländes an der Ecke König-

---

35 Entgegen Schlagers Vermutung, die Franziskaner hätten zunächst in dem Leprosenhaus vor dem Burgtor Unterkunft gefunden, die allerdings schon Jaacks widerlegt mit dem Hinweis, dass ein solches erst für das 14. Jahrhundert nachweisbar ist. Schlager leitet seine Theorie aus einer generellen Hinwendung der Minderen Brüder „zu den Ärmsten der Armen, zu den Aussätzigen" ab. SCHLAGER, Lübeck, S. 2; JAACKS, S. 11.

36 Zu der Annahme, das ursprüngliche Grundstück mit dem Areal an der Ecke Königstraße/ Glockengießerstraße zu identifizieren, passt die Angabe v. Brandts, dass zahlreiche Eckgrundstücke an der Königstraße zuerst im Besitz von Ratsherren gewesen wären. Denn die Urkunde aus dem Jahr 1240 gibt an, die Brüder hätten die Fläche u.a. aus der Hand „edler Herren" erhalten. BRANDT, Ahasver von: Königstraße = Via regia?, in: ZVLGA 32 (1951), S. 70-86, hier: S. 82.

37 JAACKS, S. 13. Als gegeben postuliert er: „Es muß sich bei dem zusätzlichen Grundstück um das in der Glockengießerstraße der ersten Kirche angrenzende Grundstück gehandelt haben, das sich heute in der Breite des an den Chor der Kirche angebauten Häuschens – mit der in Lübeck üblichen Grundstücksbreite – abzeichnet." S. 13. „Wir wissen lediglich, daß die Kirche um die Breite eines Grundstückes kürzer war als die heutige." S. 16. Dem Autor folgt Werinhard Einhorn. EINHORN, Werinhard: Die Geschichte der *Franziskanerklöster* in Lübeck, Hamburg und Kiel, in: Katholischer Wegweiser für Hamburg und Schleswig-Holstein 10 (1970), S. 44-54, hier: S. 45.

38 Das Alter des Hauses ist nicht bekannt. Margrit Christensen vermutete einen mittelalterlichen Ursprung aufgrund der Mauertechnik (CHRISTENSEN, Margrit: Denkmalplan Lübeck ·Altstadt Ordner I, Block 14 – Gebäudebogen, Lübeck 1994). Diese Annahme bestätigte die kürzlich vom Institut für Dendrochronologie in Hamburg durchgeführte Altersbestimmung des Holzes im Dachstuhl, nach welcher die Dachbalken auf 1456 datiert werden können. (Angaben nach den Akten des Amtes für Denkmalpflege, Lübeck).

39 HAMMEL, Rolf: Hereditas, area und domus: Bodenrecht, Grundstücksgefüge und Sozialstruktur in Lübeck vom 12. bis zum 16. Jahrhundert, in: JbHf 35 (1986), S. 175-199, hier: S. 182-190.

straße/Glockengießerstraße und der Erweiterung nach Osten eine Option darstellt. Die Erweiterung kann aber auch das Areal in Richtung Hundestraße erschlossen haben.[40] Für die These von Günther Jaacks spricht, dass das neue Grundstück mit dem Bauplatz des Chorneubaues zusammenfiele und somit die Weiternutzung der älteren Kirche während der Bauarbeiten gewährleistet hätte. Dagegen spricht, dass in diesem Falle der nicht leicht errungene Neuerwerb mehrere Jahrzehnte ungenutzt geblieben sein müsste.

2. Der gotische Neubau der Kirche

Die weiteren bekannten urkundlichen Nachrichten beziehen sich auf das 14. Jahrhundert und damit – wie in dem Literaturüberblick angedeutet und wie es in den folgenden Kapiteln noch weiter ausgeführt werden wird – bereits auf die heute bestehende, zweite Kirche der Franziskaner.

Zu unbekanntem Zeitpunkt zwischen 1305 und 1307 erklärte die Ratskämmerei, den Minoriten zwei lange Hölzer und sieben Mark zu schulden.[41] Der Schuldschein dokumentiert, wie Jens Christian Holst herausstellt, einen Bauholzankauf des städtischen Bauhofes bei den Franziskanern.[42] Die für den genannten Zeitraum zu vermutende Lagerung von Bauholz seitens der Franziskaner ergibt gemeinsam mit den naturwissenschaftlichen Untersuchungen zum Dachstuhl ein einheitliches Bild von der Fertigstellung des Chorbaus kurz nach der Jahrhundertwende. Demnach wäre auch eine Bezeichnung, welche 1301 das heutige

---

[40] Auf der Basis der Definition des ersten Grundstücks, wie es vor der Grundstücksschenkung von 1256 ausgesehen haben sollte, rekonstruiert Jaacks hypothetisch die Ausmaße der Vorgängerkirche. Überzeugend führt er aus, dass diese nach Norden hin zur Glockengießerstraße nicht über die heutige Begrenzung hinaus gereicht haben werde. Andererseits werde sie vor der endgültigen Ausbildung des Straßenverlaufes existiert haben und einen solchen ermöglicht haben. Da sie, so eine von ihm aufgestellte Prämisse, die gleiche Achsausrichtung wie die heutige Kirche gehabt habe, schließt er auf ein schmaleres Langhaus als das heutige, dem ein breites, bis an die Glockengießerstraße reichendes Querschiff östlich gefolgt wäre. Den Chorabschluss habe schließlich ein Chor gebildet, dessen Länge dem heutigen abzüglich der Grundstücksbreite des Hauses Glockengießerstr. 2 entsprochen habe. Damit rekonstruiert er einen gängigen Bautyp der Romanik. Da seine Ausführungen äußerst spekulativ sind und bisher keine weiteren Anhaltspunkte zu einer Rekonstruktion dieses möglichen Vorgängerbaus bekannt geworden sind, kann an dieser Stelle keine weitere Hypothese gebildet werden. JAACKS, S. 16f.

[41] UBL 2, Nr. 1093, S. 1040.

[42] WROBEL, Sigrid/HOLST, Jens Christian/ECKSTEIN, Dieter: Das Bauholz: Qualität und Herkunft, in: Häuser und Höfe 1, 207-215, hier: S. 215, Anm. 179.

Gebäude Glockengießerstraße 4 als *apud chorum beate Katarina* gelegen beschreibt, bereits in Bezug auf den neuen Chor zu interpretieren.[43]

Als maßgeblicher Förderer dieses Neubauprojekts ist, nach Auswertung bislang von der Forschung nicht beachteter frühneuzeitlicher Schriften, der Stifter der nördlichen Chorseitenkapelle, Segebodo Crispin[44], zu erkennen. Er fungierte 1290 und 1297 als Kämmerer im Rat der Stadt Lübeck.[45] Ab dem Jahr 1301 oder 1308 bis zu seinem Tod am 3. April 1323 bekleidete er das Bürgermeisteramt.[46] Spätestens durch seine zweite, 1294 eingegangene Ehe mit der Tochter des Bürgermeisters Hinrik Steneke, der in der Detmar-Chronik als „*vil weise man*" gerühmt wird, war Crispin mit den einflussreichsten Geschlechtern Lübecks verschwägert.[47] Die urkundlichen Überlieferungen weisen Segebodo durch verschiedene Darlehensvergaben und Immobiliengeschäfte als ausgesprochen wohlhabenden Mann aus.[48] Er bewohnte das unweit der Katharinenkirche gelegene Haus Breite Str. 31.[49]

Seit der 1568 verfassten Chronik des Hans Rehbein (+ 1629) über die älteste bekannte Stadtgeschichte, welche Kunrat von Hövelen (1630-1689) im Jahre 1666 zusammenstellte, bis in das 18. Jahrhundert hinein wurde die Nachricht tradiert, dass Segebodo Crispin der bedeutendste Stifter bzw. der Erbauer des Katharinenklosters gewesen sei.[50]

---

43 In diesem Jahr verkaufte ein gewisser Hassone sein Haus an Volmarus Attendorn, welcher in diesem Gebäude einen Beginenkonvent einrichtete, der wiederum bis in das 18. Jahrhundert hinein existiert hat. SCHRÖDER, Hermann: Grundstücke in Lübeck bis 1600, Lübeck 1848, Jacobi Quartier 1 (AHL); BREHMER, Wilhelm: Die Lübeckischen Beginenhäuser, in: ZVLGA 4 (1884), S. 83-89, hier: S. 84.

44 Nicht urkundlich belegt, aber stichhaltig, vgl. auch S. 190f., BUK 4, S. 65.

45 FEHLING, S. 22 ; UBL 1, Nr. 555/01.08.1290; LUTTERBECK, Michael: Der Rat der Stadt Lübeck im 13. und 14. Jahrhundert, Lübeck 2002, Nr. 82.

46 Fehling gibt das Jahr 1301 als Beginn der Regierungstätigkeit an, das städtische Urkundenbuch das Jahr 1308. FEHLING, S. 22; UBL 2, Nr. 1061, Anm. 1, Lutterbeck folgt den Angaben im Urkundenbuch, LUTTERBECK, Nr. 82.

47 In erster Ehe war er mit einer Frau mit dem Nachnamen Güstrow verheiratet. (FEHLING, Nr. 270). Es ist aufgrund der fehlenden Angabe eines Vornamens nicht zu klären, ob sie zu dem gleichen Familienzweig gehörte wie der spätere Bürgermeister Tidemann von Güstrow, welcher an der Katharinenkirche um die Mitte des 14. Jahrhunderts eine Kapelle gründete.

48 Siehe dazu: FEHLING, Nr. 270 und LUTTERBECK, Nr. 82.

49 Fehling gibt ohne Beleg an, dass Segebodo 1318 als Gesandter zu König Ludwig dem Bayern geschickt worden war, auf seiner Rückreise in Gefangenschaft geriet und erst mit Hilfe einer Lösegeldzahlung von 200 md freigelassen wurde. FEHLING, S. 22.

50 REHBEIN-Chronik, fol. 143; HÖVELEN, S. 30; KIRCHRING, Gottschalk/MÜLLER, Gottschalk: Compendium Chronicae Lubecensis, Hamburg 1678, S. 35 und 78; MELLE, Jacob von: Notitia Majorum, S. 110; BROKES, fol. 27 r.

Jacob von Melle gibt 1707 in seinem erst im 20. Jahrhundert auf deutsch publizierten Werk „Notitia Majorum" seine Quelle für die entsprechende Nachricht, Segebodo habe das Kloster *„ghefunderet unde gebuwet"*, mit den öffentlichen Verzeichnissen des Senates an.[51] Hiermit könnten die unvollständig überlieferten Handschriften der Ratslinien gemeint sein, von denen im Stadtarchiv drei Manuskripte aus dem 17. bzw. 18. Jahrhundert vorhanden sind.[52] Auch die eingangs genannte Chronik stellt nach dem Vorwort ihres Verfassers Hans Rehbein *„eine sonderliche Linea des Raths ad perpetuam rei memoriam"* dar, *„welchs allein auch nicht die Linea des Rats, besondern zugleich die Lubische Cronica, nemblich ein kurtzer Auszzugk sein soll der nöttigsten Dinge und Historien dieser Statt Lübeck"*. Es zeichnet sich ab, dass die Stiftungsnachricht des Segebodo Crispin in den Ratslinien tradiert worden ist, die heutzutage bis in das 16. Jahrhundert zurückzuverfolgen sind.

Auch der ehemalige Grabstein sowie ein Epitaph, die anscheinend noch zu Beginn des 18. Jahrhunderts im nördlichen Nebenchor lagen, wie den Ausführungen von Melles zwischen den Zeilen zu entnehmen ist, könnten auf die Bedeutung Crispins für das Kloster hingewiesen haben. Von Melles Text bleibt hier unklar, wenn er schreibt, dass „Bilder, Wappen ... und Epitaphien die Wohltaten (bezeugen), die das Kloster St. Catharina durch die Crispins erhalten hat", und an anderer Stelle erwähnt, die Inschriften der Grabsteine übergehen zu wollen. Auf eine mögliche Grabinschrift scheint sich auch Hinrich Brokes (1706-1773) nicht zu beziehen, der zahlreiche Epitaphe und Grabplatten an und in Lübecker Großbauten aufgenommen hat. Er liefert zu Crispin zunächst nur das Sterbedatum.[53] Die als Anmerkung daneben gekritzelten Zeilen bieten die ausführlichere Informationen: *„S. Crispin ist principalis confundator vom S. Catharinam Kloster in Lübeck gewesen und hat eine gewisse Anzahl Mönche in dieses Kloster eingesetzt, denen er Almosen verteilet, wofür sie Seelenmessen gehalten. Obiit 1323."*[54] Die Ausführungen Brokes sind vorwiegend in Deutsch verfasst, wobei

---

51 V. MELLE, Notitia Majorum, S. 110.

52 Freundlicher Hinweis von Dr. Ulrich Simon/AHL; HS 1005 Ratslinie von 1163 bis 1897 fortgeführt, (angelegt Ende des 17. Jahrhunderts), fol. 124 v.; die gleiche Nachricht findet sich auch in zwei weiteren Ratslinien: HS 1009: Ratslinie 1164-1777, fol. 23 v und HS 1007, Ratslinie 1161-1788 (von G. Braschen um 1750 angelegt), Nr. 289 – hier beinahe übereinstimmender Wortlaut mit v. Melle.

53 Es heißt bei ihm: „Anno 1323 starff Segebodo Crispin." BROKES, unter Templum Catharinam, fol. 27 r.

54 Damit stimmt Brokes mit den Angaben von Kirchring/Müller wörtlich überein, führt aber noch weitere, über deren Hinweise hinausgehende Informationen an. Kirchring/Müller hatten lediglich den ersten Halbsatz der Brokeschen Ausführung in ihrer Quellensammlung angegeben. KIRCHRING/MÜLLER, S. 78.

die Bedeutung, welche Crispin für die Kirche hatte, durch die lateinische Nennung hervorgehoben wird. Berücksichtigt man, dass Brokes auf Seelenmessen hinweist, so scheint als Vorlage ein Eintrag in einem Totenbuch denkbar.[55] Die gleichzeitige Verwendung des Deutschen und Lateinischen wäre dann auf Brokes deutsche Kommentierung des lateinischen Eintrags in dem Gedenkbuch zurückzuführen. Brokes kann den Text aber auch tatsächlich zweisprachig vorgefunden und ihn wörtlich wiedergegeben haben, denn in den Kalendarien der Missale des 14. Jahrhunderts kommen vergleichbare deutsch-lateinische Texte vor.[56]

Allen bekannten Nachrichten des 17. und 18. Jahrhunderts zur Rolle Crispins ist gemein, dass sie den ehemaligen Bürgermeister konkret als den Erbauer des Klosters nennen und diese Angabe wörtlich interpretieren. So ordnet Kunrat von Hövelen die Förderung des Baus dem überlieferten Baubeginn der Konventsgebäude, dem Jahr 1351, zu. Und auch Jacob von Melle (1659-1743) bezieht die Aussage zur Unterstützung der Errichtung des Klosters auf eben dieses Datum. Da dieser Bau nicht mit den Lebensdaten des bereits 1323 verstorbenen Crispins in Übereinstimmung zu bringen ist, verwerfen die Herausgeber der postum veröffentlichten letzten Ausgabe der beliebten „Gründlichen Nachricht" die These der Gründungsrolle Crispins gänzlich.[57] Der von Jacob von Melle zu Beginn des Jahrhunderts angegebene Quellennachweis der Senatsakten wird folglich gar nicht mehr in die jüngste Skizzierung der Baugeschichte von St. Katharinen aufgenommen.[58] Die „Notitia Majorum", in welcher von Melle im Jahr 1707 Segebodo Crispin als Erbauer des Klosters dargestellt hatte, war auf Latein in einem Leipziger Verlag erschienen und liegt dem Publikum erst seit dem 20. Jahrhundert in deutscher Übersetzung vor.[59] Dagegen stellt das Buch aus dem Jahr 1787, in dem die Bedeutung Crispins für die Baugeschichte verworfen wird, die dritte Auflage eines in Lübeck vertriebenen und bis heute geradezu populären Werks dar. Diesen Bekanntheitsgrad hat auch von Hövelens

---

55 Ein solches Buch, das zur obligatorischen Ausstattung einer Kirche gehörte und der Organisation der liturgischen Abläufe diente, ist auch für St. Katharinen als „*ewyge denckebok*" urkundlich belegt – aber leider nicht mehr erhalten. UBL 8 Nr. 124/31.03.1443.

56 Für diesen Hinweis danke ich Dr. Johanna Gummlich-Wagner, Bonn.

57 V. MELLE, Gründliche Nachricht, S. 280f.

58 Auch in den beiden ersten Ausgaben seiner *Gründlichen Nachricht* nennt der Autor anders als in der *Notitia Majorum* Segebodo Crispin nicht als Klostergründer. Er führt in den ersten Ausgaben der Gründlichen Nachricht lediglich allgemein an, dass die Familie Crispin „hiebevor sonderbahre Wolthäter des S. Catharinen Klosters gewesen sind". V. MELLE, Gründliche Nachricht 1712, S. 169, Ausgabe 1742, S. 212.

59 Die *Notitia Majorum* wurden in deutscher Übersetzung erstmals 1981 in Lübeck publiziert. Sie ist zuvor von der Forschung kaum berücksichtigt worden, in Bezug auf die Baugeschichte der Katharinenkirche gar nicht.

Publikation des Jahres 1666 nie erreicht. Dementsprechend konnte der wertvolle Hinweis auf die Stiftungstätigkeit Segebodo Crispins, nachdem er in der letzten und umfangreichsten Auflage des viel beachteten Melleschen Werkes verworfen wurde, in Vergessenheit geraten; dies zumal der Grabstein Crispins, von dem weitere Aufschlüsse zu seiner Bedeutung für das Kloster zu erwarten gewesen wären, spätestens 1840 nicht mehr in der Katharinenkirche vorhanden war.[60]

Kehren wir noch einmal zu der Interpretation der neuzeitlichen Überlieferungen zurück: Deren konkreter Bezug des in den Quellen tradierten Begriffs „Kloster" auf die Klostergebäude stellt eine Reduktion des umfassenden Sinngehalts des Wortes auf dessen architektonische Bedeutung dar. „Kloster" ist auch generell der Oberbegriff für die Institution der Franziskaner in Lübeck. Denn der Bauherr sämtlicher zugehöriger Gebäude, auch der Kirche, war das Kloster – nicht die Katharinenkirche. Das erlaubt, die Quelle anders als Jacob von Melle abstrakter zu interpretieren. Die neuen Erkenntnisse zu der Bauzeit des Chors, die in Crispins Anfangszeit im städtischen Rat fällt, werfen zudem ein neues Licht auf die Nachrichten zu Segebodo Crispin und legen geradezu nahe, ihn als gewichtigen Förderer des Chorneubaus anzusehen.

Im Jahr 1290 wurde Segebodo Kämmerer der Stadt, und mit diesem Amt oblag ihm u.a. die Verwaltung des städtischen Bauhofs sowie die Aufsicht über die dortige Tätigkeit.[61] Er hätte demnach aufgrund seiner Amtstätigkeit einen fördernden Einfluss auf das große Bauvorhaben nehmen können. Sein privater Anteil muss jedoch ungleich größer gewesen sein, denn hätte seine Protektion hauptsächlich mit der Amtsausübung zu tun gehabt, wäre wohl eher der Rat der Stadt als Stiftungsinstitution in die Quellen eingegangen. Segebodo Crispin besaß im Jahr 1300 mit dem Dorf Wulmenau mehrere Waldbestände, so in Heinholz, Redder und Musse.[62] In der Überlassung von Bauholz ist eine Möglichkeit zu sehen, wie eine private Unterstützung ausgesehen haben könnte.

Über eine nachfolgende Bautätigkeit informiert die im vorigen Kapitel angesprochene Bauinschrift an der Westfassade der Kirche (*Abb. 65*). Sie berichtet in lateinischer Sprache und mit gotischen Minuskeln, dass Bischof Hinrich am 23. Juli 1335 den ersten Stein in den Boden ließ. Der angegebene Bischof, Hinrich II. von Bocholt, amtierte als erster Lübecker Bürgersohn auf dem Bischofsstuhl

---

[60] Denn Schnobel nennt ihn in seiner Zusammenstellung der Grabplatten nicht.

[61] PITZ, Ernst: Die schriftliche Verwaltung der Reichsstadt Lübeck vom 13. bis 15. Jahrhundert, Hamburg 1952, S. 394, vgl. auch S. 295.

[62] WROBEL/HOLST/ECKSTEIN, S. 215, Anm. 175.

zwischen 1317 und 1341.[63] Hier ist die deutsche Übersetzung von Adolf Clasen wiedergegeben:

1000 Jahre, 300 dazu, und noch 35,	*Anno milleno, ter ccc, qui(n)to*
des Julius 23. Tag, unter Christi Herrschaft	*que trigeno, Vicesimo trinoq(ue)*
senkte Hinrich, der Bischof,	*die julii, duce CHR(ist)o Hin(ricus) presu(l)*
den Grundstein hinab in den Boden.[64]	*p(ri)mu(m) lapide(m) ponebat in ymu(m)*

Der Wortlaut der Zeilen weist die Kalksteintafel als Dokument einer Grundsteinlegung aus, als welches die Mehrheit der Forscher sie ansieht. Einzig Manfred Neugebauer bezog 1981 die angegebene Jahreszahl 1335 auf eine Weihe, da seine dendrochronologische Untersuchung das erste Jahrzehnt des 14. Jahrhunderts als Fälldatum sämtlicher im Dachstuhl der Kirche verwendeter Hölzer ergeben hatte. Mit dieser Neuinterpretation versucht er, die Quellenlage mit seinem naturwissenschaftlichen Ergebnis in Übereinstimmung zu bringen. Der Wortlaut widerspricht jedoch Neugebauers Hypothese. Mit der expliziten Nennung eines „ersten Steins" verwendet die Inschrift die Begrifflichkeit eines Textes aus dem Ende des 13. Jahrhunderts, der den damals bestehenden Ritus der Grundsteinlegung wiedergibt. Als „Benedictio et impositio primarii lapidis in ecclesiae fundatione" ist er uns aus dem Pontifikale des Durandus von Mende bekannt.[65]

Die Tafel ist demnach weiterhin als Grundstein anzusehen, wobei sie nicht preisgibt, auf welchen Bauteil sie sich bezieht.[66] Die Rekonstruktion ihres ursprünglichen Bezugs ist zudem dadurch erschwert, dass sie – wie Manfred Neugebauer und Wolfgang Erdmann entdeckt und nachgewiesen haben – erst

---

[63] Zu seiner Person: KOHLMANN: Heinrich II. (von Bocholt), in: Allgemeine Deutsche Biographie 11 (1880), S. 533f.; FRIEDERICI, Adolf: Das Lübecker Domkapitel, Diss. Kiel 1957, Nr. 27.

[64] CLASEN, Adolf: Steinerne Urkunden. Drei Lübecker *Bauinschriften* des Mittelalters, in: Der Wagen 2000, S. 138-152, hier: S. 141-144. Seine Untersuchung gilt den textlichen Qualitäten der Lübecker Inschriften.

[65] Seit dem 13. Jahrhundert folgt der Akt der Grundsteinlegung dem im Pontifikale erstmals überlieferten festgelegten Ritus. (BENZ, Karl Josef: Ecclesiae pura simplicitas. Zu Geschichte und Deutung des Ritus der Grundsteinlegung im Hohen Mittelalter, in: Archiv für mittelrheinische Kirchengeschichte 32 [1980], S. 9-25, hier: S. 9f.). Die Interpretation Neugebauers sieht auch Adolf Clasen in seiner Analyse mittelalterlicher Bauinschriften Lübecks unter philologischen Gesichtspunkten als unzulässig an. (CLASEN, Adolf: Bauinschriften, S. 141ff.). Auch der Grundstein des Lübecker Domes aus dem Jahr 1173 wird in seiner Inschrift bereits als primus lapis betitelt, wie auch derjenige der Basilika in Uetersen 1237. (HOLST, Jens Christian: *Middelalderlige fundamenter* i Lybeck – og andre steder, in: By, marsk og geest 11 [1999], S. 49-62, hier: S. 50).

[66] So auch: HAUPT, Richard: Geschichte und Art der Baukunst in Nordelbingen in den Herzogtümern Holstein und Lauenburg sowie den Fürstentümern Lübeck und Ratzeburg, Heide/Holstein 1925, S. 141.

nachträglich in die Westfassade eingesetzt worden ist. Mit Hilfe der bekannten dokumentarischen Nachrichten kann sie bis zum Jahr 1697, in dem diese Inschrift in einer Beschreibung der Stadt Lübeck erstmals Erwähnung findet, an ihrem heutigen Anbringungsort zurückverfolgt werden.[67] Ihr eigentliches Bezugsobjekt muss in einem späteren Kapitel auf der Grundlage der Bauuntersuchung ermittelt werden.

Hinweise zu der chronologisch nächstfolgenden Bautätigkeit ergeben sich aus den Bürgertestamenten der Mitte des 14. Jahrhunderts. Die Vermächtnisse der Jahre 1350 bis 1354 nennen konkrete Zuwendungen für ein 1350 bereits eingebautes Fenster[68], den Bau eines Gewölbejoches[69] und eine neue Altartafel[70], die in ihrer Gesamtheit gesehen die Fertigstellung der Kirche in diesen Jahren nahelegen.

1356 hielten die Franziskaner über sieben Tage hindurch ein großes Provinzkapitel in Lübeck ab. Es ist im Gegensatz zu den vorangegangenen Lübecker Zusammenkünften der Saxonia in den örtlichen Historiensammlungen aufgenommen. Neben Detmar erwähnt auch die so genannte Rufuschronik dieses Ereignis und betont die ungemein hohe Beteiligung von mehr als 450 Priestern und anderen Brüdern.[71] Die Tatsache, dass eine so große Anzahl von Teilnehmern den Veranstaltungen und damit auch den Gottesdiensten in der Kirche hat beiwohnen können, ist in der Literatur stets überzeugend als Zeichen für die erfolgte Fertig-

---

67 KRÜGER, Lübeck, S. 171; siehe auch v. MELLE, Gründliche Nachricht 1712, S. 167; 1787, S. 277; BROKES, fol. 35r.

68 BUK 4, S. 36; Testament des Eccard Rubowe vom 03.12.1350, UBL 1, Nr. 412.

69 Eine Gewölbestiftung für St. Katharinen sehen zwei Testatoren vor. Conrad Brylo am 04.10.1350 und nochmals am 16.03.1354 (UBL 1, Nr. 405 u. 526). Eine weitere Gewölbestiftung verkündet Alheyd Gustrowe in ihrem Testament am 18.09.1353 (UBL 1, Nr. 514). Zum terminus: Das Wort *testudo* bedeutet wörtlich übersetzt „Schildkröte“ oder „Schild der Schildkröte“. So übersetzt es Schlager 1907 und versteht darunter ein Wappenschild. Solche Schilde wurden häufig in den Kapellen aufgestellt, um an die Stifter zu erinnern. Diese Praxis ist auch für die Katharinenkirche überliefert. Die hierfür im Mittelalter angewandte lateinische Vokabel lautet allerdings *clipeus*. Für die Baugeschichte rückten die entsprechenden Testamente erst 1928 ins Blickfeld, als Bruns diesen Begriff treffend mit Gewölbe übersetzte (SCHLAGER, Lübeck, S. 7; BUK 4, S. 36). – In dem Sinne hatte ihn der Franziskanerorden selbst benutzt, nämlich in seinen Generalstatuten von Narbonne, in denen er ein Wölbverbot für die Kirchen ausspricht, von dem nur der Chorraum ausgenommen war (EHRLE, Franz: Die ältesten Redactionen der Generalconstitutionen des Franziskanerordens, in: Archiv für Literatur- und Kirchengeschichte des Mittelalters 6 [1892], S. 1-138, hier: S. 95).

70 JAACKS, S. 60; Testament der Dedeke van Zozet vom 05.03.1354: „tho der nien tafelen“, UBL 2, Nr. 522.

71 GRAUTOFF 1, S. 280, Anm. **.

stellung des Kirchenbaus interpretiert worden.[72] Die Autoren der „Bau- und Kunstdenkmäler“ vermuten bei diesem Anlass sogar die feierliche Einweihung.[73]

3. Die Klostergebäude des Spätmittelalters

Kurz nach der Pestwelle in der Mitte des 14. Jahrhunderts wurden auch Teile der Klostergebäude grundlegend erneuert. Detmar berichtet in seiner Chronik die wichtigsten Fakten zu dieser Maßnahme: Demnach begann sie 1351 auf Betreiben des Guardians Emeke.[74] Notwendig wurde sie aufgrund der Baufälligkeit der bestehenden Anlage, welche zunächst abgetragen wurde. Ermöglicht haben die Neubauten die Almosen der Pestopfer.[75] Eine Inschrift, die sich im Kloster selbst, genauer im Westflügel des so genannten großen Kreuzgangs, befindet, hält hierzu weitere aufschlussreiche Hinweise bereit[76]: Auf ihr steht in lateinischen Versen – hier auf deutsch nach der Übersetzung Adolf Clasens wiedergegeben – Folgendes:[77]

M. und L. drei C war'n für Dich, Herr, an Jahren vergangen,
als dieses Landes die Pest mehr als die Hälfte erschlagen.
Schreib' noch drei I: Man bauet dies Kloster als Neues gen Süden.
Auch eine Bibliothek steht dieser Straß' zugekehrt.
Durch die vom Tod Hingerafften hat Gott dies Kloster erneuert.
Nahm ihnen fort er den Leib, sei er (nun) gnädig den Seel'n.

Nach der Nennung der Jahreszahl und dem Bericht über die verheerende Pest führt die Tafel dem Leser die offensichtlich bereits ausgeführten Bauten vor Augen. Mit ihrer Datumsangabe ergänzt sie die Darstellung Detmars, so dass für eine Bauphase der Klostergebäude auf die konkrete Bauzeit von drei Jahren zwischen 1351 und 1353 geschlossen werden kann. Mit ihren letzten beiden Zeilen geht die Tafel allerdings weit über den reinen Dokumentationszweck

---

[72] BUK 4, S. 37; JAACKS, S. 14; GNEKOW, S. 593.

[73] BUK 4, S. 37.

[74] Dieser Guardian ist in den überlieferten Testamenten der Zeit als Emeke Swartze überliefert. Er stand dem Kloster mindestens zwischen 1350 und 1366 vor.

[75] Nach GRAUTOFF 1, S. 277.

[76] V. MELLE, Ausführliche Beschreibung 2, S. 915: „Verse, so daselbst im Umgang wenn man nach Quinta gehen will, zur Rechten, an der Mauer zu sehen.“

[77] *„M. cum L. ter C fuerant anni tibi, Criste / Dum plus quam mediam ferit hanc epydimia terram/ Adde ter I: claustrum novum fit ad austrum / Ac libraria presta stat ista via / Hiis, quos mors stravit, deus hoc claustrum reparavit. / Demptis corporibus sit bene spiritibus.*“ Wiedergegeben sind Abschrift und Übersetzung von CLASEN, Bauinschriften, S. 146.

einer Bauinschrift hinaus. Diese Verse lassen die Inschrift zu einem Gedenkstein für eine Toten-Memoria werden[78] und schließen mit einer öffentlichen Kollektiv-Fürbitte für die Verstorbenen.

Die Tafel befindet sich im Westflügel unmittelbar neben dem Klosterzugang von der Königstraße. Die spitzbogige Form des Durchgangs lässt an eine mittelalterliche Entstehung denken. Belegen lässt sich die Öffnung an dieser Stelle erst mit neuzeitlichen Beschreibungen, deren älteste aus dem 17. Jahrhundert stammt.[79] Weiterhin scheint der Anbringungsort des Gedenksteins der originale zu sein, da er sich auch in dem Flügel befindet, auf welchen sich der Text bezieht: Denn der Klostertrakt mit dem Stein ist wie die in der Inschrift angegebenen Bauten nach Süden ausgerichtet. Auch die Angabe einer benachbarten Bibliothek trifft zu, denn eine solche befand sich in dem ehemals parallel verlaufenden Baukörper an der Königstraße.[80] Der Anbringungsort der Inschrift wäre in dem Fall, dass sowohl der Zugang von der Königstraße aus als auch die Hängung der Inschrift original wären, programmatisch zu deuten. Denn den Ein- und Ausgang des Klosters werden neben den Franziskanern auch die weltlichen Besucher genutzt haben, die zu den unterschiedlichsten Anlässen, wie Verlöbnisberedungen oder geschäftlichen Verhandlungen, das Katharinenkloster aufsuchten.[81] Aufgrund seiner demonstrativen Präsentation und des über den eigentlichen Zweck einer Bauinschrift hinausgehenden „stadtorientierten" Inhalts[82] erhält der „Gedenkstein" einen kommunikativen Impetus. Außerdem kommt ihm so der Charakter einer offiziellen Urkunde zwischen der imaginären Stiftungsgemeinschaft der Verstorbenen, die den Klosterbau finanzierte, und den Minoriten zu, die im Gegenzug die Stifter im Jenseits durch diese öffentliche Anrufung Gottes unterstützten.

---

78 CLASEN, Bauinschriften, S. 150.

79 Die erste Erwähnung der Bauinschrift ist aus dem Jahr 1697 überliefert. Sie lokalisiert diese bereits an dem noch heute gültigen Anbringungsort. Zugleich weist der Autor, Johann Gerhard Krüger, auf die Renovierung dieser Tafel im Jahre 1652 hin. Wahrscheinlich hat sich die Tafel auch zu diesem Zeitpunkt bereits am bezeichneten Ort befunden, sonst hätte Krüger wohl neben der erfolgten Renovierung auch die Translozierung der Tafel angemerkt. KRÜGER, Lübeck, S. 173f.

80 Neuzeitliche Notizen des Werkmeisters lokalisieren eine Bibliothek im betreffenden Westflügel des Kreuzgangs und stimmen so mit den Interpretationen der Inschrift überein. 1708 heißt es in der St. Catharinen Kirchen Kladde in der ersten Woche nach Ostern: „bei Subrector die in vorige Woche angefangene Arbeit, an die 2 Luchten auf der alten Bibliothek nach d. straßwerts continuiret", in der zweiten Woche nach Michaelis: „auf der alten Bibliothek an die 2 Fenster Luchten nach den Kirchhof gearbeitet". Im Jahre 1716 hat der Werkmeister „... oben Septima Classe, auf der sog. alten Bibliothek, die Fenster lucht ausgebeßert 6 Tage". (AHL, St. Cath. Kirchen-Kladde 1708ff.). Vgl. die Interpretationen auf der Basis des Inschriftensteins: JAACKS, S. 76; WILDE, Dehio, S. 492.

81 Zur Nutzung der Klostergebäude durch die Lübecker Bürger siehe Kapitel III.C.3.

82 CLASEN, Bauinschriften, S. 151.

In einem ganz anderen historischen Zusammenhang entstand eine bildhaft einprägsame Schilderung der gleichen Thematik, die uns eine Chronik des 16. Jahrhunderts liefert. Sie stammt von dem ehemaligen Konventsmitglied des Katharinenklosters Reimar Kock (+1569), welcher 1530 zum Protestantentum konvertiert war. Er wurde nach der Reformation Prediger an St. Petri und verfasste in der folgenden Zeit eine Stadtchronik[83]. Seinen Ausführungen haftet ein kritisierender Unterton gegen die vorreformatorische Seelsorgepraxis an, insofern sie in anschaulicher Sprache besonders die enorme finanzielle Unterstützung der durch die Pest verunsicherten Bevölkerung herausstellen, welche „*Geldt, Sulver unnd Goldt aver de Muren up den Kerckhoff* warfen, *in Hopeninge, dat se dorch Vorbede der Moneken uth dem Vegefure mochten gefreydet werden*". Weiterhin verleiht der Autor seinem Erstaunen über das Bauwerk Ausdruck, dessen prachtvolle Erscheinung das Finanzaufkommen, das in den Bau floss, geradezu demonstrieren würde.[84]

In der bisherigen Forschung wurden die drei vorgestellten Nachrichten zur Bautätigkeit der Jahre 1351 bis 1353 zumeist auf das gesamte Kloster bezogen.[85] Doch vermittelt die explizite Nennung bestimmter Konventsgebäude, des „Kloster(s) gen Süden" und der „Bibliothek straßenwärts" die Vorstellung einer kleineren Bauphase, in der nur Teile des großen Gebäudekomplexes ausgeführt worden wären. Zu dieser Annahme einer sukzessiven Bautätigkeit, die über die dokumentierte Bauzeit hinausging, passt auch eine testamentarische Stiftung, in der Hermannus Hundebeke noch im Jahr 1381 den Franziskanern 20 m.d. *ad structuram claustriphorum* vermacht.[86]

---

[83] Der seit 1524 dem Lübecker Franziskanerkonvent angehörende Reimar Kock trat 1530 zum evangelischen Glauben über und wurde Prediger an St. Petri, wo er noch bis zu seinem Tode im Jahr 1569 wirkte. Seine Chronik, die zugleich sein bislang unpubliziertes Hauptwerk darstellt, schrieb er 1549 nieder. BRUNS, Friedrich: *Reimar Kock*. Der lübische Chronist und sein Werk, in: ZVLGA 35 (1955), S. 85-104, hier: 90-97; ULPTS, Ingo: Bettelorden in Mecklenburg, Diss. Münster (Masch.-Schr.) 1996, S. 707.

[84] GRAUTOFF 1, S. 472.

[85] LASPEYRES, S. 360; SCHLAGER, S. 3; BUK 4, S. 64; JAACKS, S. 77; vorsichtiger ist Lutz Wilde, er spricht von seit 1351 erneuerten Klostergebäuden: WILDE, Lutz, Dehio 1994, S. 491; ders.: Große Baudenkmäler 1996, S. 15.

[86] Das Testament Hundebekes nach: V. MELLE, Testamenta, S. 305; die Franziskaner verwendeten noch 1443 Spenden „to dem buwete unses closters": UBL 8, Nr. 124 vom 31.03.1443. Stiftungen *ad structuram* sind in aller Regel für die allgemeine Baufabrik bestimmt, mithin auch für Instandhaltungsmaßnahmen. Da jedoch in den übrigen Testamenten des 14. Jahrhunderts diese Klosterfabrik nicht genannt wird, sondern ansonsten Spenden *ad structuram ecclesiae* eingehen, wird es sich hier um eine konkrete Baumaßnahme handeln. Zur Definition des Begriffs vergleiche: BUK 4, S. 36, Anm. 1; GREWOLLS, Antje/LUDWIG, Steve: Die *Bauorganisation* an den Wismarer Pfarrkirchen im Mittelalter, in: Wismarer Beiträge 12 (1996), S. 21-32, hier: S. 22; GREWOLLS,

Die späteste aus den Quellen abzuleitende mittelalterliche Baukampagne am Katharinenkloster stellt der Neubau des klösterlichen Brauhauses dar. Auch ihn beschreibt der eben zitierte Reimar Kock Mitte des 16. Jahrhunderts sehr detailliert, nicht ohne die unterschwellige Anklage, dass dieser Bau ebenfalls viel zu imposant für ein Bauwerk der dem Armutsideal verpflichteten Franziskaner sei. Kock schildert dieses Brauhaus als tief im Boden gründendes[87], solides und gewölbtes Gebäude, in dem man sowohl backen als auch brauen konnte.[88] Dieser multifunktionale Bau lag, wie Günther Jaacks überzeugend darlegte, an der Königstraße.[89] Nach der Reformation war er als Freies Backhaus verpachtet und sicherte so einer Nachfolgeinstitution, der Schule, einen regelmäßigen Teil ihrer Einkünfte.[90]

4. Die Kapellenanbauten

Der im 13. Jahrhundert entstandene kleine Bautypus der an das Gotteshaus angebauten Privatkapelle erlebte im 14. und 15. Jahrhundert seine Blütezeit.[91] Ihr entstammen in der Katharinenkirche vier solcher nachträglichen Kapellenanbauten.

Die zwei ersten sakralen Anbauten sind – von Osten aus gesehen – am ersten und zweiten südlichen Seitenschiffjoch ausgeführt worden. Wie ihre einheitliche Außenwand anzeigt, entstammen sie der gleichen Baukampagne.[92] Die östliche Kapelle gründete nach Ausweis des in ihr befindlichen Grabsteins der im Mai 1350 verstorbene Hinrich Papendorp. Die Nachbarkapelle ist nicht gleichermaßen eindeutig einem Stifter zuzuordnen. In Frage kommen zwei Ratsleute, zum einen der aus einer bekannten Kaufmanns- und Ratsfamilie stammende Werner

---

Antje: Die Organisation des mittelalterlichen *Pfarrkirchenbau*es in den Städten Wismar, Rostock, Stralsund und Lübeck, in: MJ 111 (1996), S. 33-67, hier: S. 35-37.

87 Zur Fundamenttiefe: HOLST, Middelalderlige fundamenter, S. 51.

88 BUK 4, S. 59.

89 JAACKS, Fig. 1, S. 12 und S. 15.

90 Zur Verpachtung des sog. Freibackhauses existieren im AHL eine Reihe von Mietverträgen des 18. Jahrhunderts. (Bestand St. Katharinen Nr. 277). 1824/25 wurden in ihm Klassenräume für Schulzwecke eingerichtet (AHL Bestand St. Katharinen Nr. 280). Schröder gab das mit den Schulbauten übereinstimmende und sich von der Ebene der Straße abhebende Fußbodenniveau als Argument für einen klösterlichen Ursprung an. SCHRÖDER zu dem Haus Königstr. mit der Nr. 543/55/653 und zuletzt 29.

91 GREWOLLS, Antje: Die *Kapellen* der norddeutschen Kirchen im Mittelalter, Kiel 1999, S. 130 und 216-222.

92 JAACKS, S. 70.

Wullenpund, welcher im Juni 1350 in seinem Testament Geld für seinen Altar „in capella", die also damals bereits existierte, bestimmt,[93] zum anderen der ehemalige Bürgermeister Thidemann Güstrow[94]. Eine Kapellengründung des im August des Pestjahres 1350 verstorbenen Güstrow ist durch die testamentarischen Verfügungen seiner Witwe Alheyd aus dem Jahr 1353 belegt.[95] Ihr Zeitpunkt ist unklar. Wie schon Günther Jaacks darstellt, sprechen für den Bürgermeister Güstrow als Stifter des Nachbaranbaues der Papendorpkapelle die stärkeren Argumente. Werner Wullenpund bezeichnet die Kapelle nicht als sein Eigentum. Alheyd Güstrow spricht hingegen explizit von einer Kapellenstiftung ihres Mannes, für deren Ausstattung sie zudem eine hohe Summe Geldes vorsieht, die sich deutlich von dem geringeren Stiftungsbetrag des Werner Wullenpund abhebt.[96] Der Bürgermeister Güstrow erlag der Pest im gleichen Sommer wie der Besitzer der Nachbarkapelle, welche gleichzeitig mit der fraglichen Familienkapelle errichtet wurde. Wullenpunds Kapelle existierte im Juni 1350 bereits definitiv.

Eine weitere Kapelle entstand in Höhe des 2. Jochs am südlichen Seitenschiff wahrscheinlich im Jahr 1379, wie ein bislang von der Forschung unberücksichtigtes Testament des 1379 verstorbenen Hinrich Westfal nahe legt.[97] Bisher stand einzig 1458 als terminus ante quem fest, da in diesem Jahr bei der Vergabe eines Kapellenbauplatzes am südlichen Querhaus drei bereits bestehende Kapellen am südlichen Seitenschiff genannt werden.[98] Ein Besitzer dieser dritten Südseiten-

---

[93] BT 1 Nr. 328/06.07.1350. Die kurze Angabe zu der Familie Wullenpund stammt aus der im Anhang an das Testament abgedruckten Notiz Ahasver von Brandts: BT 1, S. 167.

[94] Zu seiner Person: MANTELS, Wilhelm: Thidemann Güstrow. Bürgermeister von Lübeck im 14. Jahrhundert, Lübeck 1858; FEHLING, Nr. 344; LUTTERBECK, Nr. 111.

[95] BT 2, Nr. 514/28.09.1353, S. 62.

[96] JAACKS, S. 70. Um die Mitte des 14. Jahrhunderts existierten lediglich Papendorps Nachbarkapelle, Nischenstellungen an den Seitenschiffen oder aber ein unbekannter Ort, der – wie es Wullenpunds Formulierung *meum altare in capella* nahelegt – eventuell sogar zu mehreren Altaraufstellungen diente. Des Weiteren wäre noch an den Vorgängerbau der heute sog. Bartels-Kapelle zu denken. Sie stammt ausweislich ihres Formenschatzes aus der Zeit um 1500, steht aber auf einem älteren Fundament, das bereits mit dem Querhaus errichtet wurde. Zur Datierung der Bartelskapelle siehe: GREWOLLS, Kapellen, S. 220; zum Sockel: BUK 4, S. 66 und S. 125f. dieser Arbeit. (Die Kapelle, in welcher Wullenpunds Altar stand, muss vor dem 06.07.1350 bestanden haben; Kapellen konnten im testamentarischen Auftrag eines Verstorbenen postum errichtet werden oder aber auch bereits zu den Lebzeiten des Gründers, vgl. GREWOLLS, Kapellen, S. 68).

[97] Testament vom 24.03.1370 in: AHL HS 1034 e); HS 864 n berichtet zu der Person des Testators: Hinrich starb 1379, er war 1373 mit Elisabeth, der Tochter des Ratsherren Johann Meteler und Witwe des Ratsherrn Eberhard Russenberg, verheiratet; vgl. v. MELLE, Notitia Majorum, S. 156f. Nach Birgit Noodt war er von Beruf Gewandschneider, NOODT, S. 385.

[98] In diesem Jahr erhielt Berthold Witik die Erlaubnis zum Bau einer Kapelle „by unser kortreppen lyk den anderen dren cappellen". UBL 9, Nr. 628 vom 11. Juli 1458. (Der Anbau an das zweite

schiff-Kapelle war bislang erst für das darauffolgende Jahrhundert namhaft zu machen. 1578 gehörte sie Wilhelm Westfal,[99] über den die Lübecker Archive leider nichts aussagen. Doch liefert Jakob von Melles Beschreibung der Kapelle Anhaltspunkte, um seine Person zuordnen zu können: V. Melle führt aus, dass vor dem Kapellenanbau zahlreiche Schilde der „berühmten Familie Westfal, die auch einige Lübecker Bischöfe hervorgebracht hat“, hingen,[100] weswegen dieser Andachtsraum in der Literatur auch durchweg als „Westfalen-Kapelle“ tradiert wird.

Das Testament eines Familienmitglieds jener Westfals ist Ausgangspunkt für die neue Datierung der Kapelle, die sich gut in die stilistische Einordnung des noch erhaltenen Gewölbes ihres Kapellen-Annexes[101] fügt: Im Jahre 1370 sah Hinrich Westfal in seinem Testament die beträchtliche Summe von 800 Mark lüb. für eine zu errichtende Kapelle vor. Als Wunschkirche gab er St. Marien an, doch scheint ihm bewusst gewesen zu sein, dass hier unter Umständen kein Bauplatz für einen Kapellenanbau zur Verfügung stehen würde. Denn er lässt in seinem Testament vorsehen, dass seine Provisoren freie Wahl hätten, eine andere Pfarrkirche auszuwählen, falls eine Kapellengründung an St. Marien nicht möglich

---

Seitenschiffsjoch, die sog. Detharding-Kapelle, ist erst 1761 hinzugekommen. JAACKS, S. 70; GREWOLLS, Kapellen, S. 218). Vereinzelt taucht in der Literatur auch der Hinweis auf, die Kapelle sei vor 1388 entstanden. Diese Annahme beruht auf einer Verwechslung der Westfalkapelle mit der Zirkelbrüderkapelle durch v. Melle. Denn die Stiftung des Marquard van Damme im Jahre 1384 (und nicht wie Schlager und Neumann – unter Berufung auf die heute nicht einsehbare Lubeca Religiosa – angeben 1388) galt der Zirkelbrüderkapelle. V. Melle hatte die Beschreibung der Lage der Kapelle, die in der Stiftungsurkunde „unter der Orgel“ gelegen umschrieben war, auf diejenige Empore bezogen, die zu seiner Zeit noch existierte, nämlich die Empore über der Westfalkapelle (v. MELLE, Ausführliche Beschreibung, fol. 521). Jedoch hat sich im 14. Jahrhundert über der Zirkelbrüderkapelle eine Orgel befunden, wie schon in der Urkunde der Gründung der Zirkelbrüderkapelle formuliert ist und wie es sich aus den Fehlstellen in der Wandmalerei und dem nachträglichen Treppenzugang schließen lässt. Auch war der angegebene Stifter, Marquard van Damme, nachweislich Mitglied der Zirkelbrüder. Auf v. Melles Angabe (in der Lubeca Religiosa) beziehen sich SCHLAGER, Lübeck, S. 5 und NEUMANN, Käthe: Das geistige und religiöse Leben Lübecks am Ausgang des Mittelalters, in: ZVLGA 22 (1923), S. 143, Anm. 98. Zur Gründung der Kapelle: UBL 4, Nr. 360, S. 392; mit korrektem Bezug der Stiftung v. Dammes auf die Zirkelbrüderkapelle: BUK 4, S. 75 und auch DÜNNEBEIL, Sonja: Die Lübecker Zirkelgesellschaft, Lübeck 1996, S. 65.

[99] BUK 4, S. 71.

[100] BUK 4, S. 71 nach v. Melle, Entwurf zur Lub. Relig.1706/07, S. 480.

[101] Dieser Annex, welcher wie ein nochmaliger Kapellenanbau an die eigentliche Kapelle wirkt, ist an der westlichen Schmalseite angebaut und erklärt sich aus rein beleuchtungstechnischen Gründen. Denn die übliche Belichtung der Kapelle an der zu den Seitenschiffen parallelen Seite, welche natürlich viel effektiver ist, konnte bei dieser Kapelle aufgrund der anschließenden Klostergebäude nicht angewandt werden. Der skizzierte westliche Annex beherbergt heute eine Gruft, in der mehrere Särge aufgebahrt liegen.

wäre.[102] Für eine Westfalkapelle gibt es nun weder in der Marienkirche noch in einer der übrigen Pfarrkirchen oder dem Dom Hinweise.[103] Auch nennen die Lübecker Grabmälerverzeichnisse, welche Friedrich Techen und Klaus Krüger erarbeitet haben, außer dem Dom, in welchem die Kleriker der Familie begraben sind, keine weiteren Bestattungsorte von Angehörigen der Westfals.[104] Hinrich Westfal gab zwar eine Pfarrkirche für den Fall vor, dass sich sein Kapellenwunsch an der Marienkirche nicht erfüllen könnte, doch dürfte dieses Ansinnen vor dem historischen Hintergrund des Pfarrzwangs nicht zu realisieren gewesen sein.[105] Einzig die Bettelordensklöster waren von dieser obligatorischen Bindung der Bewohner an das Kirchspiel des Wohnorts ausgenommen. Letztendlich ist in Lübeck nur eine einzige Westfalkapelle belegt, nämlich diejenige in St. Katharinen. Zwei Schwager des Testators, Heinrich und Johannes Meteler, Söhne des von ihm als Testamentsvollstrecker eingesetzten, inzwischen aber bereits verstorbenen Johannes,[106] waren in Westfals Todesjahr Mitgründer der in St. Katharinen schräg gegenüber der Westfalkapelle liegenden Zirkelkapelle. Auch scheinen einige der Provisoren identisch zu sein mit Personen, die kurze Zeit später in die exklusive Bruderschaft der „Zirkeler“ aufgenommen wurden und somit auch

---

102 Die Langhauskapellen auf der Nordseite der Marienkirche datieren alle in die 1320er Jahre, diejenigen der gegenüberliegenden Seite sind in den 1350er und 1360er Jahren errichtet worden, eine letzte Lücke wurde 1367 bis 1373 ausgefüllt. Die heute vorhandenen Chorkapellen der Marienkirche entstanden ab dem Ende des 14. Jahrhunderts, und das wohl vor dem Hintergrund einer generellen Entwicklung, welche nach Grewolls die Einbindung von Familienkapellen in den Chor erst zu dieser Zeit ermöglichte. GREWOLLS, Kapellen, S. 180f. und 49.

103 Das 1530 angelegte Verzeichnis der vorhandenen Vikarien und Altäre führt kein Mitglied der Familie Westfal als Stifter auf. Des Weiteren ist auch keine Kapelle der Westfals in einer der anderen Lübecker Kirchen überliefert. UBBL 4, Nr. 2489 und 2490; vgl. auch PRANGE, Wolfgang: Die Altäre der Lübecker Marienkirche mit ihren Vikarien und Kommenden, in: ZVLGA 78 (1998), S. 143-163.

104 TECHEN, Friedrich: Die *Grabsteine* der Lübeckischen Kirchen, in: ZVLGA 8 (1900), S. 54-168; KRÜGER, Klaus: Corpus der mittelalterlichen *Grabdenkmäler* in Lübeck, Schleswig, Holstein und Lauenburg (1100-1600), Diss. Kiel 1993, Stuttgart 1999, S. 472-1004.

105 SUHR, Wilhelm: Die Lübecker Kirche im Mittelalter. Ihre Verfassung und ihr Verhältnis zur Stadt, Lübeck 1938, S. 14; GREWOLLS, Kapellen, S.104; anders: Lutterbeck sieht den Pfarrzwang im Jahre 1280 aufgehoben. Er verweist auf den Schiedsspruch Colonnas von 1280, der ja zwischen den Interessen der Bettelorden und des Pfarrklerus vermittelte und den Bürgern erlaubte, ihren Begräbnisort auch bei den Bettelorden zu wählen, wobei die Exequien in der jeweiligen (!) Pfarrkirche auszuüben wären (UBL 1, Nr. 275, S. 271-276, hier: 273). Doch ist die Ausführung, dass die Bürger weiterhin die Exequien erhielten „*ad parrochiales ecclesias a quibus assumpta fuerint*“ doch so zu interpretieren, dass weiterhin ein Pfarrzwang aufrecht erhalten wurde. Daher kann Lutterbeck nicht zugestimmt werden, der in der Erweiterung der Bestattungsmöglichkeit eine gänzliche Aufhebung des Pfarrzwangs sieht. LUTTERBECK, S. 160f.

106 V. MELLE, Notitia Majorum, S. 156; FEHLING, Nr. 418.

einen persönlichen Bezug zur Katharinenkirche gehabt haben könnten.[107] So ist denkbar, dass die Testamentsvollstrecker, nachdem die Marienkirche ihnen keinen Bauplatz zugewiesen haben wird, auf der Suche nach einer Kirche, an der sie Hinrich Westfals Kapellenwunsch erfüllen konnten, letztlich den Sakralbau wählten, der erstens kirchenrechtlich in Frage kam und zu dem sie zweitens selbst eine starke Bindung hatten.

1458 veranlasste ein weiterer Testaments-Provisor den Bau der vierten und letzten im Mittelalter errichteten Kapelle auf der Südseite, am östlichen Joch des Querhauses. Der damalige Bürgermeister Bertold Witik[108] ließ gemeinsam mit zwei weiteren Testamentsvollstreckern eine Kapelle im Namen des verstorbenen Hans Overkampe errichten, der im Gegensatz zu Hinrich Westfal keine Kapellengründung explizit verfügt, sondern vielmehr eine große Summe Geldes zur freien Verwendung für sein Seelenheil eingeplant hatte.[109] Nachdem der Kapellenanbau errichtet war, versah ihn Bürgermeister Witik selbst mit Fensterscheiben, welche sein Wappen trugen,[110] und prägte somit das Erscheinungsbild des Kleinbaus, in welchem er sich später auch begraben lassen wollte.[111]

Als Kapellen wurden auch bestehende Räume der Kirche ausgegliedert.[112] In diesem Zusammenhang ist nach der bereits oben genannten Familienkapelle der Crispins die von Katharina Strobuk gegründete im südlichen Chorseitenschiff zu

---

[107] Folgende Provisoren könnten – wegen Namensübereinstimmung – spätere Mitglieder der Zirkelgesellschaft gewesen sein: Hinrich Constin, der zu unbekannter Zeit in die Gesellschaft aufgenommen wurde und 1414 als „Zirkeler" starb (DÜNNEBEIL, Nr. 58), Westhof, der ebenfalls zu unbekannter Zeit Mitglied wurde und 1416 starb (DÜNNEBEIL, Nr. 36), Tymmo de Kyl, welcher 1429 bereits verstorben war (DÜNNEBEIL, Nr. 83).

[108] Zu seiner Person siehe: FEHLING, Nr. 521.

[109] Erlaubnis der Kapellenerrichtung überliefert in: UBL 9, Nr. 628/11.07.1458. Das Testament des Hans Overkampe vom 25.04.1444 sprach nicht von dem Wunsch einer Kapellenerrichtung, bestimmte jedoch die in der Urkunde von 1458 aufgeführten Provisoren.

[110] BUK 4, S. 74.

[111] Berthold Witik sieht in seinem Testament vom 25.02.1474 vor, dass er in der Kapelle beigesetzt wird. BUK 4, S. 73. Sein Grabstein befindet sich jedoch heute an der Kirchentür zur Glockengießerstraße. (KRÜGER, Grabdenkmäler, LüKa 23, S. 819). Da Witik die Kapelle mit seinen Wappendarstellungen entscheidend prägte, ist verständlich, dass sie in der Forschung stets als Witik- und nicht als Overkampe-Kapelle genannt wurde. Erstmals benannte Antje Grewolls die Kapelle nach ihrem ursprünglichen Financier. GREWOLLS, Kapellen, S. 219.

[112] Zur Frage der Chronologie zwischen Kapellenbau und Stiftung vgl. S. 190f. Nicht berücksichtigt wird in diesem Kapitel die sog. Lüneburg-Kapelle. Seit 1302 sind zahlreiche Mitglieder der Familie Lüneburg, die viele Bürgermeister und Ratsleute stellte, in der Katharinenkirche bestattet worden. Die Grabplatte des Bürgermeisters Johannes Lüneburg, der 1461 verstarb, befindet sich im Unterchor, dessen östlicher Teil in den neuzeitlichen Quellen als Lüneburg-Kapelle geführt wird. Die Nutzung des Unterchores als Familienkapelle ist im Gegensatz zu sämtlichen anderen hier angeführten Kapellen sekundär. Genauere Angabe zu dieser Kapelle siehe Kapitel VII.A.1.a).

nennen. Sie befindet sich in unmittelbarer Nachbarschaft zum Unterchor und ist in gleicher Höhe wie er mit einem Rippenfünfstrahl gewölbt. Heute ist der unmittelbare Zusammenhang dieses Kleinraumes mit der Kirche nicht mehr erfahrbar, da die Kapelle nach dem Zweiten Weltkrieg durch Mauern vom übrigen Kirchenbau abgetrennt wurde.[113] Über die Stifterin dieses prominenten Andachtsraumes ist nur wenig bekannt: Katharina hat die Kapelle wahrscheinlich als Witwe gegründet, nachdem ihr Mann, Lodewicus von Minden, vermutlich ein Ratsherr, 1303 verstorben war.[114] Zwei Jahre nach seinem Tode erwarb Katharina Strobuk das Haus Königstraße 13. 1316 erbte sie eine Haushälfte in dem Schüsselbuden.[115] Sie starb im Jahre 1332. Ihr Grabstein, den Ernst Deecke Mitte des 19. Jahrhunderts noch in situ in der südlichen Chorseitenkapelle vorfand und der heute im Lübecker Annenmuseum ausgestellt ist, identifiziert sie als Gründerin.[116]

Ein Schriftstück vom März 1361 dokumentiert die Auseinandersetzung zwischen dem Ratsherrn und späteren Bürgermeister Hermann von Wickede[117] mit seinen Söhnen Johannes und Gottschalk; letzterer war Deutscher Ritter und Komtur in Reval.[118] Die betreffende Urkunde regelt die Finanzierung ihrer Familienkapelle. Der urkundlichen Formulierung nach zu schließen, welche die Kapelle *in claustro beate Katharine* positioniert, müsste die Kapelle in der Nähe des Kreuzganges oder am Klosterhof gelegen haben.[119]

---

[113] JAACKS, S. 74; WILDE, Dehio, S. 486.

[114] ERDMANN, Baugeschichte, S. 47.

[115] AHL Personenkartei; vgl. auch CLASEN, Adolf: *Strobuk* und Smethusen, in: Der Wagen 1997/98, S. 254-267, hier: S. 257-259 (Schüsselbuden 28), bei HAMMEL-KIESOW, Rolf: Hauseigentum, in: LSAK 10 (1987), S. 279, dort aber nicht als Eigentümerin aufgeführt!

[116] DEECKE, Ernst: Die Freie und Hansestadt *Lübeck*. Nachrichten für Freunde und Einheimische, Lübeck 1854, S. 41. Der Grabstein wurde offensichtlich vor 1881 entfernt, da Deecke ihn in seiner Neuauflage des Lübeckführers in diesem Jahr an anderem Ort in der Kirche aufgestellt findet (DEECKE, Lübeck, 1881, S. 49). Heute befindet sich der Grabstein im Lübecker St.-Annen-Museum mit der Inventarnummer 7431, WITTSTOCK, Jürgen (Bearb.): Kirchliche Kunst des Mittelalters und der Reformationszeit, Lübeck 1981, S. 236.

[117] Hermann von Wickede war in erster Ehe mit einer Tochter des 1323 gestorbenen Bürgermeisters Segebodo Crispin verheiratet. Er war in den Jahren 1343, 1345 und 1360 Kämmereiherr und stand 1365-1367 dem Rat als Bürgermeister vor. FEHLING, Nr. 331, S. 29f.

[118] UBL 4 Nr. 77/12.03.1361.

[119] Patricius Schlager nahm, ohne dass es dafür Hinweise gäbe, an, die Kapelle der von Wickede hätte sich neben der im nordwestlichen Seitenschiffsjoch gelegenen Zirkelbrüderkapelle befunden. (SCHLAGER, Lübeck, S. 5). Antje Grewolls diskutierte die Möglichkeit, die Wickede-Kapelle könne auch der Vorgängerbau der heutigen Bartelskapelle gewesen sein, lehnt dies dann aber doch ab, da der (heutige) Eingang ein spätgotisches Wandgemälde durchschneide und die Kapelle damit erst nach 1361 entstanden sein könne. GREWOLLS, Kapellen, S. 220.

Im Jahre 1379 schloss die Dreifaltigkeitsbruderschaft einen Verbrüderungsvertrag mit den Franziskanern und gründete im nordwestlichen Seitenschiffsjoch, das vom übrigen Nebenschiff durch einen zum Dachstuhl hinaufführenden Treppenschacht[120] abgetrennt ist, eine Kapelle.[121] Diese von neun jungen Kaufleuten gegründete Vereinigung ist seit 1385 nach ihrem Gesellschaftsabzeichen, einem geöffneten Zirkel, als Zirkelgesellschaft bekannt.[122] Zur Zeit der Kapellenstiftung standen noch die religiösen Aufgaben der Bruderschaft im Vordergrund. Die Statuten der Jahre 1429 regeln bereits neben der Jenseitsvorsorge vornehmlich die profanen, geselligen Zusammenkünfte. Die nur kurz darauf, im Jahre 1436, aufgestellten Statuten erwähnen die Versammlungen in der Katharinenkirche gar nicht mehr.[123] Parallel zu dieser Interessenverlagerung erlangten die „Zirkeler" ab Ende der 1420er Jahre eine besondere standespolitische Stellung in Lübeck. Zwei Drittel der zwischen den Jahren 1429 und 1532 amtierenden Ratsmitglieder gehörten – zum großen Teil schon vor ihrem Amtsantritt – dieser Gesellschaft an. Von den im 15. Jahrhundert nach 1416 regierenden Bürgermeistern war überhaupt nur einer nicht Mitglied dieser exklusiven Korporation.[124]

Der Zeitpunkt der Gründung der sog. Barthels-Kapelle am nördlichen Querhaus ist unklar. Sie steht auf einem bauzeitlichen Sockel,[125] doch das aufgehende Mauerwerk ist neueren Datums. Antje Grewolls datierte die Fenster- und Profilformen um 1500. Auch die weite Öffnung in die Kirche ist nicht ursprünglich, da sie ein spätgotisches Wandgemälde zerstört. Sie wird wahrscheinlich einen kleineren Vorgängerbau gehabt haben,[126] dessen Funktion noch unklar ist. Benannt ist der Andachtsraum nach dem Kaufmann Hans Bartels, der ihn 1567 gemeinsam mit einem Leuchterarm, der vor ihr angebracht war, kaufte.[127]

---

[120] Dieser gehört nicht dem Ursprungsbau an, sondern wurde nach Ausweis der Baunähte nachträglich eingefügt. Wenn man davon ausgeht, dass erst diese Abtrennung eine dreiseitig geschlossene Kapelle ermöglichte, kann man für ihn das Gründungsjahr der Zirkelkapelle als terminus ante quem anführen.

[121] UBL 4 Nr. 360/02.09.1379.

[122] DÜNNEBEIL, S. 19.

[123] Die Statuten von 1429 sind abgedruckt in: UBL 7 Nr. 322/22.05.1429, den Text der Statuten des Jahres 1436 gibt Sonja Dünnebeil wieder: DÜNNEBEIL, S. 190-197.

[124] WRIEDT, Klaus: Zum Profil der lübischen *Führungsgruppen* im Spätmittelalter, in: GRASSMANN, Antjekathrin: Neue Forschungen zur Geschichte der Hansestadt Lübeck, Lübeck 1985, S. 41-49, hier: S. 42.

[125] Siehe Kapitel IV.B.1.c).

[126] BUK 4, S. 66.

[127] BUK 4, S. 67.

5. Zusammenfassung

Zusammenfassend ergibt sich aus den Quellen folgender chronologischer Ablauf der Geschichte des Katharinenklosters: Die Franziskaner ließen sich 1225 in Lübeck nieder, wobei sie vom Rat der Stadt unterstützt wurden. Dieser stellte den Brüdern im Jahr ihrer Ansiedlung ein erstes Baugrundstück zur Verfügung und 1256 ein weiteres, benachbartes. Dieses sukzessive zusammengefügte Areal ist mit großer Wahrscheinlichkeit identisch mit dem Grundstück der heute noch bestehenden gotischen Anlage. Um 1300 erhielten die Minoriten für ihren Neubau des Chores erneut Hilfe, diesmal von privater Seite, aber mit der Person Segebodo Crispins doch wieder aus den Reihen des Rats. Im Jahre 1335 ist ein weiterer Baukörper nach Ausweis des nachträglich an der Westfassade angebrachten Grundsteins begonnen worden; um welchen es sich handelt, wird erst die Bauuntersuchung aufklären können, da der Inschriftenstein keinen Bezugsort benennt. Zwischen 1351 und 1353 hat Guardian Emeke Swartze Teile der Konventsgebäude neu errichten lassen, darunter auch die im Westflügel des großen Kreuzgangs gelegene Bibliothek. Schwerlich werden innerhalb der drei Jahre sämtliche um die beiden Klosterhöfe gruppierten Gebäude ausgeführt worden sein. Auch in diesem Fall wäre wieder eine Bauuntersuchung zur Klärung des detaillierten Bauverlaufs notwendig. 1350 bis 1354 ist die Kirche nach Ausweis der Quellen eingewölbt worden. Diese durch testamentarische Stiftungen belegte Maßnahme steht im Widerspruch zu den dendrochronologisch ermittelten Fälldaten der Hölzer des Kirchendachstuhls, die für eine frühere Fertigstellung sprechen. So wird im baugeschichtlichen Kapitel zu klären sein, ob es sich bei den überlieferten Maßnahmen um eine nachträgliche Einbringung in einen dem dendrochronologischen Datum entsprechend zeitlich anzusetzenden Rohbau handelt, um eine Reparatur oder aber um die erstmalige Einwölbung des doch erst später als der Chor entstandenen Langhauses. Im Jahre 1356 jedenfalls waren Kirche und Klostergebäude soweit fertiggestellt, dass ein Provinzkapitel mit einer Teilnehmerzahl von über 450 Franziskanerbrüdern abgehalten werden konnte. Nachträglich erfolgten im Mittelalter noch Anbauten von Familienkapellen an die Südseite der Kirche, bevor 1500 ein abgebranntes Brauhaus durch einen stattlichen Neubau ersetzt wurde.

III. Die Franziskaner in Lübeck

A. Der Franziskanerorden

Der Franziskanerorden entstand in der Zeit sich stark verändernder Lebensformen um 1200. Vor dem Hintergrund eines erheblichen Bevölkerungsanstiegs veränderte damals der Urbanisierungsprozess die herkömmlichen Lebensweisen stark. Der etablierte Klerus verfügte mit seinen überkommenen Strukturen nicht über adäquate Mittel, den aus der Umbruchszeit erwachsenden gesellschaftlichen Problemen wie auch den religiösen Verselbständigungsprozessen, welche er oftmals als ketzerhafte Laienbewegungen ansah und zu unterdrücken versuchte, zu begegnen.

Die Franziskanergemeinschaft entwickelte sich um den Franziskus genannten Kaufmannssohn Giovanni Bernardone aus Assisi.[1] Dieser gab um das Jahr 1206 seinen bürgerlichen Wohlstand auf und wirkte fortan als Bußprediger, der sich allein dem Evangelium verpflichtet fühlte. Die reine Gläubigkeit und das Beispiel seines evangeliengetreuen armen Lebenswandels zogen zahlreiche Anhänger an.[2] Papst Innozenz III. förderte diese Brüderschar um Franz von Assisi entgegen der langgepflegten Haltung der Kurie, welche andere Wanderprediger, wie beispielsweise Petrus Waldes, die zuvor mit ähnlichen Idealen wie Franz von Assisi durch die Lande gezogen waren, als Ketzer verfolgte. Auch Franziskus suchte seinerseits die Anerkennung der Kirche. Die religiöse Bruderschar um Franz von Assisi sprach gerade die neue Gesellschaftsgruppe in den sich entwickelnden Städten an, welche die monastischen Orden und der Pfarrklerus nicht mehr in dem gewünschten Umfang erreichten.[3] Mit Hilfe dieser neuen religiösen Vereinigung versuchte daher der Papst, die durch die unterschiedlichen religiösen Bewegungen angesprochene und der Kirche verlorengehende Bevölkerung wieder zurückzugewinnen. Spätestens mit der Bulle *Solet annuere*,

---

1 Der Zeitgenosse des Franz von Assisi, Thomas von Celano, wie auch der neuzeitliche Biograph Paul Sabatier erklären den Namen Franziskus als Wunschnamen des Vaters. Dieser gab seinem Sohn diesen Namen nach seiner Rückkehr von einer Geschäftsreise. Die Mutter habe ihn zuvor Giovanni getauft. GRAU, Engelbert (Hg.): Thomas von *Celano*: Leben und Wunder des heiligen Franziskus von Assisi, Werl 1964, S. 224, Anm. 12 und 13; SABATIER, Paul: Leben des heiligen Franz von Assisi, Berlin 1897, S. 5.

2 Diese Darstellung fußt auf den exemplarisch aus einer reichhaltigen Literaturfülle herangezogenen Arbeiten von: DIETERICH, Veit-Jakobus: Franz von Assisi, Reinbek 1995, S. 42-48; GRAU Engelbert: Der heilige *Franziskus* von Assisi und die Gründung seines Ordens, in: FRANZ VON ASSISI, S. 45-90.

3 WINTER, Carsten: Predigen unter freiem Himmel: die medienkulturellen Funktionen der Bettelmönche und ihr geschichtlicher Hintergrund, Bardowick 1996.

mit der Papst Innozenz III. im Jahre 1223 die franziskanische Ordensregel bestätigte, die sog. „regula bullata", war der Franziskanerorden im Kirchensystem verankert und somit auch legitimiert.[4]

Das aus den Evangelien abgeleitete franziskanische Armutsgebot bildete die Basis für das grundlegende und sich von den älteren monastischen Orden unterscheidende Selbstverständnis der Fratres. Es manifestierte sich bereits in der Aufnahmebedingung der Gemeinschaft, da jeder Mann, welcher in den Orden eintreten wollte, sich von seinem weltlichen Hab und Gut trennen musste.[5] Das zentrale Anliegen der Minoriten war die sich unmittelbar an die Menschen wendende Bußpredigt. Zu diesem Zwecke suchten die Brüder anders als die älteren Mönchsorden[6] bewusst bevölkerungsreiche Orte auf, wie es aus dem Munde Bonaventuras bekannt ist. Auf die Frage, warum die Stadt der bevorzugte Aufenthaltsort der Franziskaner sei, führt Bonaventura die unmittelbare Nähe zu den Sterblichen an, welche unabdingbar sei, um die Menschen jederzeit zu erreichen, sie zur Buße anzuhalten und ihnen durch das Verhalten der Minoriten ein Vorbild zu liefern. Darüber hinaus nennt er auch den Schutz der Brüder als Vorteil: Denn nur diese zentralen Orte und nicht das Land ermöglichten eine Versorgung der Barfüßer mit dem Notwendigsten für den Lebensunterhalt, und des Weiteren böten die Stadtmauern Sicherheit vor Überfällen und Brandschatzungen.[7]

---

4 Dieser waren die nicht erhaltene *regula primitiva* vom 16.04.1209 und die vom Papst nicht bestätigte *regula non bullata*, die am 30.05.1221 auf dem Generalkapitel von Portiuncola publiziert wurde, vorausgegangen. DIETERICH, S. 71; BERG, Dieter (Hg.): *Spuren* franziskanischer Geschichte, bearbeitet von Bernd Schmies und Kirsten Rakemann, Werl 1999, S. 11, 19ff.

5 Vgl. GRAU, Celano, Kapitel 4, S. 17f.

6 Das zunächst an der Jerichower Pfarrkirche gegründete Prämonstratenserkloster beispielsweise wurde mit der Begründung verlegt, dass die Brüder „wegen des Lärms des Marktvolkes das Ziel ihres Mönchslebens keineswegs erreichten". RAMM, Peter: Die Klosterkirche Jerichow, in: Weimar 1983, S. 141-159, hier: S. 143.

7 Doctoris Seraphici S. BONAVENTURAe, Opera Omnia 8: Opusculum 13 Determinationes Quaestionum circa Regulam Fratrum Minorum Pars 1, Ad Claras Aquas (Quaracchi) 1898, S. 339f.; vgl. auch ULPTS, Ingo: *Stadt und Bettelorden* im Mittelalter, in: WiWei 58 (1995), S. 223-260, hier: S. 237f.; GILOMEN, Hans-Jörg: Stadtmauern und Bettelorden, in: Stadtmauern und Landmauern 1: Beiträge zum Stand der Forschung (= Veröffentlichungen des Instituts für Denkmalpflege an der ETH Zürich 15.1), Zürich 1995, S. 45-62, hier: S. 53. Für die Stadt als idealen Predigtort sind auch Argumente eines Generals des Dominikanerordens überliefert. Auch dieser zweite bedeutende Bettelorden des 13. Jahrhunderts maß der Volkspredigt eine besondere Bedeutung bei. Diese Wertschätzung drückt sich schon im offiziellen Namen „ordo praedicatorum" aus. Er verfolgte mit ihr jedoch, anders als die Franziskaner, vornehmlich das Ziel, die Häretiker zu bekehren. Der zwischen 1254 und 1263 amtierende Ordensgeneral Humbertus von Romans erklärte: *„Das Predigen wäre in den Städten quantitativ wirksamer, weil es dort mehr Menschen gäbe .... (Es) wäre in den Städten qualitativ nötiger, weil es um die Sittlichkeit dort schlechter bestellt wäre ... Und durch die Städte würde das flache Land beeinflußt, denn das Land ahme die*

Nicht zuletzt erleichterte eine eigene „Verwaltungsstruktur“ den Franziskanern wie den anderen besitzlosen Gemeinschaften, welche allesamt als Bettelorden bezeichnet werden, den unmittelbaren Zugang zu der Bevölkerung:[8] Denn die Mendikanten waren anders als der Pfarrklerus alleine dem Papst verpflichtet und daher nicht an bischöflich-örtliche Anweisungen gebunden. Das Privileg Innozenz' III. vom März 1222 betont diese weitgehende Unabhängigkeit, in dem er ausdrücklich erlaubt, dass die Brüder auch während eines bischöflichen Verbots kirchlicher Amtshandlungen Gottesdienste für die Bürgerschaft abhalten durften.[9] Diese Befreiung von Interdikten haben später auch die Lübecker Franziskaner vielfach in Anspruch genommen.

Mit der Bußpredigt und der seelsorgerischen Betreuung der Menschen vor Ort waren die Expansion des Ordens und die Etablierung verschiedener Niederlassungen verbunden. Diese Entwicklung setzte bereits zu Franziskus' Lebzeiten ein. So geht Franz von Assisi auch in seinem Testament auf die Niederlassungspraxis ein und fordert die Minderen Brüder auf, nur ärmliche Unterkünfte anzunehmen, in denen sich die Brüder zudem wie „Pilger und Fremdlinge“ verhalten sollten.[10] In dieser Formulierung zeichnet sich schon die spezielle Form des Nutzungsrechts ab, die Papst Gregor IX. im Jahr 1230 für die Minoriten festlegte. Sie gestattete den Franziskanern den Gebrauch sämtlicher ihnen übertragener Güter. Das Eigentum daran aber hatte die Kurie inne, soweit es nicht im Besitz

---

Stadt nach.“ WINTER, S. 105 nach LE GOFF, Jacques: Die Stadt als Kulturträger 1200-1500, in: Klaus BORCHARD (Hg.): Europäische Wirtschaftsgeschichte 1: Mittelalter, Stuttgart/New York 1978, S. 50; hierzu auch ULPTS, Stadt und Bettelorden, S. 240f. und GILOMEN, S. 50.

8 Die beiden im Mittelalter bedeutendsten Bettelorden waren die Dominikaner und die Franziskaner. Des Weiteren zählen auch die Augustiner-Eremiten und die Karmeliten zu den Mendikanten. ELM, Kaspar: Bettelorden, in: LexMA 1, München u.a. 1980, Spalte 2088.

9 SPUREN, S. 19.

10 GRAU, Franziskus, S. 64. Diese Worte des Testaments machen deutlich, dass Franziskus sich zu dem Zeitpunkt nicht generell gegen (feste) Unterkünfte aussprach, wie dies häufig dargestellt wird. Er selbst hatte seinen Mitbrüdern ja auch Hütten aus Rohr an der Portiunculakapelle errichtet. Thomas' Schilderungen von einem Eingreifen gegen Bautätigkeiten müssen daher auch eher in Hinblick auf das Armutsgebot gedeutet werden: Diesen Deutungsansatz liefert Celano mit seinen einführenden Worten in dem betreffenden Abschnitt „Die Armut der Häuser“, wenn er ausführt: Franziskus „lehrte die Seinen, ärmliche Unterkünfte zu bauen. Aus Holz, nicht aus Steinen sollten sie sich Hütten, und zwar in einfacher Bauart, errichten.“ GRAU, Celano 2 Nr. 56, S. 281. Franziskus ging nach Celanos Schilderungen gegen eine aus Stein errichtete Unterkunft vor, welche für ein Kapitel bei der Portiuncula errichtet worden war. Diese begann er eigenhändig abzureißen, solange er davon ausging, dass sie Eigentum der Franziskaner wäre. Ebenso schickte er seine Mitbrüder aus einem für sie erbauten Haus in Bologna hinaus. GRAU, Celano 2, Nr. 57 und 58, S. 281f. Es ist in diesem Zusammenhang auch zu bedenken, dass zu Beginn des 13. Jahrhunderts steinerne Häuser nicht die Regel und daher noch Zeichen besonderen Reichtums waren.

der Stifter verblieb.[11] An der Auslegung des franziskanischen Armutsgebots für die Praxis entzündete sich seit Ende des 13. Jahrhunderts der stets wieder aufflackernde, langwährende Armutsstreit, welcher im 16. Jahrhundert in die Spaltung des Ordens mündete.[12]

Die Expansion der franziskanischen Gemeinschaft erfolgte in Form der Aussendung von größeren Gruppen von Brüdern in einzelne Missionsgebiete. Der erste Missionsversuch nach Deutschland, 1219 begonnen, scheiterte aufgrund sprachlicher Schwierigkeiten, die dazu führten, dass man die Minoriten als vermeintliche Ketzer vertrieb.[13] Im Jahre 1221 starteten die Franziskaner ihren zweiten Missionszug nach Deutschland, wo sie noch im gleichen Jahr in Augsburg ankamen und eine Ordensversammlung unter der Leitung Caesars von Speyer, des ersten Ministers der neuen Provinz Teutonia, abhielten. Innerhalb dieser breiteten sie sich zunächst vor allem in den wichtigsten Bischofsstädten aus, bevor sie auf ihrem zweiten Kapitel im Jahre 1223 beschlossen, auch in Thüringen und Norddeutschland Niederlassungen zu gründen.[14]

B. Die ordensimmanente Stellung des Lübecker Konvents

1. Das Kloster innerhalb der Verwaltungsstrukturen des Ordens

Parallel zu der Ausbreitung der Franziskaner entwickelten und verfeinerten sich die Verwaltungsstrukturen des Ordens. Es bildeten sich nicht nur lockere Klostergruppierungen wie bei den älteren Orden, sondern regelrechte territoriale Flächen.[15] Zunächst hatte die Generalversammlung im Jahr 1230 das deutsche

---

[11] BF I, Nr. 68-70, eine redigierte Fassung der Bulle ist abgedruckt bei GRUNDMANN, Herbert: Die Bulle „Quo elongati" Papst Gregors IX., in: AFH 54 (1961), S. 3-25, hier: S. 20-25.

[12] Der Armutsstreit des 14. Jahrhunderts ist kürzlich zusammenfassend beschrieben worden von: MIETHKE, Jürgen: Paradiesischer Zustand – Apostolisches Zeitalter – Franziskanische Armut. Religiöses Selbstverständnis, Zeitkritik und Gesellschaftstheorie im 14. Jahrhundert, in: Vita Religiosa im Mittelalter. Festschrift für Kaspar Elm, Berlin 1999, S. 503-532. Das Jahrhunderte dauernde Ringen um die rechte Auslegung des Armutsgebotes wird seit dem 19. Jahrhundert unterteilt in den sog. theoretischen Armutsstreit des 14. Jahrhunderts und den praktischen des 15. und 16. Jahrhunderts, welcher dann zur Aufteilung in zwei selbständige Ordenszweige führte. Hierzu siehe auch unten S. 83f.

[13] Dies berichtet der Franziskaner Jordan von Giano in seiner 1260 begonnenen Erzählung über die Anfänge der Franziskaner. HARDICK, Lothar: Nach Deutschland und England. Die Chroniken der Minderbrüder *Jordan von Giano* und Thomas von Eccleston (= Franziskanische Quellenschriften 6), Werl 1957, S. 42f.

[14] ZAHLTEN, S. 372.

[15] Innerhalb dieser klar definierten Räume war nicht zuletzt das Betteln mittels der Terminei-Stationen organisiert. SCHMIDT, Hans-Joachim: Kirche, Staat, Nation, Weimar 1999, S. 392.

Gebiet, die Teutonia, in zwei Provinzen aufgeteilt, die sächsische und die rheinische.[16] Weitere neun Jahre später wurde Böhmen, vor 1243 auch die Dacia als eigenständiges Verwaltungsgebiet ausgegliedert.[17] Letzterer gehörte das Lübecker Kloster zunächst an, bevor es spätestens 1254 in die Saxonia eingegliedert wurde.[18] Noch vor 1276 erfolgte die Einteilung der prosperierenden Provinzen in kleinere Verwaltungseinheiten, wonach das Lübecker Kloster als Sitz einer der zwölf Kustodien der Saxonia fungierte. Über die zugehörigen Konvente informieren ordenseigene Klosterkataloge, wie das Provinciale vetustissimum aus dem Jahre 1340 und der über 50 Jahre später entstandene Liber conformitatum. Beide zählen als Mitglieder der Lübecker Kustodie die entlang dem Küstenstreifen der Ostsee liegenden Ordenshäuser in Wismar, Rostock, Schwerin, Stralsund, Greifswald, Parchim und Riga[19] auf. In der ersten Hälfte des 14. Jahrhunderts wurde ihr noch das neu errichtete Klarissenkloster Ribnitz integriert.[20]

Wenn auch die Franziskaner keine gleichermaßen zentralistische Ordensstruktur wie die Zisterzienser aufwiesen, so verständigten sie sich doch über Kernfragen auf Generalkapiteln, zu denen einzelne Abgesandte einer jeden Provinz regel-

---

[16] HARDICK, Jordan von Giano, S. 84 und 91.

[17] Zur Frage der zeitlichen Einrichtung der Ordensprovinz Dacia: RASMUSSEN, Jörgen Nybo: Die Franziskaner in den nordischen Ländern im Mittelalter (= FF 43), Kevelaer 2002, S. 66f.

[18] Die einstige Zugehörigkeit zur Provinz Dacia belegt die Urkunde von 1240, in der die Franziskaner auf eine Vergrößerung ihres Klostergeländes verzichten (vgl. Kap. II, Anm. 26). Denn diese Erklärung unterschreibt Thidericus, „ordinis fratrum minorum dacie minister" als Vertreter der Klostergemeinschaft. UBL 1, Nr. 86 vom 28.05.1240. Die neue Zugehörigkeit zur Saxonia lässt sich erstmals für das Jahr 1254 belegen, als das Lübecker Kloster Veranstaltungsort eines Provinzkapitels der Saxonia war (LEMMENS, Leonhard: Die *Provinzialminister* der alten sächsischen Provinz, in: Beiträge zur Geschichte der sächsischen Franziskanerprovinz vom Heiligen Kreuze 2 [1909], S. 1-12, hier: S. 3). Die Frage der Zugehörigkeit des Lübecker Klosters zur Provinz Dacia ist erstmals ausführlich besprochen von Jörgen Nybo Rasmussen, der allerdings die Daten der betreffenden Urkunde und auch des ersten nachweisbaren Provinzkapitels falsch angibt. Jörgen Nybo Rasmussen vermutet in den kriegerischen Auseinandersetzungen der Stadt Lübeck mit Dänemark von 1246 – die Lübecker hatten in diesem Jahr die Kirchen Kopenhagens niedergebrannt – den Grund für die Herauslösung Lübecks aus der nördlichen Provinz. RASMUSSEN, S. 72f.

[19] Das Franziskanerkloster in Riga hat wahrscheinlich ebenso wie Lübeck zunächst zur Provinz Dacia gezählt, erst seit 1281 ist es in der Saxonia nachzuweisen. RASMUSSEN, S. 74.

[20] Die Filiationsstruktur der einzelnen Kustodien stellt Wadding nach den genannten Katalogen erstmals zusammen, Schlager erweitert diese Auflistung noch durch das in Görlitz befindliche Klosterverzeichnis von 1484, das als Inschrift über dem dortigen Chorgestühl angebracht ist. WADDING, Lukas: Annales Minorum 9, Neudruck 1932, S. 284f.; SCHLAGER, Partricius: Verzeichnis der Klöster der sächsischen Franziskanerprovinzen, in: FS 1 (1914), S. 230-242, zur Geschichte: S. 230f., zum dritten Klosterkatalog: S. 237f.

mäßig zusammenkamen.[21] Hier wurden die bekannten Konstitutionen verabschiedet. Daneben trafen sich Vertreter der einzelnen Klöster jährlich innerhalb ihrer Provinzen. Als Tagungsstätte eines solchen Provinzkapitels fungierte der Lübecker Konvent während des Mittelalters neunmal. Jeweils drei Versammlungen fanden hier im 13. und 14., zwei im 15. und eine im 16. Jahrhundert statt.[22] Die Kapitel der Jahre 1356, 1413 und 1473 waren mit einer Gästeschar von etwa 400 Personen besonders zahlreich besucht und fanden mit diesem Hinweis Eingang in die lokalen Quellen.[23] Sie wurden im Spätmittelalter von einer großen Sakramentsprozession und zahlreichen Gottesdiensten begleitet.[24] Zu den letzten beiden Provinzkapiteln stifteten nachgewiesenermaßen der Rat sowie das Domkapitel einen kleinen Beitrag in Form von Geld oder Wein.[25]

Die Größe des Katharinenkonvents ist für keinen Zeitpunkt bekannt. Leverkus, der Herausgeber des ersten Urkundenbuchs des Lübecker Bistums, ging von insgesamt etwa 100 Mendikanten in der Hansestadt aus.[26] Da in der Stadt nur zwei Mendikantenorden existierten, wäre aus seiner Angabe für den Minoritenkonvent eine etwa 50-köpfige Bruderschar abzuleiten. Dies korrespondiert mit der Zahl der Sitzplätze im Chorgestühl, das in seiner heutigen Form weitestgehend aus dem Umbau des ursprünglichen Gestühls im letzten Drittel des 15. Jahrhunderts stammt.[27] Auch die Frage nach der Herkunft der Franziskaner lässt sich nicht klären, folglich auch nicht der prozentuale Anteil von einheimischen und auswärtigen Brüdern.[28]

---

[21] Zum Verhältnis von Peripherie und Zentrum siehe: ELM, Kaspar: Sacrum Commercium. Über Ankunft und Wirken der ersten Franziskaner in Deutschland, in: Reich, Regionen und Europa in Mittelalter und Neuzeit, Berlin 2000, S. 389-412.

[22] Die Kapitel fanden in Lübeck in den Jahren 1254, 1270, 1286, 1321, 1333/34, 1356, 1413, 1473, 1527 statt. LEMMENS, Provinzialminister, S. 4ff.; vgl. auch KRAUSE, Karl Ernst Hermann: Provinzialkapitel der Minoriten in Lübeck (zwischen 1245 und 1472), in: MVLGA 2 (1885/86), S. 35-37 und SPUREN, Tabellenanhang.

[23] GRAUTOFF 1, S. 280; TECHEN, Chroniken, S. 119; Die *Chroniken* der deutschen Städte vom 14. bis ins 16. Jahrhundert 26, Leipzig 1899, S. 164; BRUNS, Friedrich: Die Lübecker *Bergenfahrer* und ihre Chronistik, Berlin 1900, S. 361.

[24] JANNASCH, Wilhelm: Reformationsgeschichte Lübecks vom Petersablass bis zum Augsburger Reichstag 1515-1530, Lübeck 1958.

[25] Die Spende des Domkapitels ist für die Provinzkapitel der Jahre 1473 und 1527 überliefert. JANNASCH, S. 189f. Von der Seite des Rates ist eine Geldgabe von 30 m. für das Kapitel des Jahres 1473 durch einen Eintrag in die Kämmereirollen belegt: BRUNS, Bergenfahrer, S. 361, Anm. 2.

[26] Leverkus in UBBL 1, S. 832; auf Leverkus bezieht sich auch: NEUMANN, 1923, S. 130.

[27] SEIDEL, Stefan: Das Chorgestühl der Franziskanerkirche St. Katharinen in Lübeck, Magisterarbeit (Masch.-Schr.) Kiel 1997, S. 61-64.

[28] Denn der erhaltene Urkundenbestand, der einzelne Namen preisgibt, stellt mit den Bürgertestamenten eine subjektive Auswahl gerade nur der Gruppe von Konventsmitgliedern dar, welche in verwandtschaftlichen Beziehungen zu einheimischen Familien standen. Und innerhalb dieser Quellengattungen selbst sind starke Unregelmäßigkeiten hinsichtlich ihrer Überlieferungsdichte zu

2. Das Studium und die Lektoren des Katharinenkonvents

Als weiteres Kriterium zur Einordnung des Lübecker Konvents innerhalb des Gesamtordens kann die Rolle des wissenschaftlichen Studiums herangezogen werden.

Die Wissenschaft hat im Franziskanischen Orden einen bedeutenden Rang eingenommen,[29] obwohl Franziskus selbst, der sich einmal als „Bruder Einfalt" bezeichnete,[30] ihr eine zumindest ambivalente Haltung entgegenbrachte. Sie kommt beispielsweise in einem an Antonius von Padua gerichteten Brief zum Ausdruck, in dem er schreibt: „*Es gefällt mir, daß du den Brüdern die heilige Theologie vorträgst, wenn du nur nicht durch dieses Studium den Geist des Gebetes und der Hingabe auslöschest, wie es in der Regel steht.*"[31] Doch die Etablierung der Wissenschaften war bei den Minoriten eine notwendige Voraussetzung für die Ausbreitung des Ordens, da seine fratres immer wieder in den zunächst fremden Städten einflussreiche Leute für sich gewinnen mussten.[32] So schätzte beispielsweise Thomas von Eccleston die positive Wirkung der Gelehrsamkeit Haymos von Faversham, die dieser im Zuge der Ausbreitung der Minoriten in England vor stets neuem Publikum erzielte: „*Durch seine Predigten und Disputationen, besonders aber, weil er in der Gunst der Prälaten stand, war er der Einfalt der ersten Brüder sehr von Nutzen. Er war nämlich so beliebt und beredt, daß er selbst bei Gegnern des Ordens beliebt und gern gesehen war.*"[33]

---

verzeichnen. Der ungleich größere Anteil der letztwilligen Verfügungen stammt aus jeweils sehr kurzen Zeitspannen, denen der zwei großen Pestepidemien um 1350 und 1367. Über das 15. und 16. Jahrhundert liegt vergleichsweise wenig Material vor, auch setzt die Überlieferung von Testamenten erst im letzten Viertel des 13. Jahrhunderts ein, als das Katharinenkloster bereits 50 Jahre bestand. Von außerhalb stammende Minderbrüder sind nur in Einzelfällen zu eruieren, wenn sie etwa als Zeugen einer vertragsrechtlichen Urkunde in deren Anhang aufgelistet stehen. Die zur Zuordnung der Personen unerlässlichen Nachnamen werden nur in den Fällen genannt, in denen mehrere Mitglieder des gleichen Vornamens dem Konvent angehörten (KOPPMANN, Detmar, S. 7f.).

29 Neuerdings liegt ein Überblick über die Studien, ihre Hauptorte sowie ihre Inhalte vor, der die Entwicklung vom Beginn des Ordens bis in das Jahr 1517 nachzeichnet. Er gewährt einen wertvollen Einblick in die Studienstruktur und die Inhalte der Studien. Zu der Situation der klostereigenen Studien in der Provinz Saxonia liefert er jedoch keine neuen Hinweise. ROEST, Bert: A History of Franciscan Education (c.1210-1517) (= Education and Society in the Middle Ages and Renaissance 11), Leiden/Boston/Köln 2000.

30 DIETERICH, S. 55.

31 DIETERICH, S. 100.

32 Wolfgang Schenkluhn sieht in den Universitätsstudien der Bettelorden die Ausgangsbasis für die erfolgreiche Verbreitung über das gesamte Abendland und subsumiert die Dominikaner wie Franziskaner in seiner Dissertation unter dem programmatischen Begriff *ordines studentes*, mit dem er darüber hinaus seine Arbeit betitelte: SCHENKLUHN, Wolfgang: Ordines Studentes, S. 50.

33 Thomas von Eccleston, Minderbruder des 13. Jahrhunderts, berichtet in seiner Chronik über zeitgenössische Geschehnisse, die er etwa für den Zeitraum zwischen 1230 und 1259 verzeichnet

Die ersten bewussten Förderungen der Wissenschaft innerhalb des Ordens lassen sich recht früh ausmachen.[34] Beispielsweise führte bereits der zwischen 1227 bis 1232 amtierende Generalminister Johannes Parenti das Lektorenamt ein. Er sorgte auch für die Einsetzung des ersten Lesemeisters im deutschen Gebiet, Simon Anglicus, den er 1228 als Lektor nach Magdeburg schickte.[35] Nach dieser ersten franziskanischen Bildungseinrichtung in Deutschland entstanden in Erfurt und Köln weitere Generalstudien als Ausbildungsstätten für die Lesemeister.[36] Voraussetzung hierfür waren die so genannten Partikularstudien, welche einzelnen Konventen angegliedert waren. Hierzu liegen für die Provinz Saxonia keine genauen Angaben vor.[37] So weist Ferdinand Doelle in seiner Untersuchung zu ihren Lehranstalten nur ganz allgemein darauf hin, dass beinahe jedes Kloster zur Ausbildung seiner Kleriker im Mittelalter ein Partikular- bzw. Hausstudium aufwies.[38]

---

hat (HARDICK, Jordan von Giano, S. 144f.). An dieser Stelle sei auch an den ersten Missionsversuch der Franziskaner in Deutschland erinnert, der ja aufgrund mangelnder Sprachkenntnisse – sprich Bildung –, welche die Minoriten wie Häretiker erscheinen ließ, scheiterte (HARDICK, Jordan von Giano, S. 42f.). Die Bedeutung des wissenschaftlichen Studiums für die Seelsorgetätigkeit wurde auch von Bonaventura und späteren Historiographen des Ordens als Voraussetzung erkannt. BERG, Dieter: Das *Studienproblem* im Spiegel der franziskanischen Historiographie des 13. und beginnenden 14. Jahrhunderts, in: WiWei 42 (1979), S. 11-33 und S. 106-156, hier: S. 110, 143 und 156.

[34] Eine Untersuchung der bisherigen Forschung zu den Anfängen der franziskanischen Studien und der Position des Franziskus findet sich bei: BERG, Dieter: *Armut und Wissenschaft.* Beiträge zur Geschichte des Studienwesens der Bettelorden im 13. Jahrhundert (= Geschichte und Gesellschaft. Bochumer Historische Studien 15), Diss. Bochum 1973, Düsseldorf 1977, hier vor allem: S. 52ff.; siehe auch ROEST, S. 1-11.

[35] BERG, Armut und Wissenschaft, S. 67ff.; BERG, Dieter: Studien zur Geschichte und *Historiographie* der Franziskaner im flämischen und norddeutschen Raum im 13. und beginnenden 14. Jahrhundert, in: FS 65 (1983), S. 114-155, hier: S. 124. Die Provinz England war – wie Thomas Eccleston überliefert – „überreich ... in der Gabe der Weisheit“ und verfügte gegen 1254 bereits über 30 Lektoren. So erklärt sich auch, dass die ersten Lektoren in den deutschen Ordensstudien – Simon Anglicus und auch sein Nachfolger Bartholomäus Anglicus – gebürtige Engländer waren. HARDICK, Jordan von Giano, S. 166 und 248f.

[36] Die Brüder, die an ein Generalstudium gesandt werden sollten, mussten durch das Provinzkapitel gewählt werden. DOELLE, Ferdinand: Das *Partikularstudium* der Sächsischen Provinz im Mittelalter, in: FS 14 (1927), S. 244-251, hier: S. 245; im 15. Jahrhundert übernahm auch Görlitz die Aufgaben eines Generalstudiums, ders., S. 248f.; zu den verschiedenen Generalstudien siehe auch ROEST, S. 28-42.

[37] Vgl. FRANK, Isnard Wilhelm: Die Bettelordensstudia im Gefüge des spätmittelalterlichen Universitätswesens, Stuttgart 1988, Anm. 6.

[38] DOELLE, Partikularstudium, S. 245. Die Terminologie folgt hier Doelle, welcher ein Partikularstudium als „die Lehranstalt für die Schüler eines einzelnen Klosters oder einer einzelnen Ordensprovinz“ definiert. DOELLE, S. 244. Die schon bei Franziskus angelegte Spaltung in Priester und Laienbrüder, die etwa in der regula bullata zum Ausdruck kommt, wird in den Konstitutionen

Ein solches existierte auch am Lübecker Kloster, für das erstmals im Jahre 1253 ein Lektor überliefert ist.[39] Zumindest im 14. und 15. Jahrhundert waren in dem Konvent zwei Lesemeister gleichzeitig tätig.[40] Aus dieser Gruppe der Lübecker Lektoren gingen definitiv drei der insgesamt 34 bis zum Jahre 1521 amtierenden Provinzialminister der Saxonia hervor.[41] Sie erhielten allesamt diese Position in der für die Lübecker Niederlassung ereignisreichen Zeit zwischen 1282 und 1322, in die sowohl die an der Kurie ausgetragenen Streitigkeiten mit dem Lübecker Bischof (s.u.) als auch das Bauprojekt des gotischen Chors fallen:[42] Gar zweimal, nämlich von 1282 bis 1295 und nochmals zwischen 1299 und 1307, amtierte der offensichtlich im Orden sehr wertgeschätzte Burchard von Halle, zwischen seinen beiden Amtszeiten wirkte kurz Johann von Salzwedel von 1297-99, und zu Beginn des 14. Jahrhunderts war Heinrich von Beichlingen von 1316 bis 1322 Provinz-Oberster.[43]

Detmar, der Verfasser der gleichnamigen Chronik, könnte als vierter Lesemeister des Lübecker Konvents eine solche Verwaltungskarriere durchlaufen haben. Zwischen 1388 bis 1394 amtierte Ditmar Costerboek, von dem nicht bekannt ist, aus welchem Kloster er stammte, wohl aber, dass er aus der Lübecker Kustodie kam.[44] Zudem sind aus seiner Feder Predigtsammlungen erhalten.[45] Die Lü-

---

der Provinz Francia von 1250 oder auch in den Empfehlungen des Generalkapitels von 1292 weitergeführt. Hatte Franziskus den Priestern die Wissenschaften erlaubt, so werden sie in den genannten späteren Schriften sogar streng zum Schulbesuch angehalten. Die Laienbrüder hingegen sind von der Pflicht entbunden. DIETERICH, S. 95 und DOELLE, Partikularstudium, S. 244.

39 Ein Lektor namens Hermann ist am 30.09.1253 Zeuge einer Beurkundung. UBL 1, Nr. 203.

40 Godschalk Wyse erwähnt in seinem Testament vom 08.06.1362 einen „älteren Herrn Lesemeister" (AHL, HS 1034 d); und Halleke Losses vermacht 1367 „den zwei Lesemeistern" Geld, ohne deren Namen zu nennen (AHL, HS 1034 e/23.08.); 1394 werden zwei Lektoren namentlich genannt, Godekin als „*senior lector*", Johannes als „*junior lector*" (KOPPMANN, Detmar, S. 6); für das 15. Jahrhundert lässt sich die Existenz zweier Lektoren erschließen aus dem verwendeten Terminus „Prinzipal" (von „*lector principalis*") für die Lesemeister Marquard (1443) und Werner (1458) (SCHLAGER, Lübeck, S. 6 und UBL 9, Nr. 628).

41 1521 erfolgte die Teilung der Provinz in Ober- und Niedersachsen (LEMMENS, Provinzialminister, S. 12; SPUREN, S. 255ff.). Aus dem Katharinenkloster stammte noch ein weiterer Provinzialminister, der allerdings zuvor die Funktion des Kustos innehatte: Eberhard Hillemann (1480-1490). LEMMENS, Provinzialminister, S. 4-8.

42 Zu den geschichtlichen Ereignissen siehe Kapitel III.C.2.

43 Burchards erste Amtszeit wurde auf seinen Wunsch hin beendet. Er ließ sich auf dem Generalkapitel in Assisi im Jahre 1295 abwählen. LEMMENS, Provinzialminister, S. 4f.; LEMMENS, Leonhard: *Bruchstück* der ältesten Chronik der sächsischen Franziskanerprovinz, in: Die Sächsische Franziskanerprovinz vom Hl. Kreuz, Jahrbuch 1906, Düsseldorf 1907, S. 7-13, hier: S. 12 und SPUREN, S. 83 u. 772.

44 SCHLAGER, Lübeck, S. 14; LEMMENS, Provinzialminister, S. 6.

becker Kustodie und die schriftstellerische Tätigkeit sind neben dem Vornamen die Indizien, welche für eine Personenidentität sprechen. Dennoch scheint Vorsicht geboten. Denn aus dem Lübecker Konvent ist weiterhin ein Bruder namens Detmar Gusterbeke überliefert, der von Hans Werner Spies als identisch mit dem Lesemeister vermutet wird.[46] Träfe dies zu, hätte also der Lesemeister den Nachnamen Gusterbeke geführt, so könnte es sich bei dem Provinzial und dem Lübecker Lektor bei aller phonetischen Ähnlichkeit der Namen nicht um die gleiche Person handeln, denn die Namen entstammen ganz anderen Sprachwurzeln. Während „beke“ von Bach stammt, bezieht sich „boek“ auf Buche oder Buch.[47]

3. Franziskanische Historiographie in Lübeck

Im Lektorium des Lübecker Katharinenklosters entstanden im 13. und 14. Jahrhundert mehrere literarische Werke. Sie bilden den Grundstock der gesamten mittelalterlichen Historiographie in Lübeck.[48] Als das erste Werk des Katharinenklosters – sowie der Lübecker Geschichtsschreibung überhaupt – konnte Klaus Wriedt die sog. Annales Lubicenses nachweisen.[49] Die Annales beinhalten eine in Latein verfasste Zusammenschau der Ereignisse der Lübecker Geschichte für die Jahre 1264 bis 1324. Ein weiteres Werk, das im Katharinenkloster entstanden sein muss, ist die chronikalische Aufzeichnung der Streitigkeiten, welche die Stadt mit Unterstützung der Mendikanten gegen das Domkapitel sowie den Bischof und einen Großteil des Lübecker Klerus an der päpstlichen Kurie zwischen 1277 und 1282 und nochmals 1299 bis 1319 ausgefochten hat.[50] Aber auch die lateinische Chronik des Klarissenklosters in Ribnitz, dem zahlreiche Lübecker Franziskaner als Guardiane und Beichtväter gedient haben, verfasste

---

45 SCHLOTHEUBER, Eva: Die Franziskaner in Göttingen, Werl 1996, S. 121 und Anm. 118. Auch für das schwedische Franziskanerkloster in Vadstena sind Sermones eines Dietmar überliefert. Ob es sich dabei um den gleichen Autor handelt wie bei den deutschen Beständen, könnte nur durch einen direkten Schriftenvergleich ermittelt werden. ROELVINK, Henrik: Franciscans in Sweden. Medieval Remnants of Franciscan Activities, Assen 1998 (= Scripta Franciscana), S. 149.

46 SPIES, H.-B.: Detmar von Lübeck, in: LexMA 3, München u.a. 1986, Spalte 737.

47 Für diesen Hinweis danke ich Dr. Peter Wurm, Schwerin.

48 WRIEDT, Klaus: Die *Annales* Lubicenses und ihre Stellung in der Lübecker Geschichtsschreibung des 14. Jahrhunderts, in: Deutsches Archiv 22 (1966), S. 556-586, hier: S. 584.

49 WRIEDT, Klaus: Annales, S. 560-568. Wriedt begründete seine These folgendermaßen: Die Formulierungen der Schrift entstammten der Gedankenwelt eines Geistlichen, und zudem verwendete der Verfasser mit Werken von Martin von Troppau und Bernardus Guidoni Abhandlungen der Mendikanten. Die in den Annalen zum Ausdruck kommende Parteinahme im Streit um die Vergiftung Kaiser Heinrichs VII. gegen die Dominikaner lässt ihn schlussfolgern, dass der Autor der Annalen Franziskaner war. WRIEDT, Annales, S. 563-568.

50 WRIEDT, Geschichtsschreibung, S. 411, Anm. 45.

wahrscheinlich ein Mitglied des Katharinenklosters, der 1326 bis 1331 als Prokurator des Frauenkonventes tätige Dietrich von Studitz.[51]

Das bedeutendste Werk der Lübecker Geschichtsschreibung, die bereits im vorigen Kapitel eingeführte Detmar-Chronik, stammt aus dem Ende des 14. Jahrhunderts und enthält als erste einen Hinweis auf einen „amtlichen" Auftrag.[52] Die damit einhergegangene Bereitstellung des städtischen Archivs ist als Vertrauensbeweis von Seiten des Rats gegenüber dem Verfasser, dem franziskanischen Lesemeister, zu sehen. Da Detmars Stadtgeschichte für ein größeres Publikum vorgesehen war, wie er in seiner Einleitung andeutet,[53] ist sie im Gegensatz zu den älteren Werken in Deutsch verfasst. Der Lektor berichtet in ihr über Ereignisse des Weltgeschehens sowie aus Lübeck, die sich zwischen 1105 und 1386 zugetragen haben.

In der nachfolgenden Zeit scheint das Katharinenkloster seine führende Rolle in der Stadtgeschichtsschreibung an den Dominikanerkonvent abgetreten zu haben: Im Katharinenkloster entstanden wahrscheinlich noch zwei Fortsetzungen der Chronik Detmars. Darüber hinaus werden für das 15. und 16. Jahrhundert lediglich verschiedene kleine religiöse Schriften der Feder der Lübecker Minoriten zugeschrieben. Hierzu sind vermutlich neben dem Text zu der bekannten Totentanzdarstellung Notkes in der Lübecker Marienkirche[54] der so genannte Mohnkopfdruck aus dem Jahr 1492 und eine theologische Erbauungsschrift[55] zu zählen. Eine Sammlung von Christus- und Marienlegenden, die Stephan Arndes 1494 als „Lübecker Bibel" herausbrachte, wird dem Lektorium ebenfalls zugeordnet.[56]

Und schließlich wurde nach der Reformation die Stadtgeschichtsschreibung von einem ehemaligen Mitglied des damals bereits säkularisierten Lübecker Katharinenkonventes wieder aufgegriffen: Gegen 1535 schrieb der damals als Prediger an St. Petri tätige Reimar Kock eine „Ausführliche Geschichte der lübeckischen Kirchen-Reformation in den Jahren 1529 bis 1531".[57] Darüber hinaus stammt

---

[51] TECHEN, Chroniken S. 8, 16, Anm. 3. Dietrich von Studitz ist nach Techens Angaben 1329 und 1330 als Kustos der Lübeckischen Kustodie bezeugt.

[52] WRIEDT, Geschichtsschreibung, S. 403.

[53] WRIEDT, Geschichtsschreibung, S. 422.

[54] HAUSCHILD, S. 146.

[55] HAUSCHILD, S. 152.

[56] HAUSCHILD, S. 151.

[57] Die Abhandlung wurde erst 1830 von PETERSEN herausgegeben; den Nachweis, dass Kock definitiv der Autor dieser Schrift ist, brachte JANNASCH, S. 75f.

aus seiner Feder die Fortsetzung der Lübeckischen Chronik bis zum Jahr 1567, welche bislang unpubliziert geblieben ist.[58]

4. Zusammenfassung

Das Katharinenkloster war nicht nur Sitz der Kustodie mit den am weitesten auseinander liegenden Niederlassungen innerhalb der gesamten Saxonia.[59] In den vierzig Jahren zwischen 1282 und 1322 spielte es als Heimatkonvent dreier Provinziale eine maßgebliche Rolle auf der Provinzebene. Alle drei aus dem Lübecker Konvent berufenen Minister hatten hier zuvor das Amt eines Lektors innegehabt. Nur sie sind heute aus dem anonymen Bereich des Katharinenlektoriums schemenhaft als Einzelpersönlichkeiten erfahrbar und mit Vor- und Nachnamen bekannt. Doch auch mehreren ihrer unbekannt gebliebenen Kollegen sind große Leistungen zu verdanken. So kommt dem Lübecker Hausstudium die Initialrolle der lokalen Historiographie zu. Es hatte jedoch wie die meisten anderen deutschen Studien keine Bedeutung für den Gesamtorden der Franziskaner.[60] Lediglich die Sermones des Ministers Detmar, bei dem die Zugehörigkeit zum Lübecker Konvent jedoch fraglich ist, fanden in einem weiteren Umkreis, nämlich innerhalb der Provinz Saxonia und wahrscheinlich auch in der Dacia, Verbreitung.

---

58 BRUNS, Reimar Kock, S. 98-101.

59 Vgl. die Karte im hinteren Einbanddeckel bei: SCHENKLUHN, Architektur der Bettelorden, in welcher der Autor jedoch vergessen hat, den von Lübeck am entferntesten liegenden Konvent der Kustodie, denjenigen in Riga, als solchen zu kennzeichnen.

60 Auf die geringe Bedeutung der deutschen Ordensprovinzen für die theologischen Entwicklungen des Ordens hat Berg hingewiesen: BERG, Dieter: Franziskaner. Deutschland und Flandern, in: LexMA 4, München u.a. 1989, Spalte 813.

C. Die Rolle der Minderbrüder in der Lübecker Gesellschaft

1. Lübeck – Der Ort der Niederlassung

Lübecks geschichtliche Wurzeln liegen in einer Mitte des 12. Jahrhunderts gegründeten Kaufmannssiedlung.[61] Erst im Zuge der Siedlungsentwicklung etablierte sich hier auch die kirchliche Macht. 1160 verlegte der damalige Stadtherr, Heinrich der Löwe, auf Wunsch Bischof Gerolds den Sitz des Bistums Oldenburg aus der „Provinz" Eutin in die volkreiche Stadt. Diese prosperierte unter wechselnden Herrschern, besonders unter den Dänen, zu deren Herrschaftsgebiet sie seit Beginn des 13. Jahrhunderts gehörte. Sämtliche wichtigen Handelswege nach Norden und Osten waren unter der Regentschaft Waldemars im innerdänischen Reich sicher passierbar, außerdem protegierte der König die Travestadt durch verschiedene Privilegien. Dermaßen wirtschaftlich erstarkt, löste sie sich im Ankunftsjahr der Franziskaner von dem in Gefangenschaft des Grafen von Schwerin geratenen König. 1226 erreichte die bereits in einer eigenen Verwaltung organisierte Stadt die völlige Reichsfreiheit, indem sie Kaiser Friedrich II. um Bestätigung einer verfälschten Urkunde seines Vorgängers von 1188 bat. Friedrich II. garantierte darüber hinaus die immerwährende Geltung dieses exemten Status'. Bei Rückeroberungsversuchen des dänischen Königs Waldemar obsiegten seine Gegner, neben Lübeck der Herzog Albrecht von Sachsen und die Schauenburger Grafen, in der Schlacht von Bornhöved 1227. Diesen Sieg am Tag der Maria Magdalena manifestierten die Bürger durch Schleifen der landesherrlichen Burg, deren Gelände sie zwei Jahre später dem Dominikanerorden übergaben. Das Kloster, das in Erinnerung an den Siegestag das Magdalenenpatrozinium führte, übernahm mit seiner Lage und dem Weihetitel Denkmalcharakter.[62]

Die Stadtherrschaft scheint kaum durch kaiserliche Regenten ausgeübt worden zu sein, weitestgehend suchte sich Lübeck selber Schirmvögte, denen es Zahlungen leistete. Bis zu Anfang des 14. Jahrhunderts fungierten unterschiedliche Regenten als Schutzherren, zuletzt der Dänenkönig Erich Menved, nach dessen Tod 1319 Lübeck nicht weiter abhängig wurde – bis auf die eigentliche, offizielle kaiserliche Stadtherrschaft, die rein nominell funktionierte. 1315/16 erlitt die ganze Stadt eine schwere Hungersnot,[63] in der Mitte der 1320er Jahre eine kurze

---

[61] Sie war 1143 von den Holsteiner Grafen gegründet und nach einer Zerstörung 1159 von Heinrich dem Löwen wieder aufgebaut und neu gegründet worden. Die Angaben zur Stadtgeschichte nach: LÜBECKISCHE GESCHICHTE, S. 7-141.

[62] POECK, Dietrich W.: *Klöster* und Bürger, in: H. KELLER/F. NUSKE (Hg.): Vom Kloster zum Klosterverband. Das Werkzeug der Schriftlichkeit, München 1997, S. 423-451, hier: S. 426.

[63] CHRONIKEN 26, S. 335ff.

wirtschaftliche Krise.[64] In der Folgezeit widmeten sich Rat und Kaufmannschaft ganz ihren merkantilen Ambitionen. Die ihnen verpflichteten Unternehmungen mündeten 1356 in der Abhaltung eines ersten Hansetages in Lübeck. Bis zur Reformationszeit hatte die Handelsmetropole die uneingeschränkte Führungsrolle dieses nun durch Stadträte geleiteten Bündnisses zum Schutz des Fernhandels inne.

Die enge Beziehung der Lübecker Franziskaner zum Rat der Stadt ist zu Beginn der Niederlassung aufgrund der Grundstücksschenkungen an die Minoriten in den Jahren 1225 und 1256 nachweisbar.[65] Die weitere Entwicklung dieses Verhältnisses sowie dasjenige der Brüder zu der Bürgerschaft wird im Folgenden auf der Quellengrundlage über die Jahrhunderte bis zur Reformation nachgezeichnet und analysiert.

2. Das Verhalten der Franziskaner in Konflikten zwischen Stadt und Bischof

Im letzten Viertel des 13. und beginnenden 14. Jahrhunderts prägten zwei große handfeste und juristische Auseinandersetzungen, die zum einen um die Rechte der Franziskaner und zum anderen um Besitzansprüche der Stadt bzw. des Bischofs geführt wurden, die Stadtgeschichte Lübecks. Beide Konflikte trugen die Bettelorden mit der Stadt Seite an Seite gegen den Bischof aus. Das enge Zusammenwirken zwischen Rat und Franziskanern (wie auch den Dominikanern) ist ein weiteres Zeugnis für ihr positives Verhältnis.

Die Analyse der jeweiligen Streitverläufe liefert neben einer genaueren Bestimmung des Verhältnisses der Minoriten zum Rat auch wichtige Anhaltspunkte zu einer Erklärung der Baugeschichte. Denn während der zu schildernden Ereignisse unterhielten die Franziskaner eine Großbaustelle, auf der ihr neuer Chor entstand.[66] Da die einzelnen Etappensiege und Niederlagen im Laufe des Streits Auswirkungen auf die finanziellen Mittel der Niederlassung hatten, können diese historischen Ereignisse nicht ohne Einfluss auf die Verwirklichungsmöglichkeiten des Bauprojektes gewesen sein. Es werden Konfliktsituationen deutlich, in welchen die Brüder so stark in den Streit involviert waren, dass sie mit einer Bautätigkeit unvereinbar erscheinen. So stellen die historischen Ereignisse eine

---

[64] HAMMEL-KIESOW, Hauseigentum, S. 252f.

[65] Zur Glaubwürdigkeit der Überlieferung der Detmarchronik, welche 1225 als Jahr der Grundstücksvergabe angibt, siehe oben im Kapitel II und zu 1256: UBL 1, Nr. 229/13.07.

[66] Zur Baugeschichte des Chores siehe Kapitel IV.

Grundlage dar, mit deren Hilfe sich die aus der Bauforschung ergebenden Bauphasen im Kapitel VI teilweise zeitlich zuordnen und erklären lassen.

1277 entzündete sich ein heftiger Streit um die Begräbnisrechte der Mendikantenorden. Den Anlass stellte die Verweigerung des Pfarrklerus von St. Marien dar, den Leichnam der Witwe Rigborg nach der Totenmesse zur Bestattung den Franziskanern zu überlassen, bei denen sie hatte beerdigt werden wollen.[67] Nachdem daraufhin Freunde und Verwandte der Verstorbenen, darunter auch die Ratsherren Bertram Stalbuk und Siegfried von Brügge, die Leiche gewaltsam aus der Kirche geholt und zu den Minoriten gebracht hatten, sprach der Bischof die Exkommunikation über Bertram Stalbuk und seine Mithelfer aus. Der gesamte Rat, die Bürgerschaft und beide Bettelorden stellten sich in diesem Konfliktfall hinter die Verstoßenen. Die Franziskaner und Dominikaner hatten im folgenden Streit ihre päpstlicherseits garantierten Bestattungsprivilegien gegenüber dem Pfarrklerus zu behaupten. Der Rat verteidigte zwar in erster Linie zwei seiner Mitglieder, nutzte den Anlass aber auch zu einem Machtkampf gegen den Bischof, um weitere bestehende Konflikte auszutragen.[68] Der Streit zwischen den Parteien eskalierte derart, dass der Bischof mit dem Großteil der Kirchengeistlichen noch im gleichen Jahr vor den aufgebrachten Volksmassen nach Eutin floh.

Handgreiflichkeiten von Seiten der Stadt und der Mendikanten und wiederholte Kirchenstrafen des Bischofs, die von den Bettelorden nicht beachtet wurden, prägten die Auseinandersetzungen bis Ende des Jahres 1277.[69] Im November bestellte schließlich Papst Nikolaus III., welcher von Rat und Franziskanern angerufen worden war, die Vertreter aller Streitparteien zu sich nach Rom. Hier

---

67 Die folgende Schilderung fußt auf den Ausführungen von REETZ, Jürgen: Bistum und Stadt *Lübeck um 1300*, Lübeck 1955, und DITTMER, G(eorg) W(ilhelm): Burchard von Serken und seine Zeit vom Jahr 1276 bis zum Jahre 1317, Lübeck 1860, S. 13ff.

68 So begann die Stadt 1277 gegen den Bischof noch eine weitere Auseinandersetzung um den von ihr als Pfarrer vorgeschlagenen Domherren Wulbord. Dieser Konflikt weitete sich aus auf die Frage des Präsentationsrechtes an der Marienkirche. Er wurde 1282 in einem Vergleich beigelegt, der diese Frage abschließend klärte: Der Rat erhielt ein Vorschlagsrecht, dem sich der Bischof anschließen musste. Die Domherren konnten allerdings diesen Pfarrer wieder absetzen. REETZ, Lübeck um 1300, S. 137-143; SUHR, S. 77f.

69 Er verbot den Brüdern des Katharinen- und des Burgklosters zunächst das Beichtehören und Predigen. Kurze Zeit später verstärkte er die Strafen mit dem Verbot sämtlicher Amtshandlungen (Interdikt) sowie dem Ausschluss der Geistlichen von der Ausübung ihrer Rechte (Suspensio). Zudem verhängte er den Kirchenbann über die gesamte Stadt. UBBL 1, Nr. 260: Die Bettelorden unterliefen diese Anordnungen allerdings und hielten weiterhin Gottesdienste ab und predigten öffentlich gegen die Domherren. Als nach einem Schiedsspruch des Bremer Bischofs der Lübecker Burchard von Sercken wieder in die Stadt zurückkehren wollte, scheiterte dieser Versuch nach Ausführungen des Lübecker Bischofs an den Mendikanten, welche die Volksmassen gegen ihn mobilisiert hätten. UBBL 1, Nr. 263 und 265.

führte der Kardinal Jakob Colonna die Verhandlungen.[70] Der Bischof fand sich persönlich in Rom ein, die Stadt und beide Mendikantenorden sandten Vertreter dorthin. Als Prokuratoren der Franziskaner verhandelten die Mitbrüder Armand und Luder an der Kurie, von denen allerdings nicht bekannt ist, ob sie dem Lübecker Konvent angehörten. Leverkus, der Herausgeber des Urkundenbuches, vermutet zumindest in Luder ein Mitglied des Katharinenklosters.

Der Schiedsspruch vom Oktober 1280[71], der am 28.03.1281 in der Nähe Lübecks beiden Seiten bekannt gemacht wurde, bestätigte die Begräbnisrechte der Bettelorden. Die Exequien sollten weiterhin wie zuvor in der zuständigen Pfarrkirche abgehalten werden. Aufgrund wiederaufkeimender Konflikte erging im April 1282 ein zweiter Urteilsspruch, der eine Ausweitung der Rechte der Franziskaner und Dominikaner beinhaltete:[72] Das Begräbnisrecht stand den Brüdern nun auch unter Wegfall der Abgabe der *quarta funeralis* zu.[73] Dieses Zugeständnis ist aus anderen Bettelordensniederlassungen nicht bekannt und stellt für die Zeit seines Bestehens eine besondere Bevorzugung der Lübecker Konvente, verbunden mit erhöhten Einnahmemöglichkeiten, dar. Colonna stärkte den Franziskanern und Dominikanern für zukünftige Auseinandersetzungen den Rücken, indem er zudem noch verschiedene ältere päpstliche Bullen, die Bestimmungen zum Begräbnis-, Predigt- und Beichtrecht der Franziskaner erhielten, in seinem Urteil wiedergab.

Die fünfjährige Auseinandersetzung mit dem Bischof um die Begräbnisrechte war mit der Rückkehr Burchard von Serckens im Sommer 1282 augenscheinlich beendet. Sie hatte die Rechte der Franziskaner nicht nur bestätigt, sondern mit dem zweiten Papsturteil sogar bestärkt.

Wesentlich ungünstigere Auswirkungen für die Franziskaner brachte ein weiterer Streit mit sich, welchen die Stadt mit Unterstützung der Bettelorden zwischen März 1299 und 1318 gegen Bischof Burchard von Sercken über den Verlauf von

---

[70] UBL 4, Nr. 5/06.07.1278.

[71] UBBL 1, Nr. 275, der Schiedsspruch führt unter den Zeugen der Verhandlung als „*auditor*" Mateo de Assisio auf, welchen DITTMER, S. 21 als Kaplan angibt. Seine Funktion geht aus dem Kontext jedoch nicht genau hervor.

[72] UBBL 1, Nr. 282/07.04.1282.

[73] ULPTS, Ingo: Zur Rolle der *Mendikanten in städtischen Konflikten* im Mittelalter, ausgewählte Beispiele aus Bremen, Hamburg und Lübeck, in: SF 1 (1992), S. 131-151, hier: S. 141; die Stadt hatte bereits Anfang des 13. Jahrhunderts mehrmals den Papst angerufen, der als „Bewahrer von Reichsrechten im königsfernen Norden aufgerückt war". HERRMANN, Rainer: Lübeck und die Päpste (1201-1267), in: ZVLGA 75 (1995), S. 9-52, Zitat S. 52.

Grundstücksgrenzen führte.[74] An diesem Konflikt waren die Minoriten lediglich durch ihre Parteinahme involviert. Der Bischof behandelte sie allerdings besonders hart, da er wohl noch über die mendikantenfreundlichen Schiedssprüche aus den 1280er Jahren erzürnt war.[75] Wieder verhängte er über die Stadt ein Interdikt, das die Franziskaner jedoch zunächst unterliefen.[76] Der Bischof bat daher die Kleriker seiner Diözese um Unterstützung, die ihm im Folgenden zur Seite standen.[77] Von den Auswirkungen dieser Kooperation des auswärtigen Klerus mit dem Lübecker berichtet eine zeitgenössische Darstellung aus dem Katharinenkloster: „*hir umme leden de brodere van beiden closteren grote noet, ..., men vorwisede se ut den kerken, men wolde erer nerghen herberghen, ... men sloch se...*“[78] Die Auseinandersetzung eskalierte stärker als der vorangegangene Begräbnisstreit, sie kulminierte im Juni 1299 in der Zerstörung einiger Domkurien[79] und in tätlichen Angriffen der bischöflichen Partei gegenüber Mendikanten und Bürgern.[80] Wieder floh das Domkapitel nach Eutin.[81] Das Ausmaß der Kämpfe führt der franziskanische Chronist mit dem Begriff „Krieg“ seiner Leserschaft drastisch vor Augen.[82] Seit August 1301 fand auch dieser Konflikt seine Fortführung auf juristischer Ebene an der Kurie, zunächst in Rom, seit Dezember 1305 in Avignon. Die Verhandlungen zogen sich über mehrere Jahre und die Amtszei-

---

74 Ausführliche Schilderungen bieten: REETZ, *Stadt und Bistum* Lübeck um 1300, in: Der Wagen 1952/53, S. 19-25; REETZ, Jürgen: Lübeck um 1300, S. 235-250; ULPTS, Mendikanten in städtischen Konflikten, S. 141-145 sowie die chronikalischen Aufzeichnungen aus dem Katharinenkloster, abgedruckt bei: GRAUTOFF 1, S. 407-410; HAUSCHILD, S. 84-88.

75 Einen Monat nachdem er die Stadt mit dem Interdikt behängt hatte, versuchte er, den Bettelorden durch Verweigerung der seelsorgerischen Arbeiten und des Almosenempfangs die finanzielle Grundlage zu nehmen. ULPTS, Mendikanten in städtischen Konflikten, S. 141f.

76 UBL 1, Nr. 700/06.07.1299: Papst Bonifaz VIII. trägt einem Schweriner Kanoniker auf, die Lübecker Mendikanten dazu zu bewegen, das Interdikt einzuhalten.

77 UBL 3, Nr. 40.

78 GRAUTOFF 1, S. 409; CHRONIKEN 26, S. 330; bereits 1299 hatte der Bischof von Verden den Mendikanten den Zutritt zu den Kirchen seiner Diözese verweigert. UBBL 1, Nr. 359/Juli 1299. Auch von den Kirchen von Mölln, Gadebusch, Schwerin, Segeberg, Oldesloe und Eutin waren sie ausgewiesen worden. UBBL 1, Nr. 360/01.-10.08.1299.

79 Unter den Beteiligten an den Zerstörungen der Domkurien befand sich auch Alexander von Lüneburg, der später, im Jahre 1302, bei den Franziskanern begraben wurde. vgl. REETZ, Lübeck um 1300, S. 186.

80 REETZ, Lübeck um 1300, S. 200 nennt mit Hinweis auf SHLU 134/20 diesen Vorgang, der urkundlich nicht datiert ist, hält jedoch eine Schilderung der Chronik aus dem Katharinenkloster, die Ende Oktober 1299 einen ähnlichen Vorfall schildert mit dem ausschmückenden Hinweis, die Brüder seien auf dem Heimweg von einer Unterredung mit dem Bischof gewesen, für unglaubwürdig. CHRONIKEN 26, S. 329.

81 DITTMER, S. 32; REETZ, Stadt und Bistum, S. 23.

82 GRAUTOFF 1, S. 409; auf die Radikalität, mit welcher der Rat vorging und eigene Interessen, wie die Etablierung eines bürgerlichen Schulwesens, vorantrieb, hat Hauschild hingewiesen. HAUSCHILD, S. 86f.

ten von vier Päpsten hin.[83] 1302 wurde den Lübecker Bettelorden die allgemein gültige Bulle Bonifaz' VIII. aus dem Jahre 1300 *super cathedram* nochmals bekannt gegeben, welche die Abführung der *portio canonica* an die Pfarrkirchen zwingend vorschrieb und somit das Privileg, welches den Lübecker Klosterbrüdern in dem zweiten Colonna-Schiedsspruch zugestanden worden war, einschränkte.[84]

1308 entspannte sich das Verhältnis zwischen dem Bischof und der Stadt, und beide Kontrahenten setzten einen vorläufigen Vergleich auf.[85] Vor dem Hintergrund der von Bischof und Stadt anvisierten Versöhnung und aufgrund der Tatsache, dass der Papst persönlich im Jahre 1310 die Bettelorden aufforderte, das Interdikt des Bischofs zu befolgen,[86] haben die Minoriten in der Folgezeit tatsächlich auf die Ausübung ihrer kirchlichen Handlungen verzichtet und somit weitere starke finanzielle Einbußen erlitten.[87] Die Schlichtungsabsprachen zwischen Burchard von Serken und dem Lübecker Rat zogen sich allerdings in die Länge. Der Bischof kehrte erst 1314 in die Stadt zurück.[88] Und auch das Gottesdienstverbot wurde noch bis 1317 weiter eingehalten.[89] In diesem Jahr konnte sich die Stadt Lübeck, nachdem im März der Bürgersohn Hinrich Bocholt zum Nachfolger des verstorbenen Burchards gewählt wurde,[90] nach mehreren Sühnezahlungen endlich vom Interdikt befreien.[91] Die Franziskaner verglichen sich ihrerseits erst 1319 mit dem Bistum.[92] Nach der Überlieferung aus dem Kathari-

---

83 Begonnen wurden die Verhandlungen durch den Vertreter Papst Bonifaz' VIII., der bereits 1303 gestorben war. Erst unter dem zweiten Amtsnachfolger, Papst Klemens V., konnten die Verhandlungen 1305 wiederaufgenommen werden. Sie standen zu dem Zeitpunkt, als er starb, im April 1314, kurz vor dem Abschluss. Das endgültige Urteil fällte Johannes XXII. REETZ, Lübeck um 1300, S. 237-252.

84 REETZ, Lübeck um 1300, S. 143.

85 CHRONIKEN 26, S. 330; UBL 2, Nr. 237; HAUSCHILD, S. 87; ULPTS, Mendikanten in städtischen Konflikten, S. 144.

86 Der Papst hatte bereits 1299 dem Cantor der Schweriner Kirche aufgetragen, den Mendikanten in Lübeck die Einhaltung des von Bischof Burchard über die Stadt ausgesprochenen Interdikts zu beachten. UBL 1, Nr. 700, S. 631f./06.07.1299. Doch hatte diese indirekte Aufforderung nicht die gewünschte Wirkung gehabt. Der Papstbrief von 1310 ist abgedruckt in: UBBL 2, Nr. 436.

87 Dies ist belegt durch die Aussage eines Prokurators der Stadt: REETZ, Lübeck um 1300, S. 243f.; ULPTS, Mendikanten in städtischen Konflikten, S. 144.

88 REETZ, Lübeck um 1300, S. 246.

89 UBBL 2, S. 561; REETZ, Lübeck um 1300, S. 244, Anm. 1459.

90 KOHLMANN: Heinrich II. (von Bocholt), in: Allgem. Deutsche Biographie 11 (1880), S. 533f.

91 Der Rat der Stadt zahlte am 21.05.1317 in Avignon an Papst Johannes XXII. den ersten Posten der Sühnezahlung, die insgesamt 5000 Gulden betragen sollte (UBL 2, Nr. 345).

92 UBL 2, Nr. 375.

nenkloster strömte das Volk zusammen, als diese Nachricht von der Kanzel des Kirchhofes[93] verkündet wurde, und weinte vor Freude.[94]

Ein vergleichender Blick auf die Rolle der Franziskaner anderer Städte in dortigen Konfliktfällen lässt das gute Verhältnis des Lübecker Rates zu den Mendikanten noch deutlicher werden. Überliefert sind zahlreiche vergleichbare Fälle, in denen Bettelorden und Stadt gemeinsam gegen den Amtsklerus stritten, wobei die Auseinandersetzung häufig um die Beicht- und Bestattungsrechte der Franziskaner und Dominikaner geführt wurde. Doch die Geschlossenheit, in der die Stadt Lübeck und die Brüder des Katharinen- und Burgklosters auftraten, sowie ihre Entschiedenheit erscheint gerade vor diesem Hintergrund einzigartig.[95]

Bezüglich der Auswirkungen der beschriebenen historischen Ereignisse auf die Position und finanzielle Situation der Lübecker Minoriten ist zusammenfassend festzustellen, dass der 1277 bis 1282 geführte Begräbnisstreit die Position der Franziskaner in der Stadt gegenüber dem Amtsklerus stärkte. Auch die Einnahmequellen wurden zunächst mit dem Wegfall der *portio canonica* gesteigert. Dahingegen verloren die Brüder im späteren Verlauf des „Großen Streites" ihre neuen Privilegien wieder. Zwischen 1310 und 1317, als sie das Interdikt einhielten, haben sie eine besonders harte Krisenzeit durchlitten, in der sie weder Gottesdienste abhalten durften noch Beicht- oder Bestattungseinnahmen verzeichnen konnten. Die Bürger scheinen versucht zu haben, die schlechte wirtschaftliche Situation der Minoriten mit höheren Stiftungssummen in ihren Testamenten zu kompensieren.[96] Wie noch zu zeigen sein wird, brachte diese Krise eine Einstellung der Bauarbeiten mit sich.

---

93 Diese Kanzel wird sich an dem Vorgängerbau des heutigen Langhauses befunden haben. Heute zeigen sich am gesamten Bau keine Spuren einer ehemaligen Außenkanzel. Zum Typus dieses Predigtsitzes ist wenig bekannt. Kürzlich hat Achim Todenhöfer für Zeitz eine im Strebepfeiler integrierte Außenkanzel nachweisen können. TODENHÖFER, Achim: Zur Baugeschichte der Franziskanerkirche in Zeitz, in: Wolfgang SCHENKLUHN (Hg.): Zur Architektur und Plastik des Mittelalters in Sachsen-Anhalt, Halle 2000, S. 81-96, hier: S. 87; vgl. auch: PIEPER, Roland: Die Kirchen der *Bettelorden* in Westfalen (= FF 39), Werl 1993, S. 217f.

94 CHRONIKEN 26, S. 332.

95 Diese Wertung nimmt auch schon Ingo Ulpts vor in seiner vergleichenden Analyse von Konfliktfällen in drei norddeutschen Städten. Er schildert auch den Hamburger Streit um die Begräbnisrechte (ULPTS, Mendikanten in städtischen Konflikten, S. 134-137 und 140f.). Auf die Begräbnisrechte als typischen Konfliktfall zwischen Bettelorden und Amtsklerus weist bereits Herzig hin: HERZIG, Arno: Die Beziehungen der Minoriten zum Bürgertum im Mittelalter. Zur Kirchenpolitik der Städte im Zeitalter des Feudalismus, in: Die Alte Stadt 6 (1979), S. 21-53, hier: S. 41f. Vgl. auch HECKER, Norbert: Bettelorden und Bürgertum. Konflikt und Kooperation in deutschen Städten des Spätmittelalters, Frankfurt 1981, S. 95-112.

96 ULPTS, Mendikanten in städtischen Konflikten, S. 142f.

3. Die profane Nutzung der Klosterräume

Die Gebäude der Klosteranlage von St. Katharinen werden von Beginn ihrer urkundlichen Überlieferung an im Zusammenhang mit profanen Nutzungen genannt. Wie dies von zahlreichen anderen Bettelordens- und vor allem Minoritenklöstern überliefert ist, diente auch das Katharinenkloster als Verhandlungsort bei politischen und finanziellen Auseinandersetzungen,[97] aber – und das ist in Lübeck nach heutiger Quellenlage ein Sonderfall – ebenfalls zu familienrechtlichen Absprachen. Als Nutzer der Räume tauchen sowohl der Rat als auch geistliche Institutionen und Privatleute in den historischen Dokumenten auf.

Die erste erhaltene Vertragsabsprache im Katharinenkloster stammt aus dem Jahr 1251. Sie diente den Schlichtungsbemühungen des als Schiedsrichters angerufenen Erzbischofs von Livland, der im jahrelangen Streit zwischen dem Benediktinerkloster Cismar und den Nonnen des Lübecker Johannisklosters vermittelte.[98] Privatleute nutzten den Ort für Konkursverfahren, wie Quellen aus den Jahren 1375 und 1405 berichten.[99] Im letzteren Fall ist der Verhandlungsort mit dem Refektorium genauer angegeben.[100]

Besonders häufig nennt die Überlieferung den städtischen Rat als Nutzer der Klosterräumlichkeiten.[101] Er trug hier gerade im 14. und 15. Jahrhundert zahlreiche gewichtige politische Auseinandersetzungen mit der Bürgerschaft aus. So wurden im Franziskanerkloster mehrere Verhandlungen zwischen dem Rat und der Bürgeropposition in den Jahren 1380 und 1403 bis 1408 sowie noch einmal 1416 geführt.[102] Für die Zusammenkunft der streitenden Parteien am 29.04.1408

---

97 HERZIG, S. 37ff.

98 UBL 1, Nr. 176. Die Benediktiner besaßen ursprünglich das Lübecker Johanniskloster. Sie waren von der Stadt vertrieben worden, da man ihnen eine allzu weltliche Lebensweise vorwarf. Auch diese Umsiedlung der Mönche hatte sich über längere Jahre hingezogen, da die Klostergemeinschaft sich dem entgegenstellte. In dem beschriebenen Streit verhandelten die neuen Klosterinsassen, Nonnen, mit ihren Vorgängern um einzelne Besitzungen. HAUSCHILD, S. 70ff.

99 UBL 4 Nr. 429/25.03.1375 und UBL 5, Nr. 256, Abschn. 4, S. 262 vom 04.03.1405.

100 Hierin wollten die Parteien zusammenkommen, falls der Schuldner seine 1405 vereinbarten Raten zur Schuldentilgung nicht innerhalb eines festgelegten Zeitraumes abtragen würde.

101 Erstmals ist eine Verhandlung des Rates für das Jahr 1253 überliefert. Er führte damals eine Unterredung mit dem Bischof von Roskilde durch. UBL 1, Nr. 203/30.09.1253.

102 Beide Bürgerrevolten verfolgten das Ziel stärkerer politischer Mitbestimmung. 1380 handelte es sich um einen mit Waffendrohungen begleiteten Aufstand der angesehenen Handwerksämter unter Führung der Knochenhauer. Er konnte erst 1384 endgültig beigelegt werden. 1403-08 opponierten sämtliche Handwerksämter gemeinsam mit der reichen Kaufmannschaft gegen den Rat. Nachdem 1408 im Katharinenkloster geführte Verhandlungen gescheitert waren, erreichte die Bürgeropposition die Absetzung der amtierenden Ratsleute und bildete einen neuen Rat. Daraufhin verließ ein Großteil der Mitglieder des sog. alten Rates die Stadt. (CHRONIKEN 26, S. 384ff. und

ist wieder das Refektorium als Raum der Verhandlungen überliefert.[103] In der zweiten Krise setzte die Bürgeropposition zeitweilig den bestehenden Rat ab und bildete selbst einen neuen. Die Franziskaner ließen sich offensichtlich während der revolutionären Zustände, als zahlreiche Schlichtungsverhandlungen in ihrem Kloster ausgetragen wurden, nicht von einer Partei vereinnahmen. Denn nach der Beilegung dieser Kämpfe unterhielten sie gute Beziehungen zu Vertretern beider in den Jahren 1403 bis 1416 zerstrittenen Parteien. So schmückte z.B. die dem alten Rat verbundene Zirkelgesellschaft nach dessen Rückkehr den Altar ihrer Kapelle in der Katharinenkirche weiter aus.[104] Auch das Amt der Bäcker erhielt auf seinen Wunsch einen Altar in der Kirche zur Verfügung gestellt.[105]

Neben der vielerorts belegten Praxis der Nutzung der Konventsräume für wirtschaftliche und rechtliche Verhandlungen lässt sich das Lübecker Kloster, wie bereits angesprochen, auch als Ort familienrechtlicher Vertragsabsprachen nachweisen, wie etwa die im Jahr 1410 aufgesetzte Luxusordnung offenbart. Hier heißt es: *„welcke junkfrowen oft fruwen, de men verloven wil to manne, mach dat loffte hebben to St. Katharinen alse wonlick is des vormiddages unnde anders nergend“.*[106] Die Ordnung hielt demnach eine damals bereits bestehende Praxis fest, nach der das Kloster ein bevorzugter Ort für Verlobungsabsprachen war.[107] Eheberedungen sind in St. Katharinen bis über die Zeit der Reformation

---

427ff., zur Zusammenkunft im Refektorium am 29.04. siehe S. 427; vgl. NEUMANN, Käthe, 1923, S. 179). Eine Verständigung beider Parteien konnte erst 1416 auf Druck mehrerer Hansestädte erreicht werden, die das neue Gremium nicht akzeptierten. Auch die Schlichtungsanordnung des Kaisers trug ihren Teil dazu bei. UBL 10 Nr. 574/24.-26.05.1416; CHRONIKEN 19, S. 569. Zu den Vorgängen siehe: LÜBECKISCHE GESCHICHTE, S. 243-261.

[103] CHRONIKEN 26, S. 427; vgl. NEUMANN, Käthe, 1923, S. 179.

[104] JAKOBSEN, Werner: Der Altar der Zirkelbrüder in Lübeck, in: Jahrbuch des Zentralinstituts für Kunstgeschichte 1 (1985), S. 403-408; DÜNNEBEIL, S. 69.

[105] UBL 8, Nr. 118, 119 vom 02.02.1443.

[106] NEUMANN, 1923, S. 179, Anm. 224; BEHN, H.: Lübeckische Luxusgesetze und Hochzeitsordnungen, in: Archiv für Staats- und Kirchengeschichte der Herzogtümer Schleswig und Holstein 1, Heft 1, Kiel 1833, S. 49-108, hier: S. 82, Anm. 2.

[107] Die Besonderheit einer Verlobung in der Katharinenkirche ist aus diesem angegebenen Satz lediglich zwischen den Zeilen herauszulesen. Doch geht diese Praxis der „besseren Kreise“, in diesem sakralen Ort das Verlöbnis einzugehen, aus der nachreformatorischen Hochzeitsordnung hervor und kann im Rückschluss auch für das 15. Jahrhundert angenommen werden. Dies nimmt auch Behn an (BEHN, S. 60). Für diese Annahme sprechen auch die Personen, welche den einzig aus dem Mittelalter bislang bekannten Ehevertrag in der Katharinenkirche aufsetzten: 1437 versprach Clawes Schonewolt, welcher über einigen Immobilienbesitz verfügte, seine älteste Tochter Geseke dem damaligen Stadtschreiber und späteren Ratsherrn Johan Hertze (UBL 7, Nr. 756/03.11.1437). Zu den Personen: Schrödersche Personenkartei; diese Eheberedung nannte schon SCHLAGER, Lübeck, S. 13.

hinaus belegt.[108] Die Exklusivität, welche die Franziskanerkirche im Hinblick auf solche privatrechtlichen Übereinkünfte[109] innerhalb der geistlichen Institutionen Lübecks beanspruchte, verdeutlicht die Hochzeitsordnung des Jahres 1566 besonders anschaulich. Sie legt die damals geübte Einteilung der Bürger in sechs unterschiedliche Vermögensklassen zugrunde und erklärt das Verlöbnis in der Katharinenkirche als Privileg der drei oberen Stände. Die Angehörigen der nachgeordneten Klasse 4 mussten ihre Eheabsprachen in der Marienkirche vornehmen, Personen der fünften sozialen Schicht konnten zwischen St. Marien und einer anderen Pfarrkirche wählen und die sog. „beruchtigten" Personen der untersten Gesellschaftsgruppe waren für diese persönlichen Beredungen auf die Pfarrkirche ihres jeweiligen Kirchspieles angewiesen.[110] Das Amt der Maler, in dem ausschließlich die Meister dieses Gewerbes vereinigt waren, gehörte zumindest in der Neuzeit zu diesem privilegierten Personenkreis, welcher die Katharinenkirche zur Verlobungsabsprache nutzen durfte. Es fühlte sich noch 1655 dem ehemaligen Kapitelsaal,[111] in welchem *„von Alters her (seine) ... Eheliche Zusammenkunft"* abgesprochen wurde, stark verbunden und ließ ihn auf eigene Kosten renovieren und ausmalen.[112]

---

[108] Belegt ist neben derjenigen vom Jahr 1437 eine weitere vom 19.12.1580. (Auf letzteren Ehekontrakt machte freundlicherweise Herr Alborn aufmerksam. AHL, Dom Varia). Des Weiteren finden sich auch in dem 1542 angelegten Rechnungsbuch der Katharinenkirche Gaben anlässlich von Verlöbnisberedungen unter den Einnahmen verzeichnet: HACH, Eduard: Aus dem ältesten *Rechnungsbuch*e St. Katharinen-Kirche zu Lübeck, in: MVLGA 8 (1897/98), S. 115-134, hier: S. 121.

[109] Durch das feierliche Gelöbnis in der Kirche wurde die Verlobung, für welche bereits zuvor an anderem Ort die finanziellen Aspekte besprochen waren, wie die Vermögensverhältnisse des Bräutigams und die Höhe der Aussteuer, endgültig geschlossen.

[110] Die Hochzeitsordnung von 1566 ist abgedruckt bei: BEHN, S. 98-108. Scheftel gibt die Einteilung in sieben Klassen wieder, wie sie die Hochzeitsordnung aus dem Jahr 1582 (bei ihm irrtümlich 1566) vorsieht: SCHEFTEL, Michael: Gänge und Buden, S. 63 und Anm. 19. Erst die 1612 in Kraft getretene Hochzeitsordnung beschneidet – im Rahmen der einsetzenden Tendenz zur Eindämmung des wachsenden Luxus bei den allgemeinen Hochzeitsfeierlichkeiten – die Exklusivität der Katharinenkirche, indem sie die Kirche „freigibt" für die Verlöbnisabsprachen sämtlicher Lübecker Bürger „fürnehmer oder Nider Standes Personen". Neben St. Katharinen wurden als mögliche Orte noch die anderen Pfarrkirchen oder die „Cantzley" zur freien Auswahl gestellt. (BUCHHOLZ, Georg Friedrich: Sammlung Lübecker Verordnungen, Dekrete etc., Band 13: Verlöbnisse, Hochzeiten, Kindtaufen, Sterbfälle, Luxus und Kleiderpracht, Handschrift 1780, S. 236). Dementsprechend ist sicherlich der Eintrag im Rechnungsbuche unter dem Jahr 1660 zu verstehen, in dem es heißt, der Küster hätte seit 50 Jahren kein Geld mehr erhalten von den Gaben, welche (bis 1612) der Bräutigam nach den Verlöbnisabsprachen regelmäßig zum Erhalt der Kirche hatte spenden müssen. HACH, Rechnungsbuch, S. 121.

[111] In der Urkunde „Auditorium" genannt. Diese Bezeichnung stammte von der Schulnutzung. Hierfür hatte der Raum bis in das 17. Jahrhundert hinein zunächst den Namen „Lektorium" getragen.

[112] Jüngere Abschrift einer Beurkundung vom 08.12.1655, AHL 61-7/57.

Zusammenfassend ist festzuhalten, dass in den 14 Urkunden, die von profanen Nutzungen des Katharinenklosters im Mittelalter berichten, in dreien ein bestimmter Raum angegeben wird. Ist es Zufall, dass das Refektorium dabei als Austragungsort von Streitigkeiten, der Kapitelsaal aber den Eheabsprachen diente? Die Nutzung des franziskanischen Refektoriums zu Verhandlungen des Rates ist aus zahlreichen Orten, z.B. aus Braunschweig[113], Münster, Solothurn und Lindau[114], überliefert. In Münster wurde der Speisesaal außerdem zu Vertragsabschlüssen genutzt.[115] Der Architekturtypus des Kapitelsaales, der häufig in mehreren Arkadenstellungen zum Kreuzgang geöffnet war, unterscheidet sich von dem meist als geschlossenem Saal konzipierten Refektorium.[116] Im Hinblick auf die unterschiedliche Gestaltung beider Raumtypen scheint die bruchstückhafte Lübecker Überlieferung dahingehend verallgemeinerungsfähig sein zu können, dass Refektorien für Ratssitzungen und politische Verhandlungen bevorzugt wurden, der Kapitelsaal hingegen eher für repräsentative Aufgaben dienlich war.

4. Kapellenstiftungen

An der Katharinenkirche sind für das Mittelalter neun Privatkapellen bekannt. Sie entstanden größtenteils im 14. Jahrhundert. Der Kreis ihrer Stifter verdeutlicht für diese Zeit die Kontinuität des engen Bezuges der Ratsmitglieder zu den Franziskanern.[117] Unter den Kapellengründern befanden sich fünf Ratspersonen, die ihre Karriere mit dem Bürgermeisteramt krönten, neben Segebodo Crispin (1323 gestorben), Tidemann von Güstrow (1350 gestorben), Hermann von Wickede (1367 gestorben; er ist 1361 als Besitzer belegt, als Gründer aber nicht gesichert) und Johannes Lüneburg (1461 verstorben) auch Bertold Witik (1474 gestorben).

Darüber hinaus sind drei weitere Besitzer zu nennen: Hinrich Papendorp (1350 gestorben) und die reichen Kaufmänner Werner Wullenpund (Sterbedatum unbekannt, er besaß 1350 einen Altar in einer Kapelle, seine Funktion als Gründer ist nicht belegt) und Hinrich Westfal (gestorben 1379). Für die drei Letzten lassen sich verwandtschaftliche Beziehungen zu Ratsleuten aufzeigen. Während Papen-

---

113 HERZIG, S. 37.

114 Von den Ratssitzungen in Solothurn, Lindau und Münster berichtet HECKER, S. 91ff.

115 NICKEL, Ralf: Die Minderbrüder in Münster, in: SF 3, S. 167-209, hier: S. 177.

116 Zum Kapitelsaal siehe: Lexikon der Kunst 3, Leipzig 1991, S. 642f., zum Refektorium: LexMA 6, München u.a. 1996, Spalte 68f.

117 Eine ganz besondere Beziehung Segebodo Crispins zu den Minoriten ist bereits für die Bauzeit anzunehmen. Siehe S. 31-35.

dorps Schwager Johann Klingenberg (1371 gestorben) im Rat saß, war Westfal mit einer Ratsherrentochter verheiratet, und deren gemeinsamer Sohn Hermann gelangte im Jahre 1406 in dieses Verwaltungsgremium, wohingegen Werner Wullenpund Mitglied einer bekannten Ratsfamilie war.[118] Von den neun Gründungsmitgliedern der Zirkelgesellschaft, der 1379 ein Raum im Nordwesten der Kirche zur Verfügung gestellt wurde, war im Jahr des Kapellenerwerbs nur einer im Rat vertreten.[119]

Im Vergleich der gesellschaftlichen Stellung aller mutmaßlichen Kapellengründer Lübecks hat Antje Grewolls festgestellt, dass diejenigen Kapellen im 13. und zu Beginn des 14. Jahrhunderts, die in der Hand von Bürgermeistern waren, ausschließlich an den beiden Klöstern St. Johannis und St. Katharinen lagen.[120] Von den Stiftern an der Katharinenkirche saßen nur Hinrich Papendorp, Hinrich Westfal und der Großteil der Gründungsmitglieder der Dreifaltigkeitsbruderschaft nicht selber im Rat. Einige der Stifter waren untereinander verwandt und verschwägert, wie die Familien Crispin, Wickede und Witik.[121]

5. Lübecker Einheimische im Franziskanerkonvent

Allein die Gruppe der aus Lübeck stammenden Brüder kann näher untersucht werden, und das nur innerhalb eines Zeitfensters um das 14. Jahrhundert herum.[122] Aufgrund des beschränkten Urkundenmaterials ist keine Auskunft zur allgemeinen Zusammensetzung der Klostergemeinschaft an St. Katharinen zu gewinnen. Namen von Franziskanerbrüdern sind entsprechend den bisherigen Archivforschungen vornehmlich aus dem 14. Jahrhundert überliefert.

Für testamentarisch erwähnte Fratres kann, sofern eine Verwandtschaftsbeziehung und der Beruf des Testators angegeben sind, das gesellschaftliche Umfeld, dem sie entstammen, beleuchtet werden. Denn hierzu konnte, wiederum für den angegebenen Zeitraum, auf die umfangreiche Untersuchung von Birgit Noodt zurückgegriffen werden. Sie hat die Testamentsaussteller an Hand ihrer Verer-

---

118 Nähere Angaben zu den Personen siehe Kapitel II.B.4.

119 GREWOLLS, Kapellen, S. 219; vgl. die Auflistung der „Zirkler" bei DÜNNEBEIL, S. 207.

120 GREWOLLS, Kapellen, S. 103. Unklar ist, ob die Stifter bereits zum Zeitpunkt der Kapellengründung dem Rat vorstanden.

121 WEGEMANN, Georg: Die führenden Geschlechter Lübecks, in: ZVLGA 31 (1949), S. 17-51, hier: Tabelle 4, S. 31f.

122 Die Namen der Lübecker Brüder sind aus den Testamenten des Archivbestandes in Lübeck (AHL HS 1034 d und e), den Regesten von v. MELLE, *Testamenta*, den durch Ahasver von BRANDT veröffentlichten Bürgertestamenten und einzelnen Aufsätzen zusammengetragen.

bungssummen und Berufsangaben in verschiedene Gesellschaftsschichten eingeteilt.[123]

Einteilung der Lübecker Bürgertestamente aus der Zeit zwischen 1278 und 1400 nach materiellen Kriterien aus: NOODT, S. 32

Vermögensklasse	Höhe des Erbgutes	Berufliche/ sonstige Kriterien	Anzahl der Testamente	%
1	-	Ratsfamilien	217	8
2.1	401-800 m.d.	Kaufleute	498	18
2.2	401-800 m.d.	Nichtkaufleute/Beruf unklar	210	8
3	201-400 m.d.	alle Berufe, Hausbesitzer	710	26
4	101-200 m.d.	alle Berufe	245	9
5	1-100 m.d.	Mägde, Diener, Beruf unklar	299	11
6	-	Geistliche	79	3
7	-	Bürger anderer Städte	36	1
8		Sonderverfügungen	8	<1
0		nicht klassifizierbar	399	15
Gesamt			2.701	100

Als Söhne einer Ratsfamilie sind für die Jahre 1328 und 1333 die leiblichen Brüder Arnold und Hinrik von Carmen überliefert.[124] Der reichen Kaufmanns- und Bürgerschicht entstammt der 1358 im Kloster nachgewiesene Wilhelm Buzt. Er war ein Neffe des Lübecker Kaufmannes gleichen Namens, welcher wiederum mit der Tochter des Kapellengründers Tidemann Güstrow verheiratet war.[125] Des Weiteren sind dieser Gruppe zuzuordnen: Martin(?) Rantzowe[126], Albert de Hoyinge[127], Johannes Holt[128] und Hinricus Haverland[129]. Berthold Cremers Vater[130] gehört wie Godfrid de Zevenbomens Onkel[131] der nachfolgenden Vermögensklasse an, welche diejenigen Personen umfasst, die in ihrem Testament

123 Noodts Arbeiten fußen auf den Forschungen Ahasver von Brandts und Rolf Hammel-Kiesows. Ihre Kategorisierung stellt sie in der hier wiedergegebenen Tabelle dar. NOODT, S. 32.

124 Testamente der Mutter, Elisabeth von Camen (BT 1, Nr. 86 u. 127); das zweite Testament bedenkt nur noch Hinrik. Sein Bruder wird demnach zwischen 1328 und 1333 verstorben sein.

125 BT 2, Nr. 751. Zu den Verwandtschaftsverhältnissen siehe: WIEGANDT, Jürgen: Die Plescows. Ein Beitrag zur Auswanderung Wisbyer Kaufmannsfamilien nach Lübeck im 13. und 14. Jahrhundert, Köln/Wien 1988, S. 144.

126 Testament seines Onkels Eler Rantzowe (K 2.1., Kaufmann) aus dem Jahr 1356, NOODT, Abschn. C, Anm. 566.

127 Testament Johannes de Hoyngh (K 2.2., Schwedenhändler)/27.08.1367, AHL, HS 1034 e).

128 Testament seines gleichnamigen Vaters (K 2.1., Bostonfahrer?) von 1376, v. MELLE, Testamenta, S. 259.

129 Testament seines Vaters Tidemannus Haverland (K 2.2.) aus dem Jahr 1396, v. MELLE, Testamenta, S. 429.

130 Sein Vater Hillabrand (K 3) vermacht ihm am 15.09.1367 40 m.l., AHL, HS 1034 e).

131 Ihn bedenkt 1390 sein Onkel Godekinus Zevenbomen (K 3).

eine Summe zwischen 400 md und 201 md vererben, was etwa dem Wert eines Hauses in Stadtrandlage entsprach.[132] Ludekino Warendorp[133] stammt aus der ärmsten der testierenden Bevölkerungsgruppen. Ein weiterer nachgewiesener Bürgersohn, Johan Sultebrugge[134], lässt sich keiner Gruppe zuordnen.

Zwei der überlieferten einheimischen Minoriten gelangten im Katharinenkonvent in qualifizierte Positionen. Dies war zum einen Reimer van Segheberghe, der dem Kloster zu einem unbekannten Zeitraum vor 1341 als Guardian vorstand,[135] und zum anderen der Lektor Johannes de Osenbrugghe, dessen Verwandte der wohlhabenden Kaufmannschicht angehörten.[136]

Insgesamt stellte die Schicht der vermögenden Bürger und Kaufleute mit der Hälfte der nachweisbaren, aus Lübeck gebürtigen Konventsmitglieder die größte Bevölkerungsgruppe unter den einheimischen Brüdern dar. Da dieser Anteil weit über demjenigen liegt, den die Gesellschaftsgruppe an dem überlieferten Gesamtbestand an Testamenten des Untersuchungszeitraumes trägt (sie stellte nur ein gutes Fünftel der testamentarischen Schriftstücke auf),[137] kann für das 14. Jahrhundert auf eine enge Verbindung des Klosters mit der reichen Bürgerschicht geschlossen werden. Ansonsten ist aufgrund der geringen Überlieferungen von Angehörigen der anderen Stände die Statistik zu unsicher, um sie weiter auszuwerten.

Noch stärkere verwandtschaftliche Verflechtungen mit Lübeckern sind für den Laienstand des Ordens anzunehmen. Als frühester Hinweis auf das Vorhandensein von Konversen im Konvent ist das Testament des Hinrik van Eksen aus dem Jahr 1357 anzusehen.[138] Er bedenkt darin überhaupt nur zwei Parteien, zum einen

---

132 HAMMEL-KIESOW, Rolf: *Häusermarkt* und wirtschaftliche Wechsellagen in Lübeck von 1284 bis 1700, in: HG 106 (1988), S. 41-107, hier: S. 58.

133 1382 bedachte ihn die Witwe Ghertrudis Warendorpes (K5), v. MELLE, Testamenta, S. 317.

134 BT II, Nr. 746 vom 28.11.1358.

135 Testament seiner Schwester: BT 1, Nr. 191.

136 Am 25.07.1395 bezeichnet ihn die Kaufmannswitwe Benedicta Knyf in ihrem Testament als ihren *avunculus*. Sie bedenkt neben ihm auch seine Mutter Wiben (v. MELLE, Testamenta, S. 425/25.07.). Der 1396 testierende Johannes Doop (K 2) bedenkt ebenfalls neben Johannes, den er als ehemaligen Lesemeister bezeichnet, dessen Mutter (25.07.1396).

137 NOODT, Tabelle, S. 32.

138 BT 2, Nr. 638/31.03., hierin findet sich bereits von Brand der Vorschlag „Laienbruder?"; Birgit Noodt schlägt eine Identifikation als Pfründeninhaber vor. NOODT, S. 194, Anm. 299. Hiergegen spricht allerdings, dass Pfründner im Allgemeinen ihre Besitzverhältnisse auch schon für den Fall ihres Todes in einem gesonderten Pfründnervertrag regelten, der somit ein Testament überflüssig machte. Ein Vertrag eines Pfründners des Katharinenklosters namens Peter Springup ist für das Jahr 1450 bekannt: UBL 8, Nr. 702/14.08.1450.

seine Mutter und zum anderen den Franziskanerkonvent, dessen „familia" er angehört. Den Brüdern des Klosters vermacht er neben dem vierten Part eines Schiffes alles, was von ihm auf ihrem Grundstück zu finden sein wird. Explizit als „converse" bezeichnet sich zwölf Jahre später Hinrich de Rostok. Aus seinem Vermächtnis erhalten wir auch einen knappen Einblick in die innere Struktur des Klosters:[139] So bedenkt er neben dem Guardian, seinem Beichtvater und den Priestern auch die *fratres religiosi*, die nicht Priester sind, sowie die „ungeweihten Knaben" (*„pueri adhuc non sacrati propre unghewyet"*), aber auch einen Küchenmeister und den *camerarius* des Klosters. Vielleicht hat der Dritte Orden der Franziskaner den Lübeckern zu viele Bürgersöhne und deren Vermächtnisse abgezogen,[140] denn 1466 mussten die Franziskaner dem Rat versichern, keine Laien mehr aufzunehmen.[141]

6. Einnahmen des Klosters durch Geldstiftungen der Bürger

Die testamentarisch bestimmten Geldgaben des 14. Jahrhunderts belegen ihrerseits eine starke Beliebtheit der Franziskaner in Lübeck. Susanne Thiele konnte in ihrer Auswertung der Testamente von 1278 bis 1363 nachweisen, dass den Minoriten mit einer Geldsumme von insgesamt 1995 m.d. höhere Beträge zuflossen als sämtlichen anderen Kirchen Lübecks.[142] Diese Aussage ist mit Hilfe der Untersuchungen Birgit Noodts zu den Bürgertestamenten des 14. Jahrhunderts zu differenzieren. Demnach hatte die Katharinenkirche die Favoritenrolle unter den kirchlichen Institutionen bis in das Jahr 1350 inne. Danach wurde sie in der Beliebtheit von der Marienkirche und dem Jürgenhospital[143] abgelöst, wobei dem Hospital sogar doppelt so viele Spenden zugute kamen wie St. Marien:

---

139 AHL, HS 1034 e/24.05.; auch ein weiteres Testament, das des Johannes de Verden aus dem gleichen Jahr, bedenkt auch die Gruppe der Laienbrüder, denen ein Betrag für Kleidung auszuzahlen sein soll: AHL, HS 1034 e/04.07.

140 Eine ähnliche Vermutung äußerte bereits Arno Herzig, welcher allerdings annahm, der Rat befürchtete, dass auf diese Weise auch Immobilien an die sogenannte tote Hand geraten könnten. Doch dieser Gefahr hatte der Rat bereits durch ältere Verfügungen einen Riegel vorgeschoben. HERZIG, S. 35; zum Verbot der Veräußerung von Grundbesitz an die „tote Hand" siehe: UBL 1, S. 41; HACH, Johann Friedrich: Das alte Lübische Recht, Aalen 1969, Kod. 2, Art. 122, 124; HARTWIG, Julius: Der Lübecker Schoß bis zur Reformationszeit, Leipzig 1903, S. 70-73.

141 UBL 11, Nr. 203/ohne genaue Datumsangabe, da es sich um einen Entwurf handelt.

142 THIELE, Susanne: Das Lübecker Burgkloster als soziale Institution, in: ZVLGA 64 (1984), S. 277-285, hier: S. 277, Anm. 5.

143 Das Jürgenhospital, bereits 1290 nachweisbar, befand sich vor dem Mühlentor. Um 1320 erfuhren wahrscheinlich Hospital und Kapelle einen Neubau. Ihre Gestalt ist jedoch unbekannt, da sie in der frühen Neuzeit bereits zerstört und abgerissen wurde. BUK 4, S. 389-393; JAACKS, Günther: Die abgebrochenen Sakralbauten Lübecks, in: ZVLGA 48 (1968), S. 17-38, hier: S. 21f.

Vermächtnisse an die einzelnen Kirchen: Ihre Gesamtsumme in dn im angegebenen Zeitraum im Verhältnis zur Anzahl der Stifter (in Klammern) ergibt eine Beitragshöhe pro Legat: x (y) z[144]

Kirchl. I.	1335-48	1350	1351-66	1367	1368-75	1376-1400
Ägidien	27 (14) 1,9	65 (28) 2,3	279 (103) 2,7	101 (31) 3,3	108 (037) 2,9	554 (110) 5,0
Jakobi	41 (22) 1,8	146 (35) 4,1	382 (130) 2,9	142 (35) 4,1	246 (499) 5,0	527 (110) 4,8
Marien	131 (33) 3,9	267 (47) 5,6	1246 (176) 7,1	405 (57) 7,1	565 (074) 7,6	1340 (182) 7,4
Nikolai	33 (18) 1,8	78 (29) 2,6	365 120) 3,0	122 (35) 3,5	256 (049) 5,2	389 (082) 4,7
Petri	43 (28) 1,5	125 (37) 3,3	208 (039) 5,3	208 (39) 5,3	290 (056) 5,2	741 (118) 6,3
Jürgenh.	145 (36) 4,0	307 (55) 5,5	1741 (251) 6,9	811 (95) 8,5	1069 (156) 6,9	(321)
Heiligg.	79 (29) 2,7	219 (49) 5,4	607 (140) 4,3	186 (36) 5,2	258 (053) 4,9	(126)
Franzisk.	144 (32) 4,5	396 (45) 8,8	909 (045) 8,8	335 (51) 6,6	515 (078) 6,6	1246 (212) 5,9
Dominik.	127 (33) 3,8	216 (39) 5,5	686 (171) 4,0	460 (61) 7,5	503 (090) 5,6	1172 (203) 5,8

Unabhängig von dieser allgemeinen Entwicklung zeigt sich eine besondere Vorliebe für die Bettelorden gerade in den Pestjahren. Auffallend hohe und über die zuvor bereits großzügigen Zuwendungen hinausgehende Geldstiftungen gingen den Franziskanern im Pestjahr 1350 zu. Dies Ergebnis der Testamentsauswertungen korrespondiert mit den Aussagen der in den vorigen Kapiteln vorgestellten Geschichtsquellen, welche ebenfalls ein enormes Spendenaufkommen für dieses Jahr hervorheben und es als Finanzierungsquelle der Klostergebäude ausweisen. In diesem Jahr zeichnet sich auch eine Verlagerung der sozialen Zugehörigkeit der Stifter ab. Neben den eher elitären Zirkel wohlhabender und einflussreicher Bürger tritt ein Personenkreis der ärmeren Sozialschichten.[145] Im Pestjahr 1367 stiegen besonders die den Dominikanern zugedachten Stiftungen. Diese hatten damals gerade ein neues Beichthaus errichtet, welches auch Bestattungen aufnahm.

Die Testamentsauswertung widerspricht dem herkömmlichen Bild, nach welchem die Minoriten in Lübeck vorwiegend von den oberen Gesellschaftsschichten gefördert wurden, die Dominikaner hingegen stärkere Beziehungen zu den

---

144 Die Tabelle kompiliert die Aufstellungen von NOODT, S. 209f., 210, 219 und 237 und ist mit einer ergänzenden Auswertung versehen.

145 NOODT, S. 186f. für das Jahr 1350, S. 238 für die Zeit 1376-1400, zusammenfassend: S. 252. Für das 15. und 16. Jahrhundert liegen keine vergleichbaren Untersuchungen vor, die Auskunft über das Ansehen der Bettelorden bei den verschiedenen Bevölkerungskreisen geben. G. Meyer untersuchte punktuell die Stiftungstätigkeit der Lübecker für das Jahr 1437. In diesen zwölf Monaten sind – umgekehrt als dies für das 14. Jahrhundert festzustellen war – weniger Stiftungen zugunsten des Predigerordens nachzuweisen als für die Minderen Brüder, aber die Dominikaner erhielten die höhere Gesamtsumme. G. MEYER AHL LX 44³, S. 42.

ärmeren Bevölkerungsgruppen unterhalten hätten.[146] Im letzten Viertel des 14. Jahrhunderts deutet sich eher eine Affinität zwischen den Predigern und der kaufmännischen Oberschicht an, wie Birgit Noodt resümiert.[147] Grundlage ihrer Aussage ist der Vergleich der Anzahl begüterter Gönner beider Mendikantenklöster. Demnach konnten die Dominikaner einen größeren Teil der wohlhabenden Bevölkerungsschichten für sich gewinnen.[148] Andererseits fällt bei dem Überblick über die Vermächtnisse auf, dass die Minoriten mit Ausnahme des Pestjahres 1367 stets die höheren durchschnittlichen Legate erhielten. Aus den beiden genannten Fakten kann wohl am ehesten der Schluss gezogen werden, dass die Franziskaner auch in der zweiten Jahrhunderthälfte einen bestimmten Kreis an Förderern – vielleicht innerhalb der Kapellenbesitzer – hatten, der sich ihnen ganz besonders gönnerhaft erwies, die Dominikaner aber in dem breiten Teil der Bevölkerung, welcher keine besonderen Vorlieben hatte, größere Akzeptanz fanden.

Insgesamt zeigt sich, dass die Bürger solche Institutionen, deren Insassen von Stiftungen lebten, wie die Bettelorden und die beiden Hospitäler, besonders stark bedachten. Von denen erfreute sich das Katharinenkloster bis zum Pestjahr 1350 des stärksten Zuspruches in der Bevölkerung. In der zweiten Hälfte des 14. Jahrhunderts verschob sich der Präferenz der Testatoren zugunsten des Jürgenhospitals, das so hohe Stiftungseinkünfte erzielte wie keine Kirche und kein Kloster zuvor. Die Ausnahme von dem allgemeinen Trend, in welchem die klösterlichen Gemeinschaften und Armenspitäler favorisiert wurden, bildet allein die Marienkirche.[149]

---

146 HERZIG, S. 51.

147 NOODT, S. 252.

148 NOODT, S. 238 und Tabellen 31 und 32; vgl. POECK, Dietrich: *Totengedenken* in Hansestädten, in: Vinculum societatis. Joachim Wollasch zum 60. Geburtstag, hg. von Franz NEISKE/Dietrich W. POECK/Mechthild SANDMANN, Sigmaringen 1991, S. 175-231, hier: S. 207.

149 Die ihr zugeflossenen großen Summen erhöhten sich noch in der zweiten Jahrhunderthälfte und wurden dann nur noch von dem Jürgenhospital übertroffen. Dabei ist generell eine Entwicklung dahingehend zu erkennen, dass immer weniger Bürger den kirchlichen Institutionen Geld stifteten, die einzelnen Summen allerdings anstiegen. Im Fall der Marienkirche ist diese Tendenz besonders stark, es lässt sich der Kreis der Ratsfamilien mit den ihnen zugehörigen Personen als die mit Abstand stärkste Stiftungsgruppe für diese Hauptpfarrkirche ausmachen. Vor dem Hintergrund der Favoritenrolle von St. Marien unter den Pfarrkirchen spricht Noodt von der Entwicklung St. Mariens in der zweiten Hälfte des 14. Jahrhunderts von einer Bürgerkirche zu einer „Ratskirche". Den umstrittenen Begriff der Ratskirche setzt sie in Anführungszeichen und will ihn im Hinblick auf die Bürgerschicht, welche sich der Kirche am meisten verbunden fühlte, verstanden wissen. Den Terminus prägte einst Ahasver von BRANDT in seinem Aufsatz: Die Ratskirche St. Marien im öffentlichen und bürgerlichen Leben der Stadt, in: Paul BROCKHAUS (Hg.): Das Buch von St. Marien zu Lübeck, Lübeck 1951, S. 9-19, wieder abgedruckt in: BRANDT, Ahasver von: Geist und

7. Die an St. Katharinen angegliederten Bruderschaften

1379 gründete die Bruderschaft der Heiligen Dreifaltigkeit, welche seit 1385 als Zirkelgesellschaft[150] bekannt wurde, eine weitere Kapelle in der Kirche.[151] Sie nimmt das westliche Joch des nördlichen Seitenschiffes ein, das nach Osten durch einen nachträglich eingebauten Treppenturm von den folgenden Jochen abgetrennt ist.

Geistliche Bruderschaften sind in Lübeck als bürgerliche Vereinigungen seit dem letzten Drittel des 14. Jahrhunderts nachweisbar.[152] Den Mitgliedern garantierte die Vereinigung ein standesgemäßes Begräbnis. Die Bruderschaftler und ihre Angehörigen hielten Memorien zugunsten der Verstorbenen ab, und über diese Fürsorge für das Seelenheil hinaus diente der Zusammenschluss auch der Geselligkeit.[153] Die berufsständisch organisierten Gemeinschaften bildeten eigene Korporationen der Meister und der Gesellen aus, letztere übernahmen auch die Aufgaben der finanziellen Absicherung im Krankheitsfall.[154]

Im ausgehenden Mittelalter existierten in Lübeck an die 70 verschiedene Bruderschaften.[155] Von den Zusammenschlüssen hatten sich siebzehn dem Predigerkloster, vierzehn dem Katharinenkonvent, jeweils zehn den beiden Pfarrkirchen St. Jakobi und St. Petri und weitere fünf dem Dom angeschlossen. Der kleinere Teil verteilte sich auf die übrigen Pfarrkirchen, Kapellen und Hospitäler.
Die Vielzahl der an die beiden Bettelorden angliederten Bruderschaften veranschaulicht noch einmal den starken Zuspruch, welchen die beiden Männerklöster von der Bevölkerung erhielten. Dieser begründet sich nicht zuletzt dadurch, dass die Mendikanten im Gegensatz zu den Pfarrkirchen diese Vereinigungen in die

---

Politik in der Lübeckischen Geschichte, Lübeck 1954, Kapitel 4 „Die Ratskirche", S. 83-96, er wurde deutlich kritisiert von HASSE, Max: Die *Marienkirche* zu Lübeck, München/Berlin 1983, S. 80f., 170f. und 200ff., ders.: Der *Lübecker Rat* und die Marienkirche, in: ZVLGA 64 (1984), S. 39-50, hier: S. 39; POECK, Klöster, S. 277.

150 Der Name leitet sich von dem Gesellschaftszeichen der Vereinigung ab. Es stellte einen geöffneten Zirkel dar. Es ist erstmals für das Jahr 1385 überliefert. DÜNNEBEIL, S. 19.

151 Nähere Angaben zu ihr finden sich im Kapitel III.

152 Vgl. Zmyslonys Auflistung der Bruderschaften, ZMYSLONY, Monika: Die Bruderschaften in Lübeck bis zur Reformation, Kiel 1977, S. 28-34. Älter als die geistlichen Bruderschaften, in denen sich Weltliche zusammenschlossen, ist die Form der Bruderschaften unter Geistlichen, Kalande genannt. Sie ist im niederdeutschen Raum bereits für das 13. Jahrhundert überliefert, in Lübeck erstmals 1339 nachweisbar. ZMYSLONY, S. 47ff.

153 ZMYSLONY, S. 4.

154 ZMYSLONY, S. 99f.

155 Die weiteren Ausführungen fußen auf der Arbeit von ZMYSLONY, S. 28-34.

guten Werke ihrer Ordensbrüder aufnehmen und somit ein weiteres Angebot der Jenseitsfürsorge bieten konnten.[156] Den beiden Klöstern hatten sich in Lübeck Gruppen unterschiedlichster sozialer Stellung angeschlossen. Dem Burgkloster waren drei der vier Kaufleute-Organisationen angebunden. Deren Leichnams- und Nikolausbruderschaft stellten zudem die ersten Bruderschaften an der Dominikanerkirche dar. Aber auch die Pferdekäufer und Höppener versammelten sich in der Kirche regelmäßig ebenso wie die Ratsdiener. Stark vertreten war im Predigerkloster die Gruppe der Gesellenzusammenschlüsse, von insgesamt fünf in Lübeck nachgewiesenen hielten vier an diesem Ort ihre Messen ab. Die einzige, nicht dem Predigerkloster angegliederte Knechtskorporation, diejenige der Müller, versammelte sich im Dom.

An die Katharinenkirche gliederte sich mit der bereits vorgestellten Dreifaltigkeitsbruderschaft die erste von Bürgern getragene geistliche Bruderschaft Lübecks an.[157] Wenn sich auch die Betonung der Exklusivität der Gesellschaft erst im 15. Jahrhundert ausbildete,[158] so ist dennoch eine besondere Anspruchshaltung seitens der Gründer aus dem Kauf einer eigenen Bruderschaftskapelle abzuleiten. Denn mit dem Verbrüderungsvertrag und dem Kapellenerwerb übernahm der Zusammenschluss in Lübeck eine Initialrolle sowohl hinsichtlich des Anschlusses der von Bürgern getragenen geistlichen Bruderschaften an Kirchen als auch im Hinblick auf die Bereitstellung eines eigenen kleinen Raumes für den Bruderschaftsaltar.[159]

Die überwiegende Anzahl der Vereinigungen rekrutierte sich an der Katharinenkirche jedoch aus Ämtern einfacher Berufe, wie derjenigen der Fischer, Garköche, Küfer[160] und Bäcker. Aber auch die Maler und Glaser hielten hier ihre Ver-

---

156 VOGELER, Hildegard/FREYTAG, Hartmut: Schlüssel zur Ewigkeit. Über mittelalterliche Stifterbilder in Lübeck, in: ZVLGA 82 (2002), S. 9-28, hier: S. 20.

157 HAUSCHILD, S. 119; nach Georg Wegemann ging sie aus einer so genannten Gelagsbruderschaft hervor, der bereits mehrere Ratsherren angehörten, WEGEMANN, S. 36f.

158 Erst seit den 20er Jahren des 15. Jahrhunderts gewinnt die Zirkelgesellschaft starken, aber nicht ausschließlichen Einfluss auf die Zusammensetzung des Rats. Zuletzt: DÜNNEBEIL, S. 137-146.

159 Insgesamt sind 11 Kapellen in der Hand von Bruderschaften für Lübeck nachgewiesen. Demnach hatten nicht einmal ein Fünftel dieser Vereinigungen eine eigene Kapelle. Das waren im Einzelnen: die Heilig-Leichnamsbruderschaft, das Amt der Hopfenbauer und Gärtner (1417 erstmals belegt), die Reitenden Diener des Rates (1418 belegt) und wahrscheinlich die Schifferbruderschaft mit je einer Kapelle in der Dominikanerkirche. An St. Petri unterhielten die Schmiede seit 1442, die Krämer (1452 belegt) und die Goldschmiede seit 1519 eine eigene Kapelle. Des Weiteren versammelten sich die Bergenfahrer bereits vor 1400 in ihrer Kapelle an St. Marien, und 1426 kaufte das Amt der Wollweber einen Bauplatz für solch einen kleinen Sakralraum an der Klosterkirche St. Johannis. Vgl. GREWOLLS, Kapellen, S. 166-231.

160 Norddeutscher Ausdruck der Fasshersteller, synonym für Fassbinder oder Böttcher.

sammlungen ab. Und schließlich sind die seit 1435 nachweislich in der Marienbruderschaft zusammengeschlossenen Spielleute zu nennen, die gemeinsam mit den Trägern, die in der Burgkirche ihre Zusammenkünfte abhielten, die am wenigsten angesehene Berufsgruppe, die in Lübeck eine Bruderschaft unterhielt, darstellten.[161] Die Pfarrkirchen St. Petri und St. Jakobi zogen beide hauptsächlich Handwerksmeister an, daneben St. Petri die Wundärzte und die Jakobikirche die Bewohnerschaft der Fischergrube. Die Konzentration von Bruderschaften der metallverarbeitenden Berufe an der Petrikirche, deren Vertreter in unmittelbarer Nähe zu dieser Pfarrkirche lebten, deutet auf den Wunsch hin, sich im eigenen Wohnbezirk genossenschaftlich zu organisieren.

Bei den zwei Kirchen der Bettelorden haben sich beinahe die Hälfte der für Lübeck überlieferten Bruderschaften organisiert. Diese setzten sich aus einer großen Bandbreite von Berufsständen zusammen. Eine explizite Favorisierung eines Gesellschaftskreises für eine Institution ist stets in den Fällen deutlich, in denen Berufsgruppen sich nicht der ihrem Wohnort nächsten Kirche anschlossen. Dies ist bei den um den Markt wohnenden Kaufleuten der Fall, die sich an das Burgkloster anschlossen, und bei den Fischern, Böttchern sowie den Malern und Glasern, welche schwerpunktmäßig die Gegend um den Dom bewohnten, sich aber bruderschaftlich in der Katharinenkirche organisierten.[162] Mit der Bindung der Kaufleute an das Burgkloster setzt sich im 15. Jahrhundert die Tendenz der Favorisierung der Dominikaner durch die kaufmännische Oberschicht fort,[163] welche bereits die Testamentsauswertungen für das 14. Jahrhundert aufgezeigt haben. Die politische Führungsschicht hingegen ist mit der Zirkelgesellschaft an der Katharinenkirche vertreten. Der Rat als Institution präsentierte sich allerdings zunehmend in der Marienkirche, an der er bereits 1390 eine eigene Kapelle errichtet hatte und an der im Jahre 1444 zahlreiche

---

[161] Wolfgang Hartung macht die niedrige soziale Stellung, welche den Spielleuten im Mittelalter zukam, bereits durch den Untertitel seiner Analyse dieser Berufsgruppe deutlich: HARTUNG, Wolfgang: Die Spielleute. Eine Randgruppe in der Gesellschaft des Mittelalters, Wiesbaden 1982. Arthur Witt hat sie hinsichtlich ihres Abhängigkeitsverhältnisses vom Rat, das sie wie die Träger als „Verlehnte“ stigmatisierte, untersucht: WITT, Arthur: Die Verlehnten in Lübeck, in: ZVLGA 18 (1916), S. 125-197 u. 19 (1918), S. 39-92 u. S. 191-245. Die Franziskaner hatten nach Wolfgang Hartung eine besondere Affinität zu den Spielleuten. So hat Franz von Assisi die Grauen Brüder als Spielleute Gottes gesehen, wie ein Ausspruch belegt, den Hartung zitiert: „*Nos sumus ioculatores Domini, ... Quid enim sunt servi Dei nisi quidam ioculatores eius, qui corda hominum erigere debent et movere ad laetitiam spiritualem?*“ HARTUNG, S. 49.

[162] Zur Berufstopographie Lübecks siehe: GLÄSER, Manfred/HAMMEL, Rolf/SCHEFTEL, Michael: Das Haupt der Hanse: Lübeck, in: BRACKER, Jörg u.a.: Die Hanse. Lebenswirklichkeit und Mythos, Lübeck 1998, S. 248-268, hier bes.: S. 262f.

[163] Vgl. auch JANNASCH, S. 51.

Ratsmitglieder die Marienzeitenkapelle gründeten.[164] Beide Mendikantenklöster boten den zu den Verlehnten gehörenden Trägern bzw. Spielleuten einen Altarstandort.[165]

8. Anmerkungen zur Finanzverwaltung der Franziskaner

In der engen Verbindung zwischen Rat und Katharinenkloster entstand den Franziskanern niemals gleichartiger wirtschaftlicher Spielraum, wie ihn etwa der Halberstädter oder der Strassburger Minoritenkonvent genossen, die beide im späten Mittelalter in den Besitz von Immobilien und Grundstücken gelangten.[166] In Lübeck bestand generell ein Verbot der Veräußerung von Grundbesitz an die tote Hand, sprich an die Kirche.[167] Entsprechend fiel den Franziskanern lediglich der Erlös aus dem Verkauf von Besitzungen dieser Art zu, sofern ihnen solche vermacht wurden. Die strenge Obacht über die Einhaltung dieser Verfahren verdeutlicht die Geschichte eines Privathauses, welches in unmittelbarer Nachbarschaft des Klosters stand: Im Jahre 1421 wurde in den Kaufvertrag über das Gebäude Königstraße 29 die Klausel aufgenommen, dass es niemals an den Konvent fallen dürfe. Als 1511 der damalige Eigentümer Harthmann Scharpenbergh, der das Haus den Brüdern in seinem Testament vermacht hatte, starb, wurde es dann auch tatsächlich nicht dem klösterlichen Besitz einverleibt. Vielmehr hatten sich die Provisoren der Franziskaner verpflichten müssen, das Haus an einen weltlichen Privatmann zu verkaufen. Erst der 1515 erzielte Verkaufserlös wird wohl den Minoriten zugute gekommen sein.[168]

Die Franziskaner setzten seit Beginn ihrer Organisation Provisoren zur Regelung der Finanzen ein. Im 13. Jahrhundert bestimmten im Allgemeinen die Klöster solche Verwalter aus ihren eigenen Reihen.[169] Im Laufe des 15. Jahrhunderts übernahmen diese Funktion häufig städtische Verwalter.[170] Für den Lübecker

---

164 GREWOLLS, Kapellen, S. 186ff.

165 Die Träger versammelten sich auch zeitweilig zur Rollenverlesung in der Katharinenkirche. Der Altar ihrer Gertrudenbruderschaft stand aber nachweislich in der Burgkirche. ZMYSLONY, S. 102.

166 RÜTHER, Andreas: Bettelorden in Stadt und Land: Die Straßburger Mendikantenkonvente und das Elsaß im Spätmittelalter, Berlin 1997, S. 154f.; ULPTS, Ingo: Die Geschichte des Franziskanerkonvents in Halberstadt vom 13. bis zum 16. Jahrhundert, in: SF 9, S. 213-252, hier: S. 224.

167 Siehe Anm. 140 dieses Kapitels. Die Übertragung immobilen Eigentums an die Kirche wurde in Lübeck hart bestraft: Johannes Cruze musste 10 Mark Silber bezahlen, *pro eo, quod concedit domum suam monachis et posuit pro eius*. HARTWIG, S. 70, Anm. 6.

168 SCHRÖDER, Grundstücke 18./19. Jahrhundert.

169 HARDICK, Jordan von Giano, S. 74; HERZIG, S. 33.

170 HERZIG, S. 32f. und Anm. 48.

Konvent ist im Jahre 1369 erstmals ein solches Amt überliefert. Ein Klosterbruder namens Johannes Scharpenberch wurde in diesem Jahr in einem Testament als *camerarius* bezeichnet.[171] Im gleichen Jahr noch tauchen *procuratores* als Finanzverwalter in Geschäften des Lübecker Minoritenklosters mit der Stadt Lüneburg auf, so auch wieder 1412. Im Jahre 1515 werden *vorstender* genannt.[172] Das Lübecker Dominikanerkloster wurde im Jahr 1368 ebenfalls von Vorstehern bei Geschäften mit Lüneburg vertreten. In diesem Fall übten zwei Ratsleute das Prokuratorenamt aus.[173] Hieraus lässt sich eine gleiche Handhabung von Seiten der Stadt mit dem Franziskanerkloster vermuten. Die beiden jahrgleichen Angaben von einem Bruder, welcher im Kloster als Kämmerer fungierte, wie auch von überörtlich tätigen *procuratores* geben Grund zu der Annahme, dass eine Aufteilung der Funktionen zwischen einer möglicherweise internen Kassenführung sowie einer Betreuung bzw. Kontrolle seitens der Stadt bei externen Geschäften bestanden haben könnte.

9. Die Annahme der Martinianischen Konstitutionen

In der funktionierenden indirekten Kontrollfunktion des Lübecker Rates über das Minoritenkloster ist sicherlich der Hauptgrund dafür zu sehen, dass die ablehnende Haltung der Lübecker Franziskaner gegenüber dem Observantentum von städtischer Seite aus toleriert wurde.[174] Hingegen bewegten zahlreiche Landesherren der Umgebung im 15. Jahrhundert „ihre" Klöster zu einer Annahme der

---

[171] AHL HS 1034 d/24.05.1369, Testament des Hinrich Rostok.

[172] 1369: LOGEMANN, Silke: Die Franziskaner im mittelalterlichen Lüneburg (= SF 7), Werl 1996, S. 46; Stadtarchiv Lüneburg, Bestand AB 15 fol. 128 r.; 1412: UBL 4, Nr. 396; 1515: SCHRÖDER, Hermann: Schrödersche Regesten, Jacobi Quartier 1, Königstr. 654.

[173] Den Vertragsabschluss der Stadt Lüneburg mit dem Lübecker Dominikanerkonvent unterzeichnen für das Bettelordenskloster die zwei Prokuratoren Jacob Pleskow und Bruno Warendorpe. Stadtarchiv Lüneburg, Bestand AB 15: Der erstgenannte Provisor kann eindeutig als der zwischen 1352 bzw. 1354 und 1381 amtierende Ratsherr nachgewiesen werden. Dieser hatte 1364 zudem das Bürgermeisteramt inne. Er starb im August 1381 in Rostock. Für das Jahr 1368 sind hingegen mehrere Lübecker Bürger mit dem Namen Bruno Warendorp überliefert. Da aber Jakob Pleskow eindeutig als Ratsmitglied auszumachen ist und die Zugehörigkeit zur städtischen Verwaltung typisch ist für weltliche Prokuratoren, wird es sich auch bei Bruno um einen der beiden 1368 amtierenden Ratsleute dieses Namens gehandelt haben. In Frage kämen entweder der 1411 in Reinfeld gestorbene Sohn Wilhelm Warendorps, welcher 1367 in den Rat gewählt worden war, oder aber der 1369 gefallene Sohn des Dominus Godscalus. Angaben nach: SCHRÖDERsche Personenkartei, siehe auch FEHLING, Nr. 373 und 394.

[174] Die Observantenbewegung wurde in Norddeutschland von Nikolaus von Cues befördert. In Lübeck erschienen im Jahre 1462 zwei dieser Bewegung verpflichtete Brüder vor dem Rat, um ihr Anliegen, die Observanz in Lübeck einzuführen, vorzutragen. Die Lübecker Franziskaner konnten sich diesem Vorhaben jedoch widersetzen. SCHLAGER, Lübeck, S. 9.

Observanz. Die konservativen Vertreter des Rates hatten vielleicht auch gar kein Interesse an den radikalen Positionen der Observanten, die ihnen liebgewonnene Konzepte der Jenseitsfürsorge versagt hätten, denn diese lehnten beispielsweise Seelmessstiftungen als regelmäßige Einnahmen der Klosterinsassen ab.[175] Die Brüder der Observanz knüpften an die apostolischen Gebote der ersten franziskanischen Bußbrüder an und verpflichteten sich zur strikten Armut. Im Streit der verschiedenen Parteiungen innerhalb des Franziskanerordens hatte Papst Martin V. 1430 mit den nach ihm benannten Martinianischen Konstitutionen einen Kompromiss vorgestellt, auf den sich zunächst alle Beteiligten geeinigt hatten.[176] Nach erneutem Aufflammen des Streites wurde der Konsens jedoch wieder fallen gelassen, so dass daraufhin drei verschiedene Ordensfraktionen existierten: Neben den Observanten die Martinianen[177] sowie die Konventualen, welche sich keine strikten Verbote bezüglich Besitztum und Rentenverträgen auferlegten und auch hinsichtlich anderer Lebensgewohnheiten weniger Beschränkungen kannten. Der Lübecker Konvent wird spätestens 1463 mit dem Großteil der konventualen Klöster in der sächsischen Provinz die martinianischen Konstitutionen angenommen haben, wie eine Bulle von Papst Pius II. nahelegt, welche die Satzung für die gesamte Provinz bestätigt.[178] Diese martinianischen Konstitutionen waren das von dem bis 1461 amtierenden Provinzialminister Matthias Döring favorisierte Modell, das eine behutsame Reform innerhalb des Ordens ermöglichte und damit den Siegeszug der sich zu einem eigenständigen Ordenszweig entwickelnden Observanz zu verhindern suchte.[179] Immerhin waren nach

---

[175] DREXHAGE-LEISEBEIN, Susanne: Reformerisches Engagement städtischer Obrigkeit in der zweiten Hälfte des 15. Jahrhunderts, in: SF 1, S. 209-234, hier: S. 214.

[176] Die Martinianen beachteten ebenfalls das Armutsgebot. Ihre Vorschriften enthalten jedoch keinen Passus zur Beziehung von Renten als Gegenleistung für Seelenmessen. Die Auslegung des Armutsideals wechselte demnach von Konvent zu Konvent. Die Differenzen hinsichtlich der Frage nach dem Umgang mit Geld waren zwischen Observanten und Anhängern der Martinianischen Konstitutionen jedoch nicht der Hauptstreitpunkt. Ihre Auffassungen unterschieden sich vor allem in der Stoßrichtung ihres Reformwillens, den die Martinianen unbedingt innerhalb des bestehenden Ordensverbandes anstrebten, die Observanten jedoch nur in einer Abspaltung oder Einigung unter ihrer „Führung" gewährleistet sahen. Zu den Gegensätzen der Armutsauffassung zwischen Observanten und Martinianen siehe: NEIDIGER, Bernhard: Die martinianischen Konstitutionen von 1430 als Reformprogramm der Franziskanerkonventualen, in: ZKG 95 (1984), S. 337-381, hier: S. 361-366; zur Rolle der Martinianen, welche vor allem in der Sächsischen Provinz stark vertreten waren: DEGLER-SPENGLER, Brigitte: Observanten außerhalb der Observanz, in: ZKG 89 (1978), S. 354-371, vor allem S. 355-359.

[177] Begriff „Martinianen" im Gegensatz zu dem in der älteren Literatur für die Anhänger Luthers benutzten Terminus „Martinianer".

[178] SPUREN, S. 185; Petra Weigel geht bereits von 1430 aus. WEIGEL, Petra: *Matthias Döring*. Provinzialminister 1427 bis 1461, in: SF Beiheft 1 (2003), S. 21-61, hier: S. 33.

[179] DEGLER-SPENGLER, S. 358f.; Die Selbstverwaltung wurde den Observanten bereits 1443 durch Papst Eugen IV. zugestanden. NEIDIGER, S. 339; zu Döring zuletzt: WEIGEL, Petra: Ordensre-

Dörings 34-jähriger Tätigkeit nur sieben von über 80 Klöstern der sächsischen Provinz zur Observanz übergetreten.[180] Doch im Jahre 1517 besiegelte Papst Leo X. nach verschiedenen fehlgeschlagenen Vermittlungsversuchen zwischen den zerstrittenen Ordensflügeln die Trennung in zwei eigenständige Zweige. Seine Bulle *Ite et vos* bestimmte die Vereinigung von Martinianen und Observanten zum Ordo fratrum minorum. Die Konventualen bildeten den anderen selbständigen Ordenszweig. Seither bezeichnen die zwei zuvor synonym verwendeten Begriffe „Franziskaner" und „Minoriten" die Zugehörigkeit zur Observanz (Franziskaner) bzw. zum konventualen Zweig (Minoriten).[181] 1518 beschlossen die Franziskaner auf ihrem Generalkapitel in Lyon eine gesonderte Provinzeinteilung für ihre observanten und ihre martinianischen Mitglieder.[182] Lübeck als martinianischer Konvent gehörte der neu eingerichteten Provinz Saxonia S. Johannis Baptistae an, von der kein Konvent die Reformationswirren überstand.[183]

10. Die Reformation und Aufhebung des Klosters

Die in Lübeck seit dem Jahr 1518 aufkeimende reformatorische Bewegung trat Ende 1523 öffentlich in Erscheinung, als an zwei Kirchen lutherische Predigten gehalten wurden. Seitens der Bürgerschaft vertrat den neuen Glauben in der Hansestadt zunächst eine kleine Gruppe von Kaufleuten, welche mit Nürnberg, einem Zentrum des Protestantentums, in Handelsbeziehungen stand. Im Laufe der zwanziger Jahre des 16. Jahrhunderts gewann Martin Luther eine größere Anhängerschaft in breiten Kreisen der Bevölkerung.[184]

Auch im Franziskanerkloster lässt sich ein kleiner proreformatorisch gesinnter Personenkreis ausmachen. Johannes Schabau tritt als Erster der Klosterbrüder mit einer evangelischen Haltung in Erscheinung, und zwar mit seiner Palmsonntagspredigt des Jahres 1524. Guardian und Lesemeister des Klosters mussten die daraufhin eingehende Beschwerde mit der Beschuldigung, Schabau hätte damit

---

form und Konziliarismus: Der Franziskanerprovinzial Matthias Döring (1427-61), Diss. Jena 2001, Frankfurt/Main 2005.

180 WEIGEL, Matthias Döring, S. 38.

181 SPUREN, S. 245.

182 SPUREN, S. 249.

183 Das Lübecker Kloster wird in der Urkunde über die Aufteilung der Konvente auf die beiden gegründeten Provinzen S. Crucis (Provinz der Observanten) und S. Johannis Baptistae nicht genannt. Der Katharinenkonvent gehörte allerdings 1521 nachweislich der martinianischen Provinz an. SPUREN, S. 255.

184 LÜBECKISCHE GESCHICHTE, S. 378-381; HAUSCHILD, S. 166-171.

das Volk aufgewiegelt, entgegennehmen.[185] Ein paar Jahre später konnte der genannte Klosterbruder sogar Guardian werden, bevor er schließlich konvertierte und fortan als Prediger an der Jakobikirche diente.[186] Im gleichen Jahre, 1524, vertritt auch der Lübecker Kustos Heinrich Never im Rahmen seiner Osterpredigt in Wismar eine lutherische Gesinnung. Er wird daraufhin im folgenden Jahr von dem evangelisch orientierten Wismarer Rat als Guardian des dortigen Franziskanerklosters eingesetzt, nachdem die Stadt den amtierenden Leiter des Konventes abgesetzt hatte.[187] Ein weiterer Lübecker Ordensbruder namens Plate äußerte in einer 1528 gehaltenen Predigt ebenfalls reformatorisches Gedankengut. Diesen hat Wilhelm Jannasch in seiner ausführlichen Untersuchung der Reformationsgeschichte in Lübeck mit dem 1525 amtierenden Kustos Steffan Plate identifiziert.[188] Anders als im Falle Schabaus, über den sich die Verärgerten beim Guardian und Lesemeister des Klosters beschwerten, richtete diesmal der entsetzte Rat seine Aufforderung zur Ermahnung an den gerade in Lübeck anwesenden Provinzialminister. Die Tatsache, dass diesmal eine dem Kustos übergeordnete Instanz angesprochen wurde, stützt Jannaschs Identifikation des Gerügten. Mit Reimar Kock ist schließlich ein weiterer Anhänger der neuen Glaubensbewegung aus dem Franziskanerkloster überliefert: Als im April 1530 der katholische Gottesdienst verboten wurde, hat man ihn seiner Gelübde enthoben und als evangelischen Prediger eingesetzt; nach Auflösung des Franziskanerklosters wurde er Pfarrer an St. Petri.[189] Über diese konkreten Hinweise hinaus wissen wir für den Zeitraum von 1526 bis 1529 von drei weiteren lutherisch geprägten Predigten nicht namentlich bekannter Mitglieder des Lübecker Katharinenklosters.[190] Mit der Ernennung des erwähnten Johannes Schabau zum Guardian übernahm ein Sympathisant des Luthertums sogar schließlich – zu unbestimmter Zeit vor 1530 – die Leitung des Klosters.[191] Sicherlich wird dessen Nominierung auf Betreiben des gleichgesinnten Kustos Steffan Plate zurückzuführen sein.[192]

---

185 JANNASCH, S. 121 und 359. Der Überbringer der Beschwerde ist nicht bekannt.

186 V. MELLE, *Ausführliche Beschreibung*, fol. 520; GOERING, August Friedrich: Zusammenstellung von Nachrichten über die Entstehung und erste Errichtung der Katharinen-Schule zu Lübeck, Lübeck 1823, S. 13.

187 KLEIMINGER, Rudolf: Das Graue Mönchskloster in Wismar, Wismar, 1934, S. 34f.; SPUREN, S. 261 u. 263.

188 TECHEN, Chroniken, S. 134; JANNASCH, S. 224.

189 BRUNS, Reimar Kock, S. 85-104, hier: S. 90-97; ULPTS, Diss. (Masch.-Schr.) Münster 1996, S. 707.

190 JANNASCH, S. 145, 174, 274.

191 Dass er Guardian zum Zeitpunkt der Reformation gewesen sei, berichten: v. MELLE, Ausf. Beschr. 1739, fol. 520; GOERING, S. 13 und SCHLAGER, Lübeck, S. 12.

192 Die Generalkonstitutionen von 1260 schreiben vor, dass es im Allgemeinen Aufgabe der Provinzialminister war, nach Beratung mit dem Kustos und der Befragung der Konventsmitglieder des betreffenden Klosters den Guardian zu erwählen. Starb allerdings der Klostervorsteher in der

Neben der genannten pro-evangelischen Gruppe, die sich gerade in den Leitungsfunktionen des Klosters zeigte, scheint dennoch der Großteil der Konventsmitglieder von St. Katharinen treu dem katholischen Glauben verpflichtet gewesen zu sein.[193] Die Vertreter der alten Glaubenshaltung treten in den Überlieferungen allerdings nicht namentlich in Erscheinung. 1525 ist zunächst der als Doktor bezeichnete Lesemeister als ein Anhänger gegenreformatorischer Bestrebungen auszumachen, da er im September des Jahres mit dem Domtheologen Gerhard Frille und dem Lektor der Dominikaner, Wigbold, über das Vorgehen gegen in Lübeck kursierende anti-katholische Schriften beriet.[194] Auch der bestimmteste Versuch, die traditionelle Religiosität in der Hansestadt zu stärken und zu behaupten, wurde durch das Franziskanerkloster initiiert. 1527 führte der Katharinenkonvent im Rahmen eines Provinzkapitels eine Disputation über die Willensfreiheit des Menschen durch. Die hier erörterten Thesen, welche Guardian[195] und Lesemeister der Niederlassung in Frankfurt an der Oder aufgestellt hatten, verfolgten eindeutig das Ziel, die Richtigkeit der katholischen Lehre zu belegen.[196] Dieses Streitgespräch stellt den „einzigen sachlich wirklich in die Tiefe gehenden Versuch des Katholizismus (dar) .., auf dem Boden Lübecks selbst das Luthertum zu bekämpfen“[197]. Die Lübecker Organisatoren hatten versucht, diese Veranstaltung sowie eine öffentliche Prozession abzuhalten. Doch der Rat legte mit Unterstützung des Domkapitels sein Veto ein. Die ablehnende Haltung – vage begründet „mit Rücksicht auf die Zeitlage“ – demonstrierten Rat und Domkapitel zudem noch durch ihr Fernbleiben von dem Streitgespräch.[198] Beide Institutionen nahmen hingegen mit mehreren ihrer Mitglieder am vierstündigen Festmahl des darauf folgenden Tages teil.[199] Dermaßen zu einer abgeschirmten ordensinternen Positionsbestimmung degradiert, konnte die Tagung keinerlei Außenwirkung entfalten. Für die Planung dieses speziellen Provinzkapitels in Lübeck kann kein Initiator ausgemacht werden, doch ist es denkbar, dass der genannte Lektor in die Vorbereitungen dieser theologisch–wissenschaflichen Auseinandersetzung involviert war.

Zeit zwischen zwei Kapiteln oder war der Provinzialminister verhindert, so konnte der jeweilige Kustos in seiner Kustodie den Guardian erwählen. EHRLE, S. 127f.

193 So auch JANNASCH, S. 121.

194 JANNASCH, S. 155.

195 Der Guardian Andreas Schunemann wurde nach Angaben der Ribnitzer Chronik auf diesem Kapitel zum neuen Provinzialminister gewählt.

196 CURTIUS, Carl: Thesen zu einer Disputation im St. Katharinen-Kloster zu Lübeck, in: ZVLGA 12 (1910), S. 69-79.

197 JANNASCH, S. 189.

198 JANNASCH, S. 190.

199 JANNASCH, S. 191.

„Lübeck hatte den einzigen Versuch der katholischen Seite, sich in seinen Mauern ernsthaft theologisch mit Martin Luther auseinanderzusetzen ... ohne Störung seines kirchlichen Scheinfriedens überstanden.“[200] Doch als 1528 der Rat die Bürgerschaft für eine Steuererhebung zu gewinnen versuchte, organisierte sich die bereits viele Anhänger des lutherischen Glaubens zählende Bevölkerung in einem Ausschuss. Ihm gehörten je 24 Kaufleute und Handwerksmeister an. Diese nutzten das Verlangen des Rates – wie schon in den voraufgegangenen Bürgerunruhen – als Hebel, die bürgerlichen Interessen durchzusetzen.[201] Neben der Einstellung lutherischer Prediger bestanden diese auch in einer größeren Einflussnahme auf die städtische Politik. Der Rat sperrte sich über Monate der von dem 48er-Ausschuss aufgestellten Forderung. Vor dem Hintergrund dieser hinhaltenden Ratsdiplomatie steigerten sich die Forderungen der Bürgerbewegung im Laufe der zahlreichen auf dem Markt und im Rathaus geführten Verhandlungen. Der Bürgerausschuss rang dem Rat letztlich immer mehr Zugeständnisse ab, in welche die Ratsleute in Anbetracht der schweren Schuldenlast einwilligten. Sie hofften auch, dass der angesetzte Reichstag in Augsburg die neue religiöse Bewegung als Irrglauben gänzlich verbieten würde und sie somit ihre Versprechen nicht einzuhalten hätten. Die politische Führung einigte sich endlich im April mit führenden Mitgliedern des Ausschusses darauf, zukünftig ausschließlich lutherische Prediger zuzulassen. Ein letzter gegenreformatorischer Versuch des restaurativen Bürgermeisters Brömse bewirkte schließlich den vollständigen Einzug des evangelischen Glaubens in Lübeck: Nikolaus Brömse ließ am Hansetag die alljährlich stattfindende Fronleichnamsprozession durchführen, die 1419 nach Beendigung der damaligen Bürgerrevolte zur Fürbitte für die wieder eingetretene Ordnung durch ein Mitglied des zurückgekehrten alten Rates gestiftet worden war. Diese symbolhafte Aktion provozierte Unruhen und bewegte die Bürgerschaft am 30. Juni 1530 zu der Forderung nach einer nunmehr rigorosen Durchführung der Reformation, welche die Konzeption einer evangelischen Kirchenordnung sowie die Schließung der Klöster beinhaltete. Die Bevölkerung konnte sich mit dieser Haltung durchsetzen, und Mitglieder des Rates mussten noch am Abend des 30. Juni den Kirchen die endgültige Aufgabe des katholischen Gottesdienstes und den Klöstern zudem noch ihre Auflösung bekannt geben.

---

200 JANNASCH, S. 191.

201 Die folgenden Schilderungen der reformatorischen Vorgänge fußen auf: SCHREIBER, Heinrich: Die Reformation Lübecks, Halle 1902; JANNASCH, S. 209-320; LÜBECKISCHE GESCHICHTE, S. 382-387; HAUSCHILD, S. 175-188. Zur Bewertung der Lübecker Reformationsgeschichte vgl.: POSTEL, Rainer: Hamburg und Lübeck im Zeitalter der Reformation, in: ZVLGA 59 (1979), S. 63-81, vor allem S. 71-74; HAUSCHILD, S. 188-191.

Schnell kam man nun auf einen Vorschlag des Brauers Jochim Sandow vom April des Jahres zurück, das Burgkloster in ein Armenhaus umzuwandeln[202] und im Katharinenkloster eine Schule einzurichten. „Welcher Mönch darin bleiben will, den soll man mit Kost versorgen, dafür sollen sie dem Kloster dienen, da das die Noth fordert." Diese Worte zitiert Goering aus Hans Rekmanns Chronik des 16. Jahrhunderts.[203] Hans Schreiber fügt noch hinzu, dass diejenigen, welche nicht aus Lübeck stammten, das Kloster hätten verlassen müssen.[204] Nach der Reformation sind noch vier im Kloster lebende Ordensbrüder namentlich fassbar: Einer, Gerhard von Utrecht, vielfach als der letzte Klosterbruder postuliert.[205] verließ dieses noch 1542.[206] Daraufhin übernahm der Rat die Buchhaltung für die Kirche.[207] Dem neu angelegten Rechnungsbuch sind Ausgaben für den Unterhalt dreier weiterer Brüder zu entnehmen. Johan Prüßen, Jürgen Detleffes und Martin Eggemann lebten hier bis zu ihrem Tod. Als letzter Klosterinsasse verstarb im Herbst des Jahres 1559 Martin Eggemann.[208]

Die genannten vier Franziskaner waren nur noch geduldete Gäste im Kloster. Denn die Umwandlung in eine Schule wurde von der Stadt sehr schnell betrieben. Der zur Erstellung einer evangelischen Kirchenordnung berufene Johannes Bugenhagen, welcher im Oktober 1530 in Lübeck eintraf, organisierte auch das Schulwesen neu. Den Vorschlag seitens der Bürgerschaft, das Katharinenkloster in eine höhere Schule zu verwandeln, griff er auf, erstellte einen Organisationsplan und legte sogar die zu nutzenden Räumlichkeiten des Klosters fest.[209] Bereits ein viertel Jahr nach Bugenhagens Ankunft, am 19. März 1531, wurde die Schule, die seither Katharineum heißt, eingeweiht.[210] Der Rat finanzierte sie zu

---

202 Das Burgkloster diente nach der Reformation als Armenhaus. Diese Funktion ist in der Literatur immer wieder mit der vermeintlich besonderen Verbindung der ärmeren Bevölkerung mit dem Kloster erklärt worden. Der Verfasserin erscheint allerdings eine andere Tradition für die Nutzung als Armenspital ausschlaggebender, nämlich das Vorhandensein eines eigenen Präbendenhauses. Hiermit hatten die Prediger bereits im Mittelalter einen Beitrag zur „Rentenversorgung" geleistet. Zum Pfründenwesen am Burgkloster siehe: THIELE, Susanne: Das Burgkloster als soziale Institution, in: ZVLGA 64 (1984), S. 277-285.

203 GOERING, S. 12.

204 SCHREIBER, S. 71.

205 So fälschlicherweise von: v. MELLE, Gründliche Nachricht 1787, S. 277; SCHLAGER, Lübeck, S. 21; JAACKS, S. 15; SPUREN, S. 291.

206 Gerhard von Utrecht wurden jedoch weiterhin aus dem Vermögen der Klosterkasse regelmäßige Renten ausbezahlt. Er starb im Sommer 1557. HACH, Rechnungsbuch, S. 117f. und Anm. *

207 HACH, Rechnungsbuch, S. 115.

208 HACH, Rechnungsbuch, S. 119; AHL 61-7/59 Rechnungsbuch unter dem 26.09.1559.

209 BUGENHAGEN, Johannes: Lübecker Kirchenordnung, Lübeck 1531 (1981), S. 22-44.

210 DEECKE, Ernst: Das *Katharineum* zu Lübeck vor 1800, Lübeck 1843, S. 2; HASSELMANN, K.B.: Die Gründung des Katharineums, in: Festschrift zur 400 Jahrfeier, Lübeck 1931, S. 9-21, hier: S. 21.

großen Teilen durch die Nutzung einer älteren katholischen Stiftung: Die Gelder der im Jahre 1462 von Hinrich Kastorp gemeinsam mit fünf anderen Lübecker Kaufleuten gegründeten Stiftung eines Mariengottesdienstes in der Sängerkapelle an St. Marien waren bis in das Jahr 1800 ein wichtiger Grundstock zur Erhaltung der Schule.[211]

11. Zusammenfassung

Die Lübecker Franziskaner waren bis auf die Zeit der Reformationswirren das gesamte Mittelalter hindurch bei der Bevölkerung beliebt. Jedoch veränderte sich der Kreis ihrer Förderer im Laufe der Jahrhunderte. Bis zum Ausgang des 14. Jahrhunderts dominierten Ratsangehörige innerhalb der Gruppe der Personen, die das Kloster stark unterstützten. Die Ratsleute förderten nicht nur die Ansiedlung der Minoriten in der Stadt. Auch der Chorbau der heutigen zweiten Kirche kam mit maßgeblichen Finanzmitteln einer Ratsperson, nämlich Segebodo Crispins, zustande. Die nach der großen Pest von 1350 errichteten Klostergebäude verdanken ihre Entstehung hingegen bereits der Unterstützung eines erweiterten Kreises der Bevölkerung. Im 15. Jahrhundert binden sich dann zunehmend andere Bevölkerungsschichten neben dem Ratskreis an das Katharinenkloster, wie die Ämter einfacherer Berufe und die Spielleute. Diese Veränderung deckt sich mit der allgemeinen Entstehung und Entwicklung der Volksfrömmigkeit. Die unterschiedlichen Stände entwickelten jedoch nicht gleichermaßen zu jeder Kirche Lübecks Beziehungen. So tauchen Berufszusammenschlüsse von Handwerksämtern, beispielsweise bei der „Ratskirche" St. Marien,[212] nicht auf. Während der Reformation waren die Vertreter des Rates der reichsfreien Stadt dem katholischen Glauben verpflichtet – nicht zuletzt im Hinblick auf die Haltung des Kaisers.[213] Hingegen trieben vornehmlich Handwerker und Kaufleute die Reformation voran – neben dem Kampf um eine Mitbestimmung in der städtischen Demokratie.[214] Doch sind diese Handlungen von übergeordnetem Interesse und können nicht als Hinweis auf das konkrete Verhältnis zum Franziskanerkonvent interpretiert werden. Das Kloster scheint zur damaligen Zeit zum lutherisch gesinnten Teil der Bürgerschaft ein besseres Verhältnis gehabt zu haben als die Dominikaner. Zwei Chronisten aus dem 17.

---

[211] DEECKE, Katharineum, S. 9; WEHRMANN, Carl: Die ehemalige *Sängerkapelle* in der Marienkirche, in: ZVLGA 1 (1860), S. 362-385, hier: S. 383ff.; NEUMANN, Gerhard: Heinrich Kastorp, Lübeck 1932, S. 97.

[212] Vgl. Anm. 149 dieses Kapitels.

[213] LÜBECKISCHE GESCHICHTE, S. 378.

[214] Handwerker hatten seit dem Ende des 13. Jahrhunderts bis zur Reformation keine Möglichkeit gehabt, in den Rat zu gelangen. LUTTERBECK, S. 170.

Jahrhundert, Gottschalk Kirchring und Gottschalk Müller überliefern, die reformationstragende Bevölkerung hätte die schwarzen Mönche teilweise in das Gefängnis geworfen und „theils Hunger und Dursth sterben lassen“[215]. Ein solcher Vorfall ist in Hinblick auf das Verhalten gegenüber den Minoriten nicht bekannt.

Hinsichtlich der finanziellen Situation des Klosters konnten für die Zeit um 1300 zwei Zustände unterschieden werden. Der zwischen 1277 und 1282 geführte Begräbnisstreit stärkte zunächst die Finanzlage des Klosters, während die Auswirkungen des Großen Streites gerade vom Jahr 1310 bis 1317 die Einnahmen des Klosters heftig beschnitten. Für das 15. und 16. Jahrhundert steht kein vergleichbares Material für eine Auswertung zur Verfügung. Da der Konvent aber seit Mitte des 14. Jahrhunderts nicht mehr exklusiv von den Ratsleuten gefördert wurde, die Testamente für die zweite Hälfte des 14. Jahrhunderts eine Verlagerung der Spendenhöhen zugunsten von Marienkirche und Jürgenhospital erkennen lassen und die Lübecker Testatoren generell zunehmend vor allen anderen Institutionen die Armen bedachten, kann davon ausgegangen werden, dass die Franziskaner im 15. und 16. Jahrhundert weniger Geld als zuvor erhielten. Auf eine finanzielle Notsituation weisen sie in der Bewilligung des Kapellenanbaues für Hans Overkamp 1458 hin. Dennoch konnten die Franziskaner im Jahr 1500 ihr abgebranntes Brauhaus für die stattliche Summe von 4000 Mark wieder durch einen Neubau ersetzen.

---

[215] Kirchring und Müller berichten in ihrer Quellensammlung: „Die Münche in der Burg seind von der tumultierenden Rotte ... ins Gefangnis geleget und hat man selbst theils Hunger und Dursth sterben lassen, die grauen Münche zu St. Catharinen seind theils selber weggezogen / theils seyn geblieben / und haben sich zu den Evang. Gesellet / und ist deren Guardian Johann Schabau ein ev. Priester / die andern Münche aber theils Schulmeisters und Chor-Sängers geworden.“ KIRCHRING/ MÜLLER, S. 166.

IV. Die Bauchronologie der Kirche

A. Der Chorbau

Die Katharinenkirche ist durch eine für Franziskanerkirchen im deutschsprachigen Raum unübliche dreischiffige Chorpartie ausgezeichnet (*Abb.4*).[1] Der Hauptchor erhebt sich zweigeschossig über dem Grundriss eines zweijochigen Langchores und eines 5/8 Polygons. Eine drei Joche tiefe, nach Westen in das Querhaus reichende Bühne unterteilt diesen Ostteil in einen Unterchor, welcher mit dem westlich anschließenden Langhaus, dem er sich lettnerartig öffnet, auf der gleichen Ebene liegt, und ein hochgelegenes Sanktuarium (*Abb.11,12*). Dessen mittelalterliches Chorgestühl zeugt noch heute von der Nutzung durch die Klosterbrüder. Die Chorseitenschiffe bestehen beide aus einem westlichen hochrechteckigen Joch und einem östlichen 4/6 Polygon. Die Nebenchorschlüsse haben mit ihrem in vier Seiten eines Sechseckes schließenden Grundriss eine ungewöhnliche Form; auch weisen sie durch ihre nach Süden bzw. Norden, d.h. quer zur Kirchenlängsachse, weisende Spitze eine signifikant singuläre Ausrichtung auf, wodurch sie gemeinsam mit dem Ostchor im Grundriss vage an eine Dreikonchenanlage erinnern.

Arkaden auf kantonierten Achteckstützen unterteilen die Ostanlage in drei Schiffe. Ihre Bogenstellungen bestimmen die Raumhöhe des nördlichen Seitenschiffes, dessen Kämpferzone mit derjenigen der Arkaden übereinstimmt (*Abb.15*). Der südliche Nebenchor hingegen übernimmt die Aufteilung des Hauptchores in Erd- sowie Obergeschoss und vermittelt dadurch zu den südlich angrenzenden Klostergebäuden, die ebenfalls zwei Geschosse aufweisen. Die Arkaden bestimmen hier die Höhe des Obergeschosses, welche derjenigen des gegenüberliegenden hohen nördlichen Nebenchores entspricht.

Der Außenbau des Chores ist mit seiner gewaltigen Höhenerstreckung weithin sichtbar und überragt deutlich die Häuserzeile der Glockengießerstraße, die ihn dem Blick des Betrachters teilweise entzieht (*Abb.2*). In seiner ganzen Gestalt präsentiert er sich allein zum Schulhof des Katharineums (*Abb.3*).

An den Ecken der schmalen, glatten Polygonwände laufen zweifach getreppte Strebepfeiler bis zur Traufe hoch. Sie erzielen gemeinsam mit den hohen Lan-

---

[1] MÖBIUS, Friedrich: Die Kirchen der Prediger- und Minderbrüder, in: Friedrich MÖBIUS/Helga SCURIE (Hg.): Geschichte der Kunst 1200-1350, Leipzig 1989, S. 146-189, hier: S. 161; SCHENKLUHN, Architektur der Bettelorden, S. 201.

zettfenstern des Oberchores eine Betonung der Vertikalstruktur. Insgesamt liegen drei Fensterzonen übereinander und verweisen auf die entsprechende Anzahl an Geschossen. Eine Art Souterraingeschoss wird mit kleinen, im Segmentbogen schließenden (modernen) Fenstern belichtet. Es liegt als Keller unter dem Erdgeschoss mit seinen breiteren Lanzettfenstern. Dieses beherbergt den Unterchor von St. Katharinen. Darüber folgt der Hochchor mit den genannten hochaufragenden Spitzbogenöffnungen.

Der westlich anschließende Langchor ist gegenüber dem beschriebenen Polygon durch einen vertikalen Rücksprung ein wenig zurückgesetzt (*Abb.6,20*).[2] Mit dieser Veränderung am Außenbau korrespondiert eine andersartige Gestaltung der Fenstergrößen und -laibungen. Während eine reiche Abfolge von Wulst- und Kehleprofilen die Polygonfenster einrahmt, sind die Obergadenfenster des Langchores nur durch zwei einfache Stufen in die Fläche integriert (*vgl. Abb.66*). Die Öffnungen weisen allesamt dreibahnige Stabwerke auf, die drei östlichen Fenster zudem kunststeinerne Vierpässe im Courronnement. Allein die beiden westlichen Polygonfenster des Hochchores sind schmaler als die übrigen Öffnungen der Hauptapsis und dementsprechend auch nur zweibahnig. Der Langchorobergaden ist durch ein offenes Strebewerk, das über die Seitenkapellen geführt wird abgestützt. Der Verzicht auf bis dato üblicherweise oberhalb ansetzende Wandpfeiler[3] erzielt eine stärkere Wirkung der Mauerflächen. Die unterschiedlich gestalteten Chorteile umläuft ein den Dachansatz verdeckender Zinnenkranz[4].

In Höhe der beschriebenen Fluchtverschiebung zwischen Apsis und Langchor schließen sich an der Nord- und Südseite des Chorbaues rechtwinklig die Nebenkapellen an (*vgl. Abb.7*). Sie reichen bis an die Fenstersohlbänke des Mönchschores hinauf, die oberhalb des Ansatzes der Polygonöffnungen liegen. Die Dächer der Nebenchöre unterscheiden sich voneinander, indem der nördlichen Kapelle im Ganzen ein Satteldach aufsitzt – eine sehr ungewöhnliche Lösung zur Überdachung eines Polygons[5] – und die andere Kapelle nur zu 2/3 auf diese Weise eingedeckt ist. Ihr westlicher Teil jedoch wird von einem Pultdach abgeschlossen, das seinerseits gegen den Obergaden des Hochchores und des Querschiffes führt. Die Dachhaut beider Choranbauten besteht im Gegensatz

---

2 Die Tiefe des Rücksprunges beträgt auf der Nordseite 30 cm, im Süden lediglich 15 cm.

3 HUYER, Michael: Die *Stralsunder Nikolaikirche*. Die mittelalterliche Baugeschichte und kunstgeschichtliche Stellung, Diss. Mainz 2000, Schwerin 2005, S. 377f.

4 Seltenere Variante der Maßwerkbrüstung, vgl.: Marienkirche in Stendal; Kathedrale von Narbonne; London, Westminster Abbey, Nachfolgebauten in England im 14. Jahrhundert.

5 Hierauf wiesen schon die BUK 4, S. 52 hin, sie sprachen von einer „gewissen Vergewaltigung der Dachkonstruktion". Gängiger zur Überdachung dieser Grundrissform wäre ein polygonaler Zeltdachabschluss.

zum übrigen Bau aus glasierten Hohlpfannen. Das Kirchendach ist heute mit Kupferplatten belegt, welche die mittelalterliche Bleideckung abgelöst haben.[6]

Der Chor wurde in der Literatur zumeist als Bauteil beschrieben, welcher nach einheitlichem Plan und in einem Zuge errichtet worden sei. Wenige Autoren haben bislang an dieser These Zweifel geäußert. Ihre Anmerkungen fielen beiläufig in Arbeiten, deren primäres Anliegen nicht die Klärung der Baugeschichte der Franziskanerkirche darstellte: In seiner Rezension der Arbeit von Günther Jaacks weist Dietrich Ellger auf die im Kircheninneren sichtbaren Überschneidungen der Pfeilersysteme des Unterchores mit denen des Hochchores hin (*Abb.12,15*).[7] Wolfgang Teuchert spricht in einem Nebensatz die Vermutung aus, dass die Doppelgeschossigkeit nicht der ersten Planung entspreche.[8] Und Henning Höppner leitet aus den von ihm beobachteten, jedoch nicht näher spezifizierten Veränderungen der Außenwandstruktur und des Maßwerkcouronnements der Fenster drei Planänderungen ab, ohne sie näher zu bestimmen.[9] Zu den Beobachtungen der Autoren finden sich, wie im Folgenden gezeigt wird, noch zahlreiche weitere Unregelmäßigkeiten im Mauerwerk neben den bereits angedeuteten Divergenzen der Aufrisssysteme zwischen Polygon und Langchor. Sie sind ohne einen anzunehmenden Planwechsel nicht vorstellbar.

1. Die Unterkellerung der Ostteile

Die Untersuchung beginnt mit dem zuerst errichteten Bauteil, dem bislang von der Forschung vernachlässigten Keller,[10] der sich unter den drei östlichen Jochen

---

6 Diese im Mittelalter übliche Dachhaut ist für die Lübecker Katharinenkirche durch zwei Blei-Stiftungen im 15. Jahrhundert belegt: Im Jahr 1461 vermachte Dyderik Wedeghe den Franziskanern 300 Mark Lüb. „*to Bly vor kerken to hulpe nach to deckende von deme Westen na deme Osten*" (v. MELLE: Ausführliche Beschreibung, fol. 839). 1373 bestimmte auch Johann Luneborch testamentarisch 60 Mark für eine bleierne Dachdeckung (v. MELLE, Ausführliche Beschreibung, fol. 840).

7 Ellger kritisiert in diesem Punkt Jaacks, der die Einheitlichkeit der Ostpartie lapidar in zwei Sätzen abgehandelt hatte. JAACKS, S. 19 und 26; ELLGER, Dietrich: Rezension zu Jaacks Arbeit „St. Katharinen zu Lübeck", in: Nordelbingen 38 (1969), S. 222-224.

8 TEUCHERT, S. 398.

9 HÖPPNER, S. 89, Anm. 348.

10 Das Kellergeschoss ist durch den Längsschnitt, den die BUK abbilden, bereits bekannt (BUK IV, S. 41). In ihrem Text findet es jedoch keine Beachtung. Der einzige Forscher, der sich etwas näher mit diesen Räumen beschäftigte, ist Ernst-Heinz Lemper. Als Bürger der ehemaligen DDR konnte er seine Fragen nur schriftlich an das städtische Denkmalamt in Lübeck stellen. Er bekam zur Antwort, die Unterkellerungen seien sekundärer Natur, womit die Räumlichkeiten für ihn keine weitere Bedeutung besaßen. LEMPER, Ernst-Heinz: Entwicklung und Bedeutung der Krypten,

des Unterchores erstreckt. Der Keller tritt in seiner unmittelbaren Umgebung, aufgrund des von West nach Ost verlaufenden Geländeabfalls, als Souterraingeschoss in Erscheinung (*Abb.3*), während er jedoch vollständig unter dem einheitlichen Fußbodenniveau des Unterchores und des an der Königstraße ebenerdigen Langhauses liegt. Heute ist dieses unterste Geschoss in drei Räume aufgeteilt, die nur von außen zugänglich sind. In seinem westlichen Bereich ist ein Gang abgetrennt, der quer unter der Kirche verläuft. Beginnend im Wohnhaus Glockengießerstraße 2, führt er unter der Kirche hindurch bis unter die Strobukkapelle und dort auf den heutigen Schulhof des Katharineums. Östlich neben diesem südlichen Ausgang führt eine weitere Türe in den zweiten Kellerraum, der nur diesen einen Zugang besitzt (*Abb.16,17*). Er liegt unterhalb des Polygons, dessen Außenmauern auch seine Gesamtfläche bestimmen, und ist wesentlich verwinkelter als der benachbarte (*Abb.10*). Der zweite Kellerbereich setzt sich aus einem parallel zum westlichen Gang verlaufenden Schlauch und zwei davon nach Osten abgehenden Anräumen zusammen. Die beiden Gänge, der westliche wie der östliche, sind heute etwa 2,15 m hoch. Vermauerte Schwibbogenreihen bilden die Längswände, über die jeweils ein Tonnengewölbe gespannt ist. Die Tonnen liegen auf Wandpfeilern auf, welche an den Ecken mit Viertelstäben gerundet sind und als oberen Abschluss eine Platte mit abgeschrägter Ecke besitzen[11]. An beiden Enden des westlichen Ganges wechselt die Gewölbeart nach einer breiten, aber flachen Vorlage, deren Einbindung in das übrige Mauerwerk wegen zahlreicher dicker Putz- und Schlämmeschichten unklar bleiben muss. Die in den äußeren Enden zur Ausführung gelangten Kreuzgewölbe befinden sich unterhalb der beiden Chorseitenkapellen. Ein dritter kleiner Raum nimmt das nördliche Joch des Polygons ein, welches eine dreieckige Grundfläche aufweist. Man erreicht ihn durch einen kleinen Hof, der zwischen Kirche und Haus Glockengießerstraße 2 liegt. Von hier führt eine spitzbogige Öffnung durch das Kirchenmauerwerk in den kleinen Raum.

Ursprünglich ist für die gesamte Unterkellerung eine Halle zu rekonstruieren, denn die Wand, welche die beiden Quergänge voneinander trennt, ist ebenso wie die übrigen Zwischenwände nachträglich eingezogen worden, wie die fehlende Fugenkonkordanz zwischen den Mauerzügen und den Pfeilern der Schwibbogen-

---

Unterkirchen und Grufträume vom Ende der Romanik bis zum Ende der Gotik, Habilitationsschrift (Masch-Schr.) Leipzig 1963, S. 191 und Anm. 218.

[11] Der Viertelstab ist an St. Katharinen auf den Keller beschränkt. Er wurde in Lübeck an den unterschiedlichen Kirchenbaustellen zu verschiedener Zeit zwischen 1270 und 1295 von der Fase, einer Eckschräge, abgelöst (KRUSE, Heilig-Geist, S. 158). – Der östliche Gang erreicht am Scheitelpunkt der Tonne 2,15 m Höhe. Ursprünglich wird er wohl 50 cm höher gewesen sein, wie der Niveauunterschied zu den östlichen Anräumen, deren Bodenniveau original zu sein scheint, nahe legt.

reihen zu erkennen gibt.[12] Ob diese nachträgliche Veränderung eine funktionale Unterteilung in mehrere Kellerräume intendierte oder aus statischen Gründen zur Versteifung der tragenden Pfeiler vorgenommen wurde, ist nicht nachzuweisen. Der südöstliche Anraum wurde nach seiner Separierung jedenfalls stellenweise bemalt. Hiervon sind einzelne Farbspuren, die kaum mehr auf ihrem Träger aufliegen, erhalten: Über dem Durchgang befinden sich ein paar senkrechte schwarze Striche, die keinerlei Anhaltspunkte zu einer Datierung oder bestimmten Funktion des abgetrennten Kämmerchens preisgeben.[13] Die gegenüberliegende Unterkellerung der nordöstlichen Polygonecke wird heute als Keller des Hauses Glockengießerstraße 2 genutzt. Allein das von den beiden dreieckigen Räumen eingeschlossene Zwischenstück ist unzugänglich und von Mauerzügen umschlossen.

Der hier rekonstruierte hallenartige Ursprungszustand war aufgrund der Reihung von Quertonnen von Beginn an nicht erfahrbar, auch wenn die ehemalige Scheitelhöhe der quergerichteten Schwibbögen mit etwa 1,75 m ca. einen halben Meter über der heutigen gelegen hat. Die Höhe der Bögen reichte nur im Bereich des Scheitels aus, um einem Menschen einen ungehinderten Durchgang in Längsrichtung zu ermöglichen. Hingegen war mit den höheren Quertonnen ein Weg durch die Halle vorgegeben, so dass die Anlage von Beginn an vornehmlich quer zur Kirche durchschritten worden sein wird, so wie es heute die eingezogenen Wände absolut bedingen.

Projektiert man den Grundriss der rekonstruierten Halle auf denjenigen des darüber liegenden Unterchores, wird deutlich, dass dessen Rundpfeiler exakt auf den mächtigeren, quadratischen Stützen des Kellers gründen (*Abb.10*). Der Unterchor wurde also durch die Anlage des unteren Raumes vorbereitet und war somit von vornherein Bestandteil der Planungen. Die Unterkellerung deswegen jedoch ausschließlich als begehbares Fundament anzusehen, scheint aufgrund der sorgfältigen Ausarbeitung der Kapitellzone und wegen der aus Formsteinen gebildeten Pfeilerkanten nicht gerechtfertigt. Für eine sakrale Funktion gibt es dagegen auch keine Hinweise, denn weder lassen sich Zugänge zum Kircheninneren nachweisen noch ermöglicht die Schwibbogenkonstruktion unbeschränkte

---

[12] Besonders auffällig tritt die Vermauerung der Arkadenbögen im östlichen Gang an der südwestlichen Arkade als nachträglich zu Tage wie auch an der gegenüberliegenden, in der eine kleine Öffnung als Zugang in den abgetrennten Raum der südöstlichen Polygonecke freigelassen wurde. Die fehlende Fugenkonkordanz zeigt sich aber auch an den übrigen Übergängen der verschiedenen Schwibbogenvermauerungen und ihrer Pfeiler.

[13] Diese Angaben beruhen auf einer Begehung mit der Restauratorin Eileen Wulff am 05.05.1999. Eine Notiz der Restauratorin über die Befunde der Wandmalerei befindet sich im Amt für Denkmalpflege der Stadt Lübeck.

Blickachsen oder ein ungehindertes Durchschreiten des Raumes, was zur Nutzung etwa als Krypta oder Memorialkapelle notwendig wäre. Auch wurden bei einer stichprobenartigen Untersuchung durch eine Restauratorin keine nennenswerten Malereifassungen gefunden.[14] Aufgrund der genannten fehlenden Anbindung an den Innenraum der Franziskanerkirche und der sonderbaren Raumgestaltung kann für das Souterraingeschoss am ehesten eine untergeordnete Funktion angenommen werden, wie sie beispielsweise ein Keller erfüllt. Auf diese Interpretation kann ein Quellenhinweis aus dem Jahre 1352 bezogen werden: Damals verlegten die Franziskaner eine Abwasserleitung *de nostra domo b(r)axatoria et coquina aquam deferentem, vulgariter ghote appellatum, sub choro ... ad plateam, que Clocghiterstrate dicitur,* die sie rund hundert Jahre später erneuerten.[15] Die Verortung eines Teilstückes der Leitungstrasse „unter dem Chor" legt nahe, sie in den besprochenen Räumen anzunehmen. Und auch die Tatsache, dass diese Lokalisierung mit der Bezeichnung *sub choro* so allgemein gehalten wurde, bestärkt in der Annahme, in diesem unterirdischen Bereich keinen Raum mit spezieller Funktion zu sehen. Denn wäre hier ein solcher vorhanden gewesen, so hätten ihn die Franziskaner wohl auch sprachlich definiert wie ihren Küchentrakt und das Brauhaus.

2. Das Erdgeschoss der Ostanlage

Den Unterchor, dessen Ostteile über dem beschriebenen Souterrain liegen, bildet eine dreischiffige Halle von acht Jochen Länge (*Abb.13*). Sie befindet sich ihrerseits unter der ehemaligen Mönchsebene. Ihre Gewölbestruktur ist kleiner parzelliert als diejenige des Hochchores. Sechs quadratische Kreuzgewölbe kommen auf ein Joch der Bühnenebene. In der Länge folgen im Unterchor zwei Joche innerhalb eines Joches im Mönchschor, in der Breite sind die unteren Gewölbefelder im Grunde dreigeteilt. Dieses Verhältnis gilt auch für das Polygon. In ihm befinden sich ebenfalls sechs kleine Joche, wobei die beiden seitlichen der östlichen Reihe durch die Polygonschräge auf die Hälfte eingegrenzt

---

[14] Für die Untersuchung der Kellerräume im Hinblick auf ältere Fassungen danke ich der Diplom-Restauratorin Eileen Wulff/Einhaus bei Ratzeburg.

[15] UBL 3, Nr. 147/14.09. 1352; UBL 9, Nr. 628/11.07.1458: „*makende enen waterlop dor unse kloster bet in de klockgheterstrate*". Im Laufe der Neuzeit scheint er weiter östlich verlegt worden zu sein. Denn 1830 legte der Werkmeister einen „*Wasser Conduct*" neu an, und zwar „*hinter der Kirche, welcher die Gewässer durch die Wohnung des Werkmeisters* (= Glockengießerstraße 2) *auf die Glockengießerstraße führt ... Derselbe läuft vom Saal hinter dem Auditorio* (im Mittelalter war das der Kapitelsaal) *schräge durch den Garten und berührt den vorletzten Kirchenpfeiler in einer Entfernung von 9 Zoll, wo die Mitte desselben sich befindet.*" AHL, Protokollbuch der Katharinenkirche 1717-1832, fol. 132, zweite Zählung.

sind und somit lediglich über der Grundfläche eines Dreieckes liegen. Aus diesem Schema scheren allein die westlichen Joche der Apsis aus. Sie sind im Gegensatz zu den übrigen Gewölbefeldern längsrechteckig, da die Seiten des Polygons mehr als die halbe Länge der Arkadenschritte des Hochchores einnehmen. Die Kreuzgewölbe, versehen mit einem Birnstabprofil, ruhen auf Säulen mit gotländischen Kalksteinkapitellen, welche stilistisch der Wende zum 14. Jahrhundert angehören.[16] Die Gurt- und Scheidbögen sind genauso gestaltet wie die Kreuzrippen und unterteilen daher die Schiffe und Joche in richtungsungebundene gleichwertige Kompartimente.

Die beschriebene Halle unter dem Hochchor ragt in der Breite des Mittelschiffes in das östliche Schiff des Querhauses hinein und nimmt zudem noch die Hälfte seines südöstlichen Armes ein. Auch das südliche Chorseitenschiff ist zweigeschossig; in dem Erdgeschoss seines 4/6 Polygons trägt eine Mittelsäule ein Fünfstrahlgewölbe. Die zentrale Gewölbestütze ist etwas länger als die Rundpfeiler des Unterchores.

Dementsprechend unsymmetrisch in den Raum der Katharinenkirche eingespannt, bildet der Unterchor zwei lettnerartige Ansichten zum Nordseitenschiff und zum Mittelschiff hin aus (*Abb.12,15*). Während die erwähnten Kalksteinsäulen die Mittelstützen der Halle bilden, stellen die Gewölbedienste an den Wänden des Polygons backsteinerne Rundvorlagen dar. Im Bereich der Seitenschiffe sind die Rundvorlagen abgefasten Pfeilern vorgesetzt. Diese Pfeiler übernehmen die Tiefe der in den Hochchor hinaufreichenden Arkadenpfeiler.

Belichtet wurde die tiefe Halle neben den offenen Bogenstellungen zum Langhaus und zu dem nördlichen Seitenschiff durch die Fenster der Polygonseiten. Dabei ist auffallend, dass von den beiden westlichen Öffnungen zwar die vollständige Einfassung vorhanden ist, unterschiedliche Eckvermauerungen jedoch den westlichen Teil der Öffnungen zustellen. Im südlichen Fenster füllt eine nachträgliche Eckausmauerung den verschlossenen Teil der Öffnung. Einheitlicher haben die Bauleute dagegen auf der Nordseite das breitere Fenster ausgeführt und bündig mit ihm ein rechtwinkliges Wandstück in den Westteil der Öffnung eingesetzt. Darüber hinaus hat man es gemeinsam mit seinem östlichen Nachbarn in Anbetracht des Anbaues des Gebäudes Glockengießerstraße 2 nachträglich geschlossen (*Abb.14*).

---

[16] JAACKS, S. 37f.; vgl. auch die Basen der Briefkapelle. Ähnlichkeiten existieren auch zu den Basen der Freipfeiler im Keller des Stralsunder Rathauses (freundlicher Hinweis von Jens Christian Holst).

In den Stirnwänden der Polygonaußenmauern befinden sich im Erdgeschoss die Eingänge zu den Treppenspindeln, die beide rechtsdrehend angelegt sind und in das obere Geschoss führen. Über die nördliche gelangt man in den Hochchor, die südliche führt in das Obergeschoss über der Strobukkapelle.[17] Um die im Durchmesser über 1,50 m großen Treppen, die damit die Tiefe des Chormauerwerkes sprengen, „unterzubringen", sind die Stirnwände stärker dimensioniert als das Außenmauerwerk des Polygons. Gleichzeitig ist ihre Gestaltung in der Abschrägung zu beiden Seiten den Arkadenpfeilern des Langchores angeglichen. Von der geraden Treppenstirnwand, die alleine schon beinahe dem Durchmesser eines Achteckpfeilers entspricht, geht die jeweils äußere Schräge in die Ecken der Nebenkapellen hinein und beeinträchtigt den Raumeindruck der 4/6 Polygone. Gerade in der Strobukkapelle tritt die schräge Außenwand der Treppenspindel deutlich in Erscheinung, da sie eine Kappe des prächtigen Sterngewölbes beschneidet (*Abb.86*). Beide Spindeln waren ursprünglich durch einen Lichtschacht, der sich zum Unterchor öffnete, beleuchtet.

Darüber hinaus sind die Stirnwände des Polygons auch weiter nach Westen vorgezogen als eine Vorlage in Form eines halbierten Polygonpfeilers. Damit ist der Abstand zum nächsten westlichen Arkadenpfeiler geringer als der sonst in der Kirche übliche. Im Erdgeschoss ergeben sich hierdurch unschöne Überschneidungen mit den das Gewölbe des Unterchores tragenden Pfeilern, wie bereits von Ellger konstatiert.[18]

Im Obergeschoss bedingen die breiten Stirnwände der Treppenschächte die Ausbildung einer geraden Arkadenlaibung, da die Fläche der Stirnwände allein schon der üblichen Tiefe der gesamten Arkadenlaibung, inklusive ihrer Abschrägung, entspricht (*Abb.15*). Ansonsten entfällt bei beiden Treppenschächten auf der Hochchorebene die Eckschräge der Südseite, so dass an diesen Stellen die Spindel von außen unsichtbar im Mauerkern steckt. Dies ist insofern möglich, weil die ausladende Ummantelung nur in dem Bereich der Treppe, in dem sie ihren gesamten Durchmesser einnimmt, notwendig ist. An den oberen Ausgängen jedoch endet der Radius des Treppenschachts, der seitlich nicht weiter ausgebaut werden musste.

---

[17] Der südliche Zugang war bislang vernagelt und damit nicht zugänglich. Dies führte zu unterschiedlichen Annahmen über den oberen Ausgang der Treppe. Die meisten Autoren und Grundrissverfasser gingen davon aus, dass beide Spindeln auf dem Hochchor auskommen. Durch die im Juli 1999 erfolgte Öffnung der Erdgeschosstüre der südlichen Spindel sowie die Einmessung in den Grundriss des Hochchores im Jahr 2002 sind ihr Ausgang nach Süden und ihre Lage innerhalb des Chormauerwerks eindeutig belegt.

[18] Ellger, S. 223.

3. Der Hochchor

Der Hochchor besteht aus dem 5/8 Polygon sowie einem aus zwei querrechteckigen Jochen gebildeten Langchor. Die tief in die flächige Wand eingeschnittenen, hohen zwei- und dreibahnigen Lanzettfenster prägen das Erscheinungsbild der Apsis (*Abb.18*). Ein einfacher eingelegter Rundstab ziert die Ecken der gerade eingeschnittenen Laibung. Die Öffnungen beginnen etwa drei Meter über dem Fußboden und reichen bis über die Kämpferzone zum Schildbogen hinauf. Unterhalb des südwestlichen Polygonfensters fällt eine wohl nachträglich entstandene, unregelmäßige Ausnischung ins Auge, für deren Existenz keine Gründe bekannt sind.[19] In den Polygonecken laufen ebenfalls Rundvorlagen hoch. Sie stellen gemeinsam mit den Fenstern den gesamten Gestaltungsapparat des Hochchoraufrisses dar. Ihnen sitzt ein schlichtes Kelchkapitell auf, von dem je eine Rippe des Gewölbes ausgeht. Auf die westlichen Kapitelle stützen sich darüber hinaus noch der Gurtbogen wie auch je eine Diagonalrippe des benachbarten Kreuzjoches. Alle Rippen weisen das gleiche Profil und die gleiche Stärke auf. In ihrer Einzonigkeit verkörpert die Architektur des oberen Polygons den um 1300 deutschlandweit verbreiteten Typus des eingeschossigen Hochchores. Er war zudem zu dieser Zeit kennzeichnend für die Baukunst der Bettelorden.[20]

Ganz anders als das Polygon ist der zweizonige Langchor von St. Katharinen aufgebaut. Er setzt sich zusammen aus einer dem Erdgeschoss entwachsenden Arkadenzone und einem eingenischten Obergaden (*Abb.19*). Die Einnischung liegt vier Meter über den Sohlbänken der Polygonöffnungen, da die Arkaden ihrerseits über die untere Fensterkante der Apsisfenster aufreichen. Die Arkadenzone der einzelnen Joche gleicht sich jeweils auf der Nord- und Südseite,

---

[19] Denkbar wäre, dass hierin einmal der bereits im 19. Jahrhundert verloren gegangene Grabstein des Bischofs Helenbert von Schleswig eingelassen gewesen wäre, dessen ehemaliger Standort im Hochchor dokumentiert, aber nicht näher lokalisiert ist. Er wird jedoch nicht die Ausmaße der gesamten Nische in Anspruch genommen haben. Die auch von v. Melle und Brokes wiedergegebene Inschrift fand offensichtlich zuletzt Schröder um das Jahr 1840 im Hochchor vor. Den Standort innerhalb der Mönchsebene hat jedoch keiner der Autoren näher bestimmt. V. MELLE, Ausführl. Beschreibung, S. 528; BUK 4, S. 134; KRÜGER, Grabdenkmäler, Nr. LüKa 8, S. 805f. - Der ehemalige Lübecker Domherr, wohl aus einem holsteinischen Grafengeschlecht stammend, war 1331 zum Bischof von Schleswig ernannt worden. Im November 1342 richtete er aus Lübeck, nach erlittenem Schlaganfall, ein Bittgesuch an Papst Klemens VI., ihn von seinem Bischofsamt zu befreien. Der Bitte entsprach der Papst mit Urkunde vom 04. April 1343, anderthalb Monate vor Helenberts Ableben am 31.05.1343. Eventuell ist der ehemalige Bischof im 1328 testamentarisch erwähnten Infirmarium der Franziskaner (BT 1, 86) gepflegt worden und starb in deren Kloster. Das wäre eine Erklärung für den Begräbnisort. FRIEDERICI, Nr. 309, S. 317-319; CHRONIKEN 1, S. 496.

[20] GROSS, Werner: Die Hochgotik im deutschen Kirchenbau. Der Stilwandel um das Jahr 1250, in: Marburger Jahrbuch für Kunstwissenschaft 7 (1933), S. 290-346, hier: S. 327-334, bes. S. 332; besonders SCHENKLUHN, Ordines Studentes, S. 227f., Anm. 77.

doch sind die benachbarten Bogenstellungen unterschiedlich ausgeführt. Der Wandaufriss des westlichen Joches ist konsequent durchkomponiert (*Abb.7*): Die Arkade setzt mit kantonierten Achteckpfeilern[21] im Erdgeschoss an und reicht über die den Hochchor tragende Bühne nochmals um etwa die gleiche Höhe hinauf. Die achsial ausgerichteten Runddienste der Pfeiler werden bis zu den

[21] Der Terminus „kantonierter Pfeiler" wird in dieser Arbeit trotz der neueren Einwürfe Günther Bindings im traditionellen Sinn verwendet, da Bindings Ausführungen nach Ansicht der Autorin die Berechtigung dieses Fachausdruckes nicht stichhaltig widerlegen. (BINDING, Günther: Der gotische Gliederpfeiler, in: WRJ 59 [1998], S. 29-58). Günther Binding lehnt in seinem Aufsatz die Verwendung des Begriffes „kantonierter Pfeiler" für die in Chartres und Reims verwirklichte Stützenform eines von vier Vorlagen umstellten Pfeilers ab. Dabei geht er in seiner Darstellung zwei Argumentationssträngen nach. Sein erster bezieht sich auf die Geschichte der Begrifflichkeit. Diese wurde Ende des 19. Jahrhunderts in Frankreich für vierfach umstellte Stützen von Viollet-le-Duc und Chabat eingeführt (S. 29). Der von beiden verwendete Terminus „cantonné" (für Deutsch: zusammenhocken, sich verschanzen) gelangte in seiner Übersetzung „kantoniert" (kantonieren entspricht den Ausführungen des Dudens zufolge: „Truppen unterbringen") Eingang in die deutsche Kunstgeschichte (S. 30). Dieser bildhafte Ausdruck ist nach Bindings Ansicht nicht auf den umstellten Pfeiler beziehbar. Der Autor favorisiert vielmehr die von einzelnen Forschern getragene Auslegung des Begriffes, die auf der Assoziation „Kante" basiert und „Pfeiler und Mauern" meint, „die an ihren abgeschrägten Kanten Halb- oder Dreiviertelsäulen oder Dienste haben". (S. 30 und ganz ähnlich S. 55). Es kann jedoch nicht überzeugen, den ursprünglich aus dem Französischen stammenden Terminus einzig im Hinblick auf die Bedeutung einer Wortsilbe der deutschen Übersetzung zu verwenden, zumal der Begriff „kantonieren", mit dem „Truppen unterzubringen" gemeint ist, was übertragen auf den Baukörper nur das Zusammenfügen eines Vorlagenheeres um den Stützenkern darstellen kann, den gemeinten Pfeilertyp bildlich nachvollziehbar veranschaulicht. Bindings zweite Argumentationskette gegen die Verwendung des Terminus zielt auf die Demontage der Schlüsselstellung von Chartres sowohl als Initialbau der vierfach umstellten Stütze als auch hinsichtlich seiner Bedeutung für die Entwicklung der gotischen Architektur. Überzeugend kann er die von vielen Forschern dem Chartreser Pfeiler angetragene Bedeutung widerlegen, indem er ihn in seine Entwicklungsgeschichte einbindet und frühere Beispiele dieser Stützenart auffindet. Dennoch erkennt auch Binding als Chartreser Leistung die „veränderte Auffassung von der gotischen Rundsäule und ihre konsequente Anwendung" (S. 46) an. Indem der Autor auf die weitere Entwicklung des Pfeilers im Laufe der Gotik hinweist, kommt er zu dem überzeugenden Schluss, dass mit dem Reimser kantonierten Pfeiler mit seinem einheitlich umlaufenden Kranzgesims der Typus des Gliederpfeilers verwirklicht ist und mit ihm ein wesentlicher Schritt in Richtung des gotischen Bündelpfeilers vollzogen ist und somit die Rolle von Reims (auch) in puncto Stütze über die der Chartreser Kathedrale hinausgeht. Jedoch sollte nicht übersehen werden, dass Binding in seiner vergleichenden Argumentation die Bedeutung des Chartreser Pfeilers auf seine tektonische Form reduziert, indem er sie auf ihre Ausgestaltung konzentriert. Er blendet dabei die mit der Chartreser Stütze einhergehende Erneuerung wie die konsequent durchgeplante Gewölbevorbereitung sowie ihre durchgehende Anwendung als Langhausstütze aus. So überzeugend seine Ausführungen zur Genese des gotischen Pfeilers an sich sind, so wenig Bezug haben sie doch zu der Definition des auf vier Seiten umstellten Pfeilers. Denn der kantonierte Pfeiler wurde zwar von vielen Forschern geradezu als Synonym für den Chartreser Pfeiler verwendet, da man in diesem die Erfindung dieses Stützentypes sah, doch – wie wir aus dem begriffsgeschichtlichen Überblick Bindings ersehen können – ist diese Innovation nicht die Prämisse für „seine Schöpfer", Viollet-le-Duc und Chabat, gewesen.

jeweiligen Gewölben der Nebenchöre, des Hochchores sowie des Querhauses hin hochgeführt oder schmücken als umlaufende Zier die Arkadenlaibung – soweit sie nicht mit Rücksicht auf (spätere) Einbauten in unterschiedlicher Höhe abgekragt sind. Die östlichen Arkaden weichen mit ihren gerade eingeschnittenen Laibungen von diesem System ab. Diese Besonderheit resultiert, wie bereits dargelegt, aus der Integration der Treppenspindeln.

Mit den beschriebenen Arkadenstützen führt die Lübecker Katharinenkirche etwa gleichzeitig mit St. Marien in Stettin den kantonierten Achteckpfeiler in die Monumentalarchitektur Norddeutschlands ein. Seine weitere Verwendung ist an der Ostseeküste bis auf eine Ausnahme auf das 14. Jahrhundert und hier wiederum auf zwei weitere Franziskanerkirchen beschränkt, in abgewandelter Form wird er noch einmal im 15. Jahrhundert in der Kirche in Woldegk aufgegriffen.[22]

Über den skizzierten Arkadenbögen reicht die Wand des Langchores etwa anderthalb Meter hinauf, bevor die Obergadenzone knapp einen halben Meter hinter der Flucht der Arkadenzone aufsetzt.[23] Die Tiefe des Rücksprunges füllen an den Jochübergängen halbierte Achteckvorlagen. Da sie die Flucht der unteren Mauerzone übernehmen, wirken sie, als würden sie der unteren Wand entwachsen. Sie nehmen die bereits im Erdgeschoss vorbereiteten Runddienste auf und laufen gemeinsam mit ihnen in die Kämpferzone hoch. Der hinter einem laufgangähnlichen Rücksprung zurückgesetzte Obergaden erweckt, wie Wolfgang Schenkluhn darlegte, Assoziationen an die eingenischte Fensterzone der Oberkirche in Assisi (*Abb.83*).[24] Gleichzeitig ist eine solche Gestaltung im Rahmen eines zweizonigen Aufrisses auch innerhalb der norddeutschen Backsteingotik üblich und gliedert sich somit in diese lokale Tradition ein.[25]

Auf dem horizontalen Sockel, über dem die Einnischung ansetzt, erkennt man Backsteinformationen unterschiedlicher Art. Sie sind etwa über fünf bis sechs Ziegellagen aufgetürmt und lediglich ein bis zwei Steine tief. Sie gehören nicht

---

22 WILDE, Lutz: Die Entwicklung der *Stützenformen* in der mittelalterlichen Backsteinarchitektur des Ostseeraumes, Diss. (Masch.-Schr.) Greifswald 1959, S. 154f. Der kantonierte Achteckpfeiler lässt sich weiter für die in der Lübecker Kustodie gelegene Franziskanerkirche Stralsund (1300–1. Drittel 14. Jahrhundert) rekonstruieren und ist für die Neubrandenburger Minoritenkirche (um 1310) belegt. Eine Zusammenstellung der Verbreitung des Achteckpfeilers auch bei: W. CLASEN: St. Marien zu Stralsund und der Kirchenbau im norddeutschen Backsteingebiet, Diss. (Masch.-Schr.) Marburg 1947, S. 60-67.

23 Die Tiefe des Rücksprunges konnte nur für die südliche Seite ermittelt werden. Hier beträgt sie genau 45 cm.

24 SCHENKLUHN, Ordines Studentes, S. 183.

25 Vgl. KAMPHAUSEN, Alfred: Die *Raumgestalt* der Lübecker Kirchen, in: Der Wagen 1956, S. 33-44, hier: S. 43.

dem ausgeführten System an. Auch das weitere aufgehende Mauerwerk des jetzigen Obergadens bildet in den unteren zehn Backsteinlagen, d. h. bis zum Ansatz der dreibahnigen, mit einem eingefassten Rundstab gerahmten Fenster, keine ebene Wandfläche. Der beschriebene Mauerbereich war ursprünglich offensichtlich stärker angelegt gewesen, bevor Teile seines Mauerwerks abgeschlagen wurden.

Die bei der Baubeschreibung deutlich gewordenen Unregelmäßigkeiten in der Ausführung des gesamten Ostteiles der Kirche offenbaren eine fehlende Übereinstimmung zwischen den Chorseitenschiffen und dem eigentlichen Chorhaupt. Gerade die mangelnde Abstimmung der Pfeilersysteme von Unterchor und Nebenkapellen bzw. Hochchor stellt die Einheitlichkeit der Gesamtkonzeption in Anbetracht des durchweg hohen Ausführungsniveaus in Frage. Die Chorarchitektur gehört jedoch eindeutig, wie die Analyse der Kellersubstruktionen ergeben hat, zur Ursprungsplanung. Dahingegen sprechen die beobachteten Veränderungen für eine nachträgliche Integration der Kapellenanbauten, die erst im Zuge eines Planwechsels geschah, aber doch noch während der Bauausführung vorgenommen wurde.

Die chronologisch erste Veränderung am Bau ist bei den westlichen Polygonfenstern im Erdgeschoss vorgenommen worden. Diese Öffnungen waren zunächst ebenso breit angelegt wie die übrigen der Apsis. Wie das westlich eingestellte Mauerstück des südlichen Fensters andeutet, wird es nachträglich verschmälert worden sein. Am Außenbau folgen die Laibungsprofile bezeichnenderweise in geknickter Ausführung dem verkleinerten Fensterausschnitt. Die Beobachtungen sprechen demnach für eine Veränderung während des Bauverlaufes. Die durch diese Maßnahme gewonnene Wandfläche dient als Anschlussstelle für den östlichen Mauerzug der Nebenkapelle. Auch das auf der Nordseite gegenüberliegende Fenster zeigt im Inneren eine partielle Vermauerung, die aber sauber in den Verband eingefügt ist und somit wohl noch während des Bauvorganges vorgenommen wurde.

Die These der nachträglichen Integration der Kapellenanbauten in den Bauplan wird von der abweichenden Behandlung der beiden westlichen Polygonfester im Erd- und Obergeschoss bestätigt. Während die unteren Fenster noch der Neukonzeption angepasst werden mussten, berücksichtigen die später errichteten, oberen Öffnungen bereits die Kapellenanbauten mit ihrer von allen übrigen Fensterbreiten abweichend schmalen Ausführung.

Diese Beobachtungen bieten auch Anhaltspunkte für den Bauverlauf: Zunächst haben die Maurer nur das Erdgeschoss des Polygons ausgeführt, wobei sie im Süden zügiger vorangekommen sind, denn auf dieser Seite stellten sie eine ungleichmäßige Eckvermauerung in die Fensteröffnung ein, wohingegen sie die partielle Zusetzung auf der Nordseite recht geschickt in die Ausführung des Fensters einpassen konnten. Im Anschluss an das Erdgeschoss der polygonalen Apsis hat dann ein Planwechsel die Errichtung der Seitenchöre zur Folge gehabt, welche gemeinsam mit dem übrigen unteren Chorgeschoss entstanden.

Am Außenbau hat man an der Stirnseite unmittelbar in Höhe der Sohlbank die Ausführung gemauerter Regenrohre eingestellt. Sie sitzen im unteren Bereich als Winkelstücke in den Ecken der Strebepfeiler und sind am Auslauf glasiert. Heute wird das Regenwasser über das westliche Ende des Hochchores im Winkel zum Querhaus auf das Dach der Seitenkapellen hinuntergeführt. Von hier läuft es ostwärts zum Kapellengiebel, von dort aus hinunter auf das Straßenniveau. Unter den längs der Kapellen geführten Rinnen sind heute noch hölzerne im Dachstuhl vorhanden. Damit könnte auch diese Planänderung dem Anbau der Chorseitenschiffe folgen. Die Sohlbankhöhe bezeichnet somit den Bauzustand am Polygon zur Zeit der nachträglichen Anfügung der Kapellen.

Vor dem Hintergrund des aufgezeigten Bauverlaufes ist auch der am Außenbau sichtbare vertikale Rücksprung der Obergadenwand im Ansatzbereich der Kapellen erklärbar, welcher mit einer weiteren Reduktion der Wandstärke zusammenfällt, die mit dem horizontalen Rücksprung im Inneren vorgenommen wurde. Diese Konzeption wurde in dem Moment möglich, als man die Nebenchöre in den Bauplan aufnahm, da sie auch die statische Funktion eines Widerlagers erfüllen und mit ihren äußeren Strebepfeilern eine Auflagefläche für die Strebebögen schaffen. Eine solche Materialersparnis, die sich in diesem Falle als Produkt einer Planänderung ergibt, ist während des zu rekonstruierenden weiteren Baufortganges immer wieder anzutreffen und wird sich im Langhaus als Motor für weitere Besonderheiten und Veränderungen am Bau erweisen. Die unebene untere Zone der Obergadenwand mit den herausstehenden Backsteinlagen dokumentiert den Prozess der Neukonzeption, welche durch die vom Planwechsel abhängenden, veränderten statischen Verhältnisse möglich wurde. Die dünnere Obergadenwand des Langchores bedingt nicht zuletzt auch die gegenüber dem Polygon abweichende Laibungsgestaltung der Öffnungen, wobei in der deutlich schlichten Form der einfachen Treppung im Mönchschor auch ein geistig-programmatischer Gehalt manifestiert wird. Denn durch den differenzierten Einsatz von eigens zu schneidenden Rundstabprofilen in der Apsis und einer einfachen Abtreppung in dem westlichen Chorbereich, welche mit dem üblichen Ziegelmaterial zu erreichen ist, wird das Polygon als Altarstandort gegenüber dem Bereich der Franziskanerbrüder architektonisch herausgehoben. So ist an der gestalterischen Polarisierung der beiden Bauteile eine gewisse Bescheidenheit der Konventsmitglieder hinsichtlich ihres Langchores abzulesen, die ansonsten an dem viele Maßstäbe der Bettelordensarchitektur sprengenden Bau kaum deutlich wird. Schließlich erklärt sich die Existenz der im oberen Bereich des Langchores neu eingeführten Vorlagen aus der Notwendigkeit, eine Auflagefläche für die Gewölbedienste zu schaffen, wollte man nicht die Gewölbe des Mönchschores breiter ausführen als den Rippenstrahl des mauerstarken Polygons.

Die Frage, an welcher Stelle sich die Baunaht zwischen den beiden Bauabschnitten vor und nach dem Planwechsel befindet, muss offen bleiben. Sichtbar ist sie nicht. Die an den beiden Längswänden des Polygons befindlichen Treppenspindeln, die im Untergeschoss direkt auf Bodenniveau beginnen, gehören schon der an die Planänderung anschließenden Bauphase an. Sie sind von Westen aus zugänglich, wo sich nach dem ersten Plan wohl die Außenmauern des anzunehmenden franziskanischen Langchores angeschlossen haben müssten. Die steinernen Kapitelle der Wandvorlagen der Unterkirche reichen tief in die Spindeln hinein: Ihre Rückansicht schließt bündig mit dem Mauerwerk des runden Raumschachtes und weist die Krümmung der Treppenspindel auf. Die gesuchte Nahtstelle steckt demnach weiter östlich im Mauerkern.

4. Das Obergeschoss der südlichen Nebenkapelle und seine ursprüngliche Funktion als Sakristei

Neben den Langchorjochen befindet sich im Süden das Obergeschoss des Chorseitenschiffes über die Länge des quergestellten 4/6 Polygons und des westlich folgenden längsoblongen, kreuzrippengewölbten Joches (*Abb.21*). Es ist durch einen parallel zur Kirchenachse verlaufenden Mauerzug vom Hauptchor getrennt und im Westen durch einen Zugang auf den Lettner an die Kirche angebunden. Auf der Südseite des Chores ist die Wand zum Nebenraum glatt; auf der Innenseite des Seitenschiffes aber liegt sie hinter der Flucht raumhoher, ein Meter tiefer Arkadenbögen, die in ihrer Gestalt denjenigen gleichen, welche zur Crispinkapelle vermitteln.

Dieser Raum enthält Gewölbemalereien des beginnenden 16. Jahrhunderts, die durch ihre qualitätvolle Ausführung und Authentizität bestechen.[26] Sie werden im Folgenden nur kurz im Hinblick auf ihren für den Gesamtbau interessanten Funktionszusammenhang vorgestellt.

---

[26] Sie sind im Jahre 2001 erstmals restauriert worden, zuvor 1992 mit Japanpapier gesichert.

Dargestellt sind Engel-, Propheten- und Sibyllengestalten.[27] Im Wechsel mit Engeln füllen die Sibyllen – je eine Figur pro Gewölbekappe – die fünf Felder des Polygons. Im Kreuzjoch ist ein Prophet zwischen zwei Engelfiguren gemalt (*Abb.22-24*). Schriftbänder umgeben die Gestalten. Das westliche Gewölbe stellt Zitate aus dem Alten Testament bzw. den Apokryphen zum Mannaregen des 2. Buch Mose 16,14ff. zusammen.[28] Im Bezug zur Bibelquelle kann die Figur im Phantasiekostüm als Prophet Samuel angesehen werden (*Abb.22*).

Der Ursprung der Textfragmente des Polygons ist bislang nicht bekannt. Sie beziehen sich allesamt auf die Bedeutung des Priesters beim Messopfer. Beginnend im Ostjoch, entspinnt sich, entsprechend dem Tageslauf der Sonne gelesen, eine kleine „Erzählfolge“ der Engel und Sibyllen. Die beiden ersten Texte künden von dem Priester als Stellvertreter Gottes auf Erden, dessen Würde vom Himmel übermittelt wird, weshalb seine Macht gleich nach der Gottes kommt.[29] Die beiden nächsten Schriften betonen das Wunder der Eucharistie: Die Erde erschauert, heißt es, wenn in den priesterlichen Händen der himmlische Gott Gegenwart wird.[30] Mit der Lesung der Worte (während der Wandlung) sowie durch die Konsekration von Brot und Wein in Leib und Blut Christi vollzieht der Priester den Opfertod Christi am Kreuz nach und ist in dieser Wiederholung des

---

[27] Die Bestimmung als Sibyllen verdanke ich Frau Prof. Dr. Gisela Reineking von Bock/Köln, welche zwei Gestalten aufgrund der Kleidung als Frauen identifizierte, s.u.

[28] HACH, Theodor: Alte Lübecker *Wandmalereien*. Vortrag gehalten auf dem internationalen historischen Kongreß zu Lübeck am 18.09.1900, Sonderdruck, Nürnberg o.J. (1900), S. 15. Die Texte sind abgedruckt bei: BUK 4, S. 86. Sie lauten: Nördliche Kappe: *Panem angelorum manducavit homo* – Psalm 77, Vers 25 - Südliche Kappe: *Angeloru(m) esca nutrivisti populu(m) tuum et pane(m) de celo pr(ae)stitisti* - nach Weisheit Salomonis 16, Vers 20 - Östliche Kappe: *(Preparate) corda vestra domino et servite illi soli* - nach Samuelis 7, Vers 3.

[29] Für die Entzifferung der Schriftbänder gilt Adolf Clasen und Dr. Robert Schweitzer, Stadtbibliothek Lübeck, ein ganz herzlicher Dank. Sie haben sie im Sommer 2001 auf Basis der Transkription von Dr. Ullrich Simon und Prof. Dr. Antjekathrin Graßmann (beide AHL) aus dem Jahre 1992 vorgenommen. Die Schriften in den Gewölbekappen des Polygons lauten: Östliche Kappe: *O sacerdos (,) dey vicarie et pater [Christi]* [geschrieben als „*xpi*“] *int[...] terre qua profundior* [...] [Auslassung aus Platzgründen angenommen] *es admirabili dignitate Vide altitudinem celi qua altior es respi(ce)* - Südöstliche Kappe: [fehlt das erste längere Wort] ... *quam felices vos dixerint(,) si sacerdotaliter vixeritis(,) Credimu[s] enim quot* [! lies *quod*] *non sit potestas post deum sicut est potestas vestra* -

[30] Südwestliche Kappe: *O venera[n]da sacerdotu[m] dignitas int[er] quoru[m] manu[s] velut in ute[r]o v[ir]gi[ni]s dei fili[us] incarnat[ur] super h[oc] (,) cor insigni* [überzähliger Kürzelstrich über insigni!] *p[ri]vilegio stupet (,) celum terra mi[re(?)]atur (,) i[n]ve[r]tit[u]r homo infernus horret contremescet dyabolus angelic [...] celcitudo veneratur quod uno eodemque momento deus ipse qui presidet in celo manibus vestris teneatur O itaque sacerdotes inamate deum qui vos nov* [...?] -

Mysteriums der Inkarnation der Jungfrau Maria vergleichbar.[31] Der fünfte Text schließt die Darstellung ab, indem er die Vermittlerrolle des Priesters zwischen Himmel und Erde betont und somit die bisherigen Texte abrundend interpretiert.[32]

Der hymnische Charakter aller fünf Texte lässt auf eine gemeinsame Quelle schließen.[33] Einige Sprüche weisen Parallelen zum Brief des hl. Franziskus, der sog. „*epistola toti ordini missa*", auf.[34] Es finden sich stellenweise die gleichen idiomatischen Wendungen und Substantive ohne durchgehende Übernahmen von Inhalt und Wortlaut.[35] Beide Texte gleichen sich weiterhin in ihrem appellierenden Charakter. So ist eine spätere Interpretation der Aussagen des Franziskus als Vorlage dieser Schriften anzunehmen.

Die Kleidung der Engel besteht aus einem schlichten, weißen Untergewand, über das prunkend ein schwerer Umhang gelegt ist, der in zwei Fällen mittels einer Brosche zusammengehalten wird. Das großrapportige Granatapfelmuster der Übergewänder weist stilistisch in das 16. Jahrhundert (*Abb.23*). Die Sibyllen tragen sehr auffallende Kostüme, deren modernste Elemente an der südwestlichen Sibylle zu finden sind (*Abb.24*). Ihre Doppelärmel sind typisch für den Beginn des 16. Jahrhunderts, die unteren Puffärmel mit goldenen Bommeln könnten bereits in das 2. Jahrzehnt des 16. Jahrhunderts weisen. Die Form der Unterhaube kennzeichnet als weibliches Kleidungsstück des ausgehenden 15. und beginnenden 16. Jahrhunderts die Figur schließlich als Frau, während die Person im Ostjoch aufgrund ihrer Frisur als weiblich zu identifizieren ist.[36]

---

31 Westliche Kappe: *Sac[er]dos quociens v[er]ba* [lange Auslassung]...*tione misse recitat (,) tociens in facie[m] Christi [xpi] conspicit cum levat tunc cum pugno v[er]be[r]at cum dividit eum crucifigit cum sumit tunc in[ ]cloacam sui immundi corporis eum proicit* -

32 Nördliche Kappe: [Gesamte linke Seite der Kappeninschrift fehlt ...] *sacerdotis celos aperire a* [unleserlich und weitere Worte].

33 Für diesen Hinweis danke ich Prof. Dr. Thomas Ruster, Dortmund.

34 Diese Fährte, der in anderem Zusammenhang noch weiter nachgegangen werden müsste, fand Pater Dr. Werinhard Einhorn, wofür ihm herzlich gedankt sei.

35 Konkret stimmt der Vers der östlichen Kappe mit Vers 23 des Briefes überein, der Spruch der südwestlichen Kappe findet Entsprechungen in Franziskus' Versen 21-23, die ihrerseits wieder auf den ersten Petrusbrief 1,12 zurückgehen, sowie in dem Vers 26, der auf Johannes 2, 27 beruht. Die in der westlichen Kappe beschriebene Wandlung korrespondiert formal mit Franziskus' Ausführungen in Vers 25. Editionen des Franziskusbriefes: auf Latein: ESSER, Kajetan: Die Opuscula des hl. Franziskus von Assisi, 2. erw. Aufl. Grottaferrata (Romae) 1989, S. 259-264, auf Deutsch: Lothar HARDICK OFM/Engelbert GRAU OFM (Hg.): Die Schriften des Heiligen Franziskus, Werl 1994, S. 87-94.

36 Für die kostümkundlichen Hinweise danke ich ganz herzlich Frau Prof. Dr. Gisela Reineking von Bock, Köln.

Innerhalb von Lübeck gibt es im Burgkloster vergleichbare Engelsdarstellungen, von denen eine Engelsfigur im Winterrefektorium den hiesigen besonders nahe kommt. Sie trägt ein Gewand mit Puffärmeln und wird bislang aufgrund stilistischer Kriterien kurz nach 1500 eingeordnet.[37] Die tendenziell „realistischeren" Gesichtszüge in St. Katharinen lassen auf eine etwas spätere Entstehung schließen.

Der Typus der einem Blütenkelch entspringenden Halbfiguren steht ebenso wie das Rankenornament in älterer Tradition.[38] Neben ihrer dekorativen Funktion sind solche Pflanzendarstellungen auch ein Verweis auf den „als Paradiesgarten vergegenwärtigten Himmel"[39]. Die vegetabilen Formen umgrenzen die Felder der einzelnen Gewölbekappen, sie füllen aber auch die Arkadenbögen aus. Ähnliche Darstellungen finden sich beispielsweise in den Stichen des Israel von Meckenem.[40] Ähnlich gehaltenes Rankenwerk weist eine Holzdeckenbemalung auf, die aus dem Predigerhaus des Domes stammt und sich heute im Annenmuseum befindet. Das eingeflochtene Wappen des Johannes Parchau bestätigt die stilistische Einordnung um 1510.[41] Mit den einfacheren Ausbildungen von Früchten, als sie in den graphischen Stichen vorgegeben sind, und der vergleichbaren plastischen Wirkung aufgrund in der Stärke variierender Umrisslinien sind

---

37 Aus dem Bestand ADL: SASS, Linde: Restaurierungsbericht vom 26.06.1995, S. 11.

38 Dem typologischen Ursprung beider Darstellungen kann hier nicht nachgegangen werden. Dazu erst kürzlich: BROHMANN, Martina: Die Sakristei der ehemaligen Franziskaner-Klosterkirche St. Katharinen zu Lübeck. Baugeschichte und Wandmalereien im oberen südlichen Nebenchor, in: Nordelbingen 73 (2004), S. 7-42. Es sei hier nur auf die etwas älteren halbfigurigen Engelsgestalten, die Blütenkelchen entspringen, im Kapitelsaal des Lübecker Burgklosters verwiesen. Dieser Typ, der sich in zahlreichen Versionen an den Gewölben der Zwoller Dominikanerkirche aus dem ersten Viertel des 16. Jahrhunderts erhalten hat (VRIES, A. de: De gewelfschilderingen, in: A.J. GEVERS/A.J. MENSEMA [Hg]: De Broerenkerk te Zwolle, Zwolle 1989, S. 101-121), scheint allerdings nach der Mitte des 16. Jahrhunderts nicht mehr häufig ausgeführt worden zu sein. Ein spätes Beispiel stellen bereits die Halbfiguren im Stammbaum der Wittelsbachfamilie von Erhard Schoen dar (Abb. Max GEISBERG 4, New York 1974, S. 1254), wie auch die Heiligen in der Kirche St. Walburgis in Zutphen nach 1523 (Abb.: VRIES, S. 120).

39 TAMMEN, Björn R.: Musik und Bild im Chorraum mittelalterlicher Kirchen 1100 bis 1500, Diss. Köln 1997, Berlin 2000, S. 312, Anm. 29.

40 HOLLSTEIN 24 A, S. 243, 255; eine identische Zeichnung wird aus der Hand des Niederländischen Monogrammisten F.V.B. angegeben: BREEDVELDT-BOER, Inge: Deckenbemalungen in den Niederlanden von 1400 bis 1700, in: Hausbau in den Niederlanden (= JbHf 39), Marburg 1990, S. 127-146, hier: S. 132, Abb. 5.

41 EICKHÖLTER, Manfred/HAMMEL-KIESOW, Rolf (Hg.): Ausstattungen Lübecker Wohnhäuser (= Häuser und Höfe 4), Neumünster 1993, S. 241, Kat.-Nr. 160, S. 527.

die beiden Pflanzendarstellungen aus dem Predigerhaus und aus St. Katharinen in die gleiche Entstehungszeit einzuordnen.[42]

Insgesamt legen die stilistischen Vergleichsbeispiele wie auch die kostümkundliche Einordnung eine Entstehungszeit gegen 1510 bis maximal in das zweite Jahrzehnt des 16. Jahrhunderts nahe.[43] Die Schriften der beiden Gewölbefelder im Polygon wie im kreuzgewölbten Joch stellen je einen Aspekt der Eucharistie vor. Während die Malereien im Osten die Funktion des Priesters betonen, künden die benachbarten von dem Mannabrot als materialisiertem Verweis auf die Transsubstantiation. Die Worte werden verkündet von Vermittlern zwischen Himmel und Erde. Das Nebeneinander von Propheten und Sibyllen findet sich auch schon im Dies-Irae-Hymnus des Franziskusbiographen Thomas von Celano.[44] Die Texte können als priesterliche Vorbereitungsgebete zur hl. Messe angesprochen werden.[45] Damit lassen sie den Raum ihrer Anbringung, wie bereits Theodor Hach vorschlug, als Sakristei erkennen.[46] Auch der zentrale Schlussstein im Polygon ist dem ikonographischen Programm verpflichtet, indem er vier fünfblättrige Rosen zeigt,[47] die ihrerseits auf das Blut Christi hinweisen. Ihre fünf Blätter legen die Assoziation an Christi Wunden nah. Der Schlussstein stammt allerdings schon aus der Erbauungszeit des Chores und gibt daher einen Hinweis auf die Tradition des Raumes.

Dass Hachs überzeugender Interpretation nicht gefolgt wurde, kann einzig daran liegen, dass die Forschung diesen Saal bislang, der irrtümlichen Quelleninterpretation der Autoren der Bau- und Kunstdenkmäler folgend, als ursprünglich offenen Annex des Hauptchores angesehen hat, der sich vom Typus her nicht mit der Sakristeifunktion in Übereinstimmung bringen lässt. Die beiden Joche seien erst 1829 zu einem eigenständigen Raum abgetrennt worden.[48] Der Unvereinbar-

---

42 Vgl. auch die vegetabilen Blattformen und kleinen Früchte der Wurzel-Jesse-Darstellung im Seitenflügel des Hauses Mengstr. 60. REIMANN, Britta: Eine „Wurzel-Jesse"-Darstellung des frühen 16. Jahrhunderts in einem Lübecker Bürgerhaus, in: Pantheon 57 (1999), S. 192f.

43 So auch schon HACH, S. 15; in das 15. Jahrhundert datierten die Malereien Ernst Deecke und Lotz, der als Maler Hermen Rode, den Künstler des Altares der Lukasbruderschaft in der Katharinenkirche von 1484, vermutete. DEECKE, S. 43; LOTZ, Kunsttopographie 1862, 1, S. 395; um 1500 datiert sie: WILDE, Dehio, S. 489.

44 OHLY, Friedrich: Die Kathedrale als Zeitenraum. Zum Dom von Siena, in: Frühmittelalterliche Studien 6 (1972), S.94-158, hier: S. 118 u. Anm. 68.

45 Freundlicher Hinweis von Prof. Dr. Thomas Ruster, Dortmund.

46 HACH, S. 15, so auch kürzlich BROHMANN, S. 25f.

47 BUK 4, S. 56.

48 BUK 4, S.147; WILDE, Dehio, S. 487; SEIDEL, S. 3 und 63. Günther Jaacks ging vage aufgrund der Lage des südlichen Chornebenschiffes von der Funktion der Sakristei aus und sah

keit mit einer weiteren, parallel tradierten Überlieferung, wonach der Raum bereits zwischen 1760 und 1814 als Tagungsort für das Konsistorialgericht gedient hat,[49] ist nie nachgegangen worden.

Um diese Frage nach der zeitlichen Einordnung der Arkadenschließung zu klären und damit die Funktionsgeschichte des südlichen Nebenchores zum besseren Verständnis der Malereien aufzuhellen, erfolgten im November 2000 punktuelle Untersuchungen der Restauratorin Eileen Wulff in Zusammenarbeit mit der Autorin.[50] Dabei stellte sich heraus, dass der Bereich der östlichen Arkade von vornherein geschlossen, das Bogenfeld hingegen offen war. Denn das hinter dem Chorgestühl des Hochchores unverputzt zutage liegende Mauerwerk weist durchgängig die bis in das 14. Jahrhundert hinein verwendete Dachfuge auf.[51] Seine Steine entsprechen denen des übrigen Chormauerwerks, und die Wand des Polygons verläuft nahtlos bis zur Mitte des Langchores. Schließlich befinden sich auf dem östlichen Bereich der betreffenden Arkadenwand Reste gotischer Wandmalereien. Das offene Bogenfeld belegen aufgedeckte Tüncheschichten in der ehemaligen Laibung, die durch den restauratorischen Befund einer horizontal verlaufenden Abschlusskante in 3,90 m Höhe, über die älterer Putz in die Tiefe des Mauerwerks hinein läuft, erhärtet wird. Des Weiteren reichen die Rankenma-

---

gleichzeitig die Vermauerung zum Chor hin als Produkt des 19. Jahrhunderts an. JAACKS, S. 27 u. 72.

49 Der Hinweis auf den südlichen Nebenchor als Ort des Konsistorialgerichts findet sich u.a. bei: FUNK, Martin Samuel: Die lübischen Gerichte. Ein Beitrag zur Verfassungsgeschichte der Freien und Hansestadt Lübeck, in: Zeitschrift der Savigny-Stiftung für Rechtsgeschichte. Germanistische Abteilung 26 (1905), S. 53-91 und 27 (1906), S. 61-91, hier: S. 84ff.; WEGENER, H.: Aus der Baugeschichte der Stadtbibliothek, in: LB 89 (1953), S. 142-144, hier: S. 142; CHRISTENSEN, Margrit: Die Räumlichkeiten der Lübecker Stadtbibliothek, ihre Einrichtung um 1620 im ehemaligen St. Katharinenkloster und die weitere Entwicklung, in: Jörg FLIGGE/Peter BORCHARDT: Die wissenschaftliche Stadtbibliothek und die Entwicklung kommunaler Bibliotheksstrukturen in Europa seit 1945 (= Wolfenbüttler Schriften zur Geschichte des Buchwesens 34), Wiesbaden 2001, S. 391-421, hier: S. 402. Das Konsistorialzimmer wurde im Jahr 1759 nach den Vorstellungen des damaligen Werkmeisters der Katharinenkirche konzipiert. Dazu gehörte der Einzug einer Zwischendecke (AHL Protokollbuch St. Katharinen 1717-1832, Einträge vom 05.05. bis 31.12. 1759, fol. 54-55 v.). Mit Auflösung des Konsistorialgerichts 1814 war der Raum eine Zeit lang ungenutzt, bevor er im Jahr 1829 der Bibliothek zur Verfügung gestellt wurde.

50 Den folgenden Ausführungen liegen der ausführlichere Bericht der Verfasserin und die Befunddarstellung der Restauratorin vom 26.05.2001 über die Restaurierung zugrunde, die im Amt für Denkmalpflege und dem Lübecker Annenmuseum vorhanden sind. An dieser Stelle sei Dr. Annegret Möhlenkamp vom Lübecker Denkmalamt herzlich gedankt, die immer wieder auf die Unvereinbarkeit der überlieferten Raumnutzungen hinwies und die Untersuchung ermöglicht hat.

51 Zur Fugentechnik siehe: KRUSE, Karl Bernhard: Backsteine und Holz – *Baustoffe* und Bauweise Lübecks im Mittelalter, in: JbHf 22 (1983), S. 37-61, hier: S. 55.

lereien des Chornebenschiffes in die heutige Bogenvermauerung hinein. In der Neuzeit wurde das Bogenfeld mit Steinen des 18. Jahrhunderts vermauert.[52]

Im Gegensatz zu der östlichen Bogenstellung wurde im benachbarten westlichen Arkadenfeld der zum Chor gelegene Mauerzug erst nachträglich zwischen die beschriebene östliche Wand, die westlich mit einer sauberen Fase endet, und den westlichen Choreckpfeiler gesetzt. Er besteht ungewöhnlicherweise überwiegend aus Bindern mit einer Höhe von 9, einer Breite von 13 bis 14 und einer Länge von 27 cm. Nach der von Karl-Bernhard Kruse aufgestellten Ziegeldatei sind die Steine der Zeit um 1300 zuzuordnen.[53] Das Mauerwerk wurde vom südlichen Kirchennebenraum aus hochgezogen, wie die reinen Quetschfugen an der Seite des Chorgestühls bezeugen. Aufgrund der ungewöhnlichen Steinsetzung von beinahe reinen Binderschichten und der nicht einsehbaren Fugenbildung an der Ansichtsseite kann die Zeit, zu welcher die Wand hochgezogen wurde, nicht aus der Mauerwerksstruktur abgeleitet werden.

Da sich innerhalb der nachträglichen Wandscheibe eine kleine Baunaht an der Stelle abzeichnet, an welcher auf der Seite des Nebenraumes der Wandabdruck eines ehemaligen, rechtwinklig zur Arkade stehenden Einbaues zu sehen ist, liegt es nahe, den östlichen Teil der heutigen Vermauerung der Westarkade und die senkrecht dazu gelegene ehemalige Zwischenwand als Produkte einer Baukampagne zu vermuten. Da nun aber das Steinmaterial und die Mauertechnik beiderseits der Fuge übereinstimmen, wird auch, nachdem der bezeichnete Winkel gemauert wurde, dieser westliche Teil in unmittelbarem Anschluss angefügt worden sein.

Im Jahre 2002 fand eine Sanierung des südlichen Nebenchores statt. Die Freilegung der unteren Partien der Trennwände zum Hochchor ergab weitere Aufschlüsse. So befand sich in der ursprünglichen Vermauerung der östlichen Arkade zunächst an der westlichen Seite ein mit Fasensteinen sauber ausgeführter

---

[52] Aus den restauratorischen Befundfenstern konnte ein fest vermauerter Ziegelstein entnommen werden. Eine ungefähre Herstellungszeit im 18. Jahrhundert ist daraus abzuleiten, dass er erstens einen Stempel aufweist, was in Lübeck erst seit etwa 1700 üblich wurde (ein herzförmiger Stempel mit einem einbeschriebenem „H“, der den Stein als Produkt der Firma Wesenberg an der Trave auszeichnet), und zweitens mit seinen Maßen von 7 cm Höhe, 13,5 cm Breite und einer nicht mehr bestimmbaren Länge von über 24 cm die identische Höhe zu einem von Karl Bernhard Kruse in das 18. Jahrhundert datierten Stein aus dem Bürgerhaus Mengstraße 64 besitzt (KRUSE, Karl Bernhard: Kleines Glossar zur Geschichte der Herstellung und Verwendung von Backsteinen, in: ders.: Historisches Ziegelmauerwerk. Paper zur Architekturfortbildung im Deutschen Zentrum für Handwerk und Denkmalpflege, Fulda 1996).

[53] KRUSE, Baustoffe, S. 46.

Übergang in die Kirche, der nachträglich vermauert wurde *(vgl. Abb.25)*. Weiter östlich hat man nachträglich eine weitere Öffnung in das Mauerwerk eingebrochen. Es handelt sich um diejenige, die sich auf der Chorseite mit ihrer erhöhten Putzschicht abzeichnet.

Im Chor verstellt heutzutage das Chorgestühl den ersten Durchgang. Es besteht aus den ursprünglichen Wangen und damit den Einteilungen in Sitzplätze des 14. Jahrhunderts und den Dorsalrückwänden des 15. Jahrhunderts. Ein Baldachin ist auch schon für das ursprüngliche Chorgestühl anzunehmen.[54] Die älteren Bestandteile sind erst jüngst dendrochronologisch untersucht und um 1329 datiert worden.[55] Zu dieser Zeit ist es demnach in Auftrag gegeben worden, denn Eichenholz wurde frisch verarbeitet.[56]

In Hinblick auf die Tatsache, dass das Chorgestühl offensichtlich erst zwanzig Jahre nach dem Chorbau entstand, ist anzunehmen, dass die ursprüngliche Disposition eines Chorzuganges geändert werden musste, nachdem der Gestühlskörper – wohl um mehr Sitzplätze für eine inzwischen angewachsene Bruderschar zu integrieren – weiter nach Osten reichte, als zunächst vorgesehen war. Demnach wäre die östliche Öffnung um 1330 durchgebrochen worden. Beide Übergänge in die Kirche sitzen 65 cm über dem Mauersockel der Chornebenkapelle und scheinen damit abgestimmt zu sein auf die ungewöhnliche Höhe des Gewölberückens der Strobukkapelle wie auch auf das Niveau des Chores.

Die Gewölbekappen der Strobukkapelle reichen an ihren Scheitelpunkten 45 cm über das Niveau des Mauersockels *(Abb.25,26)*. Sie stehen damit ohne Widerlager nach Norden im Raum. Auf dem Mauersockel selbst wie auch an der Mauer zum Chor lassen sich jedoch keine Hinweise auf eine Abmauerung oder nachträgliche Änderung finden. Diese Auffälligkeit wirft die Frage auf, ob die Gewölbe möglicherweise erst nach einer Planänderung ausgeführt wurden. Für die Berücksichtigung eines Sterngewölbes schon bei der Ausführung des Raummantels der Kapelle spricht jedoch die Tatsache, dass die zwei vorgestellten ehemaligen Öffnungen in der Nordwand etwa 20 cm über der Gewölbeoberkante und

---

54 SEIDEL, S. 62f.

55 Die Untersuchung führte das Ordinariat für Holzbiologie der Universität Hamburg durch. Die sechs entnommenen Proben enthielten allesamt keine Splintreste mehr, so dass sich ein terminus post ergibt, den Sigrid Wrobel in ihrem Untersuchungsbericht dennoch auf „um 1329“ präzisiert, da drei der Proben in einem auffallend engen zeitlichen Fenster enden und damit nahe legen, dass „bei der Herstellung lediglich der Splint abgebeilt worden ist“. Amt für Denkmalpflege der Stadt Lübeck, Sigrid WROBEL: Untersuchungsbericht vom 31.08.2001.

56 Freundliche Auskunft von Dr. Thorsten Albrecht, Kassel.

damit sogar knapp 30 cm über dem Chorfußboden ansetzen (*Abb.25*).[57] Zur Klärung der Frage wurde an dem Zwischenpfeiler der Strobukkapelle, der für die Gewölbevorbereitung des verkappten Sechsecksternes notwendig ist – hingegen nicht für die einfache, fünfteilige Einwölbung des 4/6 Polygons über dem spiegelbildlichen Grundriss der Crispinkapelle, die an dem entsprechenden Pfeiler gar keine Rundvorlage besitzt – eine äußerst kleine Sichtachse über drei Backsteinhöhen freigelegt. Die Vorlage bindet in der mittleren Lage in den Kern des Pfeilers ein. Eine Einarbeitung jeder zweiten Steinlage entspricht dem Muster der Vorlagenintegration, wie es im Obergeschoss der Kapelle an den dort auf Konsolen neu ansetzenden Diensten beobachtet werden konnte. Daher ist die Planung eines solchen Gewölbes für die Erbauungszeit der Chorkapellen wahrscheinlich; die Ausführung des Sechsecksterns kann natürlich in zeitlichem Abstand erfolgt sein. Vielleicht ergaben sich hierbei Schwierigkeiten. Denn das Gewölbe erscheint mit einer Dicke von etwa 45 cm sehr massiv ausgeführt. In dem Zusammenhang fehlen Untersuchungen zu Gewölben von Zwischengeschossen. Im Gegensatz zu den bekannten eierschalendünnen Mittelschiffsgewölben mussten sie noch weitere Räume tragen.

Vom Chornebenraum aus gesehen, reicht in der linken Ecke des westlichen Joches eine Unterbrechung des glatten Mauerwerks mit der Verfüllung durch zweitverwendete Formsteine bis auf den Mauersockel hinunter. Die anzunehmende ursprüngliche Öffnung, die im Westen unmittelbar an eine Vorlage des Arkadenpfeilers anschloss, zeichnet sich auf der anderen Seite jedoch nicht mit klaren Konturen ab. Der denkbare ehemalige Durchgang war mit einer Breite von gut einem Meter doch 30 cm schmaler als die im Ostjoch nachgewiesene Öffnung. Sie reicht auch erstaunlich weit hinunter, nämlich noch unter das Niveau des Hochchores. In Höhe des Mauersockels, auf dem sie ansetzt, befindet sich auf der gegenüberliegenden Südwand ein kleiner Rücksprung der Wandflucht von wenigen Zentimetern. Es ist denkbar, dass hier – anders als im Polygon – zunächst eine Flachdecke geplant war.

Während also ursprünglich das östliche Joch zum Hochchor hin weitestgehend abgeschlossen war, existierte eine offene Anbindung zwischen dem Langchor und dem westlichen Seitenjoch, dessen Schlussstein mit seinen Ahornblättern nicht zuletzt eine viel unspezifischere Thematik aufweist als der östliche. Diese unterschiedliche Disposition legt eine funktionale Differenzierung der beiden Joche und damit eine Aufteilung in zwei Räume nahe. Mögliche Spuren einer

---

[57] Im Gegensatz dazu setzen im westlich benachbarten Joch die Durchgänge in die Kirche und in das Dormitorium fiel tiefer an. Hier scheint es eine Planänderung gegeben zu haben, vor welcher dieses Joch eventuell zunächst flach gedeckt werden sollte.

ehemaligen Trennwand zwischen den beiden unterschiedlich mit dem Chor verbundenen Räumlichkeiten sind aufgrund der neuzeitlichen Glättung der entsprechenden Wand- und Pfeilerpartien mit dickem Zementmörtel nicht zu finden.[58] Der beide Joche trennende Gurtbogen stammt aus der Bauzeit. Seine – erneuerten – Gewölbekonsolen liegen tiefer als der Ansatz des offenen Bogenfeldes in der östlichen Arkade. Damit widerlegt er eine anzunehmende raumabschließende Vermauerung. So kann an eine niedrige Zwischenwand gedacht werden, die eventuell in Fachwerk oder gar als offeneres Gitterwerk ausgeführt war.[59] Denkbar ist auch, dass die Abtrennung des Raumes nach Westen durch eingestelltes Mobiliar gewährleistet war. Die unterschiedliche Behandlung der Nordseiten beider Joche des südlichen Chorseitenschiffes ist selbst in Hinblick auf den unklaren Westabschluss des östlichen Bereiches zu auffallend, um sie in der Interpretation zu übergehen. In der nordöstlichen Ecke befand sich ursprünglich der Zugang zu einer in den Unterchor führenden Wendeltreppe.[60] Die Lage des Ortes sowie die Anbindung zum Chor des Erdgeschosses wie auch der rosengeschmückte Schlussstein legen eine Interpretation als Sakristei nahe.[61] Da sie in ihrem oberen Bereich zum Chor geöffnet und wohl auch nach Westen nicht gänzlich geschlossen war, entspricht sie nicht dem Sakristeitypus der „Schatz-

---

[58] Der südliche Nebenraum war von 1850 bis 1877 zwischen seinen beiden Jochen durch eine eingestellte durchfensterte Wand geteilt. Diese Unterteilung wurde 1877 aufgehoben, um einen großen Raum für die Bibliothek zu schaffen, der Ende des 19. Jahrhunderts als Saal 4 der Stadtbibliothek bezeichnet wurde. (AHL 38-3/605). Im Rahmen des Zusammenlegens der beiden Joche des südlichen Chorseitenschiffes wird wohl der Zementmörtel aufgetragen worden sein.

[59] In Höhe des Gurtbogens befindet sich ein nachträglich eingebrachter Mauerzug, der als Fundament für eine Fachwerkwand denkbar wäre. Er muss aber nicht für die anzunehmende ursprüngliche Abtrennung geschaffen worden sein. Denn erstens ist er nachträglich eingezogen, und zweitens ist eine Fachwerkwand aus der Neuzeit bekannt.

[60] Der obere Zugang zur Treppenspindel ist heute mit Backsteinen der Maße 8-9 cm x 13-14 cm x 28 cm vermauert. Der untere war lange Zeit vernagelt. Diese Abgeschlossenheit führte in der Literatur zu unterschiedlichen Annahmen über den oberen Ausgang. Durch die im Juli 1999 im Rahmen dieser Arbeit erfolgte Öffnung der Erdgeschosstüre konnte deren Ausgang mit Hilfe eines Handpeilkompasses und dem im Juni 2001 erfolgten Durchbohren der Vermauerung eindeutig ermittelt werden. Inzwischen, Ende 2001, wurde die Öffnung zum Obergeschoss partiell freigelegt: zwei Vermauerungsschichten, die innere mit zwei dünnen Anstrichen versehen.

[61] Die um 1300 übliche Lage der Sakristeien von Klosterkirchen war die Mittelstellung zwischen Kirche und Osttrakt der Konventsgebäude. An dieser Stelle findet sich der Raum seit der Klerikalisierung der Mönchsgemeinde und der gestiegenen Anzahl der Privatmessen am Ende des 12. Jahrhunderts. Auch in Ilsenburg ist die Sakristei dem Obergeschoss des Ostflügels zugeordnet. UNTERMANN, Matthias: Das Mönchshaus in der früh- und hochmittelalterlichen Klosteranlage. Beobachtungen zu Lage und Raumaufteilung des Klausur-Ostflügels, in: Hans Rudolf SENNHAUSER (Hg.): Wohn- und Wirtschaftsbauten frühmittelalterlicher Klöster, Zürich 1996, S. 233-258, hier: S. 250f., teilweise fußend auf ZELLER, Adolf: Frühromanische Kirchenbauten und Klosteranlagen der Benediktiner und Augustinerchorherren nördlich des Harzes, Berlin/Leipzig 1928, S. 29-34, Taf. 30 und 38.

kammer"[62]. Andererseits ist auch zu berücksichtigen, dass diese Sakristei bereits in einem baulichen Kontext steht, der nur für die Franziskaner uneingeschränkt zugänglich war. Der Hochchor wie auch das anschließende Dormitorium waren ja ihrerseits bereits vom „Laienbereich" der Kirche getrennt.

Spätestens zu Beginn des 16. Jahrhunderts ist das Polygonjoch mit einem Großteil des Kreuzjoches zu einem Raum vereinigt worden. Dies ist an der bereits kurz vorgestellten figürlichen Ausmalung abzulesen. Sie reicht über das Ostjoch und Teile des Westjoches. Dort hat der Maler sie durch einen sauber ausgeführten Trennstrich in der Mitte der westlichen Kappe abgeschlossen *(vgl. Abb.21)*. Parallel zu dieser Rahmung verläuft quer über das Joch der Abdruck einer ehemaligen Zwischenwand. Während die zwei vorangehenden Fassungen unter den Abdruck ziehen,[63] berücksichtigt ihn die spätgotische Malerei bereits. Ob sie einige Zeit nach dem Einzug der zugehörigen Wand oder baueinheitlich mit ihr entstanden ist, kann nicht mehr nachvollzogen werden. Die Zwischenwand stieß rechtwinklig und raumhoch auf die zu unbekannter Zeit nachträglich vermauerte Arkadenstellung. Daher ist wahrscheinlich, dass auch die Arkadenvermauerung in spätgotischer Zeit raumhoch geschlossen war.

Wenn auch die Annahme einer ersten, auf das Polygon beschränkten Sakristei nicht abschließend belegbar ist, so ist die Rekonstruktion der spätgotischen Sakristei, die in der beschriebenen Form spätestens mit der Ausführung der Gewölbemalereien existierte, sicher.

Die weitere Geschichte sei hier kurz skizziert, um die eingangs erwähnte Fehlinterpretation, der die Autoren der Bau- und Kunstdenkmäler erlagen, aufzudecken. 1759/60 hat man den Sakristeiraum zum Tagungsort des Konsistorialgerichts umgebaut.[64] Hierfür wurde nach Ausweis des sauber vermauerten Ziegelsteines aus dem 18. Jahrhundert das zum Chor hin offene Bogenfeld geschlossen. Weiterhin erhielt der Raum eine barocke Stukkolustro-Malerei, die noch heute auf der kassettierten Putzschicht der östlichen Arkadenwand vorhan-

---

[62] Anne Schaich weist auf die unabdingbare Geschlossenheit für den Typ der Schatzkammer hin: SCHAICH, Anne: Mittelalterliche Sakristeien. Architektur und Funktion am Beispiel Lübecks, München 2000, S. 96f.

[63] ADL, J. KULICKI: Untersuchungsbericht zur Ausmalung der Gewölbeflächen im Konsistorialzimmer. Katharinenkirche zu Lübeck, Lübeck 04.02.2002, S. 4.

[64] Er entstand nach den Vorstellungen des damaligen Werkmeisters der Katharinenkirche. AHL Protokollbuch St. Katharinen 1717-1832, Einträge vom 05.05. bis 31.12.1759, fol. 54-55 v.; AHL 61-7/84, Kirchen-Kladdebuch 1757-1764, fol. 145 r.

den ist.[65] Eine gipserne Zwischendecke entzog das vorreformatorische Glaubensmanifest den Augen der protestantischen Richter und Bürger, welche hier anlässlich von Familienstreitigkeiten, häufig zur Auflösung von Ehen, erschienen.[66] Die Ausdehnung der Gerichtsstube in das Westjoch hinein ist heute nicht mehr ablesbar, da der barocke Putz nur noch im Polygon erhalten ist. Sie muss jedoch identisch mit derjenigen der spätgotischen Sakristei gewesen sein, weil die beide Joche zierenden Gewölbemalereien erst im Zuge der Abnahme der barocken Zwischendecke wiederentdeckt wurden. Es ist dokumentiert, dass man von ihrer Existenz zuvor nichts wusste.[67] Dem Bekanntwerden der Gewölbemalereien folgte ungewöhnlicherweise keine Restaurierung. Stattdessen wurde der Raum zwischen seinen Jochen mit einer Fachwerkwand geteilt und von der benachbarten Bibliothek genutzt.

Baltzer und Bruns interpretierten einen Eintrag des Werkmeisters in sein Rechnungsbuch von 1829 dahingehend, dass erst in diesem Jahr die Arkaden zwischen Chor und Nebenraum vermauert worden seien. Im Rechnungsbuch heißt es an entsprechender Stelle: *Im Frühjahr dieses Jahres wurde die Consistorialstube nebst Capelle vor der selben mit zur Bibliothek gezogen, letztere wurde durch eine Mauer von dem Innern der Kirche getrennt, und die Entree-Thür zur Bibliotek in dieselbe verlegt.*[68] Der neu abgetrennte Raum ist dem Wortlaut nach identisch mit der Kapelle, welche in dem „Restjoch" westlich der noch im Mittelalter eingezogenen Zwischenwand entstanden war. Die Wand des Jahres 1829 stellt demnach nicht die Arkadenvermauerung in Längsachse der Kirche dar, sondern den westlichen Abschluss des heutigen Raumes, wovon auch noch Türrahmen und Türblatt der damaligen Zeit zeugen.

---

65 Die Malerei wurde von Friedrich Christian Eccarius ausgeführt, der seit 1755 Meister und Bürger in Lübeck war. AHL 61-7/84, Kirchen-Kladdebuch 1757-1764, fol. 160 r.; LÜTGENDORFF, W.L.: Das Maleramt und die Innung der Maler in Lübeck, Lübeck 1925, S. 189.

66 Zum Konsistorialgericht siehe: GRASSMANN, Antjekathrin: Scheidung auf Lübeckisch. Zur Auswertung der Lübecker Konsistorialgerichtsakten um 1800, in: ZVLGA 80 (2000), S. 295-313.

67 AHL 61-7/87, Rechnungsbuch 1836-1850, fol. 262 r. vom September 1849; HACH, S. 14; AHL 38-3/605, Erinnerungen des Bibliotheksgehilfen Reimpell.

68 BUK 4, S. 147 und AHL, Protokollbuch 1717-1832, 2. Zählung fol. 131 am 03.03.1829.

5. Die Chortreppe

Die zweiläufige Treppe, die im Südwesten der doppelgeschossigen Anlage vom Unter- zum Hochchor führt, ist nachträglich eingebaut,[69] was nicht zuletzt dadurch zu erkennen ist, dass sie beispielsweise den Zugang vom südlich angrenzenden Nebenraum, der von Günther Jaacks, Lutz Wilde und Anne Schaich als Sakristei angesprochen wird,[70] zusetzt.

Am aufgehenden Mauerwerk der Kirche sind keine Spuren einer Vorgängertreppe vorhanden. Hingegen weist der Grundrissausschnitt von dem Bereich des Querhauses, der unmittelbar an der heutigen Treppe liegt, ein kleines Räumchen ohne Funktion auf.[71] Hier lässt sich, wie bereits Baltzer und Bruns dargelegt haben, eine ehemalige Spindel annehmen, die weitestgehend in das Außenmauerwerk des Querhauses integriert gewesen sein müsste.[72] Über den möglichen Zugang der Treppe von der Kirche aus findet sich in dem Inventarband ebenfalls ein Hinweis mit der Erwähnung einer hölzernen Zwischendecke.[73] Der in Fotos nicht überlieferte Zustand lässt sich durch vorhandene Mauerrücksprünge rekonstruieren. Die Querhauswand weist in ihrem östlichen Joch einen Rücksprung in etwa 3 m Höhe auf. Der untere Wandbereich steht somit etwas vor der ansonsten im gesamten Querhaus einheitlichen Mauerflucht vor. Deutlich ist die Fluchtverschiebung über dem Segmentbogen des Durchganges zum Kloster zu erkennen, weiter nach Osten jedoch nur schwer zu verfolgen, da ihr hier die Treppenanlage zum Hochchor vorgebaut ist.[74] Die von den Autoren des Inventarbandes angegebene Zwischendecke lässt sich demnach etwa auf dem Niveau des heutigen Podestes der zweiläufigen Anlage rekonstruieren. Da sie 1928 existiert hat, wird sie im Zusammenhang mit der neuen, zweiläufigen Treppe benutzt worden sein. Die Spuren am Mauerwerk legen jedoch eine bereits ursprüngliche Konzeption mit Zwischendecke nahe. So erklärt die Annahme einer ehemaligen Zwischendecke auch, wie die Franziskaner die auf Podestniveau befindliche, ursprüngliche Öffnung in der Querschiffwand benutzen konnten, welche – heute verschlossen – im Jahre 1928 noch in einen kleinen Nebenraum führte.[75] Demnach wird die ursprüngliche Treppe zur Verbindung der beiden Kreuzganggeschosse in das Mauerwerk der Querhauswand integriert gewesen sein und zusätzlich auf mittle-

---

69 Jaacks, S. 31; Vogeler, Hildegard: Szenen aus dem Leben des hl. Franziskus aus Assisi. Ein *Wandbild* in St. Katharinen zu Lübeck, in: ZVLGA 70 (1990), S. 129ff., hier: S. 143f.
70 Jaacks, S. 75; Wilde, Dehio, S. 491; Schaich, S. 83-85.
71 BUK 4, Abb. S. 40.
72 BUK 4, S. 73; Jaacks, S. 32; Vogeler, Wandbild, S. 144, Anm. 37.
73 BUK 4, S. 73f.
74 Jaacks, S. 31f.
75 BUK 4, S. 73; Jaacks, S. 31.

rer Höhe einen Ausgang in die Kirche geboten haben, welcher mittels einer auf der Zwischendecke stehenden Holzkonstruktion an den Hochchor angebunden gewesen sein könnte.

Diese Rekonstruktion widerspricht Günther Jaacks' These eines ehemaligen Gewölbes in dem Joch, in dem die nachträgliche Treppe eingebaut ist. Ein solches Gewölbe wäre breiter gewesen als die Joche des Unterchores, da es in der Achse des südlichen Seitenschiffes liegt. Es hätte damit den Unterchor nicht nur nach Südwesten verlängert, sondern auch zugleich das symmetrische Erscheinungsbild der lettnerartigen Fassade des zweigeschossigen Chores verunklärt. Gegen Jaacks Rekonstruktion spricht nicht nur die Annahme einer Zwischendecke, sondern auch die Tatsache, dass sich an der Querhauswand in dem zu vermutenden Auflagebereich des vermeintlichen Gewölbes glattes Mauerwerk mit dem ersten Ausmalungsschema der Kirche, dem roten Fugennetz auf weißen Quadern, vorfindet.

Wann wurde die rekonstruierte Treppe von der heutigen abgelöst?[76] In der Literatur sind bislang zwei Vorschläge gemacht worden. Günther Jaacks argumentiert bauhistorisch und nimmt die Errichtung der benachbarten Witikkapelle im Jahre 1458 als terminus ante quem, da dieser Andachtsraum in seiner Stirnwand den Zugang zur ursprünglichen Treppenanlage vermauern würde und somit eine neue Chortreppe zur Voraussetzung hätte.[77] Doch ist es fraglich, ob die heute noch ablesbaren Fugen den ursprünglichen Zugang zur Treppe darstellen. Die anzunehmende Öffnung liegt jenseits der Außenwand im Bereich des ehemaligen Klosterhofes. Folgt man Jaacks und rekonstruiert östlich von ihr die Treppe, so nähme sie den Raum des Durchganges zwischen Kreuzgang und Kirche ein.[78] Dies ist wenig wahrscheinlich, da hiermit die einzige bekannte Verbindung zwischen Klostererdgeschoss und Kirche wegfallen würde. Außerdem existieren auf der „Rückseite“ dieser vermeintlichen Öffnung keinerlei Fugen. Die sich im Mauerwerk der Kapelle abzeichnende Form ist somit auch als Nische denkbar.[79]

---

[76] Die Bauuntersuchung scheidet in diesem Fall für eine zeitliche Einordnung aus: Denn die Stufen sind in der Neuzeit ausgewechselt worden, wie Ziegel mit dem Petrischlüssel verraten. Die übrigen Backsteine können nicht untersucht werden, da sie unter einer dicken Putzschicht liegen. Und die im unteren Raum im Treppenschacht sichtbaren Backsteine entziehen sich in ihrem Zustand und ihrer unregelmäßigen Verwendung jeglicher Untersuchung.

[77] JAACKS, S. 31f.

[78] Dieser Durchgang, der heute St. Katharinen mit der benachbarten Schule verbindet, war im 20. Jahrhundert eine Zeit lang vermauert und wurde 1961 wieder freigelegt. FESTSCHRIFT zum 450-jährigen Bestehen, 1531-1981 Katharineum zu Lübeck, Lübeck 1981, S. 19.

[79] Hier kann aber nur eine in das Mauerwerk eingreifende Bauforschung klären. Auffallend ist wiederum, dass Bruns und Rahtgens eine Öffnung an entsprechender Stelle im „Podestgeschoss“ rekonstruieren, so dass auch eventuell an eine Außentreppe zu denken wäre. BUK 4, S. 73.

Der überzeugendere Datierungsvorschlag der spätgotischen Treppe stammt von Hildegard Vogeler und basiert auf der stilistischen Einordnung der Erstfassung der Treppenbrüstung, die ein Wandbild mit der Vogelpredigt des hl. Franziskus zeigt. Die modernsten Züge weist die Kleidung einer weiblichen Figur im Hintergrund auf und führt Vogeler zu einer Datierung um 1510 bis 1515,[80] die sie auf den Malträger, d.h. den Treppeneinbau, bezieht.[81]

B. Das Querhaus und der erste Plan für ein Langhaus sowie die beiden östlichen Joche des südlichen Seitenschiffes

Die Katharinenkirche verfügt als einzige deutsche Franziskanerkirche über ein Querschiff.[82] Es ist mit seinen Erdgeschossaußenmauern in das Mauerwerk des Chores eingebunden. Das Obergeschoss seines südlichen Parts schließt sauber in innenliegende Verzahnungsansätze des östlichen Bauteiles ein. Dies spricht für einen einheitlichen Baufortgang nach Vollendung der Chorpartie, wie er auch bislang von der Forschung übereinstimmend angenommen wurde.

Das zweischiffige Kreuzschiff übernimmt die Breite der dreischiffigen Choranlage. Gegenüber dem westlich anschließenden Nordseitenschiff tritt es jedoch einen Meter nach außen hervor. Im Inneren fluchten die Außenwände auf beiden Seiten mit denjenigen der östlichen Chornebenkapellen, auf der Südseite auch mit der Mauer des anschließenden Seitenschiffes. Im Kirchengebäude selbst integriert sich das Querhaus mit einer Mittelstütze völlig in die Jochabfolge von Langhaus und Chor. Ein freistehender, beide Geschosse hinaufreichender achteckiger Pfeiler mit gewölbevorbereitenden Runddiensten an jeder zweiten Polygonseite unterteilt es in zwei Schiffe und nimmt die Bögen der mittelschiffshohen Scheidarkaden wie auch den jeweiligen Gurtbogen des Querhausarmes und seines Mittelschiffes und die Transversalrippen auf.[83] Im Gegensatz zu den übrigen Rippen- und Bogenprofilen der Kirche sind die Gurtbögen, welche die Querhausarme von den beiden „Vierungsjochen" trennen, stärker ausgebildet

---

80 VOGELER, Wandbild, S. 144; zu einer entsprechenden, allerdings ungenaueren Datierung des Gemäldes bereits: BUK 4, S. 86.

81 VOGELER, Wandbild, S. 150.

82 Zu dieser Besonderheit siehe Kap. VII B.

83 Diesen durchgehenden Raumeindruck, hervorgerufen von dem in gleicher Flucht mit den Mittelschiffsarkaden befindlichen und im üblichen Jochabstand folgenden Mittelpfeiler des Querhauses, unterstreichen auch JAACKS, S. 23 und WILDE, Dehio, S. 485, wohingegen Krautheimer die unterschiedliche Raumform zwischen Quer- und Langhaus, hier hallenartig, dort basilikal, hervorhebt und als deutliche Zäsur wahrnimmt. KRAUTHEIMER, S. 29.

und den breiten Scheidbogenprofilen des Langchores angeglichen, womit sie zur Raumkontinuität beitragen (*Abb.34*).

Die südliche Querhausfassade gibt dem Betrachter nach außen nur das Obergeschoss mit seinen Zwillingsgiebeln preis, weil sie durch die Witikkapelle sowie die Klostergebäude im unteren Bereich zugebaut ist. Dieser obere Teil präsentiert sich mit glatter Außenhaut, die durch flankierende Eckverstärkungen lediglich flach eingerahmt ist (*Abb.27*). Zwei tiefe, vierbahnige Lanzettfenster sind mit einer reichen Abfolge von Fasen und Rundstabprofilen in die massive Wand eingelassen. Im unteren Bereich zwischen den Öffnungen ziert eine kleine Nische, eingefasst von einem umlaufenden Rundstab, die Front. An der Stelle des Couronnements ist ihr ein Maßwerkstern eingehängt, der mit seinen Formen in das 19. Jahrhundert weist.[84] Ältere Fotos zeigen noch eine Figur der heiligen Katharina in ihr aufgestellt.[85] Über der Traufe dominiert ein Fries aus rundbogig schließenden Vertikalbahnen. Die zwei Giebel über den beiden Schiffen des Querhauses sind identisch ausgebildet mit jeweils einem in die Mauerfläche eingetieften Kreuz[86] und zwei niedrigeren flankierenden Rundbogennischen. Die insgesamt annähernd spiegelsymmetrische Anordnung ist durch die ungleichmäßig stark ausgeführten Eckverstärkungen etwas aus dem Gleichgewicht gebracht.

Anders ist die Fassade des gegenüberliegenden, unmittelbar und frei an der Glockengießerstraße emporsteigenden Kreuzschiffarms konzipiert, die den „künstlerischen Mittelpunkt der Nordseite der Katharinenkirche"[87] bildet (*Abb.28*). Nach außen prägt die programmatisch umgesetzte Zweischiffigkeit ihre Erscheinung. Jedes Schiff ist auch hier einzeln mit einem Satteldach gedeckt, wobei die zur Straße weisenden Zwillingsgiebel gemeinsam mit der

---

[84] Eine solche Sternfigur ist der Verfasserin aus dem Mittelalter nicht bekannt. Der Typus einer mittigen Vollfigur widerspricht dem im Mittelalter zu beobachtenden Prinzip der konturierenden Maßwerkgestaltung. Er erinnert an die um 1880 an der Marktfront des Stralsunder Rathauses hergestellten Füllungen der oberen Windlöcher. (Zur Datierung der dortigen Maßwerkfüllungen: HOLST, Jens Christian, Die Rathausfront zu Stralsund. Zu ihrer Datierung und ersten Gestalt, in: Matthias MÜLLER [Hg.]: multiplicatio et variatio. Beiträge zur Kunst. Festgabe für Ernst Badstübner zum 65. Geburtstag, Berlin 1998, S. 60-99, hier: S. 75).

[85] Diese Skulptur ist zwar neuzeitlich, doch erscheint die Aufstellung einer Heiligenfigur auch als ursprüngliche Funktion der Nische plausibel.

[86] Kreuzblenden sind gerade im ländlichen Gebieten übliche Schmuck- und Aussageformen kirchlicher Giebel. Sie tauchen bereits Mitte des 13. Jahrhunderts an den Giebeln in Prohn, Groß-Kiesow, Wildberg und Stoltenhagen auf. LISSOK, Michael: Von Maßwerk und Bogenfries. Baugebundene Schmuckformen in der mittelalterlichen Backsteinarchitektur Norddeutschlands, in: Gebrannte Größe. Die Sprache der Steine. Schmuckformen der Backsteingotik, Bonn 2002, S. 42-91, hier: S. 57.

[87] BUK 4, S. 48.

Eckrahmung und einem mittig sitzenden Strebepfeiler die Achsen des Querhauses wie zwei in die Höhe geschossene giebelständige Reihenhäuschen aussehen lassen. Die flankierende Gliederung besteht aus einem deutlich vor die Fassadenflucht tretenden polygonalen Treppenturm an der östlichen Ecke und einer flachen polygonalen Eckverstärkung im Obergeschoss der anderen Seite. Die vertikalen Bauelemente betonen im Zusammenklang mit tiefen, vierbahnigen Fenstern, von denen jeweils eines pro Achse und Geschoss die hinter der Rahmung zurücktretende Wandfläche aushöhlt, die himmelstrebende Tendenz der Fassadenarchitektur. Horizontale Elemente wie das geschosstrennende Gesims treten dagegen nicht gleichermaßen plastisch in Erscheinung. Die Dominanz der Senkrechten wird auch nicht gemildert durch die Verkröpfung des schmalen Stockwerkgesimses über den mittleren Strebepfeiler, auch wenn es in einer Höhe mit dem Traufgesims der östlich liegenden Chrispinkapelle und des westlich anschließenden Seitenschiffes liegt. Das obere Abschlussgesims des Querhauses bildet ein Fries aus genasten Pässen[88]. Ein solcher umgürtet die ganze Kirche als Traufgesims in Doberan, hier jedoch in kleinteiligerer Ausführung (*Abb.54*).[89] Über dem Fries sitzen die genannten Giebelchen auf, die durch unterschiedlich gestaffelte Nischen geschmückt sind.[90]

1. Plan I

a) Das Südquerhaus

Der Wandaufriss des Kreuzschiffs führt mit einer zweizonigen Fensteranordnung die Zweigeschossigkeit des Langchores weiter. Vor dem Hintergrund des ra-

---

88 „Die Gotik führt mit der zweiten Hälfte des 13. Jahrhunderts als oberen Mauerabschluss allgemein den spitzbogig abgeschlossenen Dreipassfries mit dunkelgrün glasierten Konsolen und Schenkelsteinen (nur ein Formstück!) ein. Der gleiche Fries findet sich in derselben Ausführung beim Dom am alten gotischen Seitenschiff östlich neben der Vierung (wohl 1320er Jahre), am ältesten gotischen Seitenschiff der Petrikirche sowie an der Marien-, Aegidien- und Katharinenkirche" (DELFS, Heinrich: *Fläche und Farbe* im Lübeckischen Ziegelbau, Diss. [Masch.-Schr.] Braunschweig 1920, S. 38). Solche Friese tauchen auch in der Umgebung Lübecks vielfach auf, sind hier aber aus mehreren Steinen zusammengesetzt. Vgl. LUDWIG, Steve: St. Georgen zu Wismar. Die Geschichte einer mittelalterlichen Pfarrkirche vom 13. bis zum frühen 16. Jahrhundert, Diss. Kiel 1997, Kiel 1998, S. 38f., 81.

89 Vgl. Abb. bei ERDMANN, Zisterzienser-Abtei *Doberan*, Königstein/Taunus 1995, S. 24.

90 Mit der Querhausfassade von Bad Doberan hat diese auch die Rhythmisierung durch die Strebepfeiler gemeinsam. Die Zisterzienserkirche weist auf der linken Seite ihrer Westfront sogar ebenfalls einen stärker ausgebildeten Treppenturm neben zwei Strebepfeilern auf. Die Zweischiffigkeit ist in Bad Doberan jedoch nicht gleichermaßen konsequent ausgeführt wie in Lübeck. Denn hier fasst ein großer einzelner Querhausgiebel die zwei Achsen des Bauteiles unter einem Dach zusammen.

schen Baufortganges zwischen den Ostteilen und dem Kreuzschiff ist jedoch bemerkenswert, dass der östliche Wandaufriss der Querhausarme, abgesehen von der grundsätzlichen Übereinstimmung in der Zweizonigkeit, sowohl von dem Schema des Langchores wie auch des Polygons abweicht. Die noch mit der Langchorwand fluchtenden Choreckpfeiler treten im Querhaus vor die Zwickelzone der Arkaden wie auch vor den Obergaden (*Abb. 38*). Sie laufen ohne Absatz mit ihren achsial ausgerichteten Rundvorlagen bis in die Gewölbezone hoch, wo sie in einem Kämpferband enden. In dessen Höhe sitzen ihren Runddiensten Kapitelle auf, welche die Gurt- und Schildbögen des Querhauses tragen. Die Hochführung des plastisch vor die Jochwand tretenden Pfeilers bis in den Gewölbeansatz verleiht der Vertikale – nicht zuletzt durch die Arkaden- und Obergadengeschoss verbindende Führung – eine im Langchor unbekannte Betonung. Der Aufriss entspricht damit dem von Jürgen Michler aufgezeigten Typus des „wanddurchdringenden Pfeilers“. Die Hochführung bis zu den Gewölbekämpfern zeichnet ihn grundsätzlich aus. Dieses Prinzip kann Michler erstmals für die Kathedrale in Bourges nachweisen. Darüber hinaus definiert er diesen Typus in seiner vollendeten Ausführung in Bezug zur Schiffswand, die zwischen zwei Vorlagen wie ein eingespanntes Tuch zurücktritt. Als solcher ist der wanddurchdringende Pfeiler zuerst in S. Denis verwirklicht.[91]

Die genannten Merkmale weisen auch die Lübecker Choreckpfeiler auf. Allerdings fehlt das zweite rahmende Vorlagen-Pendant auf der jeweils anderen Seite. Denn in den äußeren Ecken des Kreuzschiffes ist gänzlich auf Dienste verzichtet worden. Die Gewölberippen und Schildbögen setzen hier unmittelbar auf einer Konsole an.

An den inneren Fassadenwänden läuft mittig wiederum die bloße Rundvorlage des Polygons hinauf (*Abb.37*). Auch die schlichte Wandstruktur, die aus nichts anderem als dem Gegensatz zwischen massiver Mauer und eingenischtem Fenster besteht, ist der Gestaltung des einzonigen Hochchores vergleichbar. Die nördliche Querhausinnenfassade integriert die Fenster ähnlich in das Mauerwerk wie das Polygon, die gerade Laibung ist lediglich um einzelne Profile bereichert (*vgl. Abb.66*), da die Querhausfassade tiefer ist als das Außenmauerwerk des Polygons. Unterschiedlich sind lediglich die Fensteransätze, die im Querhaus

---

91 MICHLER, Jürgen: Zur Stellung von Bourges in der gotischen Baukunst, in: WRJ 41/42 (1979/80), S. 27-84, hier vor allem: S. 30-35. Wenn Michler die gültige Gestaltung des Systems erst in S. Denis erreicht sieht und in dem Bau das Vorbild für den gotischen Gliederbau ausmacht, so erkennt er die grundsätzliche Anlage des Wandaufrisses doch bereits in Bourges. Das in der Gotik zum ästhetischen wie auch tektonischen Topos der Wandgliederung entwickelte Stütze-Füllwand-Prinzip ist gestalterisch bereits durch den Speyrer Dom antizipiert.

eine schräge Sohlbank bilden, im Polygon jedoch gerade in das Mauerwerk eingeschnitten sind.

Die Choreckpfeiler finden ihr einziges Pendant in den Mittelstützen, die das Querhaus in zwei Schiffe unterteilen. Auch die gegenüberliegenden Eckpfeiler, die zum Langhaus überleiten, unterscheiden sich von ihnen durch die Aufnahme eines Kapitellbandes in Höhe des Ansatzes der Arkadenbögen (*Abb.34*). Somit ist festzuhalten, dass im Querhaus die im Chor eingeführten Vorlagenformen – der Runddienst des Polygons wie auch der kantonierte Achteckpfeiler des Langchores – parallel zueinander auftreten, wobei die Abfolge von einer weiteren Variante, der Gewölbekonsole, bereichert wird.

Die beschriebenen Wände sind zügig errichtet worden. Zunächst entstanden die östliche und südliche Außenmauer des Südquerschiffes sowie das Erdgeschoss der Ost- und Nordwand des gegenüberliegenden, an die Glockengießerstraße grenzenden Arms. Bei dem Süd-Ost-Schenkel des südlichen Querarms haben die Bauleute für den Anbau des Seitenschiffes einen Verzahnungsansatz stehen gelassen. Er ist heute noch im Inneren des Baues, westlich der Scheidarkade zwischen Querhaus und Nebenschiff, abzulesen, wobei seine unteren Partien hinter einem vorgemauerten Grabstein und einem großen Gemälde versteckt liegen. Die Naht setzt sich bis in den Dachstuhl über die Gewölbe des Seitenschiffes fort. Hier ragen Binder zur Vorbereitung des Anschlusses der Querhausobergadenwand aus dem Eckmauerwerk des Querhauses heraus.[92] Dieses Eckmauerwerk steht über die eigentliche Breite des Querschiffes über (*Abb.29*). Damit ist die Fassade des Kreuzschiffes an dieser Stelle dem gleichen Konstruktionsprinzip verpflichtet wie die Westfassade, an welcher der Überstand der Front von außen leicht ablesbar ist. Der Unterschied besteht allein in der Stärke der über die Ecke hinausragenden Mauerpartie. Im südlichen Querhaus sitzt auf dem „überstehenden" Mauerstück des Arkadengeschosses ein polygonaler Eckpfeiler im Obergaden auf. In beiden Geschossen springt das Eckstück etwa 70 cm gegenüber der Flucht der Querhauswestwand vor. Damit bildet es im Erdgeschoss gleichzeitig ein Stück der Außenwand des Seitenschiffes, während es im Obergeschoss deutlich als Eckpfeiler und somit als Bestandteil des Kreuzarmes in Erscheinung tritt. Es dient gleichzeitig als Strebepfeiler dieses Querarmes wie

---

[92] Die östlich zu findende Unregelmäßigkeit gleich neben der Öffnung der Witikkapelle dokumentiert den nachträglichen Einbruch der Witikkapelle in das tiefe Mauerwerk des Querhauses. Diese Interpretation ergibt sich aus der Beobachtung, dass sich die Fuge nicht in den Obergaden fortsetzt. Zudem befindet sie sich deutlich inmitten der Querhausfassade, östlich des beginnenden Seitenschiffes und damit an einer für Bauunterbrechungen unüblichen Stelle.

aber auch des Seitenschiffes, da es stärker ist als die anschließende Nebenschiffwand.

Die Außenwand des Seitenschiffes springt gegenüber der bezeichneten Querhausecke um 62 cm ein (*Abb.30*). Bisher hat die Forschung das gegenüber dem Nebenschiff vorstehende Querhaus auf der Nordseite vorwiegend mit den geländebedingten Schwierigkeiten, welche ein besonders schmales Seitenschiff erfordern würden, begründet[93] und ist von dem zugrunde liegenden Plan eines fluchtenden Querhauses ausgegangen.[94] Festzustellen ist jedoch, dass die erfolgte Betonung des Kreuzschiffes am Außenbau bewusst geschah, denn die Querhausecke ist auch auf der Südseite ausgeführt, und zwar sauber und in einem Zuge mit dem übrigen Baukörper. Es ist damit zu konstatieren, dass St. Katharinen sich *nach außen hin nicht* als Basilika mit seitenschifffluchtendem Querhaus präsentiert hat, bevor Kapellenanbauten die Situation im Süden verschleierten.

Die Querarme setzen sich einerseits aus den äußerst starken Fassadenmauern und andererseits aus besonders flachen Ost-West-gerichteten Mauerzügen zusammen. Dementsprechend unterscheiden sich auch die Laibungen der Fensteröffnungen. Während reiche, im Norden und Süden unterschiedlich gestaltete Profilabfolgen die Laibungen der Fassaden kennzeichnen, findet sich innen an den Obergadenfenstern der beiden Ostwände nur eine Profilkombination, die nach außen hin – angepasst an den Langchor – mit zweifacher Stufung des Normalsteines die einfachste Laibungsgestaltung aufweist. Die Fenster der Ostwände sitzen im Kircheninneren nicht mittig im jeweiligen Gewölbejoch, sondern sind nach außen verschoben und damit in Hinblick auf die Außenwand zentriert angeordnet.[95] Die mit mittelalterlichem Steinmaterial zugesetzten oberen Westfenster des Querhauses binden wie die Fenster der Seitenschiffe mit einer einfachen Fase in die Außenwände ein.

---

93 JAACKS, S. 16f.; Wilde begründete den (einseitigen) Einzug des nördlichen Seitenschiffes gegenüber dem Querhaus als Folge der Straßenführung. So auch BINDING, Franziskaner-Baukunst, hier: S. 454; WILDE, Dehio, S. 485; allerdings gibt Wilde 1996 in der 4. Auflage seines Kirchenführers an, dass das Querhaus leicht über die Fluchtlinien der Seitenschiffe vorspringe, ders.: Katharinenkirche Lübeck (= *Große Baudenkmäler* 252), München/Berlin 1996, S. 6.

94 JAACKS, S. 23, 66; Böker rekonstruierte die beiden Querhausarme gar als ursprüngliche Seitenschiffe eines ersten Langhausplanes, da „die beiden Querhausarme ... nicht über die Flucht der Seitenschiffe vorspringen und in gleicher Höhe wie diese unter durchlaufendem Gesimsband zwei kleinere Fenster besitzen". BÖKER, S. 123; GNEKOW, S. 594.

95 Die Mittelachse der äußeren Schale entspricht nicht derjenigen der inneren, da sich am Außenbau zu der Jochtiefe noch die Stärke des anschließenden Mauerwerks der Querhausfassaden hinzuaddiert. Der genauere Aufriss der Westwand des nördlichen Querhauses wird weiter unten eingehend besprochen, da er vom üblichen System völlig abweicht.

b) Weiterbau nach Plan I mit dem südlichen Seitenschiff und Vollendung des Querhausarmes mit seinem westlichen Obergaden

Die Außenmauer des Seitenschiffes bindet in den genannten Verzahnungsansatz am südlichen Querhaus ein. Seine beiden östlichen Joche sind hinsichtlich ihres Formenvokabulars der Baukampagne des Querhauses und der östlichen Langhauspfeiler verpflichtet. Sie führen mit den Rundvorlagen das System der Südwand des Querhauses weiter, mit der sie in einer Flucht liegen. Die Dienste wurden allerdings im Laufe der Zeit zugunsten der Aufhängung von Epitaphen abgeschlagen, womit der dortige Wandabschnitt dem System der westlich folgenden Seitenschiffsjoche angeglichen ist. In den anschließenden Jochen sowie dem gesamten nördlichen Seitenschiff ruhen die Gewölberippen auf Konsolen. Am Übergang der beiden Gestaltungssysteme zeigen sich zwei weitere Veränderungen: Während die beiden östlichen Seitenschiffsjoche außenliegende Strebepfeiler aufweisen, bilden westlich von ihnen eingezogene Strebepfeiler an der Innenwand Altarnischen aus *(vgl. Abb.95).*[96] Für diese Konstruktionsänderung werden nicht die Pfeiler vor die Flucht der Wand in die Kirche gestellt, sondern die Seitenschiffmauer schließt sich außen an die Strebepfeiler an, so dass die eingezogenen Pfeiler im Kircheninneren in einer Flucht mit dem östlichen Wandabschnitt liegen.[97] Durch diese Konzeption konnte trotz der Änderung des tektonischen Aufbaues an der ursprünglichen Breite des Seitenschiffes festgehalten werden. Die dabei gebildeten Nischen haben eine Tiefe von 85 cm.[98] In den östlichen Teilen liegen regelmäßig 10,5 bis 11 Backsteinlagen auf einem Meter Mauerwerk übereinander, wohingegen westlich der Westphalkapelle lediglich 10 Ziegelschichten diese Höhe ergeben und somit schwerlich in den benachbarten Schichtenaufbau einbinden konnten. Aufgrund von gleich drei beobachteten Veränderungen am Übergang vom zweiten zum dritten Joch lässt sich über die Planänderung hinaus eine Bauunterbrechung an der Übergangsstelle beider Seitenschiffsabschnitte vermuten. Die konkrete Anschlussstelle beider Mauerabschnitte ist nicht zu erkennen. Sie muss inmitten des dritten Jochs im Bereich der nachträglich eingebrochenen Öffnung zur Westphalkapelle liegen.

---

[96] Dies beobachtete schon Jaacks sehr sorgfältig. Er hat auch alle drei Strebepfeilerformen des Langhauses – zwei an der Südseite und eine dritte an der Nordseite – im Querschnitt festgehalten. Er betrachtete diese Veränderung jedoch ganz isoliert und verknüpfte sie nicht mit Erkenntnissen zur Baugeschichte. JAACKS, S. 45ff.

[97] Im Dachbereich ist dieses neue System durch die nach Westen auffallende vermeintliche Zunahme der Mauertiefe um 59 cm ersichtlich.

[98] In der Florentiner Kirche S. Maria del Carmine erreichten die Altarnischen des Langhauses eine Tiefe von weniger als 70 cm und eine Höhe von 1,46 m. HÖGER, Annegret: Studien zur Entstehung der Familienkapellen und -altäre des Trecento in Florentiner Kirchen, Diss. Bonn 1976, S. 80.

Da sich die beiden östlichen Joche des südlichen Seitenschiffes sauber in die offene Verzahnung des Querhauses einbinden und dessen Wandaufrisssystem übernehmen, andererseits jedoch zum benachbarten dritten Joch sowohl tektonisch-bautechnische als auch stilistische Veränderungen aufweisen, sind die beiden Joche, anders als dies bislang in der Forschung angesehen wurde, dem Querhausplan zuzurechnen.[99] In demselben Zusammenhang werden die beiden östlichen Langhauspfeiler errichtet worden sein, bevor mit dem westlichen Obergaden das südliche Querhaus vollendet werden konnte. Beide Bauteile entsprechen grundsätzlich der gleichen Gestaltung wie das übrige Querhaus; im Detail weisen die Pfeiler zusätzlich Kapitellbänder aus Blattwerkschmuck und kleinen Masken auf, die von Hans Wentzel stilistisch gegen 1310 datiert wurden.[100] Die Obergadenwand, welche erst nach dem Süd-Ost-Schenkel des Querschiffes ausgeführt wurde, da sie nicht mit ihm im Verband steht,[101] bereitet ihrerseits mit dem Eckpfeiler zwischen Quer- und Langhaus den Anschluss für das Mittelschiff vor.[102]

c) Das Erdgeschoss des nördlichen Querhauses

Parallel zu den beiden skizzierten Bauetappen des Südquerhauses und der beiden anschließenden Seitenschiffsjoche sind die östliche und nördliche Erdgeschosswand des an der Glockengießerstraße gelegenen Querarmes entstanden. Die Außenfassade weist jedoch bei genauerer Betrachtung zwei nicht ganz aufeinander abgestimmte Wandabschnitte auf, die Fragen zum Baufortgang aufwerfen. Das eigentliche Kreuzschiff erhebt sich in der eingangs beschriebenen Form erst auf einem genau der Straßenflucht folgenden Sockel, auf welchen nachträglich die Bartelskapelle zwischen dem östlichen und mittleren Strebepfeiler eingebaut wurde[103] (*Abb.28*). Die darüber emporstrebende Fassade fluchtet nicht mit dem Unterbau, sondern befindet sich in einem 20 Grad-Winkel zu ihm, und zwar

---

99 Jaacks, S. 45-47.

100 Wentzel, S. 15 und 85. Seiner zeitlichen Einordnung entspricht das Urteil des Restaurators Drescher. Nach ihm weist der südwestliche „Vierungspfeiler“ eine Mauerung mit Fugenglättung der Zeit um 1300 auf. ADL, Akte St. Katharinen, Restaurierbericht der Firma Ochsenfahrt, 2. Joch von Westen.

101 Sowohl vom Dachstuhl des Seitenschiffes aus in die Südostecke gesehen als auch vom Blickpunkt des Querhausdachbodens auf die Ecke zwischen Querhausfassade und -westwand steht der Obergaden der Querhauswestwand nicht im Verband mit der Querhausfassade.

102 Dies kann man sowohl an der weiter unten vorgestellten Baunaht zum ausgeführten Langhaus im Kircheninneren ablesen wie auch vom Dachstuhl aus an der Außenwand, der Verzahnungsansatz ist auch über den Dachstuhl des Seitenschiffes hinaus bis zur Traufe von außen zu erkennen.

103 BUK 4, S. 66; Grewolls, Antje: Die Kapellen der norddeutschen Kirchen im Mittelalter, Kiel 1999, S. 220.

dergestalt, dass sie im Osten gegenüber dem Unterbau zurückspringt, im Westen aber mit seiner Ecke zusammentrifft. Anders als der untere Teil ist die eigentliche Querhausfassade der Achse des Chorbaus verpflichtet. Um die beiden Wandabschnitte, deren Winkel zueinander ein wenig zu groß berechnet worden sein wird, in einer gemeinsamen sauberen Ecke münden zu lassen, musste der obere Fassadenteil in seinem Fluchtverlauf korrigiert werden, und zwar einen Meter vor der Querhausecke. Die Änderung der Wandausrichtung ist mittels mechanischer Bearbeitung der am Übergang der Wandfluchten vermauerten Steine erreicht worden.[104] Die an diesen Knick westlich anschließenden Backsteine laufen anschließend glatt weiter. Es stellt sich die Frage, wieso sich der Sockelbereich dermaßen von der Ausrichtung der Kirche unterscheidet und ob er der gleichen Planung wie das Querhaus angehört. Er liegt, wie schon erwähnt, exakt in einer Linie mit der Häuserflucht der Glockengießerstraße. Die Breite der Glockengießerstraße ist im Hinblick auf die Fluchten der sich gegenüberliegenden Bauten am genannten Sockel des Querhauses die gleiche wie an der Westecke der Kirche. Der Sockel könnte somit eine ältere Klostereinfriedung darstellen, aber auch Überrest eines Vorgängerbaus sein.[105] Weil aber weder die Mauertechnik noch die Größe der Steine vom übrigen Kirchenbau abweichen, kann der Sockel zeitlich nicht lange vor der Kirche errichtet worden sein. Eine Zuordnung in den zum Ende der 50er Jahre des 13. Jahrhunderts urkundlich erwähnten ersten Kirchenbau ist nicht anzunehmen. Ordnet man ihn zeitlich dem Kreuzarm zu, so erscheint am plausibelsten, die solitäre Ausrichtung des Sockels auf den Wunsch einer betonten Eingliederung des Querhauses mit seinen zwei Giebeln in die bürgerliche Nachbarbebauung zurückzuführen.

Die besprochene Ecke des Querschiffes ist noch für einen weiteren Zusammenhang aufschlussreich. Im Erdgeschoss wird sie nämlich mit glasierten Steinen besonders betont. Mit einer sauberen Kante schließt an dieser Stelle die Westwand des Querhauses an und läuft einen guten Meter auf das eingezogene Seitenschiff zu. Aus der Verwendung von glasierten Ecksteinen ist abzuleiten, dass

---

[104] Auf den ersten Blick erscheint diese vertikale Unebenheit wie eine ehemals offene Verzahnung. Doch läge sie mit der Ansichtsfläche der Querhausfront an einer sehr untypischen Stelle. Die korrigierte Wandführung des oberen Teiles mit der mechanischen Bearbeitung der Steine muss andere Ursachen haben, hier ist ein Messfehler am plausibelsten.

[105] Zu denken ist auch an die Stadtmauer von etwa 1181, welche schon mit Backsteinen errichtet war. Ihr Verlauf durch die Glockengießergasse ist nicht definitiv belegt, sondern anhand zweier aufgefundener Reste an Wakenitz und Trave von Glaser rekonstruiert worden. Die Rekonstruktion verdeutlicht aber die Tatsache, dass die Gegend der Glockengießerstraße bei Ankunft der Franziskaner in die Stadt noch ein Rand- bzw. projektiertes „Neubaugebiet“ darstellte. Abb. in: LÜBECKISCHE GESCHICHTE, S. 254; die Legendentexte zu den Mauern von 1181 und 1217 sind vertauscht.

ein Einziehen des anschließenden Seitenschiffs gegenüber dem Querarm wie auf der Südseite auch bereits beim ersten Bauplan des Querschiffes vorgesehen war. Das Außenmauerwerk des nördlichen Seitenschiffes bindet nicht in das der Querhauswestwand ein, denn die Lagerfugen stimmen nicht miteinander überein, und zwar weder in dem Sockelbereich noch in dem darüber liegenden Wandstück.[106] Des Weiteren liegen auf einer Höhe von einem Meter am Querhaus elf Backsteinlagen, am Seitenschiff jedoch nur zehn. Diese Partie des Querarms ist also unabhängig vom Seitenschiff entstanden.

2. Plan II – Die Einführung des innenliegenden Strebepfeilers, die Vollendung des nördlichen Querschiffes und der erste Langhausplan

Im Inneren fällt in der betreffenden nordwestlichen Ecke des Nordquerhauses eine diagonale Vermauerung mit einer Breite von 1,80 m ins Auge: Dieses schräge Mauerstück reicht bis zu den Gewölbeanfängern hinauf, wo es abrupt endet *(Abb.39)*. Über ihm ist das Querhaus wieder rechtwinklig ausgebaut und weist wie in den anderen Kreuzarmecken eine Konsole für die Gewölberippen auf. Im Erdgeschoss beschneidet die beschriebene Vermauerung die Scheidarkade zum anschließenden Seitenschiff des Langhauses. Das Ganze vermittelt den Eindruck, als sei die nördliche Scheidbogenseite auf halber Höhe zugesetzt worden. Eine unorganisch angesetzte Konsole stützt die kurze Bogenhälfte.[107] Im Obergaden zeigt sich eine andere Wechselbeziehung zwischen Wandaufriss und Eckvermauerung: Das zugemauerte Fenster berücksichtigt die Schräge und fügt sich in die verbleibende schmale Fläche ein. Während die Schmutzfugen der Diagonalfläche im Erdgeschoss nicht in einer Höhe mit denen der nördlichen Innenwand des Querhauses liegen, ist die westliche Kante des Eckstückes bündig in einem Stück mit der Innenseite der Seitenschiffsaußenmauer errichtet, zu der sie einen Übergang vom tieferen Querhaus vermittelt. Sie geht unmittelbar in den innenliegenden Strebepfeiler dieses Schiffes über. Im Obergeschoss steht die Diagonalvermauerung – nach Ausweis der Schmutzfugen des weißen Putzes – im Verband mit beiden anschließenden Wandflächen des Querhauses. Demnach zeigt sich an eben dieser Stelle, wie schon im Chor beobachtet, eine Bauabfolge in Geschossen.

---

106 Auch die Gerüstlöcher beider Baukörper befinden sich nicht, wie es bei einem zügigen Baufortgang sein müsste, in jeweils gleichen Höhen. Bereits die Autoren der Bau- und Kunstdenkmäler zeichneten an dieser Stelle eine Fuge in ihren Grundriss ein. BUK 4, Abb. S. 38.

107 JAACKS, S. 50. An anderer Stelle schreibt er dieser Ecklösung eine nach innen verlegte Strebepfeilerfunktion zu, die hier aufgrund der beengten topografischen Situation so ausgeführt wurde (S. 45). Schlussfolgerungen zum Bauverlauf zieht er nicht.

Betrachtet man den Übergang vom Querhaus ins Seitenschiff nochmals näher, fällt auf, dass die Eckmauerung nicht den Anschluss zur eigentlichen Außenmauer des Seitenschiffes vermittelt, sondern in einer Flucht mit den innenliegenden Strebepfeilern liegt. Ihr nachträgliches Einbringen im Erdgeschoss wird demnach ausgeführt worden sein, nachdem man den neuen Strebepfeilertypus eingeführt hatte. Die beschriebenen oberen Partien des nördlichen Querhauses, welche mit der Diagonalvermauerung im Verband stehen, sind demnach erst nach dieser Planänderung ausgeführt worden. Sie führen ansonsten den im Arkadengeschoss eingeführten Wandaufriss fort. Die Konzeptionsänderung wird wieder einmal während des Bauverlaufes getroffen worden sein. Indizien für eine vorausgegangene längere Bauunterbrechung finden sich nicht.

Wie weit der Bau hochgezogen war, als der Baumeister mit der Fertigstellung der Diagonalvermauerung den innenliegenden Strebepfeiler einführte, offenbart die Obergadenwand des Querhauses unter dem Dach des nördlichen Seitenschiffes (*Abb.32*). Zunächst ist deutlich abzulesen, dass diese Westwand in zwei Abschnitten errichtet wurde: Unebenes, teilweise abgeschlagenes Mauerwerk – von dem auch der Anschluss zur Seitenschiffswand bündig abgeht[108] – reicht in seiner Breite bis an den äußeren nördlichen Rand des Fensterausschnittes heran. Am Ansatz der Öffnung setzt glattes Mauerwerk der Obergadenfront mit deutlicher Naht an. Dieser Ansatz lässt sich nach unten bis zum Ansatz des Gewölbes verfolgen. Gemeinsam mit dem Arkadenbogen ist es Bestandteil der glatten Mauerfläche. Des Weiteren ist es wie der Bogen auch auf das unregelmäßige Mauerwerk draufgesetzt. Somit ist festzuhalten, dass der Arkadenbogen, der vom Inneren des Querhauses wie nachträglich zugesetzt erscheint,[109] von vornherein so asymmetrisch ausgeführt wurde – und zwar erst, nachdem die Eckvermauerung bis in seine Höhe reichte. Da also der Bogen der Scheidarkade vom nördlichen Querhaus zum Seitenschiff erst nach der Planänderung – der Einführung des innenliegenden Strebepfeilers – ausgeführt wurde, standen zuvor lediglich die Pfeiler bis zur Kämpferhöhe. Dennoch wurde der Bogen nicht symmetrisch

---

108 Vom Dachstuhl des Seitenschiffes aus zeigt sich der westliche Obergaden des Querhauses folgendermaßen: Hier schließt die Außenwand des schmalen Seitenschiffes mit einem unregelmäßigen, teilweise abgeschlagenen Mauerwerk an die Westwand des Querhauses etwa rechtwinklig an. Die Unregelmäßigkeit der Wandstruktur ist auf einer Länge von 1,50 m zu beobachten. Danach geht sie in ein regelmäßiges Mauerwerk über, das um eine Backsteintiefe zurückgesetzt ist. Bei genauerem Hinsehen ist zu erkennen, dass der Anschluss der äußeren Seitenschiffsmauer über dem Gewölbe mit der Querhauswestwand im Verband steht und mit ihr in einer Phase errichtet ist. Diese Anschlussvorbereitung des Seitenschiffes liegt ca. 1,50 m südlich der nördlichen Flucht des Querhauses, und zwar unmittelbar neben dem Obergadenfenster der Westfront.

109 So auch Jaacks, S.50: „Es macht den Eindruck, als sei der Bogen zunächst beim Bau des Chorteiles vollständig dem südlichen gleich gebaut worden und habe man dann beim Anbau des Langhauses die Konsole versetzt und den Runddienst zwischengeschaltet."

ausgeführt. Es ist davon auszugehen, dass Backsteine bereits für die ursprünglich vorgesehene Konzeption fertig geschnitten und gebrannt waren und für die geänderte Bogenkonstruktion verwendet wurden. Auch die Konsolfigur, welche in ihrer Gestaltung derjenigen der Südseite entspricht, ist in den neuen Zusammenhang integriert. Diese Vorgehensweise spricht für eine kurzfristige Planänderung während eines anhaltenden Baubetriebes.

Die Ost- und Nordfront des Querhausobergeschosses entstanden gemeinsam mit dem Eckpolygon in einem Zuge. Wahrscheinlich ist noch im gleichen Abschnitt der schmale Streifen der Westfront bis zum Beginn des Fensters entstanden.[110] Dieses kurze Wandstück reicht in seinen unteren Teilen bis zum Fenster (*Abb.31*). Auf einer Höhe von ca. drei Metern ist seine Nahtstelle zum südlich anschließenden Mauerwerk deutlich abzulesen: Die mit der Ecke gemauerte Wandpartie folgt nicht mehr dem Beginn des Fensterausschnittes, sondern ist nach Norden hin abgetreppt. Der neu angesetzte Wandabschnitt springt gegenüber dem Eckstück zurück. Dies zeichnet sich besonders deutlich an der Traufe ab. Das in einem kleinen Versprung anschließende Gemäuer gehört zu dem „glatten Wandabschnitt", den wir unter dem Dach beobachten konnten. Es stellt eine eigene, sehr überschaubare, kleine Baukampagne dar. Es umfasst lediglich den angesetzten Teil des westlichen Querhausobergadens und weist eine vorbereitende Zahnung für den Obergaden des Langhauses auf. Diese offene Verzahnung ist im 19. Jahrhundert über dem Dach des Seitenschiffes mit eingeschobenen Steinen zu einer Art Eckpfeiler geschlossen worden,[111] unterhalb des Dachanschlages ist sie noch gut abzulesen. Dieser kleine Bauabschnitt endete demnach, bevor nach einem weiteren Planwechsel der Langhausobergaden, in geringerer Mauerstärke als zunächst vorgesehen, angeschlossen wurde.

3. Rekonstruktion des Langhauses nach Plan I

Gemeinsam mit den letzten Bauetappen des Querhauses entstanden nicht nur die östlichen Arkadenpfeiler des Mittelschiffs, darüber hinaus bereiteten die Bauleute bereits an den beiden westlichen „Vierungspfeilern" den Anschluss des Langhausobergadens bis in die Höhe des Gewölbeansatzes vor (*vgl. auch Abb.33*). Somit kann noch heute das erste geplante Konzept des Mittelschiffs an der

---

[110] Die Stoßfugen zwischen den beiden aufeinander treffenden Fasen der Eckverstärkung und der Westfront sind in neuerer Zeit neu verfugt worden. Daher kann die Frage der Bauabfolge beider Bauteile nicht sicher beantwortet werden.

[111] Auf einem Foto aus der Mitte des 19. Jahrhunderts ist die offene Verzahnung noch gut zu erkennen. Dies entspricht auch der Situation unter dem Dach des Seitenschiffes.

westlich der beiden Eckpfeiler des Langhauses verlaufenden Baunaht zu dem letztendlich später angesetzten Langhaus abgelesen werden.

Über dem kantonierten Achteckpfeiler setzt auf der Kapitellplatte die Vorlage an. Sie führt die Form des Arkadenpfeilers weiter, indem sie aus drei Seiten des Vielecks besteht. Der projektierte Obergaden wäre in seinem gesamten Bereich gemeinsam mit den Arkadenzwickeln hinter die Flucht der Achteckvorlage zurückgetreten, d.h. eine horizontale Einnischung des gesamten Obergadens wie im Langchor war hier nicht vorgesehen. Die Planung gleicht eher dem Wandaufriss des Querhauses.[112] Die Binnenstruktur des Aufrisses ist unklar.

Im Vergleich mit dem Querhaus derselben Baukampagne zeigen sich die genannten Parallelen, aber auch bereits kleinere Unterschiede. Während das Verhältnis zwischen Wand und Vorlage beibehalten werden sollte, wurde die Vorlagenführung im geplanten Langhaus bereits gegenüber dem Querschiff modifiziert.[113] Die Einführung eines Kapitellbandes in Arkadenhöhe lässt den Eckpfeiler wie in der Vierung der Trierer Liebfrauenkirche in zwei aufeinander gestapelte Pfeiler unterteilt erscheinen.[114] Das steile Element der Choreck- und der Mittelpfeiler des Querhauses ist zugunsten einer Betonung der Zweizonigkeit reduziert.

4. Eine längere Bauunterbrechung

Mit dem Abschluss der Bauarbeiten am Querhaus, dessen nördlicher Arm in mehreren kürzeren Arbeitsetappen anscheinend nur noch langsam vorangekommen ist und bereits mit dem innenliegenden Strebepfeiler eine Planänderung

---

112 Zu dieser Beobachtung fügt sich eine entsprechende am Außenbau: In der Ecke zwischen dem nördlichen Querhaus und dem ansetzenden Langhaus befindet sich ein Mauervorsprung: Die sich ihm anschließende Obergadenwand des Langhauses tritt dagegen etwa um eine Backsteintiefe zurück. Diese Beobachtung hatte schon Jaacks gemacht, jedoch nicht begründet. JAACKS, S. 54.

113 Diese Veränderung zu den östlichen Bauteilen bemerkte bereits Bettina Gnekow, führte sie aber auf die erfolgte Reduzierung der Wandstärke zurück. Hierdurch konnte die Vorlage ihrer Meinung nach direkt auf dem Pfeiler beginnen. Dies hätte jedoch auch durch einen deutlichen waagerechten Rücksprung, mit dem im Langchor die Obergadenwand in ihrer Stärke reduziert worden ist, erfolgen können. Außerdem ist die erfolgte starke Verdünnung der Wand erst im zweiten, noch zu beschreibenden Planungsschritt, nämlich mit dem ausgeführten Langhaus, erfolgt. Deswegen ist wohl eher der gestalterische Wille für diese Änderung verantwortlich zu machen. GNEKOW, S. 594.

114 Die Interpretation der Trierer Vierungspfeiler als demonstrierte Zweigeschossigkeit stammt von: SCHENKLUHN/van STIPELEN: Architektur als Zitat. Die Trierer Liebfrauenkirche in Marburg, in: Hans-Joachim KUNST (Hg.): Die Elisabethkirche – Architektur in der Geschichte, Marburg 1983, S. 19-53, hier: S. 32; vgl. auch NUSSBAUM, Norbert: Deutsche Kirchenbaukunst der Gotik, Darmstadt 1994, S. 50.

integriert hat, war die Bautätigkeit zunächst zu einem gewissen Abschluss gekommen. Mit herauskragenden Steinen an den Mittelpfeilern des Querschiffes und den Eckpfeilern zum Langhaus wurden kleine Konstruktionen geschaffen, um zeitweilige Abstrebungen gegeneinander aufnehmen zu können, aufgrund derer man den Bau eine Zeit lang ruhen lassen konnte. Die Bauunterbrechung muss dann jedoch länger angedauert haben, wie die erst später gemauerten Sargwände des Querhauses, die das westliche „Vierungsgewölbe" tragen, verdeutlichen: Eine Ausgleichsschicht im westlichen Teil des nördlichen Mauerstückes, welches zugleich mit dem Gewölbe errichtet worden ist, verrät, dass bei Einzug des Gewölbes auf ein Ausweichen des Langhauseckpfeilers reagiert wurde, nachdem dieser nach Westen aus dem Lot geraten war (*Abb.82*). Er war zwar nach Osten hin gegen den Mittelpfeiler des Querhauses abgestützt, muss jedoch in die entgegengesetzte Richtung einige Zeit ohne ausreichendes Widerlager gestanden haben. Damit werden die mittleren Gewölbe des Querhauses nicht mehr zum ersten großen, Chor und Kreuzschiff einschließenden Bauvorgang gehören.

C. Das ausgeführte Langhaus

Das fünfjochige Langhaus wurde nach der Bauunterbrechung westlich des Querhauses an den bestehenden Bau angeschlossen. Es ist über fünf queroblongen Jochen errichtet, welche zunächst die Proportionen der östlichen fortsetzen, im Westen jedoch mit den zwei letzten Arkadenschritten geringere Tiefen ausbilden. Begleitet wird es zu beiden Seiten von längsrechteckigen Seitenschiffsjochen. Das südliche Nebenschiff nimmt in etwa die halbe Breite des Mittelschiffes ein, wohingegen das nördliche sich von gut einem Drittel der Hauptschiffsbreite, die es im Osten ausbildet, auf ein knappes Fünftel im Westen reduziert. Der starken Verengung der Jochbreite hat der Architekt mit Hilfe einer leichten Reduktion der Tiefe der innenliegenden Strebepfeiler ein wenig entgegengewirkt. Auch hinsichtlich der westlichen Jochverkürzung versuchte der Baumeister durch architektonische Kniffe, eine gedrungene Erscheinung gerade der engen Scheidbogenstellungen vor den nördlichen, besonders kleinen Seitenschiffsjochen aufzuheben, indem er den Durchmesser der Arkadenpfeiler reduzierte, wohingegen auf der Südseite die Stützenstärke beibehalten wird und die Arkaden der engeren Bogenstellung wegen eine spitzere Form annehmen.[115] Offensichtliche Gründe für die Jochverkürzung im Westen der Kirche gibt es nicht. Verfolgt man jedoch die Flucht des Querhaussockels, der die Grundstücksgrenze markiert, so läuft sie genau auf die Grenze der beiden westlichen

---

[115] Jaacks, S. 51.

Joche zum nächsten Nachbarjoch zu. Auch der äußere Granitsockel[116] des nördlichen Langhauses, der aufgrund der Hanglage an der Glockengießerstaße in den westlichen Bergrücken hineinläuft, endet im zweiten westlichen Joch. Ein neuer, höher ansetzender wurde notwendig, um diese Sockelzone auch noch um die Ecke führen zu können. So ist wahrscheinlich, was bereits Bettina Gnekow in Erwägung zog, dass das Langhaus zunächst kürzer geplant war als ausgeführt.[117]

1. Das Äußere des Langhauses

Das hohe Mittelschiff wird zu beiden Seiten von einem Nebenschiff begleitet und durch offenes Strebewerk abgestützt. Das nördliche Seitenschiff ist mit seiner schräg nach Südwesten zulaufenden, glatten Außenmauer unmittelbar an der Glockengießerstraße gelegen. Sein südliches Pendant kann dagegen von außen kaum eingesehen werden. Im Bereich des Kreuzganges sind ihm Kapellenanbauten vorgestellt, so dass lediglich noch seine beiden westlichen Joche zum heutigen Schulhof des Katharineums offen liegen, wobei aber auch hier im zweiten Joch von Westen ein Anbau, die Dethardingkapelle aus dem 18. Jahrhundert,[118] vorgesetzt ist. Sie lässt jedoch den oberen Teil des ursprünglichen Seitenschiffsfensters sichtbar. So ist die Gestalt der vierbahnigen Fenster mit ihrer Fase als einziger Profilstufe lediglich am nördlichen Seitenschiff ablesbar.

Das Mittelschiff strukturieren dreibahnige Öffnungen, welche mittels zweifach gestufter Fasenprofile in die Fläche integriert sind, und Strebepfeiler, von denen Bögen über die Seitenschiffsdächer hinübergehen, um auf der zweifach gestuften Hochführung der inneren Strebepfeiler der Nebenschiffe aufzusetzen.[119] Die Gestaltung der Pfeiler variiert zwischen der Nord- und Südseite. Während im Süden eine kleine quadratische Vorlage einer größeren rechteckigen vorgelegt ist, besteht der Strebepfeiler der Nordseite aus einer schlankeren, zu beiden Seiten abgefasten Vorlage. Auf der Südseite übernehmen die ausgeführten

---

116 Materialangabe erstmals bei: HAUPT, S. 26.

117 GNEKOW, S. 596, Anm. 2721. Günther Jaacks folgerte aus der Tatsache, dass die beiden verkürzten Joche jenseits der Klostergebäude stehen, einen Hinweis auf die ehemalige Westgrenze der ersten Kirche, da es ungewöhnlich sei, dass Kirchen westlich vor die Flucht der Klausurgebäude vorstünden. Diese Überlegungen verbieten sich jedoch vor dem Hintergrund, dass der angesprochene Klosterflügel – derjenige, in dem sich die inschriftlich gerühmte Bibliothek befand – erst nach der Kirche errichtet wurde. JAACKS, S. 17.

118 Die Kapelle erwarb 1761 der spätere Bürgermeister Dr. Georg Wilhelm Dethardíng. Frühere Angaben zu ihr existieren nicht. Er ließ sie ausbauen. Auch das Mauerwerk spricht dafür, dass zu jener Zeit der Anbau entstand. Detharding wurde 1782 in der Kapelle bestattet. BUK 4, S. 74.

119 Im östlichen Joch des südlichen Seitenschiffes, das mit einem außen liegenden Strebepfeiler abgestützt ist, fehlt der Bogen.

Bögen die Lasten des Hochschiffsgewölbes in Kämpferhöhe, d.h. am Außenbau setzen sie etwa in der Mitte des Obergadens an. Dieser Angriffspunkt an der Mittelschiffswand war auf der Nordseite nach Ausweis offener Verzahnungsansätze, die bis unter die Traufe reichen, offenbar ehemals höher projektiert. Vielleicht rechnete der Baumeister mit einer größeren Übertragungsfläche des Gewölbeschubes auf dieser Seite, wo er aufgrund des schmaleren Seitenschiffes einen steileren Angriffswinkel der Bögen berechnet haben mag.[120] Das Strebewerk des Langhauses blieb dann allerdings auf beiden Seiten zunächst unausgeführt, wie saubere Verzahnungsansätze zu beiden Seiten der Pfeiler, die keinerlei Mörtelspuren aufweisen, wie auch Fotografien aus dem 19. Jahrhundert, auf denen an jeder Seite nur zwei Bögen zu sehen sind, nahe legen. Und auch der Mauerverband sämtlicher ausgeführter Bögen spricht für eine neuzeitliche Errichtung mit seinen ab dem 16. Jahrhundert üblichen reinen Läufer- und Binderschichten. Die Konzeption der Strebebögen geht gleichwohl auf die bauzeitliche Planung zurück. Sie ist gemeinsam mit den ausgeführten Bögen, die den Langchor stützen, ungewöhnlich für Bettelordenskirchen und findet hier ihre wenigen Parallelen in den Basiliken der Minoriten in Bologna, Köln und Maastricht.[121]

Das Traufgesims besteht an beiden Seiten des Langhauses aus insgesamt vier Backsteinschichten, die allein aufgrund ihres Farbspiels als Abschlussband kenntlich werden. Über drei Reihen jeweils rein schwarz glasierter und naturbelassener Ziegel, von denen die schwarzen aus reinen Läuferschichten, die roten jedoch aus hochkant gestellten Bindern bestehen, schließt eine Schicht querrechteckig hochgestellter Steine mit einem Farbwechsel von Stein zu Stein das Schmuckband gegen das Dach ab. Eine Ausnahme hiervon macht allein das östliche Joch auf der Nordseite. Da hier der Obergaden ein wenig hinter der Flucht der restlichen Langhauswand steht,[122] das Traufband aber in allen Jochen in einer Ebene liegt, ist die unterste Lage des Schmuckgesimses schräg nach außen gekippt. Dieser Übergang kaschiert den minimalen Versprung innerhalb

---

[120] Jaacks und Huyer nehmen aufgrund dieser Verzahnungsansätze ehemals hochlaufende Lisenen an. JAACKS, S. 54; HUYER, Stralsunder Nikolaikirche, S. 377. Da solche Wandpfeiler jedoch die ältere Konstruktionsweise darstellen, wie Huyer auf S. 377f. ausführt, auf die in Lübeck bereits am gesamten Langchor verzichtet wurde, tendiert die Autorin zur Interpretation der offenen Verzahnung als Ansatz für einen höheren Strebebogen.

[121] SCHENKLUHN, Architektur der Bettelorden, S. 122; Giese verweist in diesem Zusammenhang, in dem er nur die beiden deutschen Kirchenbauten aufzählt, auf französischen Einfluss. GIESE, Sp. 424f.; BINDING/UNTERMANN, S. 352, zitieren Giese.

[122] Eine Fluchtverschiebung der Obergadenwand ist ebenfalls auf der südlichen Seite zwischen dem ersten und zweiten südlichen Joch zu beobachten. Sie fällt im Dachstuhl des Seitenschiffes auf und beträgt lediglich 7 cm.

der Langhauswand. Auch die Wartefugen für geplante Strebepfeiler an dem entsprechenden Jochübergang sorgen für einen unmerklichen Ausgleich der Wandfluchten. Sie bilden an der östlichen Schnittstelle der beiden Fluchten eine vorstehende Verzahnung aus, während sie an ihrer westlichen Kante als eingezogener Ansatz in die vorgezogene Obergadenwand laufen. Die beschriebene Unebenheit scheint eine kleine Korrektur während des Bauverlaufes darzustellen, die sicherlich im Zusammenhang mit Anpassungsschwierigkeiten des neuen Langhausplanes an die Ostteile steht.[123]

2. Der Innenraum

Im Inneren markiert eine deutliche Baufuge die Nahtstelle der östlichen Teile zum Langhaus. Auf beiden Seiten des Mittelschiffes läuft sie westlich der „Vierungspfeiler"[124] an diesen entlang (*Abb.34,63*). An der gesamten Obergadenwand ist sie bis hinauf zum Schildbogen deutlich ablesbar. Sie entspricht der beschriebenen Kante, die am Außenbau in der Ecke zwischen nördlichem Querhaus und Langhaus verläuft (*Abb.31*) und dort noch im 19. Jahrhundert als offener Verzahnungsansatz zu erkennen war.

In der Zweizonigkeit des Aufrisses folgt das Langhaus den zuvor ausgeführten Bauteilen. Mit seinem Formenapparat jedoch weicht es von ihnen, und auch vom ursprünglichen Langhausplan, ab. Die Arkadenstützen sind nun als glatte Achtecke gebildet,[125] deren Pfeilerkern stärker dimensioniert ist als derjenige der in der vorangegangenen Bauphase ausgeführten Stützen, die allesamt noch mit Rundvorlagen ausgestattet waren. Auch die ihnen aufsitzenden Bögen unterscheiden sich von denen im Langchor, sie laufen leicht spitzbogig zu, und ihre Laibungen, jetzt unprofiliert, dienen als Träger von Wandmalerei. Des Weiteren übernahm der Baumeister zwar das Vorlagensystem der ersten Langhausplanung – d.h. die Wandvorlage setzt auf der Kapitellplatte des Pfeilers auf – allerdings

---

[123] Es sind keine Anzeichen für eine nochmalige Planänderung zu erkennen und die Gerüstlöcher, welche über den gesamten nördlichen Obergaden hinweg jeweils in gleicher Höhe verlaufen, legen auch nahe, dass der Obergaden in einem Zuge errichtet wurde.

[124] Es ist auffallend, dass die Eckpfeiler zwischen Chor- und Querhaus wie auch diejenigen zwischen Lang- und Querhaus nicht stärker dimensioniert sind als die übrigen kantonierten Pfeiler der ersten großen Baukampagne.

[125] Wolfgang Schenkluhn sieht in ihnen eine Anknüpfung an die Franziskanerkirche in Bologna. SCHENKLUHN, Ordines Studentes, S. 183. Doch ist zu bedenken, dass zur Ausführungszeit (siehe nächstes Kapitel) gegen 1350 das Achteck eine weit verbreitete Stützenform im Bereich der Backsteingotik darstellt. Vgl. die Auflistung seines Vorkommens im norddeutschen Backsteingebiet von WILDE, Stützenformen, S. 160ff.

ließ er die einzelne Vorlage nunmehr in Form eines abgefasten Rechtecks gestalten. An dem Ansatzpunkt des Schildbogens liegt dem Dienstsystem ein schlichtes Kapitell zur Aufnahme der Gewölberippen auf. Der Obergaden ist um die Tiefe der Vorlage gegenüber dieser zurückgestuft. Von dieser seiner vorderen Ebene öffnen sich nochmals zwei Nischen, die jeweils schmale Wandstreifen zu beiden Seiten stehen lassen. Die äußere Nische befindet sich direkt über dem Bogen des Erdgeschosses, so dass hierdurch eine horizontale Rückstufung eines breiten Bereiches des Obergadens erfolgt und mit ihr eine Reminiszenz an das geschossbetonende System der Marienkirche hervorgerufen wird. In der zweiten, flacheren Nische befindet sich mittig, direkt über dem horizontalen Rücksprung, eine Luke zum Dachraum des jeweiligen Seitenschiffes. Etwa fünfzehn Backsteinlagen darüber sitzt pro Joch ein dreibahniges Lanzettfenster, das mit einer einfachen Fase in den Obergaden integriert ist. Es füllt dabei die gesamte Breite der genannten flachen Nische aus, von der es zu den Seiten und im oberen Bogenfeld förmlich eingerahmt wird.

Der neue Langhausplan vermindert die Vertikaltendenz der Wandstruktur ein weiteres Mal, da die Pfeiler im Gegensatz zum ersten Plan nicht mehr vom Boden an bis zum Gewölbe in einer durchgängigen, unveränderten Gestalt emporstreben.[126] Durch die Divergenz zwischen Acht- und Rechteck wird das aufstrebende Moment gehemmt und erfährt eine horizontale Zäsur. Hierdurch und mit der Ausbildung der Nische direkt über dem Arkadenbogen, die für die erste Planung nicht nachzuweisen ist, erfuhr die Wandgestaltung eine Anlehnung an den Langhausaufriss der Marienkirche (*Abb.53*). Doch hat die Nischenbildung in St. Katharinen im Gegensatz zum plastisch-tektonischen Aufbau der Marienkirche einen rein linearen Charakter. Grundsätzlich bleibt eine Betonung der Vertikale und mit ihr das Hervorheben der Jochaddition bestehen, da die Obergadenwand in einer Flucht mit den Arkadenzwickeln hinter die Vorlage zurücktritt. Dies unterscheidet auch die zweite Langhausplanung grundsätzlich von der geschossweisen Stapelung[127], wie sie die Marienkirche in Bezug auf den

---

[126] Anders KAMPHAUSEN, Raumgestalt, S. 43f. Kamphausen sieht gerade im Langhaus „alle Betonung ... bei den vertikalen Bahnen, die die Wandungen aufgliedern", und das Querhaus lediglich als Vorstufe dieser „Durchbahnung".

[127] Wenn hier in Hinblick auf die Marienkirche von geschossweiser Stapelung gesprochen wird, so deswegen, weil die an der eigentlichen Pfeilerform hochlaufenden Dienste als vorgelegt gelesen werden, die selber nicht die äußere Wandflucht bilden. Der Pfeilerkern bestimmt die Wandstärke der Arkadenbogenzwickel sowie der schmalen Wandvorlagen des Obergadens, die durch die tiefe Einnischung der Fensterzone wie innenliegende Strebepfeiler wirken.

Bremer Dom[128] und in ihrer Nachfolge die überwiegende Anzahl der Basiliken der norddeutschen Backsteingotik aufweisen.[129]

Im Hinblick auf die Bauökonomie ermöglichte der modifizierte Langhausaufriss einen zügigeren Baufortgang aufgrund der weiteren Reduktion der Wandstärke. Die Tiefe des Obergadens ist gegenüber der im ersten Langhausplan projektierten Wandstärke um mindestens einen Stein geringer dimensioniert: Der von der Obergadenwestwand ausgehende, äußere Verzahnungsansatz wird in der Tiefe eines Backsteines nicht genutzt,[130] ebenso wie der gleiche Ansatz im Innenraum, welcher auf dieser Seite partiell abgeschlagen ist und somit den Übergang zu der zurücktretenden Obergadenwand kaschiert.[131]

D. Die Westfassade

Die Westfassade an der Königstraße bildet die Hauptschauseite der Kirche (*Abb.1,64*). Obwohl sie gegenüber der Häuserflucht ein paar Meter zurückversetzt ist, reiht sie sich im Gesamteindruck nicht zuletzt aufgrund ihrer Flächigkeit, die durch keinerlei Strebepfeiler unterbrochen ist, in die benachbarte Häuserzeile ein und ragt zugleich mit ihrer enormen Höhenerstreckung aus ihr heraus. Die aufwendige Gestaltung mit einem Wechsel von schwarzglasierten und roten Backsteinreihen unterstreicht das demonstrativ selbstbewusste Moment des Erscheinungsbildes der Hauptansichtsfront. Die Schlagworte, die für ihre Ansicht gefunden wurden, sind allesamt Superlative: Diese nach Hasse „prächtigste Fassade der Stadt“[132] oder mit den Worten Wolfgang Teucherts „schönste kirchliche Außenfront in Lübeck“[133] bezeichnete Jaacks als eine „Apotheose des Bürgerhausgiebels“[134]. Die einzelnen Gestaltungselemente des

---

[128] KUNST, Marienkirche, S. 17-28.

[129] Vgl. MÜLLER, Matthias: *Der zweizonige Wandaufriß* in den norddeutschen Backsteinkathedralen, in: HG 116 (1998), S. 1-21, Diskussion dazu S. 217.

[130] GNEKOW, S. 595.

[131] Die Obergadenwand der Südseite ist 99 cm stark. Sie ist mit der ersten großen Nische um 30 cm und mit der kleineren Nische, in welcher auch das Fenster sitzt, um weitere 14 cm reduziert, an ihrer dünnsten Stelle somit nur 55 cm und somit wohl zwei Stein stark. (Die Maße wurden von der im 20. Jahrhundert eingebauten Empore im dritten westlichen Joch des südlichen Mittelschiffes aus ermittelt. Ihr Zugang vom Dachstuhl des Seitenschiffes aus bildet mit seinem Gewände das Längsprofil des Obergadens ab).

[132] HASSE, Max: Lübeck (= Deutsche Lande. Deutsche Kunst), 5. Aufl. München 1973, S. 18.

[133] TEUCHERT, S. 396.

[134] JAACKS, S. 55; Hans Much fand in ihr „ein Muster würdiger Ideengestaltung, die lediglich durch die Schönheit der großen Verhältnisse über das Alltagssein hinausreißt“. MUCH, Hans: Norddeutsche Backsteingotik. Ein Heimatbuch, Braunschweig 1919, S. 39.

Fassadenentwurfs werden im Folgenden im Hinblick auf die Kombination eines innenraumbedingten oberen Aufbaus und des auf die Außenansicht konzipierten Eingangsbereiches wie auch in Bezug auf stilistische Datierungsanhalte näher betrachtet.

Die Dreiportalanlage ist zentral in einer Sockelzone, die nach oben von einem Kaffgesims abgeschlossen wird, angeordnet (*Abb.72*). Die linke Laibung ist von vornherein als Blende ausgebildet, da im Inneren die Vorlage der Hochschiffswand in ihrem Bereich verläuft. Die rechte Öffnung hat man erst zu Beginn des 20. Jahrhunderts geschlossen. Über dieser symmetrischen Portalzone erhebt sich über einem Sohlbankgesims der obere Aufbau mit abweichendem Achsenbezug, der im Gegensatz zu der unteren Zone die Innenaufteilung in die drei unterschiedlich breiten Schiffe widerspiegelt.

Die untere Zone weist drei (Schein-)Portale auf, die durch eine reiche Abfolge von einfachen Rundstäben und an der Katharinenkirche einzig hier auftretenden, geschärften Rundstäben profiliert sind. Die Profile der Nebeneingänge entsprechen sowohl in ihrer Abfolge als auch in ihrer Form denen des Hauptportals am Ostflügel des Rathauses sowie des Einganges in dessen Audienzsaal (*Abb. 67,68*). Dieser Bereich des Rathauses entstand im Zuge des Neubaues ab 1343, dessen Fertigstellung noch vor dem Jahr 1352 erfolgte.[135]

Die in einer Höhe angeordneten Kapitellbänder der drei Eingangsportale von St. Katharinen sind stark verwittert. Dort, wo sie noch abzulesen sind, deutet sich eine stilistische Parallele zu den beiden mittleren Säulenkapitellen aus Kalkstein an der Rathausvorhalle an, die kurze Zeit nach der Ausführung des genannten Rathausbaues in der Mitte des 14. Jahrhunderts dem Haupteingang der Ostfassade vorgesetzt wurde.[136] An den Kapitellen von Rathaus wie St. Katharinen stimmen die fleischige Behandlung der Blätter überein, auf denen feine Einritzungen, ähnlich den Lebenslinien einer Hand, die Adern kennzeichnen (*Abb.69,70*). An der Franziskanerkirche sind die Kapitellbänder zu den Außenseiten abgeschlagen. Vielleicht verbanden sie sich ursprünglich zu einem umlaufenden Band, über welchem die von Günther Jaacks rekonstruierten Nischen ansetzten, die sich zwischen den Eingängen durch senkrechte Fugen im Mauerwerk sowie gesimsartig vortretende Spitzbögen abzeichnen (*Abb.72*).[137]

---

[135] BUK 1, S. 141.
[136] BUK 1, S. 75.
[137] Jaacks, S. 56.

Über dem Sockelgesims spannt sich der obere Fassadenteil bis knapp über die Höhe des Dachanschlages der Seitenschiffe über die gesamte Breite der Basilika (*Abb.73*). Er begleitet nicht die Ortganggesimse der seitlichen Pultdächer, sondern verdeckt diese, indem er an eine Blendfassade erinnernd über den Firstpunkt der Nebendächer leicht hinausragt und in einem gegenüber den Giebelschrägen stumpferen Winkel zu beiden Seiten in Stufen abfällt. Oberhalb der Seitengiebel folgt die Westfront allein der Schmalseite des Langhauses, wobei sie zu beiden Seiten einige Zentimeter über die Wände des Kirchenobergadens übersteht.

Das Mittelschiff beleuchten zwei hohe, schmale, dreibahnige Lanzettfenster, die gemeinsam mit den um sie gruppierten Nischen und der Zweifarbigkeit der Backsteinschichten den Charakter der Fassade entscheidend prägen. Zwischen ihnen stapeln sich, eingestellt in einen hoch aufragenden profilierten Blendrahmen, der die äußere Flucht der Fassade bildet, vier Nischen übereinander. Das oberste Ornament unter der Traufe ist ein eingenischter, verputzter Kreis[138], der zentriert und damit über der mittleren Nischenschiene angeordnet ist. Das Motiv der paarig angeordneten Fenster mit zentriert thronender Kreisblende taucht im Gebiet der Backsteingotik auch an dem spätestens gegen 1325 fertig gestellten geraden Chorabschluss der Georgenkirche in Wismar auf.[139]

Auch zu den äußeren Seiten sind die Lanzettfenster von Nischenanordnungen umgeben. Zunächst werden sie von vier weiteren Blendfenstern flankiert, die in Zweiergruppen zusammengefasst im Mauerwerk sitzen. Ihnen schließen sich nach außen hin, nun bereits im Bereich der Seitenschiffe gelegen, weitere Folgen von zweizonigen Fensterblenden an. Auf der Seite des schmalen Nordschiffs sind sie Teil einer Dreierreihung und auf der Südseite einer Fünfergruppe. Die Wände vor den Seitenschiffsgiebeln sind seit Ende des 19. Jahrhunderts zu beiden Seiten abgetreppt. In ihrer Fläche liegen weitere flache Nischen über den genannten Zweiergruppen.

Den Giebel selbst gliedern fünf gestaffelte Flachnischen. Die mittleren weisen Dachluken auf. Die Traufe und die Giebelschrägen werden von Spitzbogenfriesen begleitet, von denen der am Ortgang getreppte erst seit der Restaurierung im Jahre 1892 existiert und seither die Fassade nach oben über das Bleidach vorste-

---

[138] Die Kreisblende ist seit der Romanik eine beliebte Zierform, die bis in das 16. Jahrhundert hinein Verwendung fand. STRUCK, R.: Das alte bürgerliche Wohnhaus in Lübeck 1, Lübeck 1908. Ein solcher befindet sich noch einmal – allerdings mit einem Loch in der Mitte – für eine Sonnenuhr? – am Ostgiebel der südlichen Chorseitenkapelle.

[139] LUDWIG, S. 32-36.

hen lässt. Der Spitzbogenfries tauchte in Lübeck zeitlich nach dem Dreipassfries, der das nördliche Querhaus schmückt, auf.[140]

Die Schauseite präsentiert sich heute in der Überarbeitung des 19. Jahrhunderts. Damals wurde durch die Restaurierung das vermeintlich gotische System vereinheitlicht, Abweichungen hat man kaschiert, ebenso neuzeitliche Ausbesserungen. Diese sind auf den in hervorragender Qualität überlieferten Fotos der Fassade aus der Mitte des 19. Jahrhunderts noch gut ablesbar. Deswegen soll ein solches auch hier als Grundlage zur Rekonstruktion einiger Detailbereiche dienen (*Abb.64*).

Möchte man vor seinem geistigen Auge die Ursprungssubstanz herauslesen, so sind, wie bereits ausgeführt, die Ortgangfriese „wegzudenken". Der Spitzbogenfries scheint alt zu sein, wenn auch die Backsteine südlich von ihm und die vier Lagen über ihm aufgrund ihres Blockverbandes als neuzeitliche Ausbesserung ablesbar sind. Auffallend ist, dass dieser in Traufhöhe befindliche Spitzbogenfries nicht über die gesamte Breite des Giebeldreiecks geht. Gemeinsam mit den beobachteten Ausbesserungen, die sich auf dem alten Foto herauslesen lassen, könnte man vermuten, dass zu beiden Seiten des Frieses ursprünglich eine Abtreppung vorhanden war, die sich bis zum zweiten Kaffgesims zog. Erst darüber hätte dann das Giebeldreieck begonnen. In dem Fall wäre auch die Konzeption des strebepfeilerartigen Überstandes der Westfassade vor das Mittelschiff stärker als Verstrebung abzulesen gewesen.

Weitere Ausbesserungen wurden bereits vor der Restaurierung um 1900 im oberen Mauerwerksbereich zu beiden Seiten der hohen Lanzettfenster vorgenommen. Damals hat man die Abtreppung der Seitenschiffspultdächer erneuert. Eine „Gotisierung" des 19. Jahrhunderts stellt auch das mittig sitzende Kapitell auf der weißen Säule dar, das Erdmann als Ausgangspunkt für kunsthistorische Ableitungen der Fassade von der Bologneser Minoritenkirche genommen hat.[141] Vor der eingreifenden Restaurierung zeigte es sich als grobschlächtiger, ja eventuell gar nicht genau ausgearbeiteter Kubus.

Die Anbindung an das Langhaus der Kirche

Im Inneren präsentiert sich die Westfassade als glatte Mauerfläche (*Abb.75,76*). Die starke Abtrennung, welche am Außenbau mit dem Gesims zwischen Eingangsbereich und darüber liegendem Hauptgeschoss erreicht wird, ist aufgeho-

---

[140] DELFS, Fläche und Farbe, S. 38.
[141] ERDMANN, Baugeschichte, S. 40-43.

ben. Die Öffnungen der Fenster wie auch der beiden Portale sind mittels einer Schräge in die Wandscheibe „eingeschnitten“, die Fenster sitzen in kleinen Nischen. Die Asymmetrie, welche das Fehlen des nördlichen Scheinportals hervorruft, wird ignoriert. In seiner Höhe läuft eine Rechteckvorlage vom Boden hoch, um den anschließenden Arkadenbogen des ersten Langhausjoches aufzunehmen. Das Hauptportal befindet sich ohne Achsenbezug unter dem südlichen der beiden großen Lanzettfenster. Während das Türblatt wie auch die Außenöffnung spitzbogig sind, wird das Portal im Inneren von einem Flachbogen überfangen.[142] Nördlich neben dem Hauptportal befand sich ursprünglich eine türhohe Nische,[143] in der 1367 ein Kruzifix gestanden haben dürfte.[144] Indem sie in kleineren Ausmaßen die Form des nebenstehenden Portals annahm und als dessen Pendant unter dem zweiten Lanzettfenster angeordnet war, korrigierte sie ein wenig das asymmetrische Erscheinungsbild der inneren Westfront im zentralen Raum des Kirchenschiffes (*Abb.75*). Die beiden schlanken, dreibahnigen und spitzbogigen Fenster sitzen annähernd mittig im Mittelschiffsbereich der Fassade. Mit ihrer hohen, geschossübergreifenden Erstreckung sorgen sie für hervorragende Lichtverhältnisse im Kirchenschiff. Sie setzen in Höhe der Kapitellbänder an den Langhausarkaden an und reichen bis kurz unter das Gewölbe hinauf.

Anhand einer genauen Baubeobachtung und Analyse der Anschlussstellen zwischen der Fassade und den Langhauswänden des Kirchenschiffes lässt sich der Bauverlauf der Westpartie annähernd rekonstruieren. Dabei ist zunächst festzustellen, dass die Außenmauern der Seitenschiffe mit der Westfassade in einem Zuge errichtet worden sind.[145] Das kann bereits an der nordwestlichen Ecke des Außenbaus abgelesen werden, an der noch altes Steinmaterial die kontinuierliche Erbauung bezeugt.[146] Es bestätigt sich aber auch im Dachraum des südlichen Seitenschiffes, das in dem dort einsehbaren Bereich im Verband mit der West-

---

142 Diese Formdiskrepanz zwischen Innen- und Außenbogen ist an der Kirche auch an anderen Stellen zu beobachten, wie beispielsweise an dem ehemaligen Übergang zwischen Kirche und Kloster im Bereich des Südquerhauses, der seit dem Spätmittelalter von der Treppenanlage versperrt ist, aber auch an den Aufgängen zu den Dachstühlen der Kirche.

143 Sie schloss in einer Höhe von 3,70 m in einem Segmentbogen und war 2,50 m breit. ADL, Restaurierbericht der Firma Ochsenfahrt von G. DRESCHER/O. SCHÜTZ aus dem Jahr 1991.

144 Den Standort des Kruzifixes überliefert das Testament des Tidemann Loß aus dem Jahr 1364 mit den Worten: „*wan men van der straten erst an de kerken gheyt, to der luchteren hant, dar dat grote cruce steyt*“. BUK 4, S. 93f. und S. 116.

145 Bettina Gnekow geht zwar von einer Priorität der Seitenschiffsaußenwände aus, sieht aber die Westfassade unmittelbar im Anschluss an die beiden Längsmauern entstanden und vermutet in dieser Gesamtbaumaßnahme eine Ummantelung eines älteren Kirchenbaues. GNEKOW, S. 596.

146 Auch einzelne Gerüstlöcher sprechen für diesen Befund. In gleicher Höhe befinden sich solche über die gesamte Längsseite des nördlichen Seitenschiffes hinweg. Sie reichen ganz unmittelbar an die Ecke zur Westfront.

fassade steht. Jenseits der Höhe der Nebenschiffsmauern ist es die Westfront, welche den Anschluss an das Langhaus mit im Dach der Nebenschiffe ablesbaren, eingezogenen Wartefugen vorbereitet, und zwar auf der Südseite bis kurz unter die Langhausluken,[147] auf der Nordseite noch ein Stückchen höher, bis zum oberen Anschlag des seitlichen Pultdaches. Auf der Südseite übernimmt ab der Höhe der genannten Luken die Obergadenwand die vorbereitende Funktion für die spätere Anbindung der Fassade.

Der zwischen dem Firstpunkt der Seitenschiffspultdächer und dem Dachstuhl des Hochschiffes liegende Bereich, welcher im Kircheninneren dem Ansatz der Obergadenfenster bis zur Höhe der Kämpferzone des Hochschiffgewölbes entspricht, ist leider nicht näher zu untersuchen, da das äußere Mauerwerk zum großen Teil erneuert ist und im Inneren die historische Fugenmalerei die betreffenden Einblicke verwehrt. Aufgrund der oben beobachteten Unsicherheit in der Ausführung der Strebebögen ist in diesem Abschnitt jedoch von einem zeitlichen Vorangehen der Nordseite vor dem südlichen Obergaden auszugehen.

Oberhalb der Mittelschiffsgewölbe hat man die beiden senkrecht zueinander stehenden Wände der Obergadenmauern des Südschiffes und der Westfassade in einem Zuge errichtet.

Die Analyse der einzelnen Anschlussstellen zwischen Westfront und den vier rechtwinklig abgehenden Längsmauern der Basilika ergibt das Bild einer zügig in mehreren kleineren Abschnitten errichteten Westpartie. Als Erstes wurden die Erdgeschoss-Außenmauern der Seitenschiffe und der Fassade ausgeführt, wobei die Fassade im nördlichen Teil bis zum Anschluss des Seitenschiff-Pultdaches hochgezogen wurde, im Süden nur bis zum Ansatz des Seitenschiffgiebels. Bei diesem Prozess bereiteten die Bauleute mit innenliegenden Wartefugen in der Westfront das Einzahnen der Mittelschiffsarkaden vor. Anschließend müssen – nach Ausweis der Anschlussstelle auf der Südseite – die Langhausarkaden und ein Teil der Obergadenwand bis in die Höhe des kleinen Rücksprunges der ersten großen Nische angesetzt worden sein, welche nun ihrerseits Verzahnungsansätze für die Westfassade offen hielten. Für den Bereich oberhalb der Pultdächer, welcher dem Ansatz der Obergadenfenster entspricht, und unterhalb der Gewölbekämpfer des Hochschiffgewölbes kann eine Priorität der nördlichen Obergadenwand vermutet werden. In dem darüber befindlichen Bereich ergibt sich das Bild eines horizontalen Bauabschnittes, der mit dem südlichen Obergaden begonnen und in einem zweiten Schritt mit der Westfassade und dem Nord-

---

[147] Dies ist auch vom Kircheninneren für den Bereich der Arkadenzwickel der Nordseite abzulesen. Hier greift das Mauerwerk des Langhauses in die eingezogenen Wartefugen der Fassade ein.

langhaus kontinuierlich fortgesetzt wurde. Insgesamt sind die verschiedenen Bauetappen abwechselnd mit den Längsmauern oder aber der Front begonnen worden, wobei jeweils die senkrecht dazu geplante Wand vorbereitet wurde. Dies entspricht einem rationellen Vorgehen in Kompartimenten und damit in etwa dem Bild, das wir bereits durch die Bauausführung des in Winkeln errichteten Querhauses beobachten konnten. Insgesamt zeigt sich somit, dass die Westfassade entgegen den Ausführungen von Paul Laspeyres, Georg Dehio, Günther Jaacks, Wolfgang Erdmann und Bettina Gnekow in einer baulichen Einheit mit dem Kirchenschiff zu sehen ist.

Der am nördlichen Außenbau abzulesende Verbund zwischen Westfassade und Langhausobergaden gab aufgrund seiner unsauberen Ausführung Wolfgang Erdmann Anlass, zwei getrennte Bauphasen in der Errichtung der nach seiner These zeitlich vorausgehenden Längsmauern der Kirche und der Fassade anzunehmen,[148] wobei er die Westfront 35 Jahre nach dem übrigen Kirchenschiff datierte.[149] Nun ist die von außen erkennbare nördliche Anschlussstelle der seitlich zu beiden Seiten des Obergadens etwas überstehenden Fassade tatsächlich unsauber. Doch wird dies mit der Erneuerung des Steinmaterials zusammenhängen, mit dem die Front nicht nur an den Seiten ihrer Hauptansichtsfläche, sondern auch über die Ecke nach Norden Ende des 19. Jahrhunderts versehen wurde. Die sich nur auf eine partielle Beobachtung stützende Theorie Erdmanns bestätigt sich denn auch nicht im Dachstuhl des Mittelschiffes, wo der Anschluss der betreffenden Mauerzüge oberhalb der Gewölbe offen liegt. Der im Inneren zu beobachtende unsymmetrische Anschluss des Obergadens an die Westfassade hatte Günther Jaacks[150] und auch Bettina Gnekow[151] zu der zu Erdmanns Bauabfolge gegenteiligen These einer zeitlichen Priorität der Fassade gegenüber den Mittelschiffswänden geführt. Die nicht übereinstimmende Ausführung muss jedoch andere Ursachen als eine zweiteilige Bauausführung haben. Für die einheitliche Errichtung der Bauteile spricht nicht zuletzt das damit hervorgerufene Bild einer statisch sinnvollen, soliden Ausführung, die im Gegensatz zu dem von Jaacks und Gnekow rekonstruierten Bauablauf steht. Denn bei einer isolierten Errichtung eines großen Teiles der Westfassade vor Anbindung an die Längswände wäre die Baustelle mit ihrer frei stehenden Wandscheibe nur schwerlich gegen die in Norddeutschland typischen Westwinde abzustreben gewesen und hätte ein statisches Risiko dargestellt.

---

148 ERDMANN, Baugeschichte, S. 38.

149 Erdmann geht von einer zeitlichen Einordnung des Langhauses um 1305, entsprechend der dendrochronologischen Datierung seines Dachstuhles, aus und datiert die Westfassade entsprechend dem Inschriftenstein um 1335: ERDMANN, Baugeschichte, S. 37f.

150 JAACKS, S. 51.

151 GNEKOW, S. 596f.

E. Eine Anmerkung zu den Kapellenanbauten

Die Entstehungszeit der meisten Kapellen ist durch Quellen gut belegt. Einzig die Bartelskapelle bildet hier eine Ausnahme. Im Überblick zeigt sich, dass die Chorkapellen mit den Ostteilen gemeinsam errichtet sind. Die beiden zeitlich folgenden westlichen südseitigen Langhauskapellen sind um die Mitte des 14. Jahrhunderts nachträglich an die Seitenschiffwand angebaut worden. Für die etwa dreißig Jahre jüngere Westfalkapelle musste gar der Durchgang vom westlichen Kreuzgangflügel zur Kirche geschlossen werden und schließlich war es im 15. Jahrhundert zum Ausbau der so genannten Witikkapelle notwendig, das besonders starke Mauerwerk der südlichen Querhausfassade aufzubrechen (*vgl. Abb. 95*). Die Franziskaner vergaben den Bauplatz für Familienkapellen also auf zunehmend aufwendiger zu erschließendem Terrain. Demnach scheint der Bauaufwand die Lage der Kapellen bestimmt zu haben.[152]

F. Die relative Bauchronologie

Die gotische Kirche entstand in zwei Hauptbauphasen. Während der ersten konnten die Franziskaner ihren Chor und das Querhaus realisieren. Begonnen wurde die Kirche mit dem östlichen Kellerbereich, dessen Pfeiler die Säulenstellungen des Unterchores vorbereiten. Die mangelnde Übereinstimmung des Unterchores mit den Scheidarkaden zwischen dem Langchor und den Seitenschiffen, auf die Dietrich Ellger aufmerksam gemacht hat, ist Resultat einer Planänderung, nach welcher die Familienkapellen in das Baukonzept integriert wurden. Im Anschluss daran hat man die Obergadengestaltung des Langchores modifiziert. Der erste Plan ist nicht mehr zu rekonstruieren. Nur soviel lässt sich erkennen, dass die Veränderung eine Minimierung der Außenwandstärke mit sich brachte.

Zügig ist im Anschluss an den Chor mit dem Bau des Querhauses begonnen worden. Mit weiten Teilen von ihm entstanden auch die zwei östlichen Joche des südlichen Seitenschiffes sowie die östlichen Paare der Mittelschiffspfeiler. Im nördlichen Querhausarm angelangt, folgten die Bauleute einem neuen Konzept, indem sie den innenliegenden Strebepfeiler, der für das nördliche Seitenschiff und die weiteren Joche des südlichen Anwendung finden sollte, vorbereiteten.

---

[152] Zu den Kapellen siehe: GREWOLLS, Kapellen, S. 217-222; zur Zirkelbrüderkapelle: DÜNNEBEIL, 64-72. Zur nachmittelalterlichen Ausstattung sind – außer im Hinblick auf die Zirkelbrüderkapelle (s.o.) – nach wie vor die BUK 4, S. 64-76, grundlegend. Die ehemalige Papendorpkapelle wird gegenwärtig restauriert.

Hiervon zeugt noch die nordwestliche Eckvermauerung. Zuletzt setzten sie, wieder nach einer kleinen Pause, die beiden westlichen Obergaden an und bereiteten mit ihnen den Anschluss des Langhauses vor.

In dem Moment, als das westliche Mittelschiffsgewölbe des Querhauses eingesetzt wurde, musste eine Ausgleichsschicht zur Anbindung an die westlichen Pfeiler geschaffen werden, die bereits aus dem Lot geraten waren. Sie hatten offensichtlich eine Zeit lang ohne ausreichendes Widerlager gestanden. Da parallel zum stockenden Bauverlauf mehrere Planänderungen vorgenommen wurden, wie die Umgürtung des Eckpfeilers mit einem Kapitellband und die Einführung des innenliegenden Strebepfeilers, zeichnet sich eine allmähliche Einstellung der Bauarbeiten ab.

Nach einer anzunehmenden Bauunterbrechung entstand das Langhaus in einem gemeinsamen Abschnitt mit der gesamten Westfassade. Es wurde in dem zweiten großen Bauabschnitt an die Wartefugen, die noch eine stärkere Obergadenwand vorgesehen hatten, angeschlossen. Der westliche Baukörper scheint bis auf die Ausführung der Strebebögen ohne Veränderungen in der Struktur und in den Detailformen nach seinem ursprünglichen Plan ausgeführt worden zu sein. Eventuell war das Langhaus ursprünglich kürzer geplant. Dies legen zwei an gleicher Stelle zu beobachtende Unregelmäßigkeiten nahe: Im dritten östlichen Joch läuft der äußere Granitsockel in Richtung der ansteigenden Straße hin aus. Gleichzeitig sind die Arkadenschritte der beiden westlichen Joche kürzer als die der drei östlichen.

Der Formenapparat des Langhauses ist gegenüber der Gestaltung der Ostteile vereinfacht, das Aufrisssystem modifiziert. Die Profile der Portallaibungen in der Westfassade entsprechen denen der Eingänge in den Rathausneubau von 1343 bis 1352 sowie in seinen Audienzsaal. Für die verwitterten Kapitelle der Dreiportalanlage finden sich die nächsten Vergleichsbeispiele in den Kapitellen der Vorhalle, die an die Rathausfassade angebaut ist.

V. Anmerkungen zu Bautechnik und Baustatik

A. Der Baugrund

Die Kirche steht auf schlechtem Baugrund, nämlich auf einer ehemaligen, noch für das 13. Jahrhundert nachgewiesenen Sumpfniederung, die sich östlich der Königstraße zwischen der Glockengießerstraße und der dänischen Burg bzw. dem späteren Dominikanerkloster erstreckte.[1] Eine 1911 unter der Turnhalle des Katharineums durchgeführte Bohrung ergab folgenden Schichtenaufbau des Bodens: Über dem 12 m tiefliegenden, halbmeterhohen Talsand folgen 3 m so genannten gelben Tones, der mit Saugsand durchsetzt ist, darauf in 8,40 m Höhe eine 1 m starke Schicht festen Moostorfes, dann 4 m feinen gelben Sandes, der gänzlich wasserdurchtränkt ist, und anschließend 50 cm Humus unter der abschließenden 3 m dicken Bauschuttschicht.[2]

Über die Fundamente der Katharinenkirche ist durch eine partielle Begutachtung nach aufgetretenen Rissen in der südlichen Langhauswand aus dem Jahr 1940 soviel bekannt: Pfeiler und Wände setzen in 70 cm Tiefe auf, und zwar stehen sie auf Findlingsfundamenten ohne Mörtelbettung, die etwa 2,20 m tief reichen.[3]

Bei der Überlassung von großen Grundstückparzellen an die Bettelorden konnte der Rat, wie Ingo Ulpts betont hat, kein Interesse daran haben, „günstig gelegene und steuerlich belastbare Stadtgrundstücke an die steuerbefreiten Bettelorden abzugeben".[4] Die mindere Qualität des Grundstückes, das sich die Franziskaner mit der Zeit zu einer adäquaten Größe erkämpft haben, ist in der Lübecker Niederlassung in der Bodenbeschaffenheit begründet. Die Unterkellerungen von großen Teilen der Konventsgebäude, aber auch des Katharinenchores, müssen auch im Hinblick auf den feuchten Baugrund gewürdigt werden.

---

1 BREHMER, Baugeschichte Lübecks, S. 140.

2 FRIEDRICH, Paul: Der Untergrund der Stadt Lübeck, in: ZVLGA 12 (1911), S. 28-48, hier: S. 43-45.

3 ADL, Akte Katharinenkirche Allg. 3 (ab 1980), Vermerk von Jens Chr. Holst am 26.09.1988.

4 ULPTS, Stadt und Bettelorden, S. 242.

B. Das Mauerwerk

Das Mauerwerk der Katharinenkirche ist, wie für Lübeck üblich, gänzlich aus Backsteinen durchgebunden. An den Außenwänden des Chores wird eine Dicke von fünf, an den Fassaden der Querschiffe von sechs Steinlängen erreicht.[5] Dabei ist weder der im Wechsel je einen Läufer und Binder setzende wendische Verband noch der gotische, der auf zwei Läufer einen Binder folgen lässt,[6] konsequent angewandt. Beide tauchen an der Katharinenkirche auf, ohne dass sich damit Bauetappen voneinander unterscheiden ließen. Die Mauertechnik ist vielmehr unsystematisch mit teilweise drei oder vier Läufern zwischen zwei Bindern, denen in darüber liegenden Schichten wiederum der wendische Verband folgen kann, aufgebaut. Der Viertelstein, den Karl Bernhard Kruse am Heilig-Geist-Hospital in Lübeck schon für 1286 nachgewiesen hat,[7] wurde an der Franziskanerkirche nicht angewandt.

Entsprechend der allgemeinen Lübecker Ziegelhofpraxis und entgegen der Bauorganisation in anderen Städten, wie sie beispielsweise für Lüneburg bekannt ist, sind die mittelalterlichen Backsteine von Kloster und Kirche nicht gestempelt.[8] An den Stellen, an denen Ziegelstempel in der Lübecker Katharinenkirche auftauchen, erweisen sich die Steine als neuzeitlich. Die meisten von diesen zeigen den Schlüssel des Petriziegelhofes. Er ist z.B. auf den Stufen der Treppe zum Hochchor zu sehen oder auch an verschiedenen Fußboden-

---

5 Das „Vollmauerwerk" ist in Lübeck im Gegensatz zu anderen Gegenden Schleswig-Holsteins, wie beispielsweise Schleswig, die vorherrschende Mauertechnik. Schalenmauerwerk mit unterschiedlicher Verfüllung wie am Holstentor stellt in dieser Stadt eine Ausnahme dar. KRUSE, Karl-Bernhard: Zu Untersuchungs- und *Datierungsmethoden* mittelalterlicher Backsteinbauten im Ostseeraum, in: AK 12 (1982), S. 555-562, hier: S. 557; KRUSE, Karl Bernhard: Der *Wandel* der Backsteinmauertechnik in Lübeck vom Mittelalter zur Gegenwart, in: Die Heimat 89 (1982), S. 246-251, hier: S. 247; PIEPER, Hans: Mittelalterliche *Statik* dargestellt an Lübecker Baudenkmalen, in: Der Wagen 1940, S. 93-108, hier: S. 99.

6 Die Terminologie ist sehr unterschiedlich, z.T. gar widersprüchlich. Ich folge hier der in Lübeck am häufigsten verwendeten Bezeichnung, wie sie Karl Bernhard Kruse und FINKE, Manfred/KNÜPPEL, Robert/MAI, Klaus u.a. (Hg.) in ihrem Buch: Historische Häuser in Lübeck, Lübeck 1989, auf S. 63 verwenden. Von anderen Forschern wird der wendische Verband auch Wechselverband, aber auch märkischer, polnischer oder gar gotischer Verband genannt, genau entgegengesetzt zur hiesigen Terminologie: NUSSBAUM, Norbert: Kirchenbaukunst, S. 103; BÖKER, S. 8.

7 KRUSE, Karl Bernhard: Die Baugeschichte des *Heilig-Geist*-Hospitals zu Lübeck (= LSAK 25), Bonn 1997, S. 26.

8 Einzige Ausnahme in Lübeck ist die „Domglocke" der Steine, die während des Domumbaus unter Bischof Bocholt (1325-41) vermauert wurden, ansonsten kommen Stempel bis zum Ende des 17. Jahrhunderts nicht in Lübeck vor: FINKE/KNÜPPEL/MAI, S. 63; zur Lüneburger Stempelpraxis siehe: RÜMELIN, Hansjörg: Lüneburger Ziegelstempel am Chor von St. Nikolai in Wismar, in: Wismarer Studien zur Archäologie und Geschichte 4 (1995), S. 156-165.

Tonplatten im östlichen Kirchenraum. In der Mauerkrone des Dachgeschosses über der Strobukkapelle und auch in der nördlichen Nische neben dem Hauptportal an der Westfassade finden sich vereinzelt Herz-Stempel der Ziegelei von Groß Wesenberg an der Trave.[9]

Lübecker Mauerwerk kann aufgrund der Backsteingröße – hier vor allem der Höhe – und der Mauer- bzw. Fugentechnik datiert werden. Mithilfe der von Manfred Gläser und Karl-Bernhard Kruse aufgestellten Datierungsschemata kann romanisches von gotischem und dieses von neuzeitlichem Mauerwerk unterschieden werden.[10] Die von Kruse erwähnte Unterscheidung einer Dachfuge, die bis 1300 auftaucht, von einem glatten Mörtelabstrich mit mittlerer Fugenritzung im 14. Jahrhundert[11] kann an der Lübecker Katharinenkirche nicht nachvollzogen werden. Die Fugenritzung lässt sich hier erst im 15. Jahrhundert im Zusammenhang mit einer nachträglichen Fenstervermauerung zum Anbau der Witikkapelle von 1456 beobachten.

Anmerkungen zur Bautechnik der Katharinenkirche

Die im vorigen Kapitel erfolgte Untersuchung der Backsteinwände hat gerade an den Maueranschlüssen ein- und derselben längeren Bauphase wie auch an den Baufugen Aufschluss über die rationelle Art der Bauausführung an der Katharinenkirche gegeben.

Allgemein konnte festgestellt werden, dass die einzelnen Raumteile der Kirche geschossweise errichtet sind. Am Polygon und nördlichen Querhaus bezeugen dies horizontale Baufugen zwischen den Stockwerken, nach denen eine Planänderung, die im Erdgeschoss noch zu Umbaumaßnahmen geführt hatte, im Obergaden bereits von vornherein berücksichtigt ist. Und auch die Westfassade entstand über der Höhe der Arkadenzone des Mittelschiffes in verschiedenen horizontalen Bauetappen. Abwechselnd mit dem Obergaden der Kirche sind mehrere Backsteinlagen aufeinander gesetzt und mit Wartefugen für die jeweilige Anschlusswand versehen.

Der Erstellungsprozess der Querhausmauern erinnert „leise“ an die Rationalität der Skelettbauweise der Hausteingebiete der Zeit: Die Bauleute von St. Kathari-

---

9 Eine Auflistung sämtlicher in Lübeck gefundenen Stempel in: FINKE/KNÜPPEL/MAI, S. 64.

10 KRUSE, Datierungsmethoden, S. 555-562; ders.: Baustoffe, S. 37-61; ders.: Wandel, S. 246ff.; GLÄSER, Manfred: Die Lübecker *Backsteinchronologie*, in: 25 Jahre Archäologie in Lübeck, Lübeck 1987, S. 210-212; ders.: *Archäologische Beiträge* zur Datierung der Lübecker Backsteinmauern, in: AK 17 (1987), S. 245-252.

11 KRUSE, Wandel, S. 250; ders., Baustoffe, S. 55; ders., Datierungsmethoden, S. 557.

nen mauerten die Querhäuser in Winkel-Abschnitten hoch, wobei sie die Wartefugen an die spitzen Ecken sowie die Enden der jeweiligen Wandtafeln setzten. In einem zweiten Schritt wurden dann weitere Wände an die vorbereiteten Verzahnungsansätze angefügt und bildeten ihrerseits wieder an ihrem offenen Ende Anschlussvorbereitungen für die in unterschiedlichen Richtungen und Höhen projektierten Nachbarmauern aus, wie es am südlichen Querhaus zu beobachten ist. Wartefugen wurden hier nicht eingesetzt, um eine zeitlich entfernte Bauetappe vorzubereiten, sondern bewusst eingeplant, um den Bauprozess zu beschleunigen.

Die Fronten des Querschiffes sind sehr stark ausgeführt. Sie weisen mit einer Tiefe von sechs Backsteinlängen das stärkste Mauerwerk der Kirche auf. Im Norden konnten die Strebepfeiler entsprechend flach ausfallen und im Süden verzichtete man ganz auf sie. Das Mauerwerk folgt in Kombination mit den starken Fensteraushöhlungen schon dem Prinzip von Stützpfeilern. Das Wissen um die statischen Gesetze hat der Baumeister an St. Katharinen spielerisch zur Erzielung einer besonderen Ästhetik genutzt: Das nördliche Querschiff konnte nach außen hin in seiner Zweischiffigkeit betont werden, während die Fassaden des südlichen Querhauses und der Westfront durch die scheinbare Flächigkeit eine andere Wirkung erzielen. Wie Lübecks einstiger Baudirektor Hans Pieper im Hinblick auf die Statik der Westfassade ermittelte, verbirgt sich in ihr eine glückliche Gitterstruktur, die aus der Verquickung waagerechter, die Nischen in Zonen unterteilender Mauerzüge und senkrechter pfeilerartiger Wandpartien entsteht.[12]

C. Das Dachwerk der Kirche

St. Katharinen hat eines der vier noch erhaltenen mittelalterlichen Dachwerke auf Lübecker Kirchen.[13] Die Dachstühle von Langhaus und Chor der Kirche bestehen aus Eichenhölzern. Für das Querhaus benutzten die Bauleute daneben auch Kiefernholz, das sie in jedem Gebinde mit Eichenbalken kombinierten. Durch die Verwendung von preiswerterem Nadel- neben teurerem Hartholz konnten Baukosten gespart und mit Hilfe einer systematischen Kombination der Holzarten dennoch verformungsgerechte Gebinde errichtet werden.[14] Über allen

---

12 PIEPER, Statik, S. 101.

13 Aus dem 14. Jahrhundert datieren die Dachstühle von St. Jakobi, dem Heilig-Geist-Hospital und der Katharinenkirche, das Dachwerk von St. Ägidien stammt wohl aus dem beginnenden 16. Jahrhundert. NEUGEBAUER/WROBEL/ECKSTEIN, S. 201.

14 WROBEL/HOLST/ECKSTEIN: Bauholz, S. 207.

Baukörpern der Kirche sitzen Sparrendächer mit doppelter bzw. in den Querhausarmen mit dreifacher Kehlbalkenlage und mit Andreaskreuzen, wobei das Chordach über dem Polygon mit einem Vollwalm schließt, die übrigen Dächer wie üblich in Dreiecksgiebeln enden.

Das Dachwerk findet in der Literatur erstmals 1908 bei Friedrich Ostendorf Erwähnung. Der Autor stellt dabei ein besonderes Merkmal seiner Konstruktion vor: Ein Wechselbalken verbindet jeweils zwei Binderbalken und vier Leergespärre untereinander, wobei eine solche „Sechsereinheit" über einem Gewölbejoch liegt. Dieses Schema, von Ostendorf als „binderlose Gespärre" apostrophiert, zeichnet den Dachstuhl der Katharinenkirche als typische Konstruktion Norddeutschlands aus, wenngleich es auch einzelne Beispiele dieser Art in Süddeutschland gibt.[15] Näher stellten den Dachstuhl Manfred Neugebauer, Sigrid Wrobel und Dieter Eckstein 1982 im Rahmen der Auswertung ihrer dendrochronologischen Untersuchung vor. Seither wurden die von ihnen erarbeiteten Fakten in größere Zusammenhänge eingeordnet, zum einen von Günther Binding in seinem Standardwerk über Dachstühle[16] und von Jens Christian Holst in einer Darstellung der Entwicklungsgeschichte Lübecker Verzimmerungstechniken.[17] Das Autorenteam um Manfred Neugebauer wie auch Günther Binding haben die Dachwerke über Chor und Langhaus nicht untereinander differenziert. Jens Christian Holst thematisierte dagegen in seiner Untersuchung ausschließlich die sicher datierten Dachstühle, die noch in ihren ursprünglichen Gebinden erhalten sind, sprich diejenigen über dem Chor und den Querschiffen. Eine genaue Analyse der Konstruktion über dem Langhaus fehlt daher bislang. Da sie zudem nicht in ihrem Originalzustand erhalten ist, wie schon Neugebauer/Wrobel/Eckstein herausstellten, und das dendrochronologisch ermittelte Fälldatum mithin nicht zwangsweise die zeitliche Einordnung der Errichtung des Langhauses widerspiegeln muss und sich darüber hinaus auch mehrere Unterschiede hinsichtlich der Verzimmerungstechnik der Dachstühle von Chor und Langhaus feststellen lassen, sollen im Folgenden beide Dachkonstruktionen eingehend verglichen werden, um eine Basis für die Beurteilung des in Wiederverwendung überkommenen Dachwerks über dem Langhaus zu schaffen.

---

[15] Friedrich Ostendorf weist neben den vergleichbaren Dachstühlen in Lübeck (St. Marien und St. Jakobi) auf Kirchen in Zarrentin, Güstrow, Wismar, Rostock und Braunschweig sowie auch auf Lippstadt, Geseke, Nürnberg, Esslingen, Stetten, Freiburg und Marienstatt hin. OSTENDORF, Friedrich: Die Geschichte des Dachwerks, Berlin 1908, Nachdruck Hannover 1982, S. 22f.

[16] BINDING, Günther: Das *Dachwerk* auf Kirchen im deutschen Sprachraum vom Mittelalter bis zum 18. Jahrhundert, München 1991, S. 46, 77, 189.

[17] HOLST, Jens Christian: Zeitliche Entwicklung der *Verzimmerungstechnik*, in: Häuser und Höfe 1, Neumünster 1983, S. 216-237.

Vergleichbar sind die Dachkonstruktionen von Chor und Mittelschiff in Hinsicht ihrer einzelnen konstruktiven Bestandteile: Das ist zunächst die von Ostendorf herausgestellte Besonderheit so genannter „binderloser Gespärre“. Weiterhin werden über dem Langhaus wie über dem Chor die sich gegenüberliegenden Sparren durch je zwei Kehlbalkenlagen verbunden. Und zusätzlich dienen in jedem Gebinde Andreaskreuze der höheren Festigkeit. Alle Holzverbindungen sind als Verblattung ausgeführt – bis auf die übliche Einzapfung der Sparren in die Dach- bzw. die Sattelbalken der Leergespärre.[18]

Aber es gibt auch Unterschiede: Die im Chor und auch im Mittelschiff des Querhauses von jedem Binderbalken schräg nach unten gegen das Mauerwerk abgehenden Streben fehlen im Langhaus. Auch setzen die Andreaskreuze im Chor auf den Dachbalken (bzw. ihren Anstückungen auf den Traufmauern) auf, im Langhaus hingegen gehen sie in einer Höhe von über einem halben Meter von den Sparren ab (*Abb.77*). Günther Binding sieht in den bis zu den Binderbalken hinunter reichenden Kreuzverstrebungen – die er irrtümlicherweise auch für das Katharinen-Langhaus annimmt – eine jüngere Entwicklung.[19] Allein das Auftauchen dieser Konstruktion am Chor, dem bauchronologisch zuerst errichteten Bauteil der Kirche, weckt leise Zweifel, ob sich der Lübecker Dachstuhl in diese Idealchronologie fügt. Das erst kürzlich dendrochronologisch sicher datierte Dach des zum Katharinenklosters zugehörigen Ostflügels verstärkt diese Zweifel. Es stammt, wie unten ausgeführt wird, eindeutig aus dem beginnenden 15. Jahrhundert und weist mit seinen Ankerbalken, die wieder von den Sparren abgehen, das vermeintlich ältere Konstruktionsprinzip auf. Darüber hinaus führt Günther Binding selbst ein paar Beispiele an, die – wie das Klosterdachwerk auch – zumindest eine Ausnahme von der Regel darstellen: Die späteren Dachwerke wie dasjenige vom Chor der Nürnberger Frauenkirche, das etwa 1360 aufgerichtet wurde, oder das aus der zweiten Hälfte des 15. Jahrhunderts stammende der Franziskanerkirche in Hildesheim belegen, dass der „ältere“ Typus zumindest in Einzelfällen noch lange fortgeführt wurde.[20]

Abgesehen von den unterschiedlichen Fußpunkten der Kreuzstreben, lassen sich noch weitere Unterschiede zwischen den Gebinden über Chor und Langhaus der Kirche aufzählen: Die Binderbalken im Chor liegen nicht wie im Langhaus auf der gesamten Tiefe der Mauerkronen auf. Ihnen folgen auf den Außenmauern aufliegende Anstückungen, so dass die Sparren auf diesen und nicht auf den Binderbalken aufgezapft sind. Auch unterscheiden sich im Chor die Binder und

---

18 BINDING, Dachwerk, S. 75.
19 BINDING, Dachwerk, S. 77.
20 BINDING, Dachwerk, S. 77f.

die unteren Kehlbalken in ihren Maßen deutlich voneinander (die Ankerbalken sind ca. 20 x 24 cm dick, die Kehlbalken dagegen nur 13/15 x 20/21 cm), während im Langhaus die Sparren und ersten Kehlbalken nur unwesentlich schmaler als die Binderbalken (24 x 24 cm) sind. Und während die genannten Kehlbalken des Chores schwalbenschwanzförmig an die Sparren mit zwei Holznägeln angeblattet sind, so bedienten sich die Zimmerleute über dem Langhaus der hakenblattförmigen Anbindung und nutzten dafür jeweils nur einen Holznagel. Schließlich sind sämtliche Sparren des Langhauses über dem zweiten Kehlbalken mit einer Anstückung verlängert,[21] die Chorsparren jedoch bestehen aus einem einzigen Holzbalken.

Auch die Abbundzeichen, die im Allgemeinen die konkretesten Hinweise zu einer zeitlichen Einordnung der Verzimmerung bieten,[22] sind über dem Chor und dem Langhaus unterschiedlich ausgeführt.

In dem von Westen aufgeschlagenen Dachstuhl des Chores finden sich die Zeichen ausschließlich auf der linken Abbundseite, und zwar an den unteren Kehlbalken, den Sparren und den Andreaskreuzstreben. Die Gebinde sind im so genannten „deutschen System", welches für die Dachwerke der Monumentalbauten um 1300 in Lübeck typisch ist,[23] durchnummeriert, und zwar mit zwei Neunerfolgen, die sich durch die unterschiedliche Proportionierung der Striche von I–IIIIIIIII unterscheiden (*Abb.78 oben, mitte*). Dabei befindet sich das zweite, die Zahl „9" darstellende Zeichen bereits in Höhe des Querhauses, auf dem

---

21 NEUGEBAUER/WROBEL/ECKSTEIN, Abb. 70. Ob die Anstückungen der Sparren auf eine nachträgliche Konstruktion hinweisen, oder aber – wie Jens Christian Holst annimmt – ursprünglich sind, ist bis heute offen. Anstückungen im Sparrenbereich weist z.B. auch der Dachstuhl der Petrikirche in Soest auf, hier jedoch im unteren Bereich. Dieter Eckstein, Klaus-D. Busse und Uwe Lobbedey erklären sie mit einer solchen wegen Durchfeuchtung – im Traufbereich – notwendig gewordenen Reparatur. ECKSTEIN, Dieter/BUSSE, Klaus-D./LOBBEDEY, Uwe: Dendrochronologische Datierungen in Kirchendachwerken der Hellwegzone und Untersuchungen zur Datierbarkeit von weit- und engringigem Holz, in: WZ 141 (1991), S. 337-392, hier: S. 366. Die oberen Anstückungen in St. Katharinen können nach Auskunft von Jens Christian Holst auch ursprünglich sein, denn Eichenhölzer in dieser Länge und in gerade gewachsener bzw. zugeschnittener Form, wie sie für die Sparren benötigt werden, waren schwer zu bekommen. Sie konnten nur aus Beständen der Hochwälder gewonnen werden. Daher bildeten diese Sparrenbalken – die längsten eines jeden Gebindes – im flämischen Bereich auch eigene Kategorien und waren als „kerksparren" der teuerste Posten des Dachgebälkes. Freundlicher Hinweis von Jens Christian Holst.

22 HOLST, Verzimmerungstechnik, S. 224.

23 Das „deutsche System" ermöglichte durch Werkzeugwechsel oder Zusatzzeichen eine Gruppierung größerer Gebindefolgen jenseits des Dezimalsystems. In Lübeck taucht es in der Zeit um 1300 auf, und zwar an den Dachstühlen des Heilig-Geist-Hospitals (1284 und um 1310/20), des Rathauses (im so genannten Langen Haus um 1308) und eben in der Katharinenkirche (um 1303). HOLST, Verzimmerungstechnik, S. 229f.

östlichen Binderbalken seines mittleren Schiffes, was für eine gleichzeitige Überdachung der beiden Baukörper spricht und damit die im vorigen Kapitel aufgestellte relative Bauchronologie bestätigt. Nach Westen folgt dann eine erneute Nummerierung, die auf der Nordseite im gleichen Duktus wie die erste Strichfolge über dem Chor gehalten ist und die Gebinde von 1 bis 11 durchzählt. Im Gegensatz zum Chor befinden sich in diesem Abschnitt – wohl zur Unterscheidung von den östlichen Gebinden, die mit den gleichen Zeichentypen markiert sind – die Zimmermannszeichen an anderer Stelle, nämlich jeweils auf der Unterseite der ersten Kehlbalken und der Sparren (*Abb.78 unten*). Darüber hinaus ist aber auch noch die rechte Gebindeseite mit Zimmermannszeichen versehen. Ihre Markierungen folgen ebenfalls der Zeichenaddition und entsprechen in ihrer Anzahl jeweils den Strichen der gegenüberliegenden Bundseite. Zur Unterscheidung der beiden Abbundseiten sind sie jedoch mit einem anderen Werkzeug, einem Hohleisen, ausgeführt (*Abb.79*). Es handelt sich bei ihnen um „eingeschlagene Kuhlen in Spielwürfelmuster", wie sie Jens Christian Holst bereits im nördlichen Querhausarm feststellte und deren innerhalb Lübecks einmalige Form er auf die Tätigkeit von „flämischen oder flämisch beeinflußten Zimmerleuten" zurückführt.[24]

Das westliche Gebinde des Querhauses weist zwei Besonderheiten auf. Die erste ist ein über den Knotenpunkt der beiden Kreuzstreben verlaufender zusätzlicher Kehlbalken mit einer Falz an der Unterkante, zum anderen eine Seilwindenkonstruktion auf dem Hahnenbalken (*Abb.81*). Weitere Falzen sind durch Aufnageln schmaler Bretter an den Sparren hergestellt, so in Höhe zwischen dem ersten und dem obersten Kehlbalken. An einigen Stellen, wie am Knotenpunkt der Kreuzstreben, kamen auch Holznägel zur Anwendung, die auf der Westseite allesamt abgeschlagen sind, so dass sie nicht über die Flucht der Balken hinausstehen. Es scheint sich hierbei um den Rest einer Konstruktion zur provisorischen Verbretterung des Gespärres gegen Westen zu handeln. Sie wurde, wie die aufgenagelten Falzbretter anzeigen, nachträglich angebracht und nicht unmittelbar mit dem Gespärre konzipiert.

Das Langhaus folgt einem andersartigen Zeichensystem als die Ostteile. Zunächst fällt die Größe der Markierungen ins Auge, die nunmehr die gesamte Tiefe des Balkens ausnutzen, was auf eine jüngere Entwicklungsstufe der Kennzeichnung hinweist (*Abb.80*).[25] Die größtenteils auf ihrer Ostseite markierten Gefüge[26] sind zu ihrer Linken und Rechten in reiner Strichaddition gekennzeich-

---

[24] HOLST, Verzimmerungstechnik, S. 225 und Abb. 45 f.1.

[25] Vgl.: HOLST, Verzimmerungstechnik, S. 224.

[26] Eine Ausnahme bilden die vier westlichen von Westen aus aufgeschlagenen Gebinde.

net. Die auf der rechten Bundseite verarbeiteten Hölzer weisen zudem einen quer durch alle Zeichen durchgehenden Strich auf, d.h., die Seitenunterscheidung wird über dem Langhaus nicht durch Verwendung eines anderen Werkzeuges erzielt, sondern mit Hilfe eines Zusatzstrichs. Während üblicherweise die Abbundzeichen auch die Reihenfolge der Gebindeaufstellung angeben,[27] ist für das Langhaus festzustellen, dass eine solche sukzessive Abfolge der Markierungen fehlt.[28] Abgesehen davon scheinen die einzelnen, von zwei Binderbalken eingefassten Gefüge jeweils für sich nummeriert zu sein, da sich die Zahlenfolgen immer wieder in den einzelnen Gefügen wiederholen. Jedoch sind auch das Sechser-Gebinde sprengende Zahlzeichen von bis zu acht Strichen vorhanden. Nur in dem Gefüge über dem östlichen Langhausgewölbe ist eine durchgehende Reihenfolge von Sechs bis Eins festzustellen (entgegen der Abbundrichtung), in den übrigen fehlen einzelne Zahlen oder aber es kommen, wie etwa im mittleren Gefüge, zwei Gebinde, die mit „Drei“ bezeichnet sind, vor. Im Gegensatz zu Chor und Querhaus wurde bei dieser beobachteten groben Gruppierung der Zählfolgen auf eine für das so genannte „deutsche System“ typische Unterscheidung der einzelnen Strichserien untereinander durch Werkzeugwechsel oder Darstellungsart der Markierungen verzichtet. Eine Differenzierung der Zeichen existiert lediglich in Bezug auf die oben genannte Seitenunterscheidung.

Während im Chor Hölzer von bis zu 105 Jahrringen verwendet wurden, so konnten aus den Balken des Langhausdaches nur Kerne mit maximal 70 Jahrringen herausgebohrt werden. In beiden Fällen ist die Möglichkeit der zeitlichen Einordnung auf Grund der Tatsache, dass Splintholz vorhanden ist, gegeben. Jedoch konnten nur drei von neun Proben des Langhausdachstuhles ausgewertet werden. Die im Langhaus durchschnittlich erzielte Folge von 53 Jahrringen bietet zudem eine unglücklich dürftige, wenn nicht fragliche Interpretationsbasis.[29] Wenn auch die im Langhaus verwendeten Hölzer im Zeitraum zwischen 1303 und 1307 gefällt worden sind, so ist aufgrund des verzimmerungstechnischen Vergleiches zwischen ihnen und den Balken von Chor und Querhaus zu bezweifeln, dass ihre in der heutigen Form erhaltene Aufrichtung gleichzeitig mit derjenigen über dem Ostbau stattfand. Es stellt sich zunächst die Frage, aus welcher Zeit die vorgestellte Verzimmerungstechnik mit ihren Abbundzeichen, welche an den Knotenpunkten der heutigen Konstruktion erhalten sind, stammt.

---

[27] HOLST, Verzimmerungstechnik, S. 225.

[28] Auf die unregelmäßig verteilten Zimmermannszeichen an Sparren und Andreaskreuzstreben wiesen schon NEUGEBAUER/ECKSTEIN/WROBEL in ihrer Abb. 70 hin.

[29] Für eine sichere Auswertung wird in der Regel eine Anzahl von mindestens 60 Jahrringen benötigt. Freundliche Auskunft von Dipl.-Holzwirtin C. Meister/Hamburg.

Den terminus post quem stellt das Fälldatum der Hölzer von 1303 (+4/-0) dar, den terminus ante quem das letzte in Lübeck datierte Beispiel einer bis auf die für Lübeck übliche Einzapfung der Sparren kompletten Verblattung der unterschiedlichen Gebindebalken, dessen dendrochronologisch datiertes Dach von etwa 1522 stammt.[30] Die sich über die gesamte Balkentiefe erstreckende Größe der Abbundzeichen lässt, wie schon erwähnt, eine spätere Verzimmerung als bei den Balken für Querhaus und Chor vermuten.[31] Die nächstfolgende Entwicklungsstufe – das römische Zahlzeichen – ist hier jedoch noch nicht gegeben. Dieses jüngere System wird in Lübeck einmal 1360 über dem Hansesaal des Rathauses verwendet,[32] bevor es für das 1422 verzimmerte Dachwerk des ehemaligen Dormitoriums der Franziskanerbrüder das nächste Mal zu belegen ist und schließlich ab den 1430er Jahren zur vorherrschenden Zeichnungsform für Gebinde im Lübecker Hausbau avanciert.[33]

Als innovativstes Element der Abbundkennzeichnung im Langhaus erweist sich die Verwendung des Durchstriches zur Seitenunterscheidung, für die es keine Parallelen an Lübecker Großbauten gibt. Diese recht bald durch das Abwinkeln eines Zeichens ersetzte Markierung lässt sich im Bürgerhausbau zwischen dem Ende des 14. Jahrhunderts am Seitenflügel des Hauses Königstraße 5[34] und den 1430er und 1440er Jahren beobachten.[35] Die entsprechenden Bürgerhäuser vermitteln für die zeitliche Einordnung des Langhausdachstuhles der Franziskanerkirche wohl eher einen terminus ante quem, da sie in der Entwicklung der Zimmermannstechnik, die an den Monumentalbauten mit ihren spezifischen Herausforderungen vollzogen wurde, eher einen Stand der Technik widerspiegeln als diesen bestimmen.[36]

---

30 Mengstr. 62: HOLST, Verzimmerungstechnik, S. 222.

31 Vgl. HOLST, Verzimmerungstechnik, S. 224.

32 HOLST, Verzimmerungstechnik, S. 229.

33 HOLST, Verzimmerungstechnik, S. 229. Die dendrochronologische Dachwerksuntersuchung über dem ehemaligen Dormitorium des Katharinenklosters führte das Ordinariat für Holzbiologie in Hamburg durch. ADL/ Sigrid WROBEL: Auswertungsbericht vom 04.01.2001. Von 20 Proben konnten 16 zeitlich eingeordnet werden. 15 von ihnen weisen Splintholz auf. Die Fälldaten der verwendeten Hölzer konnten genau ermittelt werden. Demnach wurden die Bäume zwischen Winter 1419/20 und 1421/22 geschlagen, der Dachstuhl wurde somit im Sommer 1422 verzimmert.

34 HOLST, Verzimmerungstechnik, Abb. 45 c.1., Datierung mit Fragezeichen versehen.

35 HOLST, Verzimmerungstechnik, S. 232.

36 Vgl. den zeitlichen Abstand der Einführung anderer Abbundmerkmale an den beiden Gebäudetypen: Der Abstrich wie auch das römische Zählsystem tauchen 1360 erstmals im Rathaus auf. An den zahlenmäßig stärker vertretenen Bürgerhäusern können sie hingegen erst für das 15. Jahrhundert nachgewiesen werden. HOLST, Verzimmerungstechnik, S. 229f. und 232.

Das altertümliche Merkmal der Strichaddition in Kombination mit der neueren Technik der Seitenunterscheidung mittels eines Durchstriches legt nicht zuletzt im Hinblick auf den 1422 verzimmerten Dachstuhl über dem Ostflügel des Klosters, welcher bereits römische Zahlzeichen aufweist, nahe, den Dachstuhl über St. Katharinen zeitlich in das 14. Jahrhundert einzuordnen. Aufgrund der balkenbreiten Markierung sowie der genannten Unterschiede in seiner Konstruktion muss er jedoch nach dem Chor aufgeschlagen worden sein.

Woher rühren nun die funktionslosen Blattsassen, die sich an den Binderbalken, den Sparren, Kreuzstreben und den unteren Kehlbalken über dem Langhaus zeigen? Sie können theoretisch aus einer früheren Konstruktion oder aber aus nachträglichen Veränderungen herrühren.[37]

Die vorhandenen Abbundzeichen beziehen sich grundsätzlich auf eine Verzimmerungsart, die der heute vorhandenen entspricht. Denn sie sitzen regelmäßig an den heutigen Knotenpunkten der Gebinde. Das weist darauf hin, dass die Blattsassen mit einer früheren Verzimmerung in Verbindung zu bringen sein könnten. Ältere Formen von Abbundzeichen oder auch Handelsmarken (?) zeigen sich jedoch nur an ganz vereinzelten Stellen. Die Anordnung der Blattsassen erlaubt auch keine Rekonstruktion eines älteren, stimmigen Dachwerksaufbaues. Nur die regelmäßigen Blattsassen der ersten Kehlbalkenlage, die zwischen den heutigen Kreuzstreben in ähnlichem Winkel wie diese liegen, lassen an eine Zuordnung in einen früheren Zusammenhang denken. Demnach hätten sie einst ebenfalls als Kehlbalken gedient, allerdings auf enger zueinander stehenden Andreaskreuzstreben. Dies wäre z.B. gegeben, wenn man für das heutige Langhausdach Streben rekonstruiert, welche wie im Chor von den Binderbalken aus abgehen. An den heutigen Sattelbalken gibt es jedoch keine Spuren, die auf eine solche Konstruktion hinweisen.

Hingegen sprechen die im heutigen Gefüge in einzelnen Fällen nicht übereinstimmenden Abbundzeichen etwa von Sparren und Ankerbalken eines Gebindes sowie das Fehlen einer stimmigen Folge der Abbundzeichen für eine spätere Veränderung des Dachstuhles.

In diesem Zusammenhang erweist sich ein Eintrag in das Rechnungsbuch der Katharinenkirche aus dem Jahre 1561 als aufschlussreich, der die Abnahme und

---

37 Vgl. LOHRUM, Burghard: Gefügekundliche und dendrochronologische Untersuchungen am Dachwerk des Heilig-Kreuz-Münsters in Schwäbisch-Gmünd, in: Denkmalpflege in Baden-Württemberg 2/1990, S. 88-95, hier: S. 90.

anschließende Umlegung des Dachstuhles vom Langhaus belegt.[38] Die einzelnen Angaben zu den Arbeitsschritten und Lohnzahlungen lassen erkennen, dass die Maßnahme sparsam mit dem gegebenen Bestand durchgeführt wurde. Ein Holzankauf ist in diesem Zusammenhang nicht erwähnt.[39] Hingegen haben die Zimmermannsleute sogar noch einzelne Hölzer aus den Gebinden entfernt und im damaligen Schlafsaal der Schulgesellen, dem alten Dormitorium der Franziskaner, wiederverwendet.[40] Eine Orientierung an der älteren Verzimmerungstechnik bei der Neuzusammensetzung der Gebinde entspricht dem Bild, das wir von anderen späteren Veränderungen und Erweiterungen von Dachstühlen haben.[41] Die Anstückung an die Sparren könnte auch in diesem Zusammenhang erfolgt sein.

Zusammenfassend ergibt sich, dass das Dachwerk später als der Dachstuhl von Chor- und Querschiff im 14. Jahrhundert unter Verwendung von älterem, eventuell in Ausnahmefällen schon benutztem Holz verzimmert wurde und im Jahr 1561 eine umfangreichere Reparatur erfahren hat. Aus welchem Zusammenhang das Bauholz stammt, das in dem Langhausdachstuhl verwendet wurde, kann nicht mehr eruiert werden. Im Gegensatz zu den Holzproben des Chores weisen die Bohrkerne der Langhausbalken im Durchschnitt weniger als 60 Jahrringe auf. Diese Anzahl wird jedoch in der Regel für eine sichere Auswertung benötigt.[42] Wenn es sich im Langhaus um 1303/07 gefällte Balken handelt, ist zu vermuten, dass die Franziskaner ihre Hölzer – in Erwartung eines zügigen Baufortganges – gemeinsam mit denen für Chor und Querhaus erwarben oder erhielten. Ein – rein spekulativer – möglicher Grund für einen umfangreichen Besitz von Holz aus der Bauzeit des Chores kann in der spezifischen Förderung des Chorbaues durch Segebodo Crispin gemutmaßt werden. Er besaß nachweislich die im Lübecker Umland gelegenen Waldbestände Heinholz, Redder und Musse.[43] Vielleicht hat

---

38 HACH, S. 131. Die Rechnungsführung lokalisiert die Stelle der Dachumdeckung mit den Begriffen „dat lange hus" (fol. 102 und 104) und „dack va(n) dem lang(en) gebuwe" (fol. 103). Für Hachs Interpretation spricht die Tatsache, dass in dem Rechnungsbuch nur Maßnahmen, welche die Kirche betreffen, zu finden sind. Hach vermutet deswegen eine getrennte Buchführung für die ehemaligen Klostergebäude, sprich die Schule und die Bibliothek.

39 AHL: Littra A, fol. 102-104. Für die Transkription der betreffenden Seiten danke ich ganz herzlich Markus Schneider M.A., Duisburg.

40 Das älteste Rechnungsbuch führt einen Schneidelohn auf, „um die Latten auf dem Langhaus zu Latten in S. Catrinen Closten über den Zellen sägen zu lassen". AHL, Littra A, fol. 102.

41 Vgl. St. Ouen in Rouen und die Kathedrale von Tours (OSTENDORF, S. 17f.), Rathäuser in Rinteln und Duderstadt (MASUCH, Horst: Arbeitsweise und Ergebnisse der historischen Bauforschung – Abbundzeichen und Dachwerke, in: Niedersächsische Denkmalpflege 11 [1985], S. 70-80, hier: S. 71-74), Heilig-Kreuz-Münster in Schwäbisch-Gmünd (BINDING, Dachwerk, S. 13).

42 Vgl. Anm. 29 in diesem Kapitel.

43 WROBEL/HOLST/ECKSTEIN, Bauholz, S. 215.

er aus seinen Besitztümern den Minoriten Holz gespendet, das diese dann aufgrund von Bauverzögerungen nur sukzessive verwendet haben.

VI. Rekonstruktion der absoluten Bauchronologie

Die geläufige Einteilung in zwei Hauptbauphasen der Kirche konnte bestätigt werden, wobei die Bauarbeiten zwischen den beiden Etappen länger als bislang angenommen ruhten.

Als Erstes errichteten die Franziskaner den Chor sowie das Querhaus. Das dendrochronologisch ermittelte Datum 1303 (+4/-0) ist zweifelsfrei auf die Beendigung der Rohbauarbeiten von Chor und Querschiff zu beziehen. Denn die sechs ausgewerteten Proben bieten mit ihren jeweils um die hundert Jahrringen, von denen zwei noch nahezu vollständiges Splintholz aufweisen, eine sichere Datierungsgrundlage des noch in seinem ursprünglichen Abbund erhaltenen Dachstuhles. Zudem stimmt mit dieser zeitlichen Einordnung die Art der Verzimmerungstechnik überein. Auch die stilistischen Parallelen der beiden Kämpferkapitelle am Langhaus zu dem Bauschmuck der 1310 begonnenen Briefkapelle passen zu dieser Zeitbestimmung.

An dem nördlichen Querhaus gerieten die Maurerarbeiten des bis dahin zügig und rationell vorangetriebenen Baues ins Stocken, kleinere Bauetappen und Planänderungen mehrten sich. Schließlich wurde eine Unterkonstruktion zur Verbretterung des westlichen Gebindes vom Querhausdachstuhl geschaffen. Damit kamen die Bauarbeiten offensichtlich ganz zum Erliegen.

Bald nach dem Aufschlagen des Dachwerkes – in einem Jahr zwischen 1304 und 1308 – scheinen demnach die Bauarbeiten eingestellt worden zu sein. Die Beobachtung eines Baustopps und die zeitliche Einordnung der Beendigung der Arbeiten an den Ostteilen fügt sich reibungslos in die bekannten historischen Vorgänge ein, in die das Kloster verwickelt war: Im Jahr 1310 begannen die Franziskaner, das vom Bischof verhängte Interdikt zu beachten, und stellten ihre gottesdienstlichen Handlungen ein. Bis zur Auflösung des Bannes im Jahr 1319 erlitten die Lübecker Minoriten, wie den zeitgenössischen Schilderungen zu entnehmen ist, eine entbehrungsreiche Zeit. Darüber hinaus werden auch sie die Auswirkungen der allgemeinen Hungersnot nach 1315 gespürt haben.

In den Jahren 1321 und 1333 bzw. 1334 hielten die Franziskaner Provinzkapitel in ihren Klosterräumen und der Kirche ab. Es ist kaum denkbar, dass diese

Tagungen auf einer Großbaustelle stattgefunden haben, weshalb von einem weiteren Baustillstand in dieser Zeit auszugehen ist.

1329 gaben die Franziskaner ihr heute noch in weiten Teilen erhaltenes Chorgestühl in Auftrag. Damit brachten sie zunächst einmal den Chorneubau zu einem Abschluss. Eventuell ist das Querhaus auch erst zu dieser Zeit gewölbt worden. Denn die Sargwände im Dachraum, welche mit dem westlichen „Vierungsgewölbe“ entstanden sind, weisen eine Ausgleichsschicht auf, die auf ein Ausweichen der Eckpfeiler zum Langhaus nach Westen reagiert. Die Verschiebung der Eckpfeiler könnte in Anbetracht des schlechten Baugrundes aber auch lediglich vom Gewicht des über ihnen endenden Dachstuhles herrühren, so dass bei einer regulär nachträglich vorgenommenen Einwölbung schon hierauf reagiert werden musste. Vielleicht nutzten die Bauleute die Seilwinde an dieser Stelle aber auch für den Baufortgang des Langhauses und schlossen dieses Gewölbefeld zuletzt?

Die Frage, wie und ob der Chor bis zur Herstellung des neuen Chorgestühls und des zu unbekannter Zeit erfolgten Einzugs des Mittelschiffgewölbes im Querhaus genutzt wurde, muss nicht zuletzt wegen fehlender Hinweise zur Gestalt des Vorgängerbaues unbeantwortet gelassen werden. Im Hinblick auf das bis 1317 gültige Interdikt und die erst 1319 zustande gekommene Versöhnung zwischen den Franziskanern und dem Bischofsstuhl es ist jedoch wahrscheinlich, dass der Chorneubau längere Zeit nicht ordnungsgemäß eingeweiht und nur eingeschränkt genutzt werden konnte.[44]

Die genannten Fakten und historischen Umstände sprechen dafür, den Inschriftenstein, der von einer Grundsteinlegung im Jahr 1335 berichtet, als Markierung einer Wiederaufnahme am Bau anzusehen und ihn auf den zweiten großen Bauabschnitt der Kirche, das Langhaus, zu beziehen. Auch der einzige näher ausgearbeitete plastische Schmuck der Bauetappe spricht für diese zeitliche Einordnung des westlichen Bauabschnittes: Die nur noch rudimentär erhaltenen Kapitelle an den Portalgewänden der Fassade weisen, soweit sie noch erkennbar sind, Ähnlichkeiten zu den kurz nach der Mitte des 14. Jahrhunderts entstandenen Kapitellen der Vorhalle des Rathauses auf. Die Profile der Seiteneingänge von St. Katharinen stimmen mit denen zweier Portale im Rathausneubau überein, die zwischen 1343 und 1352 ausgeführt wurden.

---

[44] Ebenso mit Blick auf die Lübecker Marienkirche: SCHÜTZ, Bernhard: War die Lübecker Marienkirche ursprünglich höher geplant?, in: Nordelbingen 47 (1978), S. 11-20, hier: S. 19.

In diese Interpretation, welche mit der lange in der Literatur tradierten Datierung weitgehend übereinstimmt, fügen sich wieder die erhaltenen Nachrichten über die Gewölbe- und Fensterstiftungen sowie über eine Spende zugunsten der Neuanfertigung einer Altartafel, die, wie Jaacks dargelegt hat, für den Laienaltar gedacht war. Auch die Abbundzeichen des Dachstuhles passen in die Mitte des 14. Jahrhunderts. Damals wird das Dachwerk aufgerichtet worden sein. Die Bauarbeiten an St. Katharinen waren demnach 1356, im Jahr des ersten Hansetages in Lübeck wie auch dem Jahr eines reich besuchten Provinzkapitels der Franziskaner in der Travestadt, vollständig abgeschlossen.

VII. Die kunsthistorische Einordnung und Typologie der Bauformen

A. Der Chor

1. Nachweisbare Funktionen der doppelgeschossigen Choranlage

a) Der Unterchor

Die erste nachweisbare Nutzung des Unterchores lässt sich mit Hilfe einer Wandmalerei aus dem zweiten Viertel des 14. Jahrhunderts als Altarstandort identifizieren: Die Kreuzigungsdarstellung mit Maria, Johannes, Katharina und einer weiteren, nicht mehr identifizierbaren, heiligen Person befindet sich an einem der tiefen südlichen Wandpfeiler in einer Höhe von gut einem Meter.[1] Die Autoren der Bau- und Kunstdenkmäler konnten nachweisen, dass sich hierunter im Jahre 1443 ein Altar befunden hat. Er wurde zu dieser Zeit der Bruderschaft der Bäcker überlassen.[2] Die hüfthohe Lage wie auch die Größe des Bildes mit einer Höhe von 0,95 m und einer Breite von 1,35 m legen nahe, dass die Malerei von vornherein als Wandretabel konzipiert worden ist, so dass die Altarstelle bereits vor der Mitte des 14. Jahrhunderts eingerichtet worden sein dürfte.

In der Literatur findet sich hingegen immer wieder der Hinweis, die erste nachweisbare Nutzung des unteren Chores sei durch einen Familienaltar Lübecker Bürger erfolgt.[3] Diese These lässt zum einen die genannte Wandmalerei außer Acht, zum anderen beruht sie auf der unzutreffenden Gleichsetzung des im Jahre 1406 testamentarisch genannten Altares von Hans Lüneburg[4] mit demjenigen der im Unterchor gelegenen Kapelle der Lüneburgs. Die Familie gründete letztere zwischen der Mitte des 15. Jahrhunderts und 1487.[5] Das Testament von 1406

---

1 Zum Wandbild siehe: HACH, Wandmalerei, S. 175; PAUL, Max: Sundische und lübische Kunst, Diss. Greifswald 1914, Berlin 1914, S. 17f.; BUK 4, S. 76; WILDE, Dehio, S. 488.

2 BUK 4, S. 91f. Seltsamerweise geben die Franziskaner in der Übertragungsurkunde des Altares nicht sein Patrozinium an, sondern nur einen Ordnungsbuchstaben: „eyn altare, dat ghenomet is E an unser kerken“. Diese Benennung existierte noch im Jahr 1565. BUK 4, S. 91f.

3 BUK 4, S. 66 und 94; JAACKS, S. 28; EINHORN, Franziskanerklöster, S. 45; GREWOLLS, Kapellen, S. 221f.; eine andere Auffassung vertritt einzig Ernst-Heinz Lemper. Er geht davon aus, dass die Unterkirche ursprünglich als Sepultur der Mönche gedient haben wird, LEMPER, S. 191.

4 Ein Auszug aus dem Testament findet sich bei v. MELLE, Notitia Majorum, S. 85.

5 In einem Dokument des Jahres 1456 gestatten die Franziskaner dem Bürgermeister Johann Lüneburg, eine Tafel im Unterchor *to hengende*; in diesem Jahr wird demnach noch keine Familienkapelle existiert haben, im Jahr 1487 hingegen existierte sie bereits, Urkunde vom 16.02.1456 nach BUK 4, S. 66: Sie findet sich transkribiert und übersetzt auch bei v. MELLE, Notitia Majorum, S. 95f.; Urkunde aus dem Jahr 1487 bei v. MELLE, Ausführliche Beschreibung, S. 524.

benennt den Standort des Lüneburg-Altares nicht. Hingegen konnte man das Wappenschild des Testators zu späterer Zeit, im Jahre 1707, an einem der südlichen Langhauspfeiler finden.[6] Da eine diesem Pfeiler benachbarte Grabplatte weiterer Familienangehöriger gedenkt, erscheint auch dieser Ort – im Langhaus der Kirche – als eine Lüneburgische Memorienstätte, an der sich der Altar des Hans Lüneburg auch befunden haben könnte.[7] Der gängigen Interpretation, die betreffende Altarmensa im Unterchor zu suchen, widerspricht, dass die Lüneburgs noch 1456 eine Genehmigung für die Errichtung einer Altartafel im Unterchor benötigten.[8] Hätte der dortige Altar der Familie damals schon längere Zeit gehört, sprich, wäre der Altar des Hans Lüneburg identisch mit demjenigen im Unterchor, so wäre wohl keine besondere Erlaubnis der Franziskaner für eine (neue) Altartafel nötig gewesen.[9] Tatsächlich, und hier schließt sich die Indizienkette gegen die These eines bereits zu Beginn des 15. Jahrhunderts existierenden Familienaltares im Unterchor, ist der Altar der Lüneburg-Kapelle identisch mit demjenigen, der noch im Jahre 1443 als Hochaltar bezeichnet wurde, wie aus den folgenden Ausführungen deutlich wird: In diesem Jahr lokalisiert eine Urkunde einen *hogen altare* unter dem Chor.[10] An eben jenem Altar stiftete damals Talen, die Witwe des Bürgermeisters Hinrich Rapesulver,[11] eine Messe zum Lob des Heiligen Sakramentes, Ornate für die Priester sowie eine Mon-

---

6 V. MELLE, Notitia Majorum, S. 99.

7 Die im 15. Jahrhundert angefertigte Grabplatte gedenkt zum einen der 1484 verstorbenen Telseke. Sie war die Tochter des vermutlichen Auftraggebers der Bronzeplatte im Unterchor, Johannes Lüneburg. Die Grabplatte erinnert weiter an den 1302 verstorbenen Alexander von Lüneburg. Er bekleidete als erstes Mitglied der Familie das Bürgermeisteramt. Telsekes Bruder Heinrich war zwei Tage vor ihr verstorben und – laut Inschrift auf der Bronzeplatte – im Familiengrab im Unterchor beigesetzt worden. Zu den Grabplatten im Langhaus siehe bezüglich der Inschrift: v. MELLE, Notitia Majorum, S. 137; BUK 4, S. 131; KRÜGER, S. 833f.; die Datierung der Grabinschrift von Alexander Lüneburg in das 15. Jahrhundert nach BUK 4, S. 131; zur Lage der Platte: BUK 4, S. 131; TECHEN, Grabsteine, S. 129; KRÜGER, Grabdenkmäler, S. 833; zur Person Alexander von Lüneburgs siehe: FEHLING, Nr. 281 und HOFFMANN, Max: Die Lübecker Familie Lüneburg, in: MVLGA 12 (1905/07), S. 131-144, hier: S. 132; v. MELLE, Notitia Majorum, S. 137; SCHNOBEL. Die Annahme, dass der Auftraggeber der Bronzeplatte der gleichnamige Sohn des verstorbenen Bürgermeisters sei, geht auf Hans Eichler zurück, EICHLER, Hans: Die messingne Grabplatte des Johann Lüneburg in der Katharinenkirche zu Lübeck, in: MVLGA Heft 15 Nr. 3 (1930), S. 39-47, hier: S.39.

8 Urkunde vom 16.02.1456, v. MELLE, Notitia Majorum, S. 95f.; BUK 4, S. 66.

9 Klaus Krüger stellt die Frage, ob es sich bei der Tafel um ein Epitaph handeln könnte. So wäre die Einholung einer Genehmigung erklärlich, auch wenn die Familie bereits an dieser Stelle einen Altar besessen hätte. Der weitere Textverlauf spricht jedoch gegen Krügers Interpretation, da es heißt, die Lüneburgs wollten „almissen darvan ... geven“. KRÜGER, Grabdenkmäler, S. 824.

10 UBL 8, Nr. 124 vom 31.03.1443.

11 Zur Person Rapesulvers: HOFFMANN, M.: Der Lübecker Bürgermeister Hinrich Rapesulver, in: ZVLGA 7 (1898), S. 236-262.

stranz zur Aufbewahrung.[12] Drei Jahre später sorgte Talen für die Aufhängung einer ewigen Lampe vor dem Altar.[13] Weiter sieht sie die Lesung des Psalters zu Ostern „by deme grave“ vor, was auf ein Heiliges Grab in der Kirche bzw. im Unterchor hindeutet.[14]

Erst anno 1487 wird die Lüneburgische Kapelle an dem Ort der Sakramentsverehrung erwähnt: Die Brüder verpflichteten sich damals zur Abhaltung verschiedener Messen als Gegenleistung für die Taten der Familie, die diese zum Lob des Heiligen Sakraments „mit der Kapelle“, die sie geschmückt habe, geleistet hätte.[15] Im weiteren Textverlauf wird auch zum ersten Mal das Erbbegräbnis der Familie genannt und in der Kapelle lokalisiert.[16] Noch im 18. Jahrhundert konnte man am Altar der Lüneburg-Kapelle einen Spruch zur Verehrung des Heiligen Sakramentes lesen.[17] Die Kapelle als solche wurde zur damaligen Zeit als private, Lüneburgische, angesprochen. Diese dokumentarischen Schlaglichter verwei-

---

[12] Diese Funktion merkten bereits Günther Jaacks und Werinhard Einhorn an, doch gingen sie aufgrund der angesprochenen Fehldeutung des Lüneburgischen Testamentes aus dem Jahre 1406 davon aus, diese Funktion sei erst später als die Familiengrablege im Unterchor nachweisbar. EINHORN, Franziskanerklöster, S. 45; JAACKS, S. 28.

[13] UBL 8, Nr. 346 vom 30.04.1446; UBL 8, Nr. 351 vom 08.06.1446.

[14] Der Bestattungsort der Rapesulvers ist nicht überliefert. Die gewählte Osterzeit zur Lesung des Psalters weist eher auf einen Heilig-Grab-Kult als eine übliche Seelmessstiftung hin. Während die erste Urkunde dieses Grab „in dersuven unser kerken“ lokalisiert, schweigt die zweite über den Ort des möglichen Heiligen Grabes. UBL 8 Nr. 346/30.04.1446, S. 396 und Nr. 351/08.06.1446.

[15] Urkunde vom 22.11.1487 nach v. MELLE, Ausführliche Beschreibung, S. 523 oder 524.

[16] Die Urkunde des Jahres 1456 dachte dem Bürgermeister Johann Lüneburg einen Ort „vor dem hohen kore“ für seine Bestattung zu. Demnach hatten die Franziskaner ihm zunächst einen Begräbnisplatz weiter westlich, in dem nicht unterkellerten Bereich, zugewiesen. Später billigten sie ihm oder seinen Verwandten den prominenteren Platz im Osten zur Bestattung zu, sicherlich in Anbetracht der 1487 angesprochenen Verdienste, zu denen auch die 1456 erwähnte Tafel gehörte. Auch wenn der Bereich über den Kellergewölben für den Platzbedarf eines Grabmals wenig geeignet erscheint, so muss doch von einer tatsächlichen Bestattung in diesem Bereich des Unterchores ausgegangen werden. Dafür spricht zum einen, dass die Urkunde von 1487 ein Erbbegräbnis der Lüneburgs in der Kapelle nennt. Zum anderen lässt sich in der frühen Neuzeit auch ein Grab innerhalb der Kapelle 1708 belegen. Denn in einem kurzen Bericht über die Familienkapelle schreibt der damalige Werkmeister der Kirche, dass damals das „Grab, welches in dieser Kapelle ist, gantz eingefallen“ war (AHL Akte Katharinenkirche, Vol. 2, fasc. 4 G b). Dennoch muss der genaue Ort der Bestattung innerhalb der in ihren Ausmaßen nicht mehr exakt bestimmbaren Kapelle wie auch die ursprüngliche Lage der Bronzeplatte des Johann Lüneburg offen bleiben. Der Teilbereich des Unterchores, den die Kapelle einnahm, ist nicht mehr genau zu eruieren. Er ist durch Gitter abgetrennt gewesen. Wahrscheinlich reichte er bis zu den Fenstern, denn im 18. Jahrhundert beklagt ein Werkmeister im Zusammenhang mit der Lüneburgkapelle den schlechten Zustand der Fenster. 1854 waren die bis dato vorhandenen Gitter, welche die Kapelle eingrenzten, „verschwunden“, wie auch die „reiche freundliche Malerei“. DEECKE, Lübeck 1854, S. 40.

[17] BROKES zum Altar in der Lüneburgkapelle: „Lof unde Ehre si gott in der Höhe und deme hillighen Lichname Christi“. Fol. 27.

sen auf eine spätestens 1443 mit den Mitteln der Lübecker Bürgerin Rapesulver begründete, anschauliche Verehrung des Heiligen Sakramentes im Unterchor,[18] dessen zugehöriger Altar damals noch als Hauptaltar des Unterchores und nicht als Privataltar der Lüneburgs bezeichnet wurde und den Ort der liturgischen Handlungen der später gegründeten Familienkapelle darstellen sollte.[19]

Seit der Mitte des 15. Jahrhunderts wurde dann wahrscheinlich der westliche Teil des Unterchores auch zur Bestattung einzelner Lübecker Bürger genutzt. Diese Annahme ist allerdings nicht gesichert, da sie allein auf der neuzeitlich überkommenen Lage zweier Leichensteine aus dem 15. Jahrhundert beruht.[20] Erst für die nachreformatorische Zeit sind die Begräbnisse im Unterchor durch die so genannten Steinbücher nachgewiesen, welche von den Autoren der Bau- und Kunstdenkmäler ausgewertet werden konnten und heute verschollen sind. Im Osten, an der unwirtlichen Stelle über den Kellergewölben, befindet sich nur das

---

18 Anders beurteilt Ruth Schliemann die Überlieferung. Fußend auf Schenkluhns Ableitung der Lübecker Kirche von San Francesco in Assisi, will sie in der Sakramentsverehrung im Unterchor die Gestalt bestimmende Funktion des Unterchores erkennen. Verlockend ist ihre Argumentation, in dieser Zur-Schau-Stellung der an Christus gemahnenden Eucharistie eine Parallele zur Verehrung des hl. Franziskus in der Unterkirche in Assisi zu sehen, die wiederum den doppelgeschossigen Chortypus in Lübeck erklären könnte. Denn Franziskus, welcher mit den göttlichen Wundmalen versehen war, ist aufgrund dieser ersten überlieferten, christusgleichen Kennzeichnung häufig als der zweite Christus angesehen worden. Die Präsentation der Eucharistie würde daher den Verweis, den die architektonische Rezeption bietet, weiter erhöhen im Sinne des von Matthias Müller postulierten Zitats als „architektonischer Reliquie". (SCHLIEMANN, S. 83f.; MÜLLER, Matthias: Der zweitürmige Westbau der Marburger Elisabethkirche. Die Vollendung der Grabeskirche einer „königlichen Frau". Baugeschichte, Vorbilder, Bedeutung, Diss. Marburg 1994, Marburg 1997, S. 143f.). Historisch lässt sich diese These nicht belegen. Und der Blick auf die allgemeine Entwicklung der Sakramentsverehrung stellt sie gänzlich in Frage. Denn die öffentliche Verehrung der Hostie ist erst seit der Mitte bzw. dem Ende des 14. Jahrhunderts zu beobachten. TORSY, Jakob: Eucharistische Frömmigkeit im späten Mittelalter, in: Archiv für mittelrheinische Kirchengeschichte 23 (1971), S. 89-102, hier: S. 99; NIEDERMEIER, Hans: Über die Sakramentsprozessionen im Mittelalter, in: Sacris Erudiri. Jaarboek voor Godsdienstwetenschapen 22/2 (1974/75), S. 401-436, hier: S. 405.

19 Eine solche Patronatsübernahme durch eine spätere „Privatisierung" der Altäre, die in manchen Fällen bis zur Programmbestimmung der ikonographischen Ausstattung einer ganzen Kirche durch die Priesterschaft gehen kann, ist auch von anderen Ordenshäusern bekannt. Irene Hueck belegte dies dezidiert für die Kapellen der Unterkirche von San Francesco in Assisi, HUECK, Irene: Die *Kapellen* der Basilika San Francesco in Assisi: die Auftraggeber und die Franziskaner, in: Patronage and Public in the Trecento, ed. by Vincent Moleta, Florenz 1986, S. 81-104.

20 Der eine Stein trägt den Namenszug des 1439 verstorbenen Grafen Erich Krummedyk, der zweite die Namen des Ehepaares Gottschalk und Gertrud von Wickede, die in den Jahren 1483 bzw. 1485 gestorben sind. Wie Krüger angibt, war Graf Krummedyk einer „der höchsten Würdenträger des dänischen Königs Erich von Pommern", zuletzt als dessen Hofmeister tätig. TECHEN, Grabsteine, Nr. 97a und 100, S. 132; KRÜGER, Grabdenkmäler, LüKa 22, S. 818 und LüKa 37, S. 832; siehe auch: HASSE, Albert Krummediek, S. 70.

eine Grab der Familie Lüneburg, deren erstes hier bestattetes Mitglied, der 1461 verstorbene Bürgermeister Johann Lüneburg, auf der Bronzegrabplatte abgebildet ist.[21]

Zusammenfassend lässt sich feststellen, dass der Unterchor der Überlieferung nach zunächst zur Aufstellung von Altären diente. Zu nennen sind der sog. Altar E aus der Zeit um 1340 und der Hauptaltar, der erst für das Jahr 1443 belegt ist, aber als Hauptaltar doch vor dem Nebenaltar E aufgestellt worden sein wird, wofür auch die Architektur selbst Anhaltspunkte bietet: Die beiden östlichen Joche des Unterchores sind höher gewölbt als die westlich liegenden. Schon Ernst-Heinz Lemper interpretierte deshalb diesen Bereich als Standort für einen Altar. Die gesteigerte Gewölbehöhe sah er jedoch als Folge der Gestaltung des Mönchschores an, dessen Apsis mit ihrem Altarstandort eine Stufe gegenüber dem Langchor erhöht ist.[22] Doch die Hervorhebung der Ostpartie im unteren Chor erstreckt sich nicht über die gesamte Länge der Fußbodenerhöhung im darüber liegenden Stockwerk und muss somit als konkrete Gestaltung des Unterchores verstanden werden. Ernst-Heinz Lempers These gewinnt gerade unter Berücksichtigung der beschriebenen tatsächlichen Chorkonzeption noch mehr Glaubwürdigkeit. Demnach ist die Aufstellung der beiden Hauptaltäre im Ober- und Unterchor ursprünglich.

In dem Zusammenhang der beiden ehemaligen Hochaltäre ist interessant, dass neben der Figur der Kirchenpatronin noch eine zweite Skulptur das Haupteingangsportal der Kirche zierte. Die hl. Katharina und Johannes der Täufer flankierten, in Nischen stehend, den zentralen Eingang.[23] Ein erweitertes Figurenprogramm lässt sich nicht nachweisen.[24] Will man die beiden Figuren in einen Sinnzusammenhang bringen, so bietet sich an, in Johannes einen Nebenpatron

---

[21] Zur kunsthistorischen Einordnung der Bronzeplatte siehe: EICHLER, S. 39-47, weitere Literaturangaben bei KRÜGER, Grabdenkmäler, S. 824.

[22] LEMPER, S. 190f. Als Vergleichsbeispiel für die Raumerhöhung der Apsis bringt Lemper die Kathedralkrypta in Glasgow als Beispiel an.

[23] Diese Figuren lassen sich in den Beschreibungen der Kirche bis in das Jahr 1712 zurückverfolgen. V. MELLE, Gründliche Nachricht 1712, S. 168. Die beiden Sandsteinfiguren wurden 1894 durch neue Skulpturen von Professor Friedrich Küsthardt (1830-1900) aus Hildesheim ersetzt, der für seine bildhauerischen Fähigkeiten im Bereich der Grabmalkunst bekannt war. Seine Schöpfungen befinden sich seit der unmittelbaren Nachkriegszeit im Magazin des St.-Annen-Museums. BUK 4, S. 47; AHL Kath. Kirche 1880-1905 K 1/6 (Briefe von Küsthardt vom 13.06 und 22.12.1894); ZIMMERMANN, Gymnasium, S. 15; THIEME-BECKER 22, Leipzig 1928, S. 76.

[24] In der Sockelzone der Westfassade finden sich keine Hinweise auf weitere größere Figuren. Auch die genannten älteren Beschreibungen des Eingangsbereichs erwähnen keine anderen Skulpturen. Als weiterer Fassadenschmuck sind ehemalige Wandmalereien auf dem linken Blendeingang oder auch in den oberen Blendnischen der Fassade denkbar.

der Kirche zu sehen. Er könnte demnach der ursprüngliche Patron des zweiten Hauptaltares, für den ab dem 15. Jahrhundert die Verehrung des Heiligen Sakramentes nachgewiesen wurde, gewesen sein oder auch der Patron des Unterchores.[25]

In Bezug auf den Unterchor fehlen jegliche Hinweise auf eine bürgerliche Nutzung vor der Mitte des 15. Jahrhunderts.[26] Vor dem Hintergrund, dass mit den Lübecker Bürgertestamenten eine Quellengattung erhalten ist, die generell einen guten Einblick in die Abhaltung von Privatmessen und in andere an die Bürgerschaft gerichtete liturgische Handlungen bietet, ist diese Tatsache nicht zwingend als Resultat mangelnder Überlieferung zu werten, sondern könnte die mittelalterliche Nutzung widerspiegeln, die demnach zunächst nicht von Bürgern getragen war. Um 1450 taucht der Unterchor gleich in mehreren Dokumenten auf: So übernahm die Bäckerbruderschaft den dortigen Altar E. Darüber hinaus diente der Raum der Anbetung des Heiligen Sakramentes. Und nach Ausweis der genannten Grabsteine, für deren spätmittelalterlichen Ursprung wiederum die etwa zeitgleich einsetzende Überlieferung der bereits genannten bürgerlichen Verwendung spricht, wurden in ihm einzelne Lübecker Ehrenpersonen beigesetzt.[27] Damit legen die bekannten Informationen als ursprüngliche Raumfunktion eine exklusive Konventskapelle nahe, die erst später, um die Mitte des 15. Jahrhunderts, auch den Bürgern zur Verfügung stand.[28] Diese Schlussfolgerung ist allerdings nicht belegbar.

Der Unterchor öffnet sich in etwa 3,5 Meter hohen Spitzbögen zum Langhaus und den beiden Seitenschiffen und damit auch zu den Nebenkapellen der Katharina Strobuk und der Familie Crispin (*Abb.15*). Wie Antje Grewolls in ihrer Arbeit über die norddeutschen Kapellen angab, werden diese Familienkapellen mit einem Gitter gegen den Unterchor getrennt gewesen sein.[29] Die Abschrankungen müssen sich an der Außenseite der tiefen Arkaden befunden haben, um im Bereich der Stirnseiten des Unterchores außerhalb der zum Hochchor führen-

---

[25] Nicht immer war der Titelheilige auch Patron des Hauptaltares, wie z.B. in San Francesco in Assisi. Der Hochaltar in der Oberkirche war der Muttergottes und der Hauptaltar der Unterkirche Johannes dem Täufer geweiht. Zum Verhältnis zwischen Titelheiligem und Altarpatron zuletzt: RASMUSSEN, S. 494.

[26] Für die vorangehende Zeit ist auch nicht eine Kerzenspende für einen Altar des Unterchores bezeugt, jedoch gab es Stiftungen für die Ausstattung des Hochaltares im oberen Chor.

[27] Interessant ist in diesem Zusammenhang die Tatsache, dass zwei Grabsteine auswärtiger Bischöfe aus der Mitte des 14. Jahrhunderts (in der Neuzeit) im Hochchor nachweisbar sind, wovon sich die Grabplatte des 1337 gestorbenen Jakob von Ösel noch heute dort befindet.

[28] Der Unterchor war reich ausgemalt. Die Kenntnis eines möglichen Programms könnte in der Frage der mittelalterlichen Nutzungsgeschichte weiteren Aufschluss erbringen.

[29] GREWOLLS, Kapellen, S. 221. Am Bau selber finden sich keine Gitter-Spuren mehr.

den Wendeltreppen zu liegen. Die nördliche Treppe bietet die Anbindung an den Mönchschor, die gegenüberliegende einen unmittelbaren Zugang von der Sakristei im Obergeschoss. Damit legt auch die architektonische Konzeption der direkten Verbindung zwischen dem „Umkleideraum" des Priesters mit dem Erdgeschoss die Disposition des Unterchores als Altarstandort nahe. Darüber hinaus war der Unterchor zugänglich von einem weiteren, in der Literatur bisher als eigentliche und einzige Sakristei angesprochenen ebenerdigen Nebenraum, der, im Norden des klösterlichen Ostflügels gelegen, unmittelbar an die Kirche stößt.[30] Zwei Zugänge sind bekannt. Der westliche ist durch den spätmittelalterlichen Einbau der Chortreppe zugesetzt. Wie es für die Kirche typisch ist, ist das Bogenfeld der Öffnung an beiden Seiten unterschiedlich gebildet. An der klösterlichen Eingangsseite ist es spitz-, zur Kirche hin rundbogig. Die zweite, weiter östlich gelegene Öffnung diente vielleicht nach dem Treppeneinbau als Ersatz für die beschriebene. Sie führt in das Westjoch des erst im 20. Jahrhundert durch eine Mauer zum Unterchor abgetrennten südlichen Nebenchores und ist in älteren Grundrissen überliefert, heutzutage jedoch wieder vermauert und uneinsehbar hinter dicken Putzschichten verborgen.[31] Der unmittelbar westlich des fraglichen Sakristeiraumes liegende Kreuzgangflügel mündet mittels eines tiefen, durch das dicke Mauerwerk des Querschiffes führenden Durchganges in die Kirche, und zwar westlich des Unterchores, unter der spätgotischen Hochchortreppe (*vgl. Abb.9*). Weitere Einzelheiten, wie etwa eine Zugänglichkeit vom Unterchor durch die anzunehmenden abschrankenden Vergitterungen zu Langhaus und Seitenschiffen, sind nicht bekannt.

b) Der Hochchorlettner

Der westliche Abschnitt des oberen Chores diente als Leseplatz.[32] Sein Baukörper ist mit der doppelgeschossigen Choranlage regelrecht verschmolzen und geht

---

30 WILDE, Dehio, S. 491; SCHAICH, S. 83. Es gibt außer der Lage zwischen Kirche und Kloster keine Indizien für eine Nutzung als Sakristei. Die Raumform als solche ist eher unüblich für mittelalterliche „gherwekammern". Wilde und Schaich war die Funktion des oberen Nebenchores als Sakristei noch nicht bekannt. Diese nun vorausgesetzt, ist es nicht mehr zwingend, in dem schmalen, zweijochigen Raum eine Sakristei anzunehmen. Sicherlich wäre eine solche Nutzung neben dem Unterchor denkbar. Doch das Zugangssystem der Treppen lässt auch den Schluss zu, dass sich die Priester in der oberen Sakristei auf den Gottesdienst im Unterchor vorbereitet hätten.

31 1928 erwähnen die Autoren der Bau- und Kunstdenkmäler noch die Tür als bestehend. BUK 4, S. 42. Auch im Grundriss von Günther Jaacks ist sie noch eingezeichnet.

32 LEMPER, S. 187, S. 197; WALLRATH: Die Krypta, Habil.-Schr. Köln 1944, S. 307; JAACKS, S. 27; KÖCKE, Ulrike: Lettner und Choremporen in den nordwestdeutschen Küstengebieten, ergänzt durch einen Katalog der westdeutschen Lettner ab 1400, Diss. München 1972, S. 127. Vgl. die Funktion des zum Langhaus gerichteten Abschnittes von hochgelegenen Chören, z. B. in Hildesheim, Westlettner (KOSCH, Clemens/STRACKE, Gottfried: Überlegungen zur geistlichen Konzeption

in deren Konstruktion auf. Ebenerdig ist er von den Gewölbejochen des Unterchores nicht zu unterscheiden. Und mit dem Mönchschor teilt er nicht nur eine Fußbodenebene,[33] die Lettnerbühne weist auch keine andere bauliche Zäsur zum Mönchschor auf, im Unterschied beispielsweise zum Naumburger Ostlettner. Dessen Kryptenvorderwand ist, wie Kirchner-Doberer darlegt, über das Fußbodenniveau des Hochchores geführt, so dass sich eine Abschlusswand des Psallierchores herausbildet. Daher sieht Kirchner-Doberer diesen auch als „Lettner im eigentlichen Sinne“ an. In der Lübecker Franziskanerkirche ist es allein das Chorgestühl, welches die beiden Funktionsbereiche voneinander trennt. Das hölzerne Mobiliar ist in U-Form auf den Altar im Osten hin ausgerichtet, wobei die hintere westliche Reihe mittig unterbrochen ist. Die nördliche und südliche Seite werden jeweils von aufwändig geschnitzten Hochwangen eingerahmt, womit sie den Eingang in den Psallierchor flankieren.[34]

Zumindest im ausgehenden Mittelalter diente er, wie viele andere auch,[35] als Bühne zur Aufführung von geistlichen Schauspielen. Von den Spielen erfahren wir aus nachreformatorischen Chroniken, die den alten Brauch erwähnen, nicht ohne ihren Abscheu gegen die frühere Sitte zum Ausdruck zu bringen.[36] Die geistlichen Schauspiele wurden vielleicht auch unter Mitwirkung der Spielleute

---

der Michaeliskirche vom 11. bis zum 13. Jahrhundert, in: Der vergrabene Engel. Die Chorschranken der Hildesheimer Michaeliskirche. Funde und Befunde, Mainz 1995, S. 40). In einem Testament des 14. Jahrhunderts wird für den Lettner der Katharinenkirche die Bezeichnung „ambone“ verwendet. (AHL HS 1034 e/03.06.1367, Testament des Hermann de Carmen). Dieses Wort fand nach Kirchner-Doberer ausschließlich für Tribünen wie Lettner und Ambo Verwendung. (KIRCHNER-DOBERER, Erika: Die deutschen Lettner bis 1300, Diss. [Masch.-Schr.] Wien 1946, S. 4).

[33] Der von den BUK 4 gegebene Längsschnitt gibt einen Niveauunterschied für den Fußboden an, doch liegt dieser nicht in der Ebene des Fußbodens begründet, sondern darin, dass der Schnitt das hölzerne Stufenpodest des Chorgestühles berücksichtigt.

[34] Die Aufstellung des Chorgestühles ist nicht mehr ursprünglich. Es wurde gegen 1473 umgebaut und erhielt einen neuen Baldachin und gemalte Dorsalrückwände (BUK 4, S. 113). Die heutigen Podeststufen stammen aus der Neuzeit (SEIDEL, S. 7f.). Die Anordnung des ursprünglichen Gestühles wird ähnlich gewesen sein wie Vergleichsbeispiele nahe legen, aber auch die Tatsache, dass die Sitze des 14. Jahrhunderts zum großen Teil in dem spätgotischen Gestühl integriert sind. Auch für die Westreihe konnte Stefan Seidel anhand von Spuren eine entsprechende spätgotische Aufstellung rekonstruieren. Sie besaß zudem eine Pultreihe. WENTZEL, Hans: Der Hochalter in Cismar und die lübeckischen Chorgestühlswerkstätten des 14. Jahrhunderts, Diss. Göttingen, Lübeck 1937, S. 20, 86; URBAN, Martin: Das mittelalterliche Chorgestühl in der Klosterkirche zu Preetz und die Lübecker Gestühle des frühen 14. Jahrhunderts, Diss. Kiel (Masch.-Schr.) 1950, S. 34; SEIDEL, S. 40f. und S. 60.

[35] DOBERER, Erika: Der *Lettner*. Seine Bedeutung und Geschichte, in: Mitteilungen der Gesellschaft für vergleichende Kunstforschung in Wien 9 (1956), S. 117-122, hier: S. 118.

[36] V. HÖVELEN, S. 69; KRÜGER, Lübeck, S. 171; aus der 1704 verfassten Chronik des Benedict Rechow zitiert FISCHER, Ernst H.: Lübecker Theater und Theaterleben in frühester Zeit bis zur Mitte des 18. Jahrhunderts, Lübeck 1932, S. 20.

aufgeführt, die spätestens seit 1435 in der Marienbruderschaft an St. Katharinen organisiert waren.[37] Ihr Altar befand sich an einem der nördlichen Langhauspfeiler.[38] Denkbar wäre, dass die breite, vom Querhaus auf den Hochchor führende Treppe von etwa 1500 nicht zuletzt auch für die Schausteller und die bruderschaftlich organisierten Musikanten der auf dem Lettner aufgeführten Stücke in ihrer heutigen Form errichtet wurde.[39] Diese neue Anlage ermöglicht im Gegensatz zu der anzunehmenden Vorgängertreppe, die in das Außenmauerwerk des Querhauses integriert und wahrscheinlich nur vom Kloster aus zugänglich war, einen Aufgang vom damals bereits „öffentlich zugänglichen“ Unterchor aus. Zudem legt auch die großzügige, zweiläufige Bauweise mit einer Stufenbreite von 1,35 Metern eine zeitgleiche Frequentierung durch mehrere Personen nahe.

c) Der Hochchor

Die Funktion des oberen Chores als Mönchschor ist durch die quellenmäßige Bezeichnung der Franziskanerbrüder „ihres Chores“[40] sowie durch die Aufstellung des dendrochronologisch auf die Zeit kurz nach 1329 datierten Chorgestühls erwiesen.[41]

Von diesem Hochchor gelangte man durch eine Tür in der südlichen Langchorwand direkt in die Sakristei über dem südlichen Nebenchor. Die Ebene des Hochchores ist über den Chor und das Mittelschiff des Querhauses hinweg in die Südostecke des Südquerschiffes fortgesetzt, wo ein Durchgang durch die Querhausfassade in den oberen Kreuzgang führt.[42] Wahrscheinlich bestand vor der westlichen Erweiterung der Sakristei auch ein direkter Übergang vom Langchor in das Dormitorium. Die drei Bereiche – Kreuzgang, Dormitorium und Sakristei – waren z.B. auch in der Jerichower Prämonstratenserstiftskirche an den hochgelegenen Chor angebunden, hier durch einen Laufgang.[43] Den südlichen Nebenchor hatte man nachträglich zweigeschossig ausgebaut, nachdem die Krypta in

---

[37] ZMYSLONI, S. 104.

[38] BUK 4, S. 91.

[39] Der Verlauf der Vorgängertreppe ist rekonstruiert in: BUK 4, S. 73f.; vgl. JAACKS, S. 31f.; VOGELER, Wandbild, S. 144.

[40] Terminus „unser Chor“ findet sich in: UBL 7 Nr. 346/30.04.1446 und einer Urkunde vom 16.02.1456 (BUK 4, S. 66). Detmar bezeichnet ihn einmal als „minren brodere chore“ (Chroniken 1, S. 496). Die Bezeichnung „chorus noster“ wählten beispielsweise auch die Kanoniker für den hochgelegenen Westchor der Hildesheimer Michaeliskirche, in welchem das Chorgestühl aufgestellt war. KOSCH/STRACKE, S. 40.

[41] Vgl. Kap. 4, Anm. 54.

[42] BUK 4, Abb. S. 40.

[43] RAMM, Peter: Die Klosterkirche Jerichow. Geschichtliche und kunstgeschichtliche Aspekte, in: Friedrich MÖBIUS/Ernst SCHUBERT (Hg.): Architektur des Mittelalters, Weimar 1983, S. 141-159, hier: S. 149.

das Baukonzept integriert worden war, um in dem oberen Stockwerk eine direkt in den Stiftschor führende Sakristei einzurichten.[44] Über einen Steg verbunden waren auch Dormitorium, Sakristei und Chor in Hildesheim seit der Erweiterung des Westchores um 1200.[45] In Brandenburg führte eine Galerie vom Dormitorium in den Chor,[46] und der zweigeschossige Kapellenanbau, den Bischof Gernand (1221-1241) errichten ließ, beherbergte im oberen Raum wie schon in Jerichow die Sakristei.[47]

Die Nutzung des Hochchores und dessen räumliche Anbindung an die Klausur und Sakristei erfolgten in Lübeck also analog zu den Chorebenen über hochgelegenen Krypten der Romanik. Letztendlich ist in St. Katharinen das von dort bekannte Wegesystem, das in der Tradition der stockwerkübergreifenden Nachtstiege mittels verschiedener Hilfsstege und Galerien steht,[48] auf einer Bühne zusammengezogen.[49]

---

44 RAMM, S. 147.

45 KOSCH/STRACKE, S. 36 u. 40. Die Anbindung von Dormitorium und Chor hatte damals bereits eine Tradition in der Nachtstiege, welche stets vom hochgelegenen Dormitorium in den Chor hinunterführte. Hierauf verweisen auch Kosch und Stracke in ihrer Darstellung der Hildesheimer Raumkonzeption. KOSCH/STRACKE, S. 36; zur Tradition und Entwicklung der räumlichen Disposition der Nachttreppe: UNTERMANN, Klausur-Ostflügel, S. 248.

46 MEYER, Kurt: Die Baugeschichte des Doms zu Brandenburg a.H., Diss. TH Berlin 1910, S. 41; MÜTHER/VOLK, S. 18; KÖPPING, Günther: Neue Ergebnisse zur Geschichte und zur Gestalt der Gründungsbauten von Dom und Domkloster in Brandenburg, in: Denkmale in Berlin und in der Mark Brandenburg, Weimar 1988, S. 156-170, hier: S. 164; VINKEN, Gerhard u.a. (Bearb.): Dehio Brandenburg, München 2000, S. 110.

47 FAIT, Joachim: Dom und Domschatz *Brandenburg* (= Das Christliche Denkmal 20), Regensburg 1994, S. 24; ausgehend vom Brandenburger Anbau, bringen Müther und Volk den Typus der neben dem Chor gelegenen doppelgeschossigen Kapelle, deren Obergeschoss die Sakristei beherbergt, in Zusammenhang mit dem Sakristeigebäude des Magdeburger Domes (um 1200 im Norden des Chores). In Magdeburg war der Auftraggeber des Brandenburger Kapellenanbaues zuvor Domherr und Dechant gewesen. Auch in Wechselburg lag die Sakristei auf einer Ebene mit dem über der Krypta erhöhten Chor. KRAUSE, Hans-Joachim (Bearb.): Stiftskirche zu Wechselburg 2, Berlin 1972, S. 37f. und Abbildungen Z 13,14.

48 KOSCH/STRACKE, S. 36.

49 Einen Übergang ins Kloster, hier unmittelbar in das Dormitorium, bot beispielsweise auch der Lettner der Dortmunder Franziskanerkirche aus der Mitte des 14. Jahrhunderts. PIEPER, Roland: Die Kirchen der *Bettelorden* in Westfalen. Baukunst im Spannungsfeld zwischen Landespolitik, Stadt und Orden im 13. und frühen 14. Jahrhundert, Diss. Münster 1990, Werl 1993, S. 39.

2. Die Ableitung des Typus der doppelgeschossigen Choranlage und der Vorbildcharakter von San Francesco in Assisi

Da die vage Interpretation des Unterchores als „Mönchskapelle" keine gestaltbedingende Erklärung für die innovative, doppelgeschossige Choranlage darstellt, werden im Folgenden typologische Vergleiche zu einer Herleitung der Architektur angestellt und auf weitere Gemeinsamkeiten befragt.

a) Hochgelegene Krypten Oberitaliens und der norddeutschen Tiefebene

Mehrere Autoren verweisen auf die hochgelegenen „offenen Hallenkrypten" oberitalienischer und auch norddeutscher Kirchen als „Anregung" für Lübecks doppelgeschossige Choranlage,[50] Friedrich Möbius sieht die italienischen Krypten sogar konkret als Vorbilder für die Lübecker Ostteile an.[51] Zu der angespro-

---

[50] Auf oberitalienische Krypten verweisen Burmeister und Jaacks, auf die Krypten von Jerichow und Brandenburg Lemper und Jaacks. BURMEISTER, Werner: Norddeutsche *Backsteindome*, Berlin 1943, S. 25f.; LEMPER, S. 188; JAACKS, S. 29. Einzig Fait sieht in der doppelgeschossigen Lösung eine Lübecker Sonderart in Form einer reichen Lettnergestaltung gegeben. Er erstellt eine Entwicklungstypologie, nach der zunächst der Domlettner mit einer Tiefe von einem halben Joch steht, gefolgt von dem nach seinen Angaben ein ganzes Joch in der Tiefe einnehmenden Lettner der Marienkirche und vervollkommnet in der Katharinenkirche, in der er den ganzen Chor einnehme. Diese These der „Lübecker Lettnergigantomanie" widerlegt Günther Jaacks überzeugend mit dem Hinweis auf die späte Entstehung der Lettner im Dom und in St. Marien, die beide dem 14. Jahrhundert entstammen und somit als Vorläufer des Franziskanerhochchores nicht in Frage kommen. FAIT, Bettelordensbaukunst, S. 70; JAACKS, S. 27. Interessant scheint auch der fünfschiffige, nahezu quadratische Podiumseinbau auf dem Niveau des Kirchenschiffes in dem um 1020 geweihten Zentralbau der ehemaligen Benediktinerkirche St. Heribert in Deutz, dessen Aussehen aus Grabungen erschlossen ist. Über die Verwendung der frei in den Kirchenraum eingestellten Empore, ihre Bedeutung und Ableitung ist leider nichts weiter bekannt als die Vermutung, die obere Ebene könnte den Mönchen als *chorus psallentium* gedient haben. Zwischen den östlich anschließenden Treppen, die zum eigentlichen Chor hinunterführen, wurde nachträglich in die Fundamentplatte der Sarkophag des kurz nach der Kirchweihe verstorbenen Bauherrn Erzbischof Heribert eingelassen. Zur Diskussion der Nutzung des Emporenaufbaues: KUBACH/VERBEEK I, S. 186; HAGENDORF-NUSSBAUM, Lucia: Zur Baugeschichte von Alt St. Heribert in Deutz, in: Colonia Romanica 13 (1998), S. 44-58, hier: S. 46. Mit dem Vorschlag, in der Ostkrypta des Trierer Domes eine funktionelle Parallele zur Kölner Empore zu sehen: KUBACH/VERBEECK 4, S. 126. Zur Baugeschichte mit weiteren Literaturhinweisen zuletzt: HAGENDORF-NUSSBAUM, S. 44-58.

[51] MÖBIUS, S. 161. Historische Gründe für eine solche Ableitung sind in keinem Fall bekannt, worauf auch Günther Jaacks und Friedrich Möbius ausdrücklich hingewiesen haben. Dennoch geht Möbius von einer Motiv-Übernahme aus Italien aus. Er stellt ihr sogar noch weitere architektonische Adaptionen der Lübecker Kirche zur Seite, die ebenfalls in keinerlei historischen Kontext eingebettet sind, wie die Lage der Chorseitenkapellen, die von den chorlosen Basiliken „Altbayerns" abgeschaut sei und wie ein allgemeiner „Impetus des Außenbaues aus dem frühen 13. Jahrhundert". So spricht er schließlich von einer „ungehemmte(n) Einverleibung von Archaik und Tradition", die er als Maxime des Lübecker Baumeisters ausmacht und als Form „sozialer Kommu-

chenen Kryptengruppe gehören in Italien die ehemalige Cluniazenserabteikirche von Florenz, San Miniato al Monte[52], die ehemalige Benediktinerkirche San Zeno in Verona und der Dom von Modena. Von den transalpinen Bauten sind die Anlagen der Prämonstratenserklosterkirche in Jerichow, des Brandenburger Doms und die Vorkrypta unter der Westempore der ehemaligen Kanonissenstiftskirche St. Cäcilien in Köln zu nennen.[53] Sie sind gekennzeichnet durch eine hohe, aber doch stets unter Langhausniveau befindliche Lage und eine offene Bogenstellung zum Langhaus hin, die eine gute Einsicht vom Mittelschiff aus ermöglicht. Die Offenheit zum Laienschiff ergibt sich aus dem Fehlen einer Lettnerrückwand.

Der Lübecker Unterchor entspricht diesen offenen Krypten in konstruktiver Hinsicht. Wie diese trägt er als mehrschiffige, tiefe Halle einen einschiffigen Chor mit größeren Jocheinteilungen. Mit der Übernahme der Mittelschiffsbreite

---

nikation" wertet. Doch welche Aussage sollte eine solchermaßen willkürlich kompilierte Architektur vermitteln? „Der Gestus des Üppigen", den Möbius darin erkennt, müsste ja dann auch vom Adressaten, also den Mitgliedern des Konventes und den Lübecker Bürgern, entschlüsselt worden sein können. Dies wäre denkbar, wenn die historischen Bezüge zu den „Referenzobjekten" bzw. die Bauten selbst den Zeitgenossen bekannt gewesen wären (vgl. SCHENKLUHN, Architektur der Bettelorden, S. 63), nicht aber bei willkürlichem Aufgreifen von Bauten, deren Architektur zudem zum Erbauungszeitpunkt von St. Katharinen als veraltet gelten musste. Die von Möbius vorgestellten Kirchen lassen sich nicht in einen spezifischen Zusammenhang zu St. Katharinen in Lübeck bringen.

52 Reclam Kunstführer Florenz, 1993, S. 243; PAATZ, Walter und Elisabeth: Die Kirchen von Florenz 1, S. 427ff.

53 Interessant ist auch die von der lombardischen Kunst beeinflusste Architektur der kleinen Schweizer Kirche S. Nicolao in Giornico, einer ehemaligen Benediktinerkirche, aus dem Beginn des 12. Jahrhunderts. Sie besitzt eine dreischiffige Hallenkrypta, welche sich unter einem eingezogenen hochgelegenen Chor befindet. Die exakt übereinander liegenden Bauteile von Krypta und hochgelegenem Chor bilden nach Westen, umrahmt von der östlichen Stirnwand, eine gemeinsame „Fassade" aus. Dieser ist lediglich eine barocke Freitreppe zum Langhaus hin vorgelagert. Pilasterreste in der Mitte des Langhauses werden als Teile eines ehemaligen Lettners gedeutet. (HERTIG, Louis: Die Entwicklungsgeschichte der Krypta in der Schweiz. Studien zur Baugeschichte des frühen und hohen Mittelalters, BIEHL 1958, S. 59-61 u. Abb. 8f.; SPEICH, Klaus/SCHLÄPFER, Hans R.: Kirchen und Klöster in der Schweiz, München 1978, S. 94f.; JENNY, Hans [Bearb.]: Kunstführer durch die Schweiz 2, 5. Auflage, Zürich 1976, S. 465ff.). Die Krypta des Odenser Domes St. Knud, auf die schon Günther Jaacks hinwies, ist im 14. Jahrhundert als bestehende Grablege dänischer Könige teilweise in den gotischen Neubau übernommen und ausgebaut worden. Sie kann in funktionaler Hinsicht nicht mit dem Lübecker Unterchor verglichen werden. Die Lübeck vergleichbare Ansicht von den Seitenschiffen aus ergibt sich aus der Herunterführung der Nebenschiffe. Nach Westen ist die Krypta gänzlich ummauert. Eine Treppenanlage führt geradezu vom Mittelschiff auf den Chor. JAACKS, S. 29; Reclams Kunstführer Dänemark, Hg.: Rudolf ZEITLER, Stuttgart 1978, S. 287ff.

und einer Höhe von 4,50 Meter[54] sowie einer Längenerstreckung über 27 Metern weist er in etwa kryptentypische Maße auf, wenn auch der gestreckte Grundriss, der sich hier aus den Proportionen des franziskanischen Langchores erklärt, für Krypten ungewöhnlich ist. Er wird jedoch relativiert durch die Einbeziehung des südlichen Seitenschiffes in das Untergeschoss. Der untere Chor von St. Katharinen ist insgesamt gesehen nicht nur dem gleichen Aufbau, sondern auch der gleichen statischen Einbindung in die Choranlage verpflichtet wie die betreffenden Krypten.[55]

In funktioneller Hinsicht ist ein Vergleich der Krypten mit dem Unterchor schwierig, da sich einerseits zur ursprünglichen liturgischen Nutzung des unteren Chores in Lübeck keine konkreten Abläufe rekonstruieren lassen und andererseits kein kategorischer Kanon klar bestimmbarer Funktionen bindend für die Kryptendefinition ist.[56] Ulrich Rosner kommt in seiner Untersuchung der ottonischen Krypten sogar zu dem Schluss, dass sich „eine nur für Krypten spezifische Funktion, soweit sie Altar, Grab oder Reliquie betrifft, ... nicht“ ausmachen lässt.[57]

Die nachgewiesene Aufstellung von Altären stimmt grundsätzlich mit dem Gebrauch von Krypten überein, wenn sich auch nicht in allen Krypten Altäre finden.[58] Zu der infrastrukturellen Einbindung der Krypta in Kirche und Kloster gibt es in der „Kryptenliteratur“ wie auch der Forschung zu den einzelnen Bauten nur beiläufig Hinweise. Durchgänge vom Kreuzgang aus entsprechen offenbar der Regel, und Zugänge zur Kirche hin sind bei den Hallenkrypten unabdingbar und definitionsbildend.[59] Die direkte Anbindung zum Hochchor jedoch, wie sie die nördliche Treppenspindel gewährleistet, scheint dahingegen nicht glei-

---

[54] Dieses Maß entspricht durchaus den Raumhöhen von Hallenkrypten. Die Seitenschiffe der „basilika-artig“ konzipierten dreischiffigen Westkrypta in Bamberg hatten beispielsweise eine Gewölbehöhe von 5 m, das Mittelschiff erreichte wahrscheinlich eine Höhe von 7 m. LOBBEDEY, Uwe: Ottonische Krypten. Bemerkungen zum Forschungsstand an Hand ausgewählter Beispiele, in: Gerd ALTHOFF/Ernst SCHUBERT (Hg.): Herrschaftspräsentation im ottonischen Sachsen, Sigmaringen 1998, S. 77-102, hier: S. 97.

[55] LEMPER, S. 187.

[56] Verschiedene Definitionen versuchen, der Krypta konkrete Funktionen zuzuweisen. (HERTIG, S. 6; zuletzt: GLIMME, Hans-Peter: Die Krypten in England. Eine Architekturform und ihre kirchengeschichtlichen Bezüge, Diss. Marburg 1994/95, Weimar 1995, S. 67ff.). Dahingegen hat bereits Ernst-Heinz Lemper festgestellt, dass es „einen einheitlichen Formen- und Ideenkomplex 'Krypta'“ weder in der Romanik noch in der Gotik gab (LEMPER, S. 387). Ulrich Rosner zeigte überzeugend die Funktionserweiterung der Krypten mit Beginn der ottonischen Zeit auf. ROSNER, Die ottonische Krypta, Diss. Köln 1991, Köln 1991, S. 195.

[57] ROSNER, S. 195.

[58] HERTIG, S. 154; ROSNER, S. 176-180.

[59] So bei HERTIG, S. 6.

chermaßen häufig vorzukommen, noch seltener ist wohl ein unmittelbarer Zutritt von der Sakristei aus, wie ihn in Lübeck die südliche „Priesterspindel" bietet. Als Verehrungsstätten von Reliquien und Heiligengräbern richten sich Krypten an ein größeres Laienpublikum. Eventuell war in Lübeck jedoch diese Nutzergruppe zunächst ausgeschlossen – doch der Aspekt der Zugänglichkeit muss offen bleiben. Er ist mit den bislang bekannten Quellen nicht ausreichend zu erhellen.

Klarer lässt sich die Frage der Ableitung des Lübecker Unterchores vom Bautypus der Krypta untersuchen. Allen Krypten ist ein formeller Aspekt gemeinsam, den schon ihr Wortsinn verspricht: nämlich die eingetiefte Lage.[60] Auch die hohen Anlagen in der norddeutschen Tiefebene weisen sie auf. Deren deutliche Höhe ist, wie Ernst-Heinz Lemper und Matthias Untermann angemerkt haben, dem hohen Stand des Grundwassers in der nordischen Tiefebene verpflichtet[61] und kann damit nicht vorwiegend als Ausdruck einer angestrebten Ästhetik gewertet werden, sondern muss als technische Notwendigkeit bei der Anlage einer Krypta in diesem Gebiet gelten. Nun wäre aber in Lübeck wegen des nach Osten abschüssigen Geländes die Integration einer in den Boden eingetieften Krypta möglich gewesen, was nicht zuletzt das ausgeführte Untergeschoss unterhalb des Unterchores beweist.[62] Somit ist die Frage der Ableitbarkeit des Untergeschosses in Lübeck von den hohen Kryptenanlagen zu verneinen, will man nicht, wie Ernst-Heinz Lemper dies angedeutet hat, in der Ebenerdigkeit des Unterchores eine gotische Weiterentwicklung der hohen romanischen Krypten sehen.[63]

Die Hallenkrypta diente schon im Verlauf der Romanik zunehmend vielfältigeren Aufgaben. Sie bot beispielsweise seit der ottonischen Zeit neben Reliquienaltären und Heiligengräbern auch der Grablege herausragender Persönlichkeiten

---

60 Das Wort „Krypta" stammt aus dem Griechischen und bedeutet „verborgen". WALLRATH, Rolf: Zur *Entwicklungsgeschichte* der Krypta, in: Jahrbuch des Kölnischen Geschichtsvereins 22 (1940), S. 273-292, hier: S. 274; BUSCHOW, Hans: Studien über die Entwicklung der Krypta im deutschen Sprachgebiet, Würzburg 1934, S. 1; HERTIG, Louis: Die Entwicklungsgeschichte der Krypta in der Schweiz. Studien zur Baugeschichte des frühen und hohen Mittelalters, Biel 1958, S. 5. Zuletzt hat Uwe Lobbedey die „Eintiefung in den Boden unter dem Altar- bzw. Chorraum" als wichtigstes bestimmendes Merkmal einer Hallenkrypta spezifiziert. LOBBEDEY, S. 78.

61 LEMPER, S. 158 u. 188; UNTERMANN, Matthias: Kirchenbauten der *Prämonstratenser*, Untersuchungen zum Problem einer Ordensbaukunst im 12. Jahrhundert, Köln 1984, Anm. 1497.

62 JAACKS, S. 28.

63 Im Zusammenhang mit dem hohen Grundwasserspiegel spricht er die Ebenerdigkeit des Lübecker Untergeschosses als Weiterentwicklung der hochgelegenen Krypten Jerichows und Brandenburgs an, wenngleich er sich an anderer Stelle von dieser Herleitung wieder distanziert und die Unterkirchen als wichtigere Vorstufe der Lübecker Lösung ansieht. LEMPER, S. 188 u. 198.

Platz.[64] In dem Maße, wie sie sich vielfältigeren Aufgaben gegenüber öffnete, scheint sie gegenüber dem hochgelegenen Chor eine Bedeutungsminderung erlangt zu haben. So erklärt sich, dass das Ziel zahlreicher Kryptenerweiterungen und -neubauten des 11. bis 13. Jahrhunderts häufig die Exposition der hochgelegenen Chöre gewesen ist,[65] die nach Haas zu einem Rangabzeichen von Stifts- und Klosterkirchen der nichtreformierten Orden avancierte.[66] Das ist nicht zuletzt daran zu erkennen, dass neben Neubauten von Krypten vorwiegend Erweiterungen realisiert wurden.[67] Mit dem Bamberger Westchor existiert sogar ein Beispiel, bei dem der Mönchschor durch Aufschüttung des Geländes erhöht wurde, ohne dass dabei überhaupt eine Krypta angelegt worden wäre.[68] Auch die Lübecker Doppelgeschossigkeit findet häufig eine in diese Richtung weisende Erklärung, die den Unterchor als Mittel zum Zweck der hohen Mönchsebene, sozusagen als „Abfallprodukt", ansieht. Dies geschieht nicht, ohne dass stets das „Unfranziskanische" und damit wohl das Unbescheidene dieser Lösung herausgestellt wird.[69] Eine Einordnung des Lübecker Untergeschosses in diese Entwicklungslinie ignoriert die Architektursprache, die ein geradezu konträres Bild vermittelt: Denn die offene Gestaltung des unteren Geschosses und die Arkadenstellung zum Langhaus, welche eine eigene Fassade ausbildet, betonen das Erdgeschoss weitaus mehr als den darüber liegenden Mönchschor. Nicht er wirkt dem Betrachter gegenüber exponiert – er ist ihm weder hinter der hölzernen Gitterbrüstung völlig entzogen noch wird er im positiven Sinne herausgehoben – vielmehr wird dem Eintretenden das Untergeschoss geradezu demonstrativ präsentiert. Die Tatsache, dass sich das angesprochene Herausheben des Mönchschores bei keiner Minoritenkirche findet, erhärtet die Zweifel an einer Ableitung der Lübecker Lösung von den Formen, die der Konkurrenzkampf der Stifts- und Klosterkirchen anderer Orden gefunden zu haben scheint.[70] Den

---

[64] WALLRATH, Entwicklungsgeschichte, S. 276; ROSNER, S. 195.

[65] LEMPER, S. 352; UNTERMANN, Prämonstratenser, S. 278 mit weiteren Literaturhinweisen; ROSNER, S. 181; vgl. auch HERTIG, S. 154.

[66] HAAS, Walter: Oben und Unten im mittelalterlichen Kirchenbau, in: Maike KOZOG (Hg.): Architektur. Struktur. Symbol. Streifzüge durch die Architekturgeschichte von der Antike bis zur Gegenwart. Festschrift für Cord Meckseper zum 65. Geburtstag, Fulda 1999, S. 67-76, hier: S. 70. Uwe Lobbedey hinterfragt dieses Bild zur spätromanischen Krypta, indem er die Gegensätzlichkeit konstatiert zwischen Funktionsverlust – er spricht hier von einem funktionellen Vakuum – bei gleichzeitig häufiger und aufwändiger Erbauung dieser Räume. LOBBEDEY, S. 79.

[67] Eine Auflistung für das 11. und 12. Jahrhundert bei UNTERMANN, Prämonstratenser, Anm. 1491 bis 1493.

[68] Eine Auflistung für das 11. und 12. Jahrhundert bei UNTERMANN, Prämonstratenser, Anm. 1490 und 1493; zu Bamberg: HAAS, Oben und Unten, S. 69f.

[69] BURMEISTER, Backsteindome, S. 25; JAACKS, S. 28f.; EINHORN, Franziskanerklöster, S.45; WILDE, Dehio, S. 485.

[70] In der weiteren Entwicklung hat sich der Kryptenbau nach Lemper dem gotischen Raumideal der „Einebnung der großen Hauptachse zur Hervorhebung von Chor und Hauptaltar"

gleichen Schluss legt der Umstand nahe, dass Krypten an Franziskanerkirchen die Ausnahme bilden. Aus dem 13. Jahrhundert lassen sie sich nachweisen in dem dänischen Randers[71], als Stiftergrablege in Greifswald[72] und wahrscheinlich auch in San Francesco al Prato in Perugia[73] sowie aus dem 14. Jahrhundert in Neuenburg an der Weichsel[74] und eventuell unter dem in der Mitte des Jahrhunderts geweihten Chor der Franziskanerkirche in Dortmund[75].

Der Verzicht auf eine Lettnerrückwand und das gleiche Niveau zwischen oberer Lettnerebene und anschließendem Hochchor verbindet die hanseatische Lösung mit den schon genannten offenen Hallenkrypten. Diese Besonderheiten zieht Erika Kirchner-Doberer in Abgrenzung zum üblichen Kryptenlettner zur Definition einer eigenständigen Binnenarchitektur heran und versieht sie mit dem

---

untergeordnet. Die ganz unter dem Erdboden verschwindenden Krypten hätten darin ebenso ihre Wurzel wie die Unterchöre. Jedoch belegt er seine These hinsichtlich der Krypten nur mit einem Beispiel, der unterirdischen Krypta in Trebic. Sie wird hingegen, nicht zuletzt aufgrund der mangelnden Beleuchtung, von Beginn an eine Gruft, nicht eine Krypta gewesen sein. (LEMPER, S. 118-123). Seiner These ist zweierlei entgegenzuhalten. Seine Überlegungen vorausgesetzt, hätten die offenen Hallenkrypten der Romanik, die ja bereits eine „Verschränkung" vom Chorbereich mit dem Langhaus aufweisen, die Wurzel der Unterchöre darstellen müssen, und nicht die den Fluss dieser Längsachse gänzlich aufhaltenden hohen Krypten mit den „echten Lettnern" (im Sinne Kirchner-Doberers mit Rückwand). Doch zwischen der Erbauung der nachgewiesenen offenen Hallenkrypten und der Lübecker Anlage liegen knapp 100 Jahre, wohingegen einzelne zum Langhaus hin geschlossene Krypten, wie z.B. die Bamberger, dem Lübecker Unterchor zeitlich näher sind. Zum anderen ist Lempers Ausgangspunkt seiner Überlegungen zu hinterfragen, in dem er die freie Blickachse als gotisches Ideal darstellt. Diese immer wieder zu findende These und ihr Bezug auf die Entwicklung und das Verschwinden der Krypta (CLAUSSEN, H.: Krypta, in: Lexikon für Theologie und Kirche 6, Freiburg/Breisgau 1961, Sp. 653; BINDING, Günther: Krypta, in: Lex.MA 5, München u.a. 1991, Sp. 1556) scheint mit Hinblick auf die zahlreichen Lettneranlagen, die den gotischen Raum teilten, worauf ausdrücklich Marcia Hall hingewiesen hat, differenziert werden zu müssen. HALL, Marcia B.: The Ponte in *S. Maria Novella*: The Problem of the rood screen in Italy, in: Journal of the Warburg and Courtauld Institutes 37 (1974), S. 157-173, bes.: S. 173.

[71] EINHORN, Architektur, Anm. 27.

[72] Siehe unten Abschnitt 1.B.3.

[73] SCHENKLUHN, Architektur der Bettelorden, S. 58.

[74] JAACKS, S. 28.

[75] PIEPER, Bettelorden, Anm. 47. Niedrige, unterkirchenartige Räume, die als Gruftanlage dienten, lassen sich unter den Chören der Franziskanerkirchen in Augsburg sowie im englischen Great Yarmouth und im irischen Buttevant, Co. Cork nachweisen. (Zu Augsburg: JESSE, Horst: Die evangelische Kirche „Zu den Barfüßern" in Augsburg, Pfaffenhofen 1986, S. 18. Der Autor schreibt, die Gruft hätte sich unter der ganzen Kirche erstreckt. Die Grabungen, auf die sich Jesse bezieht, haben aber nur im Bereich unter dem Chor stattgefunden. Zeichnungen hierzu sind im Römischen Museum, Augsburg, vorhanden. An dieser Stelle einen herzlichen Dank an H. Wirth vom Römischen Museum für die Zusammenstellung und die Kopien des dort vorhandenen Materials). Über die angelsächsischen Bauten informiert: MARTIN, A.R: Franciscan Architecture in England, Manchester 1937, S. 17f. Des Weiteren weist Schenkluhn auf „kryptenähnliche Unterbauten" hin, SCHENKLUHN, Architektur der Bettelorden, Anm. 113.

italienischen Begriff „Pontile".[76] Monika Schmelzer schließt in ihrer Untersuchung der deutschen Lettner die Anlagen in Jerichow, Brandenburg und Lübeck als „Sonderformen des westlichen Chorabschlusses" von ihrer Lettnerdefinition aufgrund des durchgehenden Niveaus von Bühne und Chor aus und, da sie keine eigenständigen Binnenarchitekturen aufweisen würden.[77] Die Vergleichsobjekte unterscheiden sich jedoch in zwei signifikanten Punkten von der Lübecker Choranlage. Die italienischen Lettner sind meist mit einer Kanzel organisch verbunden gewesen.[78] In Modena schließt ein solcher Ambo des 13. Jahrhunderts westlich an den älteren so genannten Pontile an.[79] In der kleinen Florentiner Kirche San Miniato al Monte ist eine Kanzel aus dem Beginn des 13. Jahrhunderts quer zum Lettnerbereich errichtet.[80] Sie steht mit ihrer Rückwand auf den Chorschranken, während ihre Vorderfront auf Säulen ruht, die unten auf der Lettnerebene ansetzen. In Deutschland handelt es sich überwiegend um Lettner

---

[76] KIRCHNER-DOBERER, S. 161-164. Hierzu zählt sie aber nicht die Jerichower Anlage. – Der aus dem Italienischen stammende Begriff stimmt nur bedingt mit der Nutzung in Italien selbst überein. Zwar wird er auch hier für den „Lettnertyp" in Modena benutzt, doch auch über Kirchner-Doberers Definition hinaus auf vielfältigere Erscheinungsformen angewandt. In ihrer Untersuchung des Florentiner „Ponte in S. Maria Novella" diskutiert auch Marcia Hall die Begrifflichkeit und zieht eindeutig die deskriptiven italienischen Termini *tramezzo*, *barco*, *ponte* und *pontile* den aus spezifischen Einzelfunktionen abgeleiteten Begriffen aus dem Deutschen, Englischen und Französischen vor. Obwohl sich Hall generell für die deskriptiven Termini ausspricht, verwendet sie selbst doch jedes Mal die historisch tradierte Bezeichnung. So spricht sie den Lettner der Dominikanerkirche in Florenz als *ponte* an, der im Gegensatz zu dem von ihr als *tramezzo* titulierten Lettner der Franziskanerkirche am gleichen Ort dem geschlossenen Erscheinungsbild eines Schrankenlettners gleicht. (Er weist jedoch nach Osten, zum Presbyterium hin Bogenstellungen auf. HALL, S. Maria Novella, S. 165, S. 171). Es ist festzustellen, dass der italienische Begriff *pontile* in Deutschland für die offenen Kryptenlettner mit gleicher Ebene von Lettnerbühne und Hochchor Anwendung findet (KIRCHNER-DOBERER, S. 162) sowie für italienische, brückenartig erscheinende, freistehende Lettner. Letztere werden hingegen in Deutschland, wie etwa die Konstruktion von St. Maria im Kapitol, ausschließlich mit dem Begriff des Lettners verbunden. In dieser Arbeit wird „Lettner" als Oberbegriff benutzt, für den die italienischen Bezeichnungen im Einzelfall als Namen oder beschreibende Zusätze verstanden werden – zumal auch Kirchner-Doberers Definition sich nicht an eine andersartige Funktion bindet, sondern ausschließlich an die Gestaltung anknüpft.

[77] SCHMELZER, Monika: Der mittelalterliche Lettner im deutschsprachigen Raum. Typologie und Funktion. Diss. Köln 1999, Petersberg 2004, S. 10 und 28.

[78] HALL, Marcia B.: The Tramezzo in *Santa Croce*, Florence, Reconstructed, in: The Art Bulletin 56 (1974), S. 325-341, hier: S. 339.

[79] DOBERER, Erika: Die ursprüngliche Bestimmung der Apostelsäulen im Dom zu *Chur*, in: Zeitschrift für Schweizerische Archäologie und Kunstgeschichte 19 (1959), S. 17-41, hier: Anm. 41 mit weiteren Literaturhinweisen zur Plastik des Pontiles; ACIDINI LUCHINAT, Cristina/SERCHIA, Luciano/PICONI, Sergio: I restauri del Duomo di *Modena* 1875-1984. Quando le cattedrali erano bianche. Mostre sul Duomo di Modena dopo il restauro, Modena o.J. (1984), S. 210-248.

[80] DOBERER, Chur, Anm. 61.

mit mittig vorspringender Kanzel.[81] Der Typ findet sich in der Jerichower Kirche wie auch an der Vorkrypta der ehemaligen Kanonissen-Stiftskirche St. Cäcilien in Köln.[82] Nachzuweisen ist er auch für den Dom im Schweizerischen Chur zu Beginn des 13. Jahrhunderts[83] und für den Brandenburger Dom[84]. Letzterer wies seit dem Ende des 12. Jahrhunderts einen zentral vorgelagerten Ambo auf, zu dessen Seiten Treppen auf den Mönchschor führten,[85] bevor er zu Beginn des 14. Jahrhunderts durch den heute wiederhergestellten Lettner mit drei Arkadenbögen ersetzt wurde[86] und sich damit der Lübecker Choranlage anglich.[87]

---

[81] Ausnahmen scheinen wohl bei den nicht mehr im Detail rekonstruierbaren Lettnern vorzukommen, wie in dem Vierungslettner des 12. Jahrhunderts im Straßburger Münster und demjenigen des Domes von Trient. Von dem dreibogigen offenen Straßburger Lettner führte wohl nach Westen hin lediglich eine Treppe hinab. Er bestand nur kurze Zeit, vom Ende des 12. Jahrhunderts bis zur Mitte des 13. Jahrhunderts, und konnte somit den Lübecker Bauherren nicht bekannt sein. KIRCHNER-DOBERER, S. 160 u. Anm. 495.

[82] Der Lettnerbereich mit vorspringender Kanzel ordnen Kubach/Verbeek stilistisch in das 2. Viertel des 12. Jahrhunderts. KIRCHNER-DOBERER, S. 160; KUBACH, Hans-Erich/VERBEEK, Albert: Romanische Baukunst an Rhein und Maas 1, Berlin 1976, S. 525.

[83] DOBERER, Chur, S. 17-41.

[84] Unter Erzbischof Anno (1065-1075) dürfte St. Gereon eine dreischiffige, offene Krypta erhalten haben, deren Rekonstruktion mit zentral vorspringender Kanzel jedoch hypothetisch ist. KIRCHNER-DOBERER, S. 160.

[85] Die Datierung des Ambos beruht auf der stilistischen und ikonographischen Einordnung einer unter dem Ambo befindlichen Wandmalerei, deren Träger gemeinsam mit dem Ambo entstanden sein muss. FAIT, Brandenburg, S. 17ff.; CANTE, 1998, S. 25 und Anm. 24; FAIT, Brandenburg, S. 4; VINKEN, Dehio Brandenburg, S. 110. Grundsätzlich ist jedoch die Datierung der Krypta, an welche der Ambo angeschlossen haben muss, bis heute umstritten. Zur Baugeschichte zuletzt mit weiteren Literaturhinweisen: CANTE, Marcus: Die mittelalterliche Baugeschichte des Doms im Überblick, in: ICOMOS. Hefte des Deutschen Nationalkomitees 1998, S. 21-30.

[86] FAIT, Brandenburg 1975, S. 17ff., S. 25, Abb. S. 8; CANTE, 1998, S. 25; FAIT, Brandenburg, S. 11. Eine spätere Datierung bei Köpping. Er datiert den Ambo zeitgleich mit der Bunten Kapelle, deren Altar 1235 geweiht wurde. KÖPPING, S. 164.

[87] Unter den von Kirchner-Doberer zu dem Thema der offenen Hallenkrypten angeführten Bauten scheidet die Vorkrypta des Speyrer Domes I als Vergleichsbau aus. Denn diese stark in den Boden eingetiefte Krypta war zum Laienhaus hin doch geschlossener als die oberitalienischen Beispiele. Nur noch die Bogenfelder der vor Treppenschächten befindlichen Arkaden waren nach Westen hin sichtbar. Diese waren darüber hinaus in eine monumentale Wand eher eingeschnitten, als dass sie das Bild einer offenen Bogenreihe vermittelten. (KIRCHNER-DOBERER, S. 159f.; vgl. die Rekonstruktion bei KUBACH, Hans Erich/HAAS, Walter: Der Dom zu Speyer, München Berlin 1972, Textband: S. 853-861, Bildband: Abb. 1315, 1390, 1680f.). Auf den von Erika Kirchner-Doberer angeführten Straßburger Lettner gibt es zu wenig Hinweise zu einer Rekonstruktion, um in ihm einen bestimmten Bautyp zu erkennen. Die Krypta der Magdeburger Prämonstratenserkirche Unser Lieben Frauen, die in der Literatur zu Jerichow lange Zeit als Vorbild für die dortige hochgelegene Krypta angegeben wurde, ist nach heutigem Kenntnisstand im Mittelalter nicht zum Langhaus hin geöffnet gewesen. Mit weiteren Literaturhinweisen: KRAUSE, Hans-Joachim: Das Kloster als Bauwerk – Seine Gestalt, Geschichte und denkmalpflegerische Instandsetzung, in: Matthias PUHLE/Renate HAGEDORN (Hg.): Kloster Unser Lieben Frauen Magdeburg. Stift – Pädagogium – Museum, Oschersleben 1995, S. 25-36, hier: S. 34; SCHMITT, Reinhard: Vom archai-

Ein weiteres signifikantes Merkmal, das die oberitalienischen Lettner vereint und sie als Gruppe gegen die Lübecker Anlage abhebt, ist die bauliche Abgrenzung des Lettners. Dies ist entweder wie in Florenz durch die Unterscheidung der Funktionsbereiche der oberen Ebene mit Hilfe von Chorschranken zu beobachten oder geschieht wie in Verona und Modena dadurch, dass der Lettner auf einem anderen Niveau gründet als das Langhaus und die Kryptenanlage. Darin gleichen sie der üblichen Gestaltung der freistehenden Lettner, welche meist auf einem erhöhten Fundament stehen.[88] In Verona führen mehrere Stufen vom Langhaus hinunter zum Lettnerbereich, dessen westliche Pfeilerreihe noch in der Treppenanlage aufsetzt, wohingegen sich die östlich folgende bereits auf dem Kryptenniveau befindet. Der rekonstruierte Pontile von Modena gründet eine Stufe unter dem Langhaus und ist seinerseits gegenüber der Krypta erhöht. Des Weiteren hebt er sich als flachgedeckte Loggia von der gewölbten Krypta ab. Eine optisch akzentuierte Differenzierung zwischen Lettner und Krypta war auch in Brandenburg ablesbar, weil dort die Einteilung in Schiffe bzw. Joche zwischen dem gotischen Lettner, der drei Joche einnahm, und der zweischiffigen Krypta differierte.

Die angeführten Vergleichsbauten haben also allesamt einen Lettnerbereich, der wie in Lübeck keine Rückwand besitzt und auch das gleiche Laufniveau wie Teile des Hochchores aufweist. Doch weisen unterschiedliche Fußbodenniveaus, Chorschranken oder Kanzeln die Pontili der untersuchten Bauten jedes Mal deutlich als eigenständige Funktionsräume aus. Dahingegen ist für die Choranlage der Lübecker Katharinenkirche der höchste Grad an architektonischer Verschmelzung der einzelnen Bereiche festzustellen. Sowohl im Unterchor zwischen Lettner und Chor als auch auf der Mönchsebene zwischen Bühne und dem Presbyterium sind keine baulichen Zäsuren vorhanden. Wo sie im praktischen Gebrauch unabdingbar waren, ist es die Anordnung des Mobiliars, im Bereich des Presbyteriums beispielsweise das Chorgestühl, das die Grenze markiert. Führt man sich den von den Mendikanten favorisierten Lettnertyp vor Augen, den Hallenlettner mit geschlossener Rückwand, welcher alle Schiffe der Kirche

---

schen Anfang. Zur Baugeschichte der Krypta des Klosters Unser Lieben Frauen in Magdeburg, in: Zwischen Kanzel und Katheder. Das Kloster Unser Lieben Frauen Magdeburg vom 17. bis 20. Jahrhundert, Magdeburg 1998, S. 129-143; zur allgemeinen Baugeschichte der Kirche im 12. Jahrhundert zuletzt: JOST, Bettina: Kirche und Kloster Unser Lieben Frauen in Magdeburg – ein Prämonstratenserbau und seine Stellung in der Architektur des 12. Jahrhunderts, in: Form und Stil, Festschrift für Günther Binding zum 65. Geburtstag, Hg.: Stefanie LIEB, Darmstadt 2001, S. 97-109.

[88] HALL, S. Maria Novella, S. 170, S. 173.

nach Osten hin abschließt,[89] wird einmal mehr deutlich, wie wenig Bedeutung die nordischen Franziskaner der Ausgestaltung des Lettners zugemessen haben.[90] Gleichzeitig markiert der Unterschied der nach Westen offenen Halle in Lübeck zu den „Ostriegeln“ der Langhäuser anderer Franziskanerkirchen die schöpferische Leistung der Lübecker Klosterkirche.

b) Das Zitat von San Francesco in Assisi im Katharinenchor

Bereits im 19. Jahrhundert wurde die Mutterkirche der Franziskaner in Assisi in ihrer Zweigeschossigkeit als Vorbild für verschiedenste Formen von „doppelstöckigen“ Chorlösungen an Minoritenkirchen postuliert, so für die Choranlage der Greifswalder Franziskanerkirche und etwas später für die im 15. Jahrhundert nachträglich durch einen Emporeneinbau eingerichtete Ostanlage von St. Johannis in Brandenburg.[91] Auf die Angabe des Inventarbandes der Brandenburger Kunstdenkmäler bezog sich 1968 Günther Jaacks. Er verwarf die Ableitung von San Francesco für die Brandenburger und Lübecker Konzeption der doppelgeschossigen Chöre mit dem vagen Hinweis, bei beiden lägen keine vollwertigen Kirchen übereinander und der Unterraum der Katharinenkirche sei „offenbar niemals im eigentlichen Sinne als Kirche benutzt worden“.[92] 1985 nahm hinge-

---

89 KRAUTHEIMER, S. 40f.; KIRCHNER-DOBERER, S. 18-20; DOBERER, Lettner, S. 119; HALL, S. Maria Novella, S. 168; SCHENKLUHN, Architektur der Bettelorden, S. 81-83.

90 Nach Hall kommt dem Lettner in Franziskanerkirchen vor allem die Funktion der Abschottung des klösterlichen Einganges in die Kirche vom Laienbereich zu. Eine solche Trennung ist in St. Katharinen bereits durch die doppelte Ebene und den oberen Zugang zum Mönchschor gegeben. Eventuell ist so zu erklären, dass die in Franziskanerkirchen übliche Lettnerbarriere hier in Lübeck aufgegeben werden konnte zugunsten einer gewichtigeren Metaphorik. HALL, Santa Croce, S. 338.

91 PYL, Theodor: Geschichte der Greifswalder Kirchen. Dritter Theil. Geschichte des Franziskaner- und Dominikaner-Klosters, Greifswald 1887, S. 1094 unter Berufung auf OTTE, Heinrich: Kirchl. Arch. 5., 1. Aufl., S. 116. Die Kunstdenkmäler von Stadt und Dom Brandenburg 2, Teil 3, Berlin 1912, S. 41.

92 JAACKS, S. 29. Jaacks' allgemein gehaltene Kritik zielt offenbar nicht auf die Unterscheidung zwischen Kopie und Zitat ab. Sie scheint vordergründiger zu sein. Ihm lässt sich entgegnen, dass zwar, wie bereits mehrmals festgestellt, die ursprüngliche Nutzung des Unterchores für St. Katharinen nicht detailliert zu rekonstruieren ist. Aber es ist festzustellen, was hier in Lübeck – im Verzicht auf den Bau einer im ganzen doppelgeschossigen Kirche – nicht gebaut wurde. Eine Unterkirche wie in Assisi diente vor allem den Pilgermassen (SCHENKLUHN, Ordines Studentes, S. 187). Diese Zielgruppe hatten die Bauherren in Lübeck offenbar nicht im Blick. Damit wird auch eine besondere Verehrung, wie sie etwa für Eisenach mit den Reliquien von Franziskus nachweisbar ist, nicht existiert haben (BIHL, Franziskuswunder in Deutschland, in: FS 17 (1930), S. 34; SCHENKLUHN, Architektur der Bettelorden, S. 61f.). In Lübeck war, so kann man dem Gebauten entnehmen, wohl nicht der gleiche Nutzungsbedarf vorhanden wie in Assisi. Vgl. auch Schenkluhn, der in der Doppelgeschossigkeit „in erster Linie ein konzeptionelles Problem und weniger eine Frage der Typenwahl“ sieht, SCHENKLUHN, San Francesco, S. 130.

gen Wolfgang Schenkluhn den Pfad der ordensimmanenten Ableitung wieder auf und sah S. Francesco in Assisi in dem doppelgeschossigen Chor der Lübecker Kirche vergegenwärtigt. Darüber hinaus erinnerten ihn die Lübecker Langchorfenster in ihren breiten Nischen an die Laufgangsituation über der hohen Sockelwand in der Oberkirche.[93] Fünfzehn Jahre später distanzierte sich Schenkluhn in seinem Werk zur Architektur der Bettelorden wieder von der Notwendigkeit der Ableitung, da ihm konkrete historische Zusammenhänge, die eine solche Berufung auf die Mutterkirche erklären würden, nicht bekannt waren. Offenbar schien ihm sein erster Hinweis auf weitreichende Handelsbeziehungen der Hansestadt zu vage.[94] Günther Jaacks und Wolfgang Schenkluhn haben mit der ablehnenden Haltung bzw. ihrem Vorbehalt gegen die Vorbildfunktion der italienischen Mutterkirche für den Lübecker Bau wichtige Fragen aufgeworfen; Jaacks diejenige nach der Nutzung und dem Nutzen einer doppelgeschossigen Chor- bzw. Kirchenanlage – und Schenkluhn die nach den Gründen einer Referenz auf die franziskanischen Wurzeln. Beidem ist nachzugehen, doch erst, nachdem der mögliche architektonische Bezug herausgearbeitet worden ist.

Die stärkste Wahrnehmung der doppelgeschossigen Choranlage ist vom gegenüberliegenden Standpunkt – dem Hauptportal – gegeben (*Abb.11*). Dem Eintretenden präsentiert sich der Chor im Groben wie ein Querschnitt durch die Mutterkirche. Das Innerste der italienischen Kirche, die Zweigeschossigkeit, und damit auch das Signifikante des Baus, das ihn von den meisten Kirchenbauten grundlegend unterscheidet, wird dem Betrachter im Langhaus geradezu zur Schau gestellt. Eine im Ganzen doppelgeschossige Kirche könnte ein solches Verständnis vom rezipierten Bau nicht gleichermaßen vermitteln. Die Weiterführung des Lettners nach Süden, die Günther Jaacks fälschlicherweise rekonstruierte,[95] hätte die Deutlichkeit des Verweises ebenso wie eine vorgebaute Kanzel gemildert. Bei der Übertragung des Bildes war sicherlich die Zweiteilung des Unterkirchenchores von San Francesco durch eine Bühnenkonstruktion, die Wolfgang Schenkluhn rekonstruiert hat,[96] nicht hinderlich. Im Gegenteil könnte diese Konstruktion die Idee zu einer Umsetzung des Gedankens an ein Querschnittzitat verstärkt haben.[97] Die Bühne in der Unterkirche, in der Schenkluhn

---

[93] SCHENKLUHN, Ordines Studentes, S. 183.

[94] SCHENKLUHN, Architektur der Bettelorden, S. 63.

[95] JAACKS, S. 31f.

[96] SCHENKLUHN, San Francesco, S. 49-56.

[97] Anders als in Lübeck war für die Laien dieses „Podium" nicht gut einsehbar, da die Sicht durch einen wahrscheinlich massiven Lettnereinbau verstellt war. Dieser wurde nach 1297 abgetragen. HUECK, Irene: Der Lettner der Unterkirche von San Francesco in Assisi, in: Mitteilungen des kunsthistorischen Institutes in Florenz 28 (1984), S. 173-202.

ikonographisch eine Bezugnahme auf das Ziborium über dem Petrusgrab in Alt-St. Peter erkennt,[98] wird jedoch nicht diejenige Struktur sein, auf die die hanseatischen Franziskaner hinweisen wollten, da sich für Lübeck kein Heiligenkult nachweisen lässt.[99] Vielmehr ist von einer allgemeineren Motivation auszugehen, die nicht so sehr religiös-kultisch, sondern vielmehr institutionell geprägt gewesen sein wird. Die für Mendikantenkirchen, vor allem die italienischen, kennzeichnende Inszenierung der Chöre als Bildarchitektur[100] ist in Lübeck besonders ostentativ umgesetzt.

Der Verweischarakter ist primär durch die Übertragung einer Großstruktur, nämlich des Aufbauschemas von San Francesco in einen neuen Zusammenhang hergestellt. Sie funktionierte ähnlich wie die (exaktere) Übernahme des Aufrisses vom Aachener Münster in die Westempore der ehemaligen Essener Damenstiftskirche um das Jahr 1000.[101] Im Vergleich mit dem Essener Zitat wird der demonstrative Charakter des Lübecker Verweises besonders deutlich. Da sich in Essen ehemals ein zentraler Eingang auf der Seite des Westbaus befand, wurde der Hinweis auf das Aachener Münster nicht direkt beim Eintreten deutlich. Die

---

98 SCHENKLUHN, San Francesco, S. 142ff.

99 In den diversen Heiligenverzeichnissen wie auch in einer Schrift zur Katharinenkirche findet sich immer wieder der Hinweis auf einen Guardian namens Electus, der als Seliger galt. Patricius Schlager gibt an, er hätte dem Katharinenkloster vor 1240 vorgestanden (SCHLAGER, Lübeck, S. 3f.; MÜNSTER, Arturus von: Martyrologium Franciscanum 1. Auflage 1644, Neuauflage hg. von BELLO, Leonardus Maria, Rom 1938, S. 74; AFH 3 [1897], S. 224, 236). Andererseits wird ein namensgleicher Guardian als Seliger auch für das Lüneburger Kloster in Anspruch genommen (TORSY, Jakob: Lexikon der deutschen Heiligen, Seligen, Ehrwürdigen und Gottseligen, Köln 1959, S. 128) oder allgemeiner einfach für das Gebiet Sachsen (STADLER, Joh. Evang.: Vollständiges Heiligen-Lexikon oder Lebensgeschichten aller Heiligen, Seligen ... 2, Augsburg 1861, S. 24). Um das Jahr 1300 herum erstellte eine unbekannte Person ein Verzeichnis der heiligen und seligen Franziskaner der Provinz Saxonia. In der Einleitung werden vier Personen genannt, mit deren Hilfe der Verfasser das Material zusammengetragen hat. Eine dieser Personen ist der uns bereits bekannte Provinzialminister Burkard von Halle. Als ehemaliges Mitglied des Katharinenkonventes war er wohl der beste Kenner der Lübecker Verhältnisse und möglicher Lokalkulte. Da sich in diesem Verzeichnis nun aber der vermeintliche Lübecker Guardian Electus nicht findet, erscheint der Diskussion um einen Lübecker Seligen der Boden entzogen (LEMMENS, Leonardus [Bearb.]: Ex Libro miraculorum et visionum, in: AFH 2 [1909], S. 72-78). Die Verzeichnisse, welche Electus als Seligen ausweisen, stammen allesamt aus späterer Zeit. Hier kann es sich um eine Verwechslung mit einem Franziskaner eines anderen Klosters handeln. Theoretisch wäre auch denkbar, dass der Lübecker Guardian erst später, also nach 1300, selig gesprochen worden wäre. Doch für diese Vermutung gibt es keine weiteren Anhaltspunkte. Eine nach 1300 einsetzende Verehrung, an der auf Grund der langen Zeitspanne zwischen anzunehmendem Tod des Electus und der vermeintlichen Seligsprechung gezweifelt werden muss, könnte nicht zur Erklärung der Architektur des Katharinenchores herangezogen werden.

100 SCHENKLUHN, Ordines Studentes, S. 166f.; ders.: Architektur der Bettelorden, S. 240.

101 Frühdatierung übernommen von der neuesten Untersuchung: LANGE, Klaus: Der Westbau des Essener Doms. Architektur und Herrschaft in ottonischer Zeit, Münster 2001, S. 65-74.

Teilnehmer der Messe folgten dem Gottesdienst unten im Kirchenschiff, im Wissen um die Präsenz des Westbaues, aber ohne direkt auf ihn zu blicken.[102] Der Verweis auf die Kirche Karls des Großen war wie auch der Rombezug – durch die Westung des zitierenden Chores – architektonisch in eine besondere Form einer Doppelchoranlage integriert und somit auf einer abstrakteren, konzeptionellen Ebene gegenwärtig und zu entschlüsseln. In Lübeck hingegen ist das Zitat gerichteter und somit kommunikativer eingesetzt und wandte sich mit einem durchkomponierten „Bildraum"[103] an die Allgemeinheit. Kein zusätzlicher Lettnereinbau verstellte den Blick des Eintretenden auf die Ostanlage. Die Franziskaner ihrerseits wurden sich in der Nutzung der Räumlichkeiten der Referenz auf Italien immer wieder aufs Neue bewusst und stellten einen Teil dieser dar.

Anders als in Essen ist das übertragene Bild jedoch gröber, nicht zuletzt, weil die Proportionen verändert wurden. Sie sind, wie schon dargelegt, typisch für einen kryptengetragenen Mönchschor. Durch die Maßveränderung ist die Ostanlage den Lübecker Bedürfnissen angepasst: Sie ermöglicht eine Anbindung normal bemessener Klosteranlagen wie auch die Integration der Mönchsebene mit ihrem Lettnerbereich in die Gesamtanlage der Kirche. Die Tatsache, dass in Lübeck eine Halle statt eines Saales realisiert wurde, ist sicherlich in Hinblick auf die Raummaße mit einer Breite von 10 Metern, der nur eine Höhe von knapp 5 Metern entspricht, konstruktiv bedingt.

In Hinblick auf die Ableitung der architekturgeschichtlichen Besonderheit des doppelgeschossigen Chores von der Mutterkirche in Assisi werden auch die

---

102 Kubach/Verbeek rekonstruieren einen zentralen Eingang an der Westfront: KUBACH/VERBEEK 1, S. 268-278, hier: S. 270; Zimmermann nimmt einen Haupteingang in die Kirche, anders als Kubach und Verbeek, nicht zentral von Westen, sondern von der Nordseite in den Westbau an. ZIMMERMANN, Walther: Das Münster zu *Essen*, Essen 1956, Grundriss, S. 126, Text S. 127. Jüngst ging Lange davon aus, dass mit der Errichtung des heutigen Westbaues auch die Aufstellung des Petrusaltares im Erdgeschoss einherging und somit der zentrale Eingang wegfiel. LANGE, S. 59. Fest steht jedenfalls, dass sich der Kreuzgang im westlichen Teil der Nordseite an die Kirche anschloss. Somit wird hier, und nicht im Osten, auf der dem Aachenzitat entgegengesetzten Seite, ein zentraler Eingang für die Stiftsinsassinnen zu suchen sein. Auch der Standort der Messeteilnehmer ist umstritten. Zimmermann plädiert für den Westbau (ZIMMERMANN, Essen, S. 127); Kubach/Verbeek für den Ostbau oder die Vierung (KUBACH/VERBEEK 1, S. 272); Lange rekonstruiert ihn unter Berufung auf bekannte Quellen im Mittelschiff der Kirche vor dem Kreuzaltar. LANGE, S. 63.

103 Diesen Begriff prägte Schenkluhn für die gegenüber dem Langhaus akzentuierten und sakral erhöhten Chöre nördlich der Alpen. In dieser Inszenierung der Chöre erkennt er den eigenständigen Beitrag der Mendikanten zur Kirchenarchitektur, der „den Weg ins Spätmittelalter bahnt". SCHENKLUHN, Ordines Studentes, S. 229, 233; ders.: Architektur der Bettelorden, S. 240.

Maßwerkcouronnements im oberen Polygon[104] und – wie Wolfgang Schenkluhn schon ausführte – die über einem deutlichen Rücksprung in breiten Nischen sitzenden Langchorfenster als Reminiszenzen an San Francesco lesbar. Die immer wieder beobachtete stilistische Diskrepanz der Basen und Kapitelle im Unterchor zur Formensprache des Mönchschores[105] entschlüsselt sich in Hinblick auf San Francesco als Parallele zur Stildifferenz des Formengutes in Unter- und Oberkirche.

Folgt man der These, dass der Lübecker Unterchor ursprünglich Johannes dem Täufer geweiht gewesen sei, so manifestiert sich in der Übereinstimmung mit dem Patronat des Hauptaltares der Unterkirche in Assisi[106] ein weiteres Argument, das untere Geschoss von St. Katharinen als Hinweis auf dasjenige in Italien zu begreifen.[107]

Wie erklärt sich nun der Lübecker Verweis auf San Francesco? Gibt es Hinweise auf ein solches Anspruchsniveau? Kann die Kenntnis des italienischen Baues in Lübeck vorausgesetzt und ein Anlass für die Referenz ausgemacht werden?

Zur Zeit des Baubeginns der gotischen Kirche – der etwa am Anfang der 1290er Jahre liegen muss[108] – hatten die Lübecker Franziskaner den in Rom vor dem Papst ausgetragenen Streit um die Begräbnisrechte gegen den Lübecker Bischof und den Klerus siegreich durchgesetzt. Sie hatten bereits einige Einkünfte aus dem Wegfall der portio canonica, der Gebühr, welche üblicherweise von den Bestattungseinnahmen an das Kirchspiel, aus dem der Tote stammte, abzuführen

---

104 STEINKE, William: Die Briefkapelle zu Lübeck, in: Jahrbuch des St.-Marien-Bauvereins 8 (1974/75), S. 55-71, hier: S. 67. Im Backsteingebiet findet man die pyramidale Aufstellung von drei Passfiguren schon um 1300 in Lochstedt, wo auch die soliden Wandstreifen mit Maßwerkblenden versehen sind.

105 Vgl. S. 15.

106 HERTLEIN, Edgar: Die Basilika San Francesco in Assisi. Gestalt – Bedeutung – Herkunft, Florenz 1964, S. 114. Hertlein verweist in diesem Zusammenhang auf die Übereinstimmung mit den entsprechenden Täufer-Reliquien des Hauptaltares der Laterankirche in Rom. Die Übernahme des Patroziniums für den unteren tragenden Bauteil der Kirche erklärt er als Umsetzung der Papstvision, in der das Kirchenoberhaupt Franziskus als Retter der einstürzenden (Lateran-)Kirche erkannt hat.

107 Die Patrozinienparallele besteht allerdings auch zum Lübecker Dom, der neben der Jungfrau Maria auch Johannes dem Täufer geweiht ist, allerdings kommt im Hinblick auf die Lübecker Geschehnisse zur Zeit des Chorbaues eine Übernahme des Bischofs-Patronats für den Unterchor nicht in Betracht. Im Falle einer innerlübischen Beziehung wäre eher an ein Zweitpatronat aus der Zeit der Endweihe zu denken.

108 Dies ergibt sich aus einer überschlägigen Schätzung der Bauzeit anhand von Berechnungen zum jährlichen Backsteinverbrauch am Lübecker Heilig-Geist-Hospital im 13. Jahrhundert und der Wismarer Georgenkirche im 15. Jahrhundert: KRUSE, Heilig-Geist, S. 133f.; LUDWIG, S. 129. Einziger, jedoch vager, stilistischer Anhaltspunkt zur Frage des Baubeginns: Kap. IV, Anm. 11.

war, zusätzlich einnehmen können. Der vormalige Lektor des Konvents, Burchard von Halle, war im Jahr der Einstellung dieser Streitigkeiten, 1282, zum Provinzialminister ernannt worden. Sechs Jahre später kam mit Papst Nikolaus IV. der erste Franziskaner auf den Heiligen Stuhl, der schon im April 1292 im Amte verstarb.

Die skizzenhaften Hinweise setzen sich zu einem Puzzle der historischen Bedingtheiten zusammen, denen das Chorbauprojekt verpflichtet ist. Die Tatsache der zurückliegenden Auseinandersetzungen in Lübeck und des extrem mendikantenfreundlichen Schiedspruches, der die feindliche Konstellation der ehemaligen Streitparteien weiter schwelen ließ, spricht dafür, dass sich das Baukonzept weniger an den örtlichen Gegebenheiten orientiert und sich vielmehr auf franziskanische Wurzeln beruft. Das gegenüber dem Haupteingang inszenierte Assisi-Zitat in Lübeck erscheint damit als demonstrativer Hinweis auf die Autonomie der Lübecker Franziskaner. Im ausgehenden 13. Jahrhundert musste es vor Ort als unangreifbarer Bezug auf die vom Konvent akzeptierten Autoritäten verstanden werden.

Die im zurückliegenden Streit verbrachten Jahre, in denen der nordische Konvent Vertreter nach Rom entsandt hatte, dürfen aber auch konkret als Zeit eines großen überregionalen Austausches für das Katharinenkloster gewertet werden. Auf dem Weg nach Rom mussten mehrere Übernachtungsquartiere bezogen werden, wobei die Franziskaner meist die Klöster ihres Ordens aufsuchten. Ihr Weg lief dabei regelmäßig an Bologna vorbei. Von hier aus führte eine Straße über Assisi in die Papststadt, wie Martina Haggenmüller in ihrer Arbeit über Rompilger aufgezeigt hat.[109] Und bereits Otto IV. war im September 1209, zu einer Zeit also, als der Ort an sich noch kein Pilgerziel darstellte, zu seiner Kaiserkrönung nach Rom auf einer an Assisi vorbeiführenden Straße gereist.[110]

In dem Vierteljahrhundert zwischen 1282 und 1307 besetzten Lübecker Lesemeister beinahe durchgehend – bis auf die zwei Jahre zwischen 1295 und 1297 – die Position des Provinzialministers. Hatten schon die vorausgegangenen Studien, durch die sich die Brüder als Lesemeister qualifizierten, einen überregiona-

---

109 Reiseweg skizziert bei HAGGENMÜLLER, Martina: Als Pilger nach Rom. Studien zur Romwallfahrt aus der Diözese Augsburg von den Anfängen bis 1900, Diss. Augsburg 1992, Augsburg 1993, S.159f. Ein Weg von Assisi nach Augsburg ist bereits von Jordan von Giano überliefert, der berichtet, dass die Franziskaner im Jahre 1221 über Bologna und Trient nach Augsburg kamen.

110 FELD, Helmut: Franz von Assisi und seine Bewegung, Darmstadt 1994, S. 67.

len Austausch bewirkt,[111] so führte dieses exponierte Amt seine Inhaber nun generell auf weite Reisen. Beispielsweise suchten die Provinziale u.a. die Generalkapitel auf, welche alle drei Jahre an den unterschiedlichsten Klosterstandorten in verschiedenen Ländern abgehalten wurden.[112] Burchard von Halle, der erste Provinzobere aus Lübeck, trat im Oktober 1295 auf dem Generalkapitel in Assisi gegen den Willen seiner Mitbrüder zurück. Burchard wird wahrscheinlich wieder in seinem Konvent in Lübeck gelebt haben, bevor er 1299, kurz nach Ausbruch des „Großen Streits" zwischen der Stadt und dem Bistum Lübeck, ein zweites Mal zum Provinzial gewählt wurde. Diese wenigen Anhaltspunkte, die wir zu seiner Person haben, bieten Stoff zu der Spekulation, in ihm einen möglichen geistigen Urheber der anspruchsvollen Konzeption in Lübeck zu sehen. Er, den ein unbekannter Autor als Quelle für seine Zusammenstellung der Heiligen und Seligen des Franziskanerordens in der Saxonia angab, verfügte über die Kenntnis der Ordensbaukunst aufgrund der Reisen, die er in den 13 Jahren seiner ersten Amtszeit absolviert haben wird und die ihn erwiesenermaßen auch nach Assisi führten. Auffallend ist auch, dass er sich zu jener Zeit von seinem Amt befreien ließ, zu welcher der Chorbau erfolgte.

c) Doppelgeschossige Chöre

Die meisten bekannten sowie rekonstruierbaren doppelgeschossigen Chorbauten entstanden später als der Chor von St. Katharinen, hierunter fallen u.a. der zweischiffige Unterchor des Marienwerder Domes aus der Zeit nach 1343[113], der im Jahre 1428 nachträglich eingefügte zweigeschossige Westchor in der Nabburger Pfarrkirche des 14. Jahrhunderts[114], der zwischen 1499 und 1525 errichtete einschiffige Unterchor der ehemaligen Benediktinerkirche in Chemnitz[115] sowie derjenige der ehemaligen Moritzstiftskirche der Benediktiner in Speyer[116] und die zu Beginn des 15. Jahrhunderts nachträglich errichtete Mönchsempore der Klosterkirche Santa Maria à Pie in Chienti/Marken. Sie können nicht als Vertreter einer etwaigen, sich in der Nachfolge von St. Katharinen ausbildenden Typologie gesehen werden, da sie keinerlei historischen Bezug zur nordischen Fran-

---

[111] Einen Einblick in den Studienverlauf eines Provinzialministers gibt Bernd Schmies für die Zeit um 1500: SCHMIES, Bernd: Ludwig Henning. Provinzialminister 1507-1515, in: SF Beiheft 1 (2003), S. 89-143, hier: S. 93-101.

[112] Petra Weigel apostrophiert Matthias Dörings Amtsführung im 15. Jahrhundert als „Reise-Provinzialat". WEIGEL, Matthias Döring, S. 30.

[113] LEMPER, S. 192; JAACKS, S. 28. Zur Einbindung des Domes in die Gesamtanlage der Deutschordensburg Marienwerder: CLASEN, Marienburg und Marienwerder, S. 20ff.

[114] LEMPER, S. 193f.

[115] LEMPER, S. 195.

[116] LEMPER, S. 165ff.

ziskanerkirche erkennen lassen und – in den Fällen, in denen sich eine originäre Aufgabe greifen lässt – anders genutzt wurden als der Lübecker Unterchor: So diente der untere Stock des Chores im Marienwerder Dom als Grablege, der Unterchor im Westen der bayerischen Pfarrkirche wahrscheinlich als Bühnenraum spätmittelalterlicher Osterspiele, beides typische Nutzungen für eine solche Raumdisposition im Spätmittelalter.[117] Die Ostanlage von Marienwerder unterscheidet sich auch architektonisch von dem offenen Unterchor in Lübeck, da der Gruftraum keine großen Fenster aufweist.[118]

Darüber hinaus finden sich in der Literatur, wie bereits angedeutet, drei Rekonstruktionen von zweigeschossigen Ostanlagen für Franziskanerkirchen mit dem Hinweis auf eine Abhängigkeit von San Francesco in Assisi. Zwischen dem 13. und 15. Jahrhundert errichtet, würden sie den Chor der Katharinenkirche in eine franziskanereigene Typologie einbetten, die den doppelstöckigen Chor als Zitatformel verstehen ließe.

St. Johannes in Prenzlau, seit dem 19. Jahrhundert der Hl. Dreifaltigkeit geweiht, stammt aus der Mitte des 13. Jahrhunderts (*Abb.58*).[119] Die Saalkirche aus Feldstein wurde 1980 aufgrund äußerlicher Übereinstimmungen, wie der Anzahl von fünf Jochen, dem Patrozinium und einer immer wieder diskutierten Westung,[120] in direkte Abhängigkeit zur italienischen Kirche gestellt.

---

[117] LEMPER, S. 392, 397f.

[118] Interessant ist in diesem Zusammenhang auch die Tafel mit der Darstellung der versuchten Steinigung von Wolfgang Pacher an dem St. Wolfgang-Altar. Sie entstand im letzten Viertel des 15. Jahrhunderts, und ihre Architektur weist zeitgenössisches Formenrepertoire auf. Die Frage, ob die Darstellung einen tatsächlichen Bau wiedergibt, hat Erika Kirchner-Doberer mit dem aufschlussreichen Hinweis verneint, dass der dargestellte Lettnertyp mit vorspringender Kanzel im Spätmittelalter nicht mehr ausgeführt worden sei. Solange solch ein Lettner nicht auch für das 14. oder 15. Jahrhundert bekannt wird und solange kein vorhandener Bau dem Bild zugeordnet werden kann, muss man von einer zeitlichen Adaption einer geschauten Anlage ausgehen oder von einer Phantasiearchitektur. Die weiter oben erörterten offenen Kryptenlettner mit mittig vorspringender Kanzel existierten zum großen Teil nicht mehr im 15. Jahrhundert. Die Lettner waren entweder modernisiert worden oder gänzlich abgerissen. So kann auch aus den hier angeführten Beispielen keines als mögliches Vorbild Pachers vorgeschlagen werden. (KIRCHNER-DOBERER, S. 164f., Anm. 497; WALLRATH, Entwicklungsgeschichte, S. 283, Anm. 39; LEMPER, S. 192f.).

[119] Die *Kunstdenkmäler* der Mark Brandenburg 2, Teil 1 – Kreis Prenzlau, Berlin 1921, S. 241-247, hier: S. 243; KRAUTHEIMER, S. 102; NAGEL, Carl: Das Franziskanerkloster in Prenzlau, in: FS 21 (1934), S. 179-184, hier: S. 180; FAIT, Bettelordensbaukunst, S. 18; KRÜGER, Kristina: Ehem. Franziskanerklosterkirche *St. Johannes Baptista*, in: Dehio Brandenburg, München/Berlin 2000, S. 888.

[120] BADSTÜBNER, Ernst: Kirchen und Klöster der *Bettelorden* im sozialen und gestalterischen Gefüge der mittelalterlichen Stadt, in: Bildende Kunst 1980. Kunstwissenschaftliche Beiträge 8. Beilage 12/1980, S. 4-8, hier: S. 7; ders.: *Kirchen der Mönche*. Die Baukunst der Reformorden im Mittelalter, Berlin 1980, S. 272; ders.: Klosterbaukunst und *Landesherrschaft*, in: Friedrich

Die Ableitbarkeit des Patroziniums von dem der Unterkirche in San Francesco ist fraglich, weil die Prenzlauer Franziskaner zur anzunehmenden Bauzeit eine enge Beziehung zum Bischof ihrer Diözese unterhalten haben, deren Patron ebenfalls Johannes Baptist war.[121] Bischof Wilhelm I. von Cammin[122] wurde 1253 in der Minoritenkirche begraben, nachdem er bereits zwei Jahre zuvor von seinem Amte zurückgetreten war. Ein architektonisch den Bischofsdom und die Franziskanerkirche verbindendes Motiv, das beide Bauten auszeichnet, ist die Dreifenstergruppe mit erhöhtem Mittelfenster.[123]

Die Diskussion um die Verortung des ehemaligen Chores konnte aufgrund der 1993 durchgeführten Sanierung geklärt werden. Seither steht fest, dass der Chor ursprünglich geostet war. Die Umorientierung ist Produkt der Restaurierungsmaßnahme der Jahre 1846 bis 1865. Damals hat man der Ostfront ein kleines Portal eingefügt sowie den ehemaligen mittleren der Strebepfeiler, welche die im Hang liegende Westfront stützten, entfernt.[124] Insgesamt gesehen kann heute die Ableitung der uckermärkischen von der umbrischen Kirche nicht mehr überzeugen.

Die Ableitungen der 1790 abgerissenen Greifswalder Minoritenkirche[125] von San Francesco in Assisi gehen bis in das 19. Jahrhundert zurück. Dem Vorschlag Heinrich Ottes[126] folgend, hat Theodor Pyl in der Choranlage einen Bezug zur italienischen Mutterkirche gesehen.[127] 1992 griff Werinhard Einhorn diesen Gedanken auf und zeichnete die Choranlage auf der Basis älterer Grundrisse und

---

MÖBIUS/Ernst SCHUBERT 1984, 184-239, hier: S. 228; KRAUTHEIMER, S. 102; - hingegen gehen die Bearbeiter des Inventarbandes von einer Ostung aus. Die Kunstdenkmäler des Kreises Prenzlau, Berlin 1921, S. 243; Bedenken gegen eine Orientierung an der Mutterkirche in Assisi äußert Otto Graf. GRAF, Otto: Klassifikationsprobleme der Bettelordensarchitektur. Computergestützte Analysen zur Architektur der Dominikaner und Franziskaner, Diss. (Mikrofiche) Stuttgart 1995, S. 160f.

121 ZENDER, Matthias: Heiligenverehrung im Hanseraum, in: HG 92 (1974), S. 1-15, hier: S. 4; PETERSOHN, Jürgen: Der südliche Ostseeraum im kirchlich-politischen Kräftespiel des Reichs, Polens und Dänemarks vom 10. bis 13. Jahrhundert, Köln/Wien 1979, S. 473ff.

122 Cammin/Pommern war zwischen 1176 und 1255 Bischofssitz. Anschließend residierten die Bischöfe von Cammin in Kolberg. Zur Diözese gehörten weite Teile Pommerns, Mecklenburgs und Brandenburgs. Cammin erhielt erst 1274 lübeckisches (Prenzlau bereits 1234 magdeburgisches) Stadtrecht.

123 FAIT, Bettelordensbaukunst, S. 23; zur Ableitung dieser Fenstergruppierung vgl. auch: EGGERT, Helmuth: Der Dom zu Cammin, Diss. Berlin 1934, Erfurt 1935, S. 46f.

124 KRÜGER, St. Johannes Baptista, S. 888.

125 Die Baudenkmäler des Regierungs-Bezirks Stralsund, Stettin 1885, S. 83. Der Turm war bereits 1781 abgerissen worden. PYL, S. 1099.

126 OTTE, Heinrich: Kirchl. Arch. 5, 1. Auflage, S. 116.

127 PYL, S. 1075-1106.

Beschreibungen überzeugend nach. Anhand des noch erhaltenen Klosterostflügels, der mit seiner Nordwand senkrecht an den Kirchenchor stieß, konnte er eine eigene Rekonstruktion des Wegesystems zwischen den fraglichen Räumlichkeiten aufstellen.[128]

Demnach hätte der untere Bereich der asymmetrisch dreischiffigen Kirche[129] aus drei aneinander gesetzten Räumen bestanden, die Einhorn hypothetisch auf einem durchgehenden Niveau rekonstruiert (*Abb.84*).[130] Für die Ebene des Kirchenschiffes existieren jedoch keine Anhaltspunkte. Von der Klosterseite aus stellte eine vom Souterrain-Keller hinaufführende Treppe den Zugang her. Westlich der als Stiftergrablege dienenden Krypta befand sich ein Gang, der die Kirche durchquerte und das Mittelschiff von der genannten Krypta trennte. Er ist auf dem ersten überlieferten Kirchengrundriss, der aus dem Jahr 1707 stammt, eingezeichnet.[131] Die Anordnung zweier Portale in den Außenmauern des Chores, die sich in der Achse des genannten Ganges einander gegenüberliegen, weist auch die von Werinhard Einhorn aufgefundene Vermessung des Jahres 1790 auf[132]. An entsprechender Stelle der Nordwand des Chores zeigt ein um 1650 entstandener Stich von Merian einen Eingang. Die außergewöhnliche Konzeption eines quer durch die Kirche geführten Ganges, die Einhorn an englische „walking-places" erinnert, ermöglichte nicht zuletzt einen Zugang zu den Klostergebäuden von der Mühlenstraße aus.[133] Oberhalb der Krypta befand sich der Mönchschor, der durch eine Tür in der Südwand mit dem oberen Geschoss des Klosters verbunden war.

Die Greifswalder Niederlassung entstand im Jahre 1242. Damals stellte Graf Jaczo den Franziskanern einen Bauplatz zur Verfügung. Dies berichtete eine

---

128 EINHORN, Architektur, S. 38-42.

129 EINHORN, Architektur, S. 39.

130 EINHORN, Architektur, Abb. 18 und 19.

131 EINHORN, Architektur, S. 39, Abb. 10.

132 EINHORN, Architektur, S. 40, Abb. 15.

133 Ein westlich an die Krypta anschließender Gang, quer zur Kirchenachse stehend, ist nach neueren bauarchäologischen Forschungen auch aus der Prämonstratenserklosterkirche Unser Lieben Frauen in Magdeburg bekannt. Er entsprach in seiner Länge der Breite der Krypta und bot – im Mittelschiff des Querhauses liegend – keine Querverbindung durch die Kirche. Doch wurde er vermutlich nach 1188 in eine Richtung verlängert, um eine „direkte Verbindung zwischen der neuen 'Hochsäuligen Kapelle' und dem Altarraum zu ermöglichen". Er war tonnengewölbt und an die Krypta mit drei Durchgängen angebunden. SCHMITT, S. 131f., zum „walking-place" oder auch „walk-way" in Franziskanerkirchen siehe: HALL, S. Maria Novella, S. 170; SCHENKLUHN, Architektur der Bettelorden, S. 147f.; Anneli Randla vermutet einen solchen auch für die ehemalige Franziskanerkirche in Amsterdam. RANDLA, Anneli: The Architecture of the Mendicant Orders in Northern Europe: A Comparative Study of Scotland, the Norther Netherlands and Livonia, Diss. (Masch.-Schr.) Cambridge/UK 1999, S. 75.

Inschrift aus der Mitte des 14. Jahrhunderts, die einst über dem Chorgestühl angebracht war.[134] Nach Auskunft des Pommerschen Urkundenbuches wurden Jaczo und seine Gemahlin *in choro* bestattet.[135] Im Jahre 1348 hat man *dat chor, uthgenamen dat gewelfte* mit Hilfe einer Familienstiftung erneuert.[136]

Die überlieferten Details decken sich am ehesten mit dem Bild einer dem Ursprungsbau angehörenden Krypta, die als Stiftergrablege diente. In Hinblick auf den Walking-way erscheint es plausibel, an ein zum Kirchenschiff hin relativ geschlossenes Erscheinungsbild der Krypta zu denken. Dafür spricht auch die Zeichnung von 1707, die diesen Weg mit Linien von seiner Umgebung abgrenzt. Um die Mitte des 13. Jahrhunderts ist die Anlage einer Krypta als Stiftergrablege nicht unüblich. Ebenfalls entspricht der unmittelbare Übergang vom Chor in das Obergeschoss des klösterlichen Osttraktes der typischen Anbindung hochgelegener Chöre an die Konventsräume. Ungewöhnlich wäre die in der Literatur angegebene Nutzung dieses Flügels als Refektorium im Erdgeschoss und zu Bibliothekszwecken im oberen Stockwerk.[137] In der Regel befand sich hier das Dormitorium über dem Kapitelsaal.[138]

Insgesamt erscheint die Zweigeschossigkeit der Choranlage in einer traditionellen Raumaufteilung verwurzelt, nach welcher der Chorunterraum als Grablege anzusprechen ist. Diese Konzeption lässt an einem Verweischarakter auf die doppelgeschossige Kirche in Assisi zweifeln.

Der dritte Bau dieser Reihe möglicher Assisi-Nachfolgen ist die schon erwähnte Brandenburger Franziskanerkirche, deren Doppelgeschossigkeit erst Produkt

---

[134] PYL, S. 1076, mit weiteren Literaturangaben; SCHLAGER, Patricius: *Inschriften* auf Chorstühlen in mittelalterlichen Franziskanerkirchen, in: Beiträge zur Geschichte der sächsischen Franziskanerprovinz vom Heiligen Kreuze, hg. vom Provinzialamt, Separatausgabe des Jahrbuches 1908, S. 1-15, hier: S. 8f. und 15.

[135] *„Anno 1242, in die apostolorum Petri et Pauli fratres Minores primo intraverunt hanc civitatem (Gripeswaldensem) ad obtinendum, vocati a domino Jackecen comite generoso de Gutzkou, necnon nobili domina Dobruzlau, eius uxore, quorum corpora hic in choro requiescunt. Nota, quod generosus comes Jachecen de Gutzkou hanc aream dedit fratribus in honorem Sanctorum Petri et Pauli, ac omnium aliorum apostolorum.*" PomUB von 1242, Nr. 403.

[136] Die Baudenkmäler des Regierungs-Bezirks Stralsund, Stettin 1885, S. 82; PYL, S. 1094; EINHORN, Architektur, S. 42.

[137] PYL, S. 1100f.; EINHORN, Architektur, S. 39.

[138] FAIT, Bettelordensbaukunst, S. 75. Allerdings war die Raumanordnung bei den Bettelordensklöstern wohl nicht einem bestimmten System unterworfen. Ein Refektorium im entsprechenden Flügel weist beispielsweise auch das Dominikanerkloster in Lübeck auf – hier ist die Funktion des Raumes durch den narrativen Kapitellschmuck belegt.

eines Umbaues im 15. Jahrhundert sein soll.[139] Historisch sind keinerlei denkbare Bezüge zu Assisi wie auch zu Lübeck bekannt.[140]

So stellt sich in der Übersicht der unterschiedlichen zweistöckigen Choranlagen die Lübecker Konzeption als singuläre Form dar, die ihre Entstehung einer spezifischen historischen Konstellation verdankt.

3. Die Chornebenkapellen

a) Ihre Gestalt

Da die Chorseitenkapellen erst nachträglich in das Baukonzept aufgenommen worden sind, wird ihre Funktion nicht im üblichen, bei Baubeginn feststehenden Raumbedarf der Franziskanergemeinde bestanden haben. Der Planwechsel, nach dem die nördliche Seitenkapelle in den Bauverlauf integriert worden ist, scheint erklärbar durch die Überlieferung: Der spätere Inhaber der nördlichen Seitenkapelle, Segebodo Crispin, hat die Minoriten bei ihrem Kirchenbau dermaßen stark finanziell unterstützt, dass er als „confundator“ bezeichnet wurde. Diese Begrifflichkeit legt weiterhin nahe, dass er seine Spende zu Lebzeiten mit dem konkreten Zweck der Erbauung bzw. Weiterführung des gotischen Neubaues verbunden hat – auch dies passt gut zu der Rekonstruktion des Planwechsels zu Zeiten des Bauverlaufes. Demnach wäre mindestens das nördliche Chorseitenschiff direkt als Familienkapelle errichtet worden.[141] Damit käme ihm eine für Chorkapellen an Franziskanerkirchen typische Funktion zu.[142] Die Gründerin der zweiten Chorseitenkapelle, Katharina Strobuk, starb lange nach Errichtung des Chores, im Jahre 1332. Über ihre Verbindung zu den Franziskanern ist nichts bekannt,

---

[139] Die Kunstdenkmäler der Provinz Brandenburg 2, Teil 3: Stadt und Dom Brandenburg, Berlin 1912, S. 41.

[140] Zur Quellenlage siehe: ABB, Gustav/WENTZ, Gottfried: Das Franziskaner-(Barfüßer-) Mönchskloster in Brandenburg (Altstadt), in: Germania Sacra 1. Abteilung: Die Bistümer der Kirchenprovinz Magdeburg 1: Das Bistum Brandenburg, Berlin 1929, S. 363-371.

[141] Die Frage, ob diese beiden Chorseitenkapellen von vornherein als Familienkapellen konzipiert waren, ist von der Forschung nie diskutiert worden. Viele Forscher gingen davon aus – am explizitesten tat dies Wolfgang Erdmann – ‚sämtliche Kapellen der Kirche wären Gründungen ihrer Stifter (ERDMANN, Baugeschichte, S. 45-47; WILDE, Dehio, S. 485; anders: TEUCHERT, S. 398). Antje Grewolls hingegen warf die Frage nach der ursprünglichen Nutzung der Chorseitenkapellen auf und lehnte die Konzeption als Familienkapelle ab. GREWOLLS, Kapellen, S. 220f.

[142] Die seit dem Zweiten Weltkrieg gegen den Unterchor abgetrennte Kapelle war ursprünglich offen zu diesem, wie die Vorlagenführung für die Gewölbe erkennen lässt. Außerdem lassen sich keine Spuren einer ehemaligen gemauerten Abtrennung für einen gesonderten Raum, z.B. eine Sakristei feststellen.

ebenso wenig wie das Jahr ihrer Stiftung.[143] So muss offen bleiben, ob Katharina Strobuk bei der Ausführung der Kapelle bereits als zukünftige Inhaberin feststand.[144] Vielleicht errichteten die Franziskaner diesen Raum zunächst als symmetrisches Pendant zur Crispinkapelle, um ihn später, wie dies aus italienischen Bettelordensbauten der Zeit bekannt ist, als Privatkapelle zur Verfügung zu stellen und so Einnahmen aus Stiftungen und für die Messen zu erhalten.[145]

Vom Grundriss her gesehen reiht sich die Ostanlage mit den nachträglich errichteten Chorkapellen in die für den Dominikanerorden im 13. Jahrhundert typische Form des so genannten Binnenlangchores ein, den Friedrich Möbius und Helga Scurie als spezifische Chorlösung der Dominikanerkirchen aus der Mitte des 13. Jahrhunderts herausgearbeitet haben.[146] Diese Analogie besteht nicht zuletzt deswegen, weil die östlich des Querhauses liegenden Kapellen mit einem Vorjoch versehen sind und diese Joche gemeinsam mit den Polygonen richtige Seitenschiffe ausbilden.[147] Die Franziskaner bauten in Deutschland vorwiegend einen an das Langhaus angesetzten Langchor[148] ohne begleitende Seitenschiffe,

---

[143] Auffällig ist, dass die Grabplatte ihren Mädchennamen angibt. Aus dieser Tatsache folgert Wolfgang Erdmann, dass eine Kapellengründung nach 1303, dem Todesjahr ihres Mannes Johannes von Minden, anzusetzen ist. Lässt nicht die Nennung auf der Grabplatte eher auf die Namensführung kurz vor ihrem Ableben als auf das Datum der Stiftung schließen? ERDMANN, Baugeschichte, Anm. 61.

[144] So: ERDMANN, Baugeschichte, S. 47, Anm. 61.

[145] Zur Praxis in Florentiner Kirchen: HÖGER, S. 79: „Die Hauptchorkapelle und die angrenzenden Chorkapellen entstanden in der Regel innerhalb eines relativ kurzen Zeitraumes und gingen auf eine einheitliche Planung zurück."

[146] Den Begriff „Binnenlangchor" prägte Möbius für die Hauptchöre der mehrschiffigen Ostbauten der Dominikaner. MÖBIUS, S. 151ff. Eine kurze Übersicht über diesen Chortypus findet sich bei SCHENKLUHN, Architektur der Bettelorden, S. 105f. und S. 111-115. Die Abgrenzung dieses Chortypus als dominikanertypisch hat bereits 1954 Helma Konow festgestellt, ohne den beiden „Chortypen" spezifische Begriffe zu geben. KONOW, Helma: Die Baukunst der Bettelorden am Oberrhein, Berlin 1954, S. 7, Anm. 28.

[147] Zum Phänomen der Kapellenschiffe: SCHENKLUHN, Architektur der Bettelorden, S. 222f.

[148] SCHENKLUHN, Architektur der Bettelorden, S. 107-109 und 115-118; von ihm ist auch der Begriff „angesetzter Langchor" übernommen (S. 115f.). Möbius nannte diese Form des Baukörpers „Außenlangchor" und betonte damit den Gegensatz zu dem von den Dominikanern häufiger gebauten „Binnenlangchor". Allerdings kann seiner These mit der betonten Polarisierung zwischen „franziskanischem Außenlangchor" (S. 157-160) und „dominikanischem Binnenlangchor" nicht in dieser scharfen Abgrenzung zugestimmt werden, denn während sich die dreiteilige Choranlage tatsächlich überproportional häufig bei Dominikanerchören findet, wurde der angesetzte Langchor von den Dominikanern mindestens zeitgleich mit den ersten Franziskanerchören dieses Typus ausgeführt. KONOW, S. 18. Grzybkowski stellte die frühen Langchorbauten der beider Männerkongregationen der Bettelorden zusammen. Seine Übersicht zeigt, dass bereits die in den 1230er Jahren entstandene Dominikanerkirche des Männerordens in Breslau einen dreijochigen, gerade geschlossenen Chor aufweist (in der von ihm genannten Dominikanerkirche in Konstanz liegt dagegen eine dreiteilige, gerade geschlossene Choranlage vor, deren Hauptschiff etwas länger ist

welcher sehr früh auch bereits von den Nonnenkirchen der beiden Bettelorden ausgeführt wurde, seit den 1230er/40er Jahren immer wieder in der Architektur der Männerkongregationen zu finden ist und sich schließlich gegen Ende des Jahrhunderts bei beiden Mendikantengemeinschaften als bevorzugte Chorlösung durchsetzte und damit zu einem Kennzeichen ihrer Architektur wurde.[149]

Die Grundrissparallele mit den frühen Chören des konkurrierenden Bettelordens ist in Lübeck jedoch erst eine Folge des beschriebenen Planwechsels und entspricht nicht dem Ursprungsplan. Die mit der Einfügung der Nebenschiffe zu vermutende Intention der Schaffung von Familienkapellen veranlasst daher, die Nebenchöre im Hinblick auf ihre Funktion in die Architektur der franziskanischen Chorkapellen einzugliedern. Der Tradition der Bettelordenskirchen scheint es zu verdanken zu sein, dass die Franziskaner nach dem Planwechsel mit der Crispin- und Strobukkapelle Anbauten ausführten, die sich nicht sofort als nachträglich offenbaren, sondern wie Einsatzkapellen organisch mit der Gesamtarchitektur verbunden sind.[150] Denn in Norddeutschland waren Familienkapellen am Chor im ausgehenden 13. Jahrhundert noch nicht bekannt. Generell tauchen sie zuerst an Klosterkirchen auf, ehe sie auch an Pfarrkirchen, selbst an solchen mit einem Kranz aus Chorumgangskapellen, Privatleuten zur Verfügung gestellt wurden.

Die Chorkapellen finden sich innerhalb der Kirchenbaukunst der Bettelorden zuerst in Italien. Ihre Architektur steht dort in der Tradition des bernhardinischen Chorschemas der Zisterzienser, wobei die Franziskaner meist zwei bzw. vier

---

als die flankierenden Nebenchöre; sie entspricht dem von Möbius entdeckten Typus des dominikanischen Binnenlangchores). Grzybkowski zählt noch den im darauf folgenden Jahrzehnt errichteten Chor der Prediger in Frankfurt am Main, einen eingezogenen Chor mit 5/8 Schluss und einem Vorjoch, zu den richtungsweisenden Vorformen des Langchortypus. GRZYBKOWSKI, Andrzej: Das Problem der Langchöre in Bettelordenskirchen im östlichen Mitteleuropa des 13. Jahrhunderts, in: Architectura 13 (1983), S. 154-157. Schenkluhn wies hingegen auf mehrere bereits in den 40er Jahren des 13. Jahrhunderts entstandene Langchöre an den Nonnenkirchen der Dominikaner hin. SCHENKLUHN, Architektur der Bettelorden, S. 91-93; Isnard Frank führt die von den Bettelorden zunächst favorisierten Chorformen auf landschaftliche Bautraditionen zurück: FRANK, Isnard: Bettelordenskirchen als multifunktionale Kulträume. Ein Beitrag zur Bettelordenskirchenforschung, in: WiWei 59 (1996), S. 93-112, hier: S. 102f.; zum Langchor siehe auch: PARUCKI, Maria: Die Wiener Minoritenkirche, Wien/Köln/Weimar 1995, S. 137-142.

149 MÖBIUS, S. 158f.; GRZYBKOWSKI, S. 152-168; SCHENKLUHN, Architektur der Bettelorden, S. 117f.

150 Typologie der Kapellen nach Grewolls, die auch nachweisen kann, dass die Entwicklung der Familienkapelle mit den Anbauten einsetzte und recht bald danach der Typus der sog. Einsatzkapelle ausgeprägt wurde, der in das Gesamtkonzept einer neuen Kirche von vornherein mit einbezogen wurde. GREWOLLS, Kapellen, S. 27.

vom Querhaus abgehende Kapellen errichteten.[151] In Lübeck stehen sie als 4/6 Polygone im 90° Winkel von der Kirchenachse ab.[152] Der Anschluss im rechten Winkel impliziert eine gewisse Praktikabilität während des Bauverlaufes. Denn das nachträglich angesetzte Mauerwerk war auf diese Weise sicherlich einfacher an die Choraußenwand anzubinden. Eine gerade Kapellenostwand bot zudem eine adäquate Stellfläche für den Altar[153] und garantierte ausreichenden Lichteinfall. Eine polygonale Grundform mit spitzem Ende weisen um 1280 erstmals die – nach Osten gerichteten – Chorkapellen der Franziskanerkirche in Piacenza auf, allerdings mit einem 6/10 Schluss (*Abb.42*). Dieser Konzeption mit axialem Wandpfeiler entsprechen die Chorkapellen der späteren Kirchen der Dominikaner in Verona und der Franziskaner in Venedig[154] (*Abb.61*). Die 4/6 Form findet sich als Chorschluss an der 1323 gestifteten ehemaligen Klarissenkirche von St. Veit an der Glan (*Abb.57*), aber beispielsweise auch an der ehemaligen Burgkapelle des Deutschen Ordens in Rehden aus dem Beginn des 14. Jahrhunderts.[155] Während die spitze Form demnach in der Bettelordensarchitektur nur vereinzelt an den Choranlagen vorkommt und hier wie auch in Rehden zumeist später als die Lübecker Choranlage der Franziskaner verwirklicht wurde, findet sie sich als 4/6 Schluss bereits am Ausgang des 13. Jahrhunderts mehrmals in Lübeck und seiner Umgebung an den Apsiden der Nebenschiffe.[156] Aber auch hier sind die Polygone im Unterschied zur Katharinenkirche jeweils nach Osten ausgerichtet,

---

151 PARUCKI, S. 161-180; SCHENKLUHN, Architektur der Bettelorden, S. 45-52. Den Typus mit zwei Nebenkapellen scheinen die Bettelorden zuerst aufgegriffen zu haben. (SCHENKLUHN, Architektur der Bettelorden, S. 50 – die Beispiele benennen durchweg Dominikanerchöre).

152 Günther Jaacks hat mehrere schräg gerichtete Apsiden an Seitenschiffen norddeutscher Kirchen zusammengetragen. Kein Nebenchorschluss davon geht jedoch im rechten Winkel ab, auch handelt es sich nicht um 4/6 Polygone. JAACKS, Günther H.: Zur Entwicklung spätmittelalterlicher Chorschlussvereinfachungen, in: Nordelbingen 40 (1971), S. 38-42.

153 Den Standort des Altares hat Antje Grewolls mit dem Hinweis auf die allgemeine Praxis wie auch die Ausrichtung der betenden Stifterfamilie im Wandgemälde an der Brüstung des Hochchores überzeugend vor der Ostwand lokalisieren können (GREWOLLS, Kapellen, S. 221). Anders hatten zuvor die Autoren der Bau- und Kunstdenkmäler, Günther Jaacks wie auch Wolfgang Erdmann, den Altar unterhalb des genannten Wandbildes angenommen. BUK 4, S. 92; JAACKS, S. 22; ERDMANN, Baugeschichte, S. 56.

154 SCHENKLUHN, Architektur der Bettelorden, S. 187.

155 Datierung mit Baubeginn um 1310 nach: HERRMANN, Christofer/TORBUS, Tomasz: Die Burgen im Deutschordensland Preußen – Denkmäler im Spannungsfeld der deutschen und polnischen Forschung, in: Deutschland und seine Nachbarn. Forum für Kultur und Politik (hg. von der Kulturstiftung der Deutschen Vertriebenen) 20 (1997), S. 24-62, hier: S. 37 und TORBUS, Tomasz: Die Konventsburgen im Deutschordensland Preußen, Diss. Hamburg 1997, München 1998, S. 155-168, bes. S. 159; anders jüngst BECKER-HOUNSLOW, Steffani: Der Beitrag Englands zur Entstehung und *Entwicklung figurierter Gewölbe* im Deutschordensstaat Preußen, Diss. Frankfurt/Main 1996, Schwerin 1998, S. 191-194: Sie datiert die Gewölbe, fußend auf der stilistischen Einordnung der Bauplastik durch Tadeusz Jurkowlaniec, um 1330.

156 Ein Nachfolgebau in dieser Hinsicht ist St. Marien in Prenzlau.

so in den westlichen Jochen des Kapellenumganges von St. Marien (*Abb.49*) oder den Seitenschiffen der Pfarrkirchen St. Petri und St. Jakobi (*Abb.59,60*).[157]

Wolfgang Erdmann stellte die These auf, die Chornebenkapellen verdankten ihre Form, die er in Reduktion der Kapellen auf die Polygone als Zentralräume anspricht und so als Memorialbauten interpretiert, den jeweiligen Stiftern.[158] Doch dies ist unter mehreren Aspekten fraglich. Zum einen widerspricht dem die vorgeschlagene Ableitung der Kapellenform als ordenseigener Raumtypus in lokaltypischer Gestaltung. Dann ist weiterhin die Konzeption eines Sterngewölbes, wie es in der Strobukkapelle etwa zeitgleich mit den figurierten Gewölben an der Hauptpfarrkirche erstmals in Norddeutschland realisiert wurde, schwieriger auf die Initiative einer Privatperson zurückzuführen als auf den möglichen Austausch zwischen Bauhütten. Weiter ist ihm entgegenzuhalten, dass sich die nördliche Familienkapelle – nach Ausweis der Schlusssteine – über zwei Joche erstreckte und sie somit den Raum über einem längsgestreckten Grundriss eingenommen haben dürfte.[159] Hierauf deutet auch das Maßwerk hin, das sich mit seiner reichen Gestaltung aus Pass- und Blattformen in den beiden Jochen von den einfacheren reinen Drei- und Vierpässen am Chor und Querhaus abgrenzt. Des Weiteren spricht die Symmetrie der Choranlage mit den zwei spiegelbildlich konzipierten Kapellen gegen diese Interpretation wie auch die generelle Praxis der Kapellenvergabe dieser Zeit. Irene Hueck konnte für die Kapellen der Unterkirche von San Francesco in Assisi nachweisen, dass die Franziskaner einen bedeutenden Einfluss auf die Architektur sowie das ikonographische Ausstattungsprogramm der Kapellenanbauten an ihren Kirchen ausübten. Demnach hätten die Kapellengründer – je nach der Höhe ihrer Stiftungssumme – lediglich die Wahl zwischen zwei Bautypen gehabt.[160] Annette Höger stellte einen gestalterischen Einfluss der Stifter auf die Architektur der Kleinräume erst ab der zweiten Hälfte des 15. Jahrhunderts fest.[161] Von dieser grundlegenden, wohl eher vorgegebenen Raumform ist die bauliche Ausstattung wie auch das „Inventar" zu trennen. Die Wappendarstellung auf den Schlusssteinen, die abweichenden Maßwerkformen legen wie die personenbezogenen Malereidarstellungen[162] und

---

[157] THURM, Sigrid: Norddeutscher Backsteinbau, Berlin 1935, S. 10ff.; TEUCHERT, Wolfgang: Die Baugeschichte der *Petrikirche* zu Lübeck (= VGHL 15), Lübeck 1956, S. 69f.; BÖKER, S. 180f.; ELLGER, S. 56.

[158] ERDMANN, Baugeschichte, S. 46.

[159] BUK 4, S. 65.

[160] HUECK, Kapellen, S. 92.

[161] HÖGER, S. 79, 118.

[162] Wandmalerei-Darstellung von drei Crispin-Generationen vor Maria von 1365/70 in der Kapelle, BUK 4, S. 79-82; BRUNS, Friedrich: Die Crispinschen Familienbilder in der Katharinenkirche zu Lübeck, in: 23. und 24. Jahresbericht des Vereins von Kunstfreunden in Lübeck (1906), S.

Fensterstiftungen[163] nahe, dass diese dingliche Ausstattung im Ermessen des Stifters lag.

b) Die Gewölbe der Strobukkapelle an St. Katharinen und der so genannten Briefkapelle der Lübecker Marienkirche

Das südliche der beiden quergerichteten Polygone beherbergte im Mittelalter die Strobukkapelle (*Abb.86,88*).[164] Sie ist durch das Schirmgewölbe ihres 4/6 Polygons besonders ausgezeichnet. Die Rippenfigur eines verkappten Sechssterns sitzt im Norden auf drei Kämpfern einer Pfeilerreihe, welche die Familienkapelle mit dem Unterchor teilt. Die beiden äußeren Stützen verbinden sich im Hochchor zu einem Arkadenbogen. Zwischen ihnen steht ein kleinerer Pfeiler, der architektonisch zum Unterchorgewölbe gehört. Die drei anderen Ansatzpunkte des Gewölbes befinden sich auf der Südseite in unterschiedlichem Abstand zum Mittelschiff in den Ecken des quergerichteten Polygons. Folgende Rippen konstituieren den Gewölbestern: Es sind zunächst zwei Radialrippen, die von der Mittelstütze nach Südwesten bzw. Südosten abgehen, und eine quer laufende Scheitelrippe, die zwischen dem kleinen mittleren Pfeiler und der Spitze des Polygons vermittelt. Von der Mittelstütze reichen nach Norden ebenfalls diagonal verlaufende Rippen in die Ecken hinein, doch teilt diese ein Schlussstein in zwei Hälften. Auf einen solchen Schlussstein trifft zudem je eine vom kleinen Zwischenpfeiler ausgehende Tierceronrippe. Da üblicherweise Radialrippen ohne Schlussstein vom Zentrum zum Gewölbeauflager vermitteln, werden die nördlichen Diagonalen hier in Anschluss an den Vorschlag von Günther Jaacks im Zusammenspiel mit der Tierceronrippe als besondere Ausformung eines

---

8-11; zuletzt: ALBRECHT, Uwe (Hg.): Corpus der mittelalterlichen Holzskulptur und Tafelmalerei in Schleswig-Holstein 1, Kiel 2005, S.174-176 .

[163] Aus der Katharinenkirche ist eine solche Fensterstiftung mit Wappendarstellungen von Bertold Witik bekannt.

[164] Anders als für die Crispinkapelle finden sich für den südlichen Familienandachtsraum keine Hinweise darauf, dass auch das westlich anschließende Joch noch zu der Kapelle gehört hätte. Die Schlusssteine des Polygons bilden mit der Darstellung der Evangelistensymbole sowie des Lammes Gottes (und ihm gegenüber des Pelikans) eine geschlossene Ikonographie, wie sie sich häufig in Chören, so zum Beispiel auch auf den um 1330 entstandenen Schlusssteinen des Sterngewölbes im Chor der Thorner Pfarrkirche St. Johann, finden lässt. (Zu Thorn: BECKER-HOUNSLOW, Entwicklung figurierter Gewölbe, S. 164) Der Schlussstein des Lübecker Kreuzjoches weist lediglich Blattwerk auf. Auch die ehemalige Grabplatte, die die Kapelle als Stiftung der Katharina Strobuk auswies, befand sich (jedenfalls im 19. Jahrhundert) im Polygon, genauer in Höhe der heutigen Eingangstür in der Südwestseite des Raumes. Sie wurde dort zwischen 1862 und 1881 entfernt. DEECKE, Lübeck, 1881, S. 49. (In der vorangehenden Ausgabe des Jahres 1862 erwähnt der Autor die Platte noch „in dem Schwibbogen des südlichen Fensters“).

Dreistrahles[165] und nicht als unterbrochene Diagonalrippe gelesen.[166] Dem skizzierten Gerüst sind vier Dreistrahle in die Kappen zwischen dem Zentrum und den Außenseiten des Polygons eingeschrieben. Sie fügen sich im Zusammenspiel mit den Diagonalen zu Rautenmustern mit mittig laufenden Radialrippen zusammen.[167] Dabei bilden sie jedoch nicht einen regelmäßigen Stern aus, da die Kapelle kein symmetrischer Zentralraum ist.[168]

Der Sechsstern der Strobukkapelle ist innerhalb Norddeutschlands ein frühes Beispiel für ein Schirmgewölbe. Im gesamteuropäischen Kontext gehen ihm jedoch mehrere Sternfiguren über einer Mittelstütze voraus, allen voran die der englischen Kapitelhäuser, deren erstes in Lincoln bereits 1220 begonnen wurde.[169] Die insularen Gewölbe, so diejenigen in Lichfield, Westminster (beide um 1250) und Salisbury (um 1280), basieren allesamt auf einem Radialrippengerüst,

---

165 Jaacks, der sich für eine Ableitung des Gewölbes von der Briefkapelle in Lübeck aussprach, sah die nördlichen Radialrippen in Verbindung mit den kleinen Tierceronrippen als verzogene Dreistrahle an, wie sie in der Briefkapelle zu beobachten sind. Aufgrund dieser Sichtweise konnte er schlussfolgern, dass beide Lübecker Gewölbe „die Möglichkeit, Radialrippen fallenzulassen", verbindet. JAACKS, S. 30. Auch Steffani Becker-Hounslow spricht in den Fällen, in denen eine Schräg- und eine Zweigrippe zu einer verzogenen Y-Figur zusammentreffen, von Dreistrahlen. Sie stellt darüber hinaus ein verstärktes Auftreten der schrägen Figur in Niederösterreich fest, wohingegen die Baumeister im Ordensland den Dreistrahl erstens später aufnahmen und zweitens in der Burgkapelle in Lochstedt in der regelmäßigen Y-Form anwandten. BECKER-HOUNSLOW, Entwicklung figurierter Gewölbe, S. 62 und 73.

166 CLASEN, Karl Heinz: Deutsche *Gewölbe* der Spätgotik, Berlin 1958, S. 48; PASSOW, Alexandra: Die Briefkapelle von St. Marien in Lübeck. Baugeschichte – Ausstattung – Wiederherstellung, Magisterarbeit (Masch.-Schr.) Hamburg 1989, S. 81f.

167 Zur Farbfassung des heute weiß gestrichenen Gewölbes ist nur das Ergebnis einer punktuellen restauratorischen Untersuchung bekannt. Sie fand in einem Probefeld auf einer von der Mittelstütze abgehenden Rippe insgesamt fünf Fassungsschichten. Alle Farbaufträge sind mit Kalkfarben ausgeführt. Als Erstfassung konnte Blau nachgewiesen werden, wobei auf Grund des extrem kleinen Sichtfensters nicht klar ist, ob alle Rippen dermaßen gefasst und ob die Rippen durchgängig blau gehalten waren. ADL, KULICKI, Jaroslaw: Untersuchungsbericht zur Ausmalung der Gewölbeflächen in der Russisch-Orthodoxen Kirche vom 15.03.2002.

168 Beinahe identisch war der fünfzackige Stern der Burgkapelle in Rehden konstruiert, der nach den neuesten Forschungen um 1310 zu datieren ist, aber nicht über einer Mittelstütze emporspross. Das Apsisjoch der geosteten Burgkapelle ist wie in Lübeck über einem 4/6 Polygon errichtet. Die Kappen der äußeren Polygonseiten sind identisch ausgebildet. Während in Lübeck das Polygon quer an die Kirchenachse anschließt und im Norden auf einer Reihe von drei Pfeilern ruht, stellt dieser Bereich in Rehden den westlichen Übergang zum Kapellensaal dar, so dass kein Zwischenpfeiler ausgeführt wurde. Nach Westen vermittelt hier eine von der Mittelstütze ausgehende gekappte Scheitelrippe, von der sich wiederum zwei Tierceronrippen abgabeln und auf die äußeren Pfeiler führen. Steffani Becker-Hounslow (die den Grundriss des Raumes als 2/10 Polygon liest) datiert dieses Gewölbe um 1330 und spricht ihm die Initialrolle zur Entwicklung sechszackiger Sterngewölbe im Ordensland zu. BECKER-HOUNSLOW, Entwicklung figurierter Gewölbe, S. 192f.

169 CLASEN, Gewölbe, S. 28.

ebenso die Schirme der Kapitelsäle in Wells (1290er Jahre) und Lincoln, welche zusätzlich um so genannte Flechtrippen bereichert sind.[170] Für den Kontinent wird im Allgemeinen die um 1230 entstandene Zeichnung in dem Skizzenbuch des Villard de Honnecourt als das erste Beispiel eines solchen Einwölbungssystems angesehen.[171] Ihr Stern ist jedoch ohne Radialrippen konstruiert. Die ersten erhaltenen Beispiele des Festlandes entstammen erst der Zeit um 1270; sie finden sich dann jedoch bereits in unterschiedlichen Gegenden und kamen sowohl mit als auch ohne Radialrippen zur Ausführung.[172] Die stärkste Ähnlichkeit zum Entwurf Villards weist das Gewölbe der Wormser Silberkammer auf, wenn es auch zusätzlich in die Raumecken führende Diagonalen benutzt.[173] Aber seine neun Schlusssteine sind wie auf der französischen Zeichnung in einem Quadratschema und nicht in einem Kreis um das Zentrum herum angeordnet, wodurch sich hier wie dort verzogene Rhombenfelder aus den aneinander gesetzten Dreistrahlen ergeben. Die Einzelschirme haben in dieser Zeit in der Regel als Grundfigur das Achteck, das eingeschrieben in einen quadratischen Raum zu jeder Seite die gleiche Fenstereinteilung erlaubt – eine Ausnahme bildet der 12zackige Schirm der Dominikanerkirche in Toulouse, welcher in seiner Form dem Grundriss des polygonalen Chores folgt. Der sechszackige Schirm kam in der Lübecker Strobukkapelle über dem speziellen Grundriss eines 4/6 Polygons

---

170 CLASEN, Gewölbe, S. 28 und Beschriftung der Abb. 104; BECKER-HOUNSLOW, Entwicklung figurierter Gewölbe, S. 59; dies., S. 67: „In der Tat verzichtet kein englisches zentrales Kapitelhaus auf diese Zusatzrippen (gemeint sind Radialrippen), zu denen sich häufig noch Flechtrippen und umlaufende Scheitelrippen fügen."

171 CLASEN, Gewölbe, S. 22f.; HAHNLOSER, S. 122f.; Roland Bechmann hingegen interpretiert den Achtzack als reines Sterngewölbe – ohne Mittelstütze; dahingegen vermutet Norbert Nussbaum weiter in ihm ein Schirmgewölbe mit dem Hinweis auf die von dem sog. Magister 2 hinzugefügte Erläuterung, die auf Deutsch folgendermaßen lautet: „Auf diese Weise fasst man einen Kapitelsaal von acht Säulen auf einer einzigen zusammen; es ist keineswegs so umständlich; das ist (die) gute Maurerei." BECHMANN, Roland: Villard de Honnecourt. La pensée technique au XIIIe siècle et sa communication, Neuauflage Paris 1993, S. 118-121; NUSSBAUM, Norbert/LEPSKY, Sabine: Das gotische Gewölbe, Darmstadt 1999, S. 201.

172 Einzelschirme mit Radialrippen: Brüx, 1273 begonnen (NUSSBAUM/LEPSKY, Abb. 230 b), Toulouse, ehem. Dominikanerkirche gegen 1285, Chorunterbau der Stiftskirche im Baden-Württembergischen Breisach, um 1300 (CLASEN, Gewölbe, Abb. 38), Krypta der ehem. Franziskanerkirche in Neuenburg/Weichsel, 1. Viertel 14. Jahrhundert (CLASEN, Gewölbe, Abb. 30). Ohne Radialrippen sind folgende Schirme ausgeführt: im böhmischen Kourim, um 1270/80 (Abb. NUSSBAUM/LEPSKY, Abb. 230 a), Kapitelsaal des Zisterzienserklosters im böhmischen Hohenfurth, um 1270/80 (nicht vollständig ausgeführt; CLASEN, Gewölbe, Abb. 18), Auerkapelle in Regensburg, um 1300, jedenfalls vor 1334 (CLASEN, Gewölbe, Abb. 39).

173 Damit entspricht es dem Rekonstruktionsvorschlag von Viollet le Duc, der den reinen Dreistrahlstern in einem quadratischen Raum, der vom Grundriss her gesehen quadratische Felder ohne Rippen in den Ecken ausbildet, als technisch undurchführbar ansah und Honnecourts Zeichnung mit Zusatzrippen versah. CLASEN, Karl Heinz: Deutschlands *Anteil* am Gewölbebau der Spätgotik, in: Z. d. deutsch. Vereins f. Kunstw. 4 (1937), S. 163-185, hier: S. 165; ders.: Gewölbe S. 23, 26.

zustande, darüber hinaus lässt er sich erst im Zusammenhang mit längsgerichteten Räumen, in denen mehrere Sterne über zwei oder drei Mittelstützen ineinander greifen, beobachten. In diesen gestreckten Räumen finden sich die Sechsecksterne wiederum vorwiegend in Süddeutschland. Als Mittler verbinden sie zwei siebenzackige Figuren in den beiden Dreistützenräumen der 1320er/30er Jahre, dem Kapitelsaal in Maulbronn wie auch dem Sommerrefektorium in Bebenhausen.[174] Sie bilden auch die Grundfigur für die von Wolfgang Erdmann als Vorbild für die Briefkapelle in die Diskussion eingeführten Gewölbe der Vorhalle der Konradikapelle am Konstanzer Münster,[175] deren Entstehungsdatum allerdings nicht unumstritten ist. Heribert Reiners datierte die Gewölbe in der Vorhalle der 1313 geweihten Konradikapelle aufgrund der Rippenprofile und der Tatsache, dass das Gewölbe nicht mit Hilfe von Diensten vorbereitet wird, sondern auf Konsolen aufsetzt, in das 15. Jahrhundert,[176] wohingegen Peter Kurmann in seiner ausführlichen stilistischen Untersuchung für eine zeitgleiche Entstehung von Vorhalle und Kapelle zu Beginn des 14. Jahrhunderts eintritt.[177]

Das Gewölbe der Strobukkapelle findet in der Literatur höchstens in einer Randbemerkung Erwähnung, wo es als entwicklungsgeschichtliches Derivat der Briefkapellenwölbung eingeordnet wird.[178] An einer solchen Zuordnung lässt jedoch die aufgezeigte Tradition, in der die Strobukwölbung eingereiht werden kann, zweifeln. Die steiler proportionierte Briefkapelle vertritt hingegen bereits eine weiterentwickelte Stufe der Wölbungskunst. Sie ist ein früher, eventuell der früheste Raum, dessen Schirmfiguren für einen mehrjochigen Raum aneinandergesetzt sind.[179] Um die Beziehung der beiden Lübecker Gewölbe zueinander näher zu bestimmen, wird im Folgenden dasjenige der Kapelle an St. Marien mit den unterschiedlichen Diskussionen zu seiner Herleitung vorgestellt.

Das Rippengerüst der Briefkapellengewölbe hat wie kein anderes die Forscher zu unterschiedlichen Lesarten angeregt (*Abb.87*). Wie bunte Vexierbilder, bei denen manchem Betrachter die rotfarbigen Figuren, anderen die grünen zuerst ins Auge springen, kann man sich dessen Sterne aus immer wieder anderen

---

174 NUSSBAUM/LEPSKY, S. 227.

175 ERDMANN, Baugeschichte, Anm. 27.

176 REINERS, Heribert: Das Münster Unserer Lieben Frau zu Konstanz (= Die Kunstdenkmäler Südbadens 1), Konstanz 1955, S. 201.

177 KURMANN, Peter: Zur Grabfigur des hl. Konrad und zu den hochgotischen Nebenbauten des Konstanzer Münsters, in: Helmut MAURER (Hg.): Der heilige Konrad, Freiburg/Basel/Wien 1975, S. 321-351, hier: S. 334-347.

178 CLASEN, Gewölbe, S. 48; STEINKE, S. 4; ausführlicher: JAACKS, S. 30f.

179 NUSSBAUM/LEPSKY, S. 226.

Rippengruppen zusammengesetzt vorstellen.[180] Die Literatur suchte Vorbilder oder nächste Verwandtschaft hauptsächlich bei Gewölben in England[181] und dem Ordensland[182], in jüngerer Zeit auch in Süddeutschland[183], erst jüngst hat Steffani Becker-Hounslow die bis dato hier und da nur angedeutete Möglichkeit, in der Briefkapellenwölbung eine eigenständige Weiterentwicklung kontinentaler Vorformen zu sehen, ausdrücklich vertreten.[184]

---

[180] Je nach Blickwinkel, kunsthistorischer Einordnung und persönlicher Interpretation erscheinen beispielsweise die Rippenfiguren verzogen (siehe unten) oder aber gleichmäßig (ELLGER, Dietrich/KOLBE, Johanna: Die Lübecker *Marienkirche* und ihre Wandmalereien, Neumünster 1951, S. 76f.). Über diese individuelle Sichtweise hinaus ist in der Forschung eine unterschiedliche Lesart der Gewölbe zwischen englischen und deutschen Kunsthistorikern zu beobachten: STEINKE, S. 58-61; BECKER-HOUNSLOW, Entwicklung figurierter Gewölbe, S. 50-53.

[181] QUAST, Ferdinand von: Beiträge zur Geschichte der Baukunst in Preußen. Das Schloß Marienburg, in: Neue Preußische Provinzialblätter 11=45 (1850), S. 1-75, S. 115-145 und S. 180-223, hier: S. 123; DEHIO/BEZOLD: Die kirchliche Baukunst des Abendlandes 2, Stuttgart 1901, S. 367; ELLGER, Marienkirche, S. 76f.; JAACKS, S. 30; KAMPHAUSEN, Alfred: Die *Marienkirche* in Lübeck in der norddeutschen Backsteingotik, in: Jahrbuch des St.-Marien-Bauvereins 7 (1967), S. 16-49, hier: 32; BONY, J.: The English Decorated Style. Gothic Architecture Transformes 1250-1350, London 1979, S. 64; CROSSLEY, Paul: *Wells*, the West Country, and Central European Late Gothic, in: Medieval Art and Architecture at Wells and Glastonbury, London 1981, S. 81-109, hier: S. 82; ders.: *Lincoln* and the Baltic: The Fortunes of a Theory, in: Medieval Architecture and its Intellectual Context: Studies in Honour of Peter Kidson, hg. von Eric FERNIE/Paul CROSSLEY, London 1990, S. 169-180, hier: S. 179; NUSSBAUM, Kirchenbaukunst, S. 150.

[182] SCHMID 1937, S. 112; 1955 sah Bernhard Schmid die Gewölbe der Briefkapelle als ein Vorbild für die des Marienburger Kapitelsaales an. SCHMID, Bernhard: Die Marienburg. Ihre Baugeschichte. Aus dem Nachlaß hg., ergänzt und mit Abb. versehen von Karl Hauke, Würzburg 1955, S. 51; CLASEN, Anteil, S. 175; ders.: Gewölbe, S. 46f.; HAUKE/STOBBE, S. 43; STEINKE, S. 69f.; KNAPP, Heinrich: Baugeschichtliche Überlegungen zur Geschichte der Briefkapelle an St. Marien in Lübeck, in: LSAK 8 (1984), S. 7-13, hier: S. 12: Heinrich Knapp plädiert für eine zeichnerische Vorlage aus Preußen, die von einem süddeutschen Baumeister umgesetzt worden sei; wie Clasen spricht er den in Preußen, nicht aber in England auftretenden Eck-Dreistrahlen große Bedeutung zu und erkennt darin einen Einfluss auf Lübeck. Generell ist seiner Argumentation schwer zu folgen. Denn für seine äußerst detaillierten Vergleiche zieht er lediglich Teilbereiche der jeweiligen Rippenfiguren heran. Den Untersuchungen zu verschiedenen Gewölbefiguren folgt ohne ausgesprochene Argumentation jeweils ein Fazit, das nicht erkennen lässt, welche Erkenntnisse Knapp seiner Argumentation zugrunde legt. Zudem benutzt er die Begriffe „Tierceron- und Lierneripppe“ abweichend von den anderen Forschern, ebenso unterscheidet er die zwei vom Wortsinn her als Synonym zu verwendenden Begriffe der latitudinalen und der transversalen Scheitelrippe voneinander. Zur Terminologie siehe: STEINKE, S. 60f. und NUSSBAUM/LEPSKY, Glossar.

[183] ERDMANN, Baugeschichte, Anm. 27; PASSOW, S. 78-83. Für eine Ausführung von Seiten eines süddeutschen Meisters spricht sich Heinrich Knapp aus: KNAPP, S. 7, 12.

[184] BECKER-HOUNSLOW, Entwicklung figurierter Gewölbe, S. 185-190. Bereits Steinke nahm an, die Gewölbe der Briefkapellengewölbe wären aus dem Turmgewölbe weiterentwickelt (STEINKE, S. 69). Auch Andreas Zimmermann stellt die These einer eigenständigen Schöpfung der Schirme von St. Marien in den Raum (ZIMMERMANN, Andreas: Die *Briefkapelle* der St.-Marien-Kirche zu Lübeck, in: Jahrbuch des St.-Marien-Bauvereins 9 [1981/81], S. 63-101, hier: S. 89). In ihrer

Aufgrund der neueren Spätdatierungen der „Ordensgewölbe“[185] scheiden diese im Grunde als mögliche Vorbilder für die nachweislich ab 1310 erbaute Briefkapelle[186] aus. Für eine Ableitung aus England sprach sich Dietrich Ellger aus, der die Briefkapellenwölbung auf einen gleichmäßig über einer Mittelstütze ausgebildeten Stern zurückführte und eine solch regelmäßige Figur, bei der alle vom Zentralpfeiler abgehenden Rippen im gleichen Winkel zueinander liegen, allein in den Radialgewölben der dortigen Kapitelhäuser verwirklicht sah. Seine Abgrenzung zu den preußischen Sternen überzeugt nicht, da er ihnen weniger Gleichmäßigkeit anerkennt als den unterschiedlichen Rauten der Briefkapelle, die er hier mit der gedrungenen Grundfläche nur allzu leichtfertig entschuldigt.[187] Gemeinsam mit Paul Crossley betont er die Verwandtschaft des Flechtrippensterns der nördlichen Turmkapelle in St. Marien (*Abb.49*) mit England, wo sich ein solcher bereits in der ersten Hälfte des 13. Jahrhunderts, beispielsweise in Lincoln, im Mittelgewölbe des Westbaues wie auch im dortigen Vierungsgewölbe findet.[188] Doch ist zu bedenken, dass die Grundfigur dieses Sternes bereits um 1270 auf dem europäischen Kontinent im – englisch beeinflussten – Vierungsgewölbe der Kathedrale von Amiens und wahrscheinlich nochmals am Ausgang des 13. Jahrhunderts in St. Riquier Verwendung fand.[189] Paul Crossley ist der Einzige, der die Wurzeln der Briefkapelle konkret verortet. Im Hinblick auf Lincoln fallen ihm nämlich weitere Parallelen zu Lübeck ins Auge. Die Lage der Briefkapelle gleicht derjenigen einer um 1240 entstandenen Kapelle über quadratischem Grundriss an der Nordwestecke in Lincoln, die zudem – wie es in

---

Magisterarbeit schlägt Alexandra Passow die Ableitung der Briefkapellenwölbung von der auf süddeutschen Einflüssen beruhenden Sternbildung der Strobukkapelle vor. PASSOW, S. 81.

185 Die von der polnischen Forschung vorgenommene Spätdatierung des Marienburger Kapitelsaales um 1330 wird mit geringen Modifikationen allgemein übernommen. NUSSBAUM/LEPSKY, S. 227, Anm. 821; TORBUS, S. 264, 313 (Datierung zwischen 1324 und 1330); BECKER-HOUNSLOW, Entwicklung figurierter Gewölbe, S. 223-226, 229.

186 GASIOROWSKI, Eugeniusz: Die Briefkapelle der St.-Marien-Kirche zu Lübeck, in: Deutsche Kunst und Denkmalpflege 35 (1977), S. 148-164, hier: S. 159; vgl. auch zur gemeinsamen Fundamentierung von Südturm und eines Abschnittes der Briefkapelle: KUMMER, Stefan: Archäologische Aufschlüsse zur Baugeschichte der Briefkapelle an St. Marien in Lübeck, in: Deutsche Kunst und Denkmalpflege 35 (1977), S. 139-147, hier: S. 140; ders.: Die Briefkapelle von St. Marien in Lübeck. Ein neuer Beitrag zur Entstehungsgeschichte, in: LSAK 1 (1978), S. 97-99, hier: S. 98.

187 Der Ansatz, ein dem Briefkapellengewölbe immanentes System zu suchen, wird von der Verfasserin geteilt, die Interpretation der Rippenfigur jedoch nicht. Denn die Winkel der einzelnen abgehenden Rippen variieren stark, wie auch bereits Andreas Zimmermann darstellte. ELLGER, S. 76f.; ZIMMERMANN, Briefkapelle, S. 70, 84.

188 ELLGER, Marienkirche, S. 77; CROSSLEY, Lincoln, S. 179.

189 Zu Amiens und Riquier siehe: CLASEN, Anteil, S. 166; ders.: Gewölbe, S. 22f.. Die Kirche in St. Riquier wurde Ende des 15. Jahrhunderts restauriert. LASTEYRIE, R. de: L’ architecture religieuse en France a l’ époque gotique 1 (1926), S. 76f., 2 (1927), S. 50.

Deutschland vom Typus der romanischen Vorhallen bekannt ist – eine Mittelstütze besitzt, auf der Gurt- und Diagonalrippen von vier kleinen Kreuzgewölben zusammenlaufen.[190] Alfred Kamphausen erkennt englischen Einfluss in den Maßwerkformen der Briefkapelle. Diejenigen Gestaltungsmodule, die hingegen Unterschiede zu englischen Kapitelhäusern offenbaren, wie der vertikal gehaltene Aufriss, ordnet er der Kapelle als „Originalität" zu.[191] Steinke wies hingegen überzeugend auf die stärkere Parallele der Maßwerke zu französischen Rayonnantformen hin.[192] Steffani Becker-Hounslow plädiert für eine den englischen Proportionen verpflichtete Umsetzung kontinentaler Vorformen.[193] Aus England leitet sie die vermeintliche Dominanz der Fensterflächen ab sowie das Verhältnis der Gewölbe zum Raum, bei dem ein hoher Ansatz der Rippen für einen maximalen Lichteinfall sorgt. Die Gewölbeintegration ist in der Tat mit dem von Becker-Hounslow angebrachten Kapitelhaus von Westminster-Abbey vergleichbar und unterscheidet sich von derjenigen in den Räumen der Marienburg. Im Kapitelsaal des Marienburger Konventshauses wie auch dem Großen Remter, dem Winter- und dem Sommerremter des Hochmeisterpalastes, greifen die Gewölbe viel tiefer in den Raum hinein und bestimmen mit ihrer Rippenführung, die auf Gewölbeanfängern schon in halber Höhe der Fenster beginnt, sogar den Wandaufriss.

Für die Grundrisszeichnung des Gewölbes lässt sich aber zusammenfassend gesehen kein konkreter Bezug zu England festmachen. Einzig der Hinweis auf die Vorbilder für das ehemalige Sterngewölbe des Nordturmes ist absolut stringent, ihr Gewölbe könnte aber auch über spätere Rezeptionen vermittelt worden sein. Die Lincolner Affinitäten beinhalten zudem zu viele vage Vergleichsformen, die selbst in einer anzunehmenden Kompilation keinen ausreichenden Fundus ergeben, um auf ihrer Basis – 70 Jahre nach ihrer Entstehung – die Sterngewölbe der Briefkapelle zu konstruieren. Der grundsätzliche Gegensatz zu den englischen Gewölben, der eine Ableitung von dort ausschließt, ist in der Tatsache zu sehen, dass das Briefkapellengewölbe, wie bereits Günther Jaacks und zuletzt ganz deutlich Steffani Becker-Hounslow angemerkt haben, auch Rauten ohne Radialrippen ausbildet,[194] welche in England nicht vorkommen.[195]

---

190 CROSSLEY, Lincoln, S. 179; ebenso NUSSBAUM, Kirchenbaukunst, S. 150.

191 KAMPHAUSEN, Marienkirche, S. 32f.

192 STEINKE, S. 67-69; vgl. auch Kapitel VI.

193 BECKER-HOUNSLOW, Entwicklung figurierter Gewölbe, Anm. 975; dies.: Malbork Chapter House and Grand Master's 'Remter' versus the '*Briefkapelle*' at St. Mary's in Lübeck: dependent or independent solutions?, in: Biuletyn Historii Sztuki 1998, S. 381-398, hier: S. 385-390.

194 JAACKS, S. 30; BECKER-HOUNSLOW, Briefkapelle, S. 389. Günther Jaacks erkannte in der „Möglichkeit, Radialrippen fortzulassen", eine Gemeinsamkeit der Gewölbe in St. Marien und St. Katharinen, postulierte sie aber aufgrund dieses Merkmals als von England abhängig, wobei doch

Viele der Autoren, die eine Ableitung aus dem Ordensland oder England erwägen, konstatieren eine Unsicherheit in der Ausführung der Briefkapelle, da sie im Vergleich mit den dortigen Achtecksternen die irreguläre Zackenbildung in Lübeck monieren.[196] Diese Unregelmäßigkeit dient wiederum als Hinweis auf die zeitliche Einordnung, die allerdings unterschiedlich ausfällt, je nachdem, ob der unregelmäßige Stern in Lübeck als Zeichen einer unausgereiften Frühform[197] oder eines Abkömmlings, bei dem auf dem Weg der Rezeption das technische Verständnis verloren gegangenen sei,[198] interpretiert wurde. Diese Lesart, welche auch dazu führte, die Herkunft des Baumeisters außerhalb des Backsteingebietes zu suchen, da man die unregelmäßige Zackenbildung so mit Schwierigkeiten bei der Umsetzung in das neue Material begründete,[199] basiert ebenfalls auf der Prämisse, die neun Zacken auf das Modul eines symmetrischen achteckigen Sterns zurückführen zu wollen. Befragt man die Figur jedoch nach regelmäßigen Einzelfiguren und Winkelabschnitten, so ergeben sich zwei wiederkehrende Muster als Grundformen, die bisher allein Andreas Zimmermann gleichermaßen aufgefasst hat, wie seiner Charakterisierung des „einzigartigen Gleichgewicht(s) von Regelmäßigkeit und Unregelmäßigkeit", die er nicht weiter begründete, zu entnehmen ist.[200]

Auf der Suche nach regelmäßigen Konfigurationen im Gewölbe der Briefkapelle lassen sich zunächst als Rippenkreuz die transversale sowie die gekappte längslaufende Scheitelrippe herauslesen, wobei der äußere Abschnitt der längslaufenden Rippe von der Mittelstütze an nach außen gemeinsam mit zwei Tierceronrippen einen Dreistrahl ausbildet. So gelesen ist das beschriebene Kreuz vergleichbar mit demjenigen in der Strobukkapelle. Als weitere Grundfiguren fallen vier große gleichförmige Dreistrahle ins Auge. Hiermit sind die Rippenkonstellationen gemeint, deren von der Mittelstütze ausstrahlende Lierneripen

---

seit Clasen die Radialrippe als typischer Vertreter der insularen Schirme angesehen wird. JAACKS, S. 30; CLASEN, Anteil, S. 168; NUSSBAUM/LEPSKY, S. 225; BECKER-HOUNSLOW, Entwicklung figurierter Gewölbe, S. 67.

195 CLASEN, Anteil, S. 168; CLASEN, Gewölbe, S. 26, 28; NUSSBAUM/LEPSKY, S. 225.

196 CLASEN, Karl Heinz: Der Hochmeisterpalast der Marienburg, Königsberg 1924, S. 86; STEINKE, S. 69; KNAPP, S. 10-12; NUSSBAUM, Kirchenbaukunst, S. 150. Nach der Neuvermessung im Rahmen der Restaurierung in den 1970er Jahren stellen sich die Gewölbefigurationen der Briefkapelle nach Gasiorowski nicht länger so unregelmäßig da. Doch sind weiterhin nicht alle Rauten gleich groß, sie präsentieren sich in zwei grob zu unterscheidenden „Größen". GASIOROWSKI, S. 161.

197 JAACKS, S. 30.

198 STEINKE, S. 69.

199 KNAPP, S. 12.

200 ZIMMERMANN, Briefkapelle, S. 70 und 89.

jeweils in einem Winkel von 50 bis 65 Grad zu der Transversalrippe abgehen. Die äußere der beiden von diesen Lierneripppen abzweigenden Tierceronrippen verläuft jeweils parallel zur Transversalrippe. Während für den regelmäßigen Achteckstern die Auffächerung der Lierneripppen in Winkeln von 45 Grad geschieht, so ergeben sich solche von 60 Grad für sechszackige Sterne. Anders als bei den sechseckigen Sternen ist in der Briefkapelle jedoch an der Längsseite ein weiteres Gewölbeauflager geschaffen, wofür die Transversale bis an die Raumgrenze durchläuft und die Diagonalrippe einer Rhombe darstellt, die sich aus zwei verzogenen Dreistrahlen der Art, wie sie an der Nordrhombe der Strobukkapelle gebildet sind, zusammensetzt. Diese Rippenfigur der zwei speziellen Dreistrahle in Verbindung mit der mittig laufenden Transversalen, welche in St. Katharinen das Fehlen einer sechsten Polygonecke kompensiert, ist in der Briefkapelle zum Prinzip erhoben und an der längslaufenden Scheitelrippe gespiegelt. Die Art und Weise, wie die beiden Sterne der Briefkapelle mittels einer Rhombe, durch die längs eine Scheitelrippe läuft, verbunden sind, ist identisch mit derjenigen in Marienburg und Konstanz. In Süddeutschland ist sie aber viel konsequenter aus der Sternfigur abgeleitet, da sie in dem Sechsstern systemimmanent einen Sternzacken bildet, der sich auf der gegenüberliegenden Seite spiegelbildlich wiederholt.

Die vorgeschlagene Aufteilung und Herleitung von Einzelformen für das Lübecker Briefgewölbe ist zweifelsohne eine unter vielen Möglichkeiten. Sie geht jedoch von der Prämisse aus, das Gewölbe nach seinen Regelmäßigkeiten zu befragen, die die konzeptionelle Basis für den Baumeister gewesen sein könnten, und somit die entstandene Rippenfigur nicht vorweg als Ergebnis ungeschickter Ausführung zu verstehen. Als Bestätigung des rekonstruierten Rippenkonzeptes liest sich die wiederhergestellte mittelalterliche Ausmalung, die mit ihrem Zweifarbensystem die Rippenfiguren mit den jeweils vier regelmäßigen Dreistrahlen in Blau von den an St. Katharinen gemahnenden, rot gefassten Dreierfiguren unterscheidet.[201] Einfache Dreistrahlrauten, wie sie die blauen Rippengruppen zu den Schmalseiten der Briefkapelle hin bilden, finden sich bereits in den kontinentalen reinen Dreistrahlschirmen ab 1270. Ihre Gewölbeauflager sitzen ebenso wie diejenigen an der schmalen Ost- und Westseite in Lübeck versetzt zu den Freistützen. Die Konzeption der auf die mittleren Gewölbeauflager der Längsseite zuführenden Rhomben erinnert am ehesten an das entsprechende Gewölbesegment der Strobukkapelle. Steffani Becker-Hounslow hat mit den bereits Anfang des 13. Jahrhunderts ausgeführten Gewölben der Zisterzienserkirche in

---

201 Zur Farbfassung der Gewölbe siehe: GASIOROWSKI, S. 157f.; SASS, Karl-Heinz: Die Farbigkeit der Briefkapelle, in: Jahrbuch des St.-Marien-Bauvereins 9 (1980/81), S. 106f.

Heisterbach auf eine ähnlich verzogene Dreistrahlführung hingewiesen[202] und sie in Lübeck mit dem Wunsch begründet, die Schlusssteine der Dreistrahle in die Mitte der Fensteröffnungen zu legen, um so einen maximalen Lichteinfall zu ermöglichen.[203] Doch in Anbetracht der Tatsache, dass die meisten Achsen der Langseiten als Blenden ausgebildet sind, erscheint diese Erklärung fraglich. Eher hat hier der Wunsch nach einem vertikal gehaltenen Wandaufriss Pate gestanden. Denn eine von Becker-Hounslow beschriebene optimierte Lichtführung entsteht auch mit der tradierten Art der Anordnung reiner Dreistrahlgewölbe, deren Auflagerpunkte nicht in der Achse der Freipfeiler liegen. Dies ist z.B. der Fall in Villards Konzeption, in der Wormser Silberkammer, der Auerkapelle in Regensburg und dem Kapitelsaal in Hohenfurt – und an den Lübecker Schmalseiten. Diese Rippenorganisation ist jedoch an den Ost-West verlaufenden Langseiten zugunsten eines weiteren Gewölbeauflagers in der Achse der Mittelstütze aufgegeben, das den Wandaufriss in schmalere, steilere Kompartimente aufteilt.

Im speziellen Vergleich zu Konstanz fällt auf, dass Scheitelrippen die einzigen Radialrippen darstellen und damit sowohl „freie" Rhomben als auch solche mit eingeschriebener Diagonale auftreten.[204]

Die für die Briefkapelle und die Strobukkapelle bekannten Daten legen eine zeitnahe Entstehung beider Gewölbe nahe. Die Briefkapelle war seit 1310 mindestens geplant, wenn nicht im Bau, und der Chor an St. Katharinen wurde spätestens 1308 eingedeckt. Unter Voraussetzung des üblichen Bauablaufes werden die Gewölbe im Anschluss daran eingezogen worden sein.[205] Die gleich gestalteten, in den Sterngewölben außerhalb Lübecks unbekannten Figuren der Nordrhomben von Brief- und Strobukkapelle belegen einen Austausch zwischen den beiden Baustellen. Weitere Hinweise auf gemeinsame Planungen geben die teilweise identischen Maßwerkformen der Briefkapelle und des Katharinenquerhauses.[206] Wenn auch der eigentliche Bauherr über das Projekt der Marienkirche das Domkapitel war, so werden doch zum Baubeginn der Briefkapelle die bürgerlichen Provisoren der Kirche als „Bauherren" fungiert haben. Denn zur damaligen Zeit waren die Stadt wie auch die Mendikanten mit dem Interdikt

---

[202] Becker-Hounslow, Briefkapelle, S. 387.

[203] Becker-Hounslow, Briefkapelle, S. 389.

[204] Eine solche gestalterische Freiheit zeigen die preußischen Gewölbe erst in der zweiten Hälfte des 14. Jahrhunderts, wie das Chorgewölbe und der Stern im Untergeschoss des Nordturms von St. Katharinen in Strasburg sowie das Mittelschiff und später um 1400 auch der Chor der Franziskanerkirche in Thorn. Becker-Hounslow, Entwicklung figurierter Gewölbe, S. 234.

[205] Vgl. Binding, Dachwerk, S. 12.

[206] Das Maßwerk an St. Katharinen ist jedoch weitestgehend erneuert, seine Formen somit nur unter Vorbehalt zum Vergleich heranzuziehen. Vgl. Kapitel VIII.B.

belegt, und das Domkapitel residierte in Eutin. Der Lübecker Bischof, der erst 1314 in die Stadt zurückkehren sollte, hat im Jahre 1309, kurz vor dem Baubeginn der Briefkapelle, in seiner „Ausweichresidenz" mit dem Bau eines neuen Chores begonnen.[207] In dem Kontext erscheint die Briefkapelle als Monument des Bürgerstolzes, dem der Inschriftenstein wörtlich Ausdruck verleiht. In der Abwesenheit des Bischofs haben die Bürger trotzig Maßstabsetzendes geschaffen.[208] Nahezu gleichzeitig entstanden die beiden diskutierten Gewölbe an einem Ort. Ihre Bauherren waren die im Streit mit dem Bischof verbündeten Bürger und die Franziskaner. Sie werden wohl Kenntnisse und Planzeichnungen ausgetauscht haben. So ist es fraglich, ob die Suche nach dem Vorbild oder einer möglichen Nachfolge innerhalb der beiden Konzeptionen erlaubt ist. Will man sie in puncto zeitlicher Priorität dennoch stellen, so lässt die Rippenfigur der Nordrhombe an St. Katharinen, die sich ähnlich an den Längsseiten der Briefkapelle wiederfindet, eher auf ein Vorausgehen des Strobukgewölbes schließen,[209] da diese sonderbare Form der Rippenanordnung für St. Katharinen mit den Unregelmäßigkeiten des dortigen Grundrisses erklärt werden kann. Damit ist jedoch nicht die gesamte Gewölbedisposition der Briefkapelle beantwortet. Sie stellt eine innovative Weiterentwicklung des Destillates der in Lübeck bekannten Wölbkunst dar, das sich aus der Kenntnis der in der Tradition des Planes von Villard de Honnecourt stehenden Lösungen der kontinentalen Baukunst mit lokalen Entwicklungen zusammenzusetzen scheint.

---

[207] Vgl. hierzu die Diskussion um das bewusste Vorantreiben des Chorneubaues von Seiten der Bürgerschaft während des vorangegangenen Interdiktes der Jahre 1277 bis 1280: JACOBS, Hans-Joachim: Zur Datierung des Chores der *Lübecker Marienkirche*, in: Zeitschrift des Deutschen Vereins für Kunstwissenschaft 52/53 (1998/99), S. 241-260.

[208] Diese Sichtweise vertrat bereits Wolfgang Müller. Er schrieb: „Die ungebrochene Kraft der Stadt schafft sich gerade in den Jahren der schwersten Bedrohung ein neues monumentum, das ihren Herrschaftsanspruch klar ausdrückt." (MÜLLER, Wolfgang John: Mittelalterliche Backsteinornamentik in Mecklenburg und Lübeck [1200-1350], Diss. [Masch.-Schr.] Rostock 1939, S. 167). Auch Bernhard Schütz interpretierte so die Inangriffnahme der Türme. Der weit fortgeschrittene Chorbau sei zu ihren Gunsten liegengeblieben, da er in dieser Zeit „ohnehin nicht seiner eigentlichen Bestimmung zugeführt werden durfte". (SCHÜTZ, S. 19).

[209] Die eindimensionale Ableitung des Gewölbes der Briefkapelle von demjenigen der Strobukkapelle schlägt Alexandra Passow in ihrer Magisterarbeit vor. Ihre Erklärung beruht auf der Interpretation der nördlichen diagonalen Rippen mit mittigem Schlussstein als Radialrippen. Demnach erkennt sie in den entsprechenden Rippenführungen der Briefkapelle „geknickte Diagonalrippen". Daher sieht sie die Gewölbe beider Räume auf dem Grundprinzip einer latitudinalen Scheitelrippe und zweier ein Kreuz bildender Diagonalrippen konzipiert (S. 81). Doch setzt sie somit zwei unterschiedliche Arten der Rippenführung gleich, nämlich die geraden Radialrippen der Strobukkapelle mit den „geknickten", durch einen Schlussstein unterteilten der Briefkapelle. Dementsprechend interpretiert Passow die hier als verzogenen Dreistrahl interpretierte Figur nicht als wiederkehrende Form in beiden Kapellen. Darüber hinaus bleibt bei dieser monokausalen Ableitungsthese die Herkunft der reinen Dreistrahlrhomben ungeklärt. PASSOW, S. 81f.

B. Das Querhaus und seine Stellung innerhalb der regionalen Baukunst wie auch im Kontext der Franziskanerarchitektur

Es ist der nördliche Querhausarm mit seiner Sockelausrichtung, aufgrund dessen sich die Katharinenkirche an der Glockengießerstraße in die Flucht der Häuserfronten einreiht (*Abb.2*). Seine zwei nebeneinander stehenden Giebel unterstützen diese Integration in die Umgebung der zumeist giebelständigen Bürgerhäuser. Dahingegen treten die leicht anders ausgerichteten Bauteile wie der Chor und die Seitenschiffe optisch zurück, zumal das Querschiff nach Osten durch den Treppenturm und nach Westen gegenüber dem zurückspringenden Seitenschiff mit glasierten Ecksteinen hervorgehoben ist. Reiche Gewändeprofile sowie erneuerte kunststeinerne Maßwerkcouronnements bereichern den stattlichen Baukörper im Detail und zeichnen ihn auch gegenüber den übrigen Bauteilen von St. Katharinen aus. Im Vergleich zu den maßwerklosen Fenstern des Südquerschiffes wird sein Charakter als Schaufassade deutlich. Um mehr als einen halben Meter ragt auch der südliche Querschiffarm am Außenbau über die Flucht der Seitenschiffe von Chor und Langhaus hervor. Im Gegensatz zu dieser nach Außen hin erzielten Prononcierung des Baukörpers steht die Verschmelzung desselben mit den angrenzenden Raumteilen im Innern der Kirche wie auch das Fehlen eines größeren Portals, wie es einer üblichen Querhausfunktion des Verkehrsweges entsprechend in der Regel an einem solchen Bauteil anzutreffen ist.[210] Lediglich am südlichen Querarm ist der Kreuzgang angebunden. Im Erdgeschoss führt ein niedriger, schlichter Durchgang durch das tiefe Fassadenmauerwerk (*vgl. Abb.4,9*). Im Inneren nimmt der Unterchor, genauer gesagt der Lettnerbereich, weite Teile des östlichen Querhausschiffes ein. Ein weiterer Grund, warum sich das Querhaus im Inneren nicht schnell als solches zu erkennen gibt, liegt in der einheitlichen Flucht, welche die Innenfassade mit den Chorseitenschiffen und dem südlichen Nebenschiff bildet. Auch seine schiffsteilenden Mittelpfeiler wirken raumvereinheitlichend, weil sie sich in die Längsrichtung der Kirche, in die Arkadengliederung von Chor und Langhaus, einbinden (*Abb.34*). Insgesamt gesehen lässt sich für das Querschiff von St. Katharinen kein eigenständiger Funktionsbereich ausmachen. Der Gegensatz zwischen der angestrebten Außenwirkung der Architektur auf der einen Seite und der Einbeziehung seines Inneren in den Kirchenraum auf der anderen bei gleichzeitig fehlenden Hinweisen auf querhausspezifische Aufgaben lässt die beiden Querschiffe der Franziskaner als Repräsentationsarchitektur erkennen.[211]

---

[210] Auf die bei den Bettelorden fehlende liturgische Notwendigkeit eines Querhauses macht u.a. Krautheimer aufmerksam. KRAUTHEIMER, S. 34.

[211] So schon JAACKS, S. 26.

Innerhalb der nordalpinen Mendikantenarchitektur teilt St. Katharinen in Lübeck mit dem ersten gotischen Bauprojekt der Kölner Minoritenkirche[212] (*Abb.48*) und der Minderbrüderkirche im tschechischen Iglau (Jihlava)[213] (*Abb.46*) die architektonische Besonderheit eines Querschiffes.[214] Nachdem in der rheinischen Metropole die begonnene Anlage eines Kreuzschiffes, deren ehemalige Choreckpfeiler noch heute im Kircheninneren sichtbar sind, um 1260 zugunsten eines zum Chor durchgehenden Langhauses aufgegeben wurde,[215] stellt das Lübecker Querhaus den einzigen ausgeführten Baukörper dieser Art an einer Minoritenkirche in Deutschland dar.[216] In Italien verwendeten die Minoriten diesen Bautypus häufiger – gerade in ausladender Form – in unmittelbarem Anschluss an die Apsis bzw. im Zusammenhang mit dem sog. Dreikapellensaal,[217] während in Deutschland bereits im 13. Jahrhundert der Langchor ohne anschließendes Querschiff dominiert.[218]

In Iglau tritt das Querhaus im Inneren wie im Äußeren knapp über die Flucht der Seitenschiffe hervor, während es in Köln wie in Lübeck im Inneren mit den Seitenschiffen fluchtend ausgeführt ist. Auch diese Querhausgestalt hat Vorläu-

---

212 Zur überzeugenden Rekonstruktion eines einstmals geplanten Querhauses an St. Franziskus in Köln siehe: SCHENKLUHN, Ordines Studentes, S. 214-222.

213 DONIN, Richard Kurt: Die Bettelordenskirchen in Österreich. Zur Entwicklungsgeschichte der österreichischen Gotik, Baden bei Wien 1935, S. 148f.

214 Abgesehen von der Kölner Planung und dem Lübecker Querschiff sind noch einzelne Querschiffarme an den französischen Kirchen in Quimper und Le Mans bekannt (SCHENKLUHN, Architektur der Bettelorden, S. 163), die eventuell von den einseitigen Querarmen Englands abzuleiten sind (SCHENKLUHN, Architektur der Bettelorden, S. 151). In Quimper verhalf der eine Kreuzarm aufgrund seiner Lage am äußeren Joch der zweischiffigen Anlage der Kirche zu dem Erscheinungsbild einer Basilika (siehe: SCHENKLUHN, Architektur der Bettelorden, S. 163, Abb. 105).

215 SCHENKLUHN, Ordines Studentes, S. 214 und ders.: Architektur der Bettelorden, S. 122.

216 Die Besonderheit des Querschiffes wird nicht zuletzt durch die zahlreichen Charakterisierungen der nordalpinen franziskanischen Architektur deutlich, die allesamt auf das Phänomen der Querschifflosigkeit der Ordensbaukunst hinweisen. Dadurch unterscheidet sich die nordeuropäische Architektur deutlich von der italienischen, deren Minoritenkirchen häufig über ein Querschiff verfügen. (KRAUTHEIMER, S. 16; BINDING, Günther/UNTERMANN, Matthias: Kleine Kunstgeschichte der mittelalterlichen Ordensbaukunst in Deutschland, 2001, S. 342). Donin interpretiert das Querschiff der 1258 geweihten Franziskanerkirche in Iglau als „frühe Zwischenstufe zur Querschifflosigkeit der deutschen Bettelordenskirchen“. DONIN, S. 148.

217 Die Dominikanerkirche Santa Maria Novella in Florenz hat im Mittelschiff des Querhauses Teile des Chorgestühles aufgenommen. Der Frage der Funktion der Querhäuser ist Matthias Untermann in seiner Habilitationsschrift im Hinblick auf den Zisterzienserorden nachgegangen. Er weist vorwiegend repräsentative Gründe auf. UNTERMANN, Matthias: *Forma ordinis*: Die mittelalterliche Baukunst der Zisterzienser, Habil.-Schr. Freiburg/Breisgau 1996/97, München 2001, S. 263-266.

218 WAGNER-RIEGER, Renate: Zur Typologie italienischer Bettelordenskirchen, in: Römische historische Mitteilungen 2 (1957/58), S. 266-298, hier: S. 267.

fer innerhalb der italienischen Baukunst der Franziskaner. Wolfgang Schenkluhn wies überzeugend auf San Francesco in Bologna (*Abb.41*) als Vorbild für St. Katharinen in Lübeck hin. Dem Typus entsprechen auch die Querhäuser zweier Nachfolgebauten. Das nicht ausladende Querhaus in Padua ist nach 1265 errichtet, dasjenige in Piacenza ab 1285 realisiert (*Abb.43,42*).[219] Die Kreuzarme in Bologna und Piacenza sind wie die an St. Katharinen zweizonig aufgebaut (*Abb.35,52*). Piacenza weist gar keine Portale an den Fronten des Querschiffes auf, Bologna ebenso wie Lübeck nur einen Übergang in den südlich gelegenen Klosterbereich. Hinsichtlich der Proportionen gleicht die Lübecker Lösung mit ihren tief heruntergezogenen Fenstern stärker der Wandaufteilung in Piacenza, wo Fenster und Arkade näher beieinander liegen als in Bologna. Dort sitzt zudem die Kämpferzone noch weit unterhalb der hochliegenden Öffnungen. Die zwei italienischen Bauten weisen darüber hinaus – wie auch St. Katharinen im Chor und Querhaus – gleiche Vorlagenformen auf, die sich von denen der Langhäuser unterscheiden.

Abweichend von den beiden vorgestellten Querschiffen ragt der entsprechende Lübecker Bauteil außen über die Flucht der Seitenschiffe hinaus. Mit dieser einzigartigen Lösung nähert sich Lübeck der seltenen Konzeption leicht vorspringender Querhäuser an, wofür der Dom zu Kulmsee wie auch die Zisterzienserkirche in Hude/Oldenburg aus der Mitte des 13. Jahrhunderts Beispiele darstellen. Zum einen ist die Konzeption tektonisch bedingt, da die westlich anschließenden Seitenschiffsaußenmauern nicht die gleiche Tiefe erreichen müssen wie die tiefen Querhausfassaden. Die Seitenschiffe hätten natürlich auch breiter ausfallen können als die Querschiffsjoche, wenn die schmalen Außenwände im äußeren Bereich der Querhausfronten angeschlossen hätten. In der Andeutung eines vortretenden Querschiffes könnte der Wunsch mitschwingen, an der etwa zeitgleich mit dem Bau der Katharinenkirche im Backsteingebiet einsetzenden Tendenz zur Ausführung des ausladenden Querschiffes zu partizipieren.[220]

---

[219] SCHENKLUHN, Ordines Studentes, S. 170-176, 183; ders.: Architektur der Bettelorden, S. 75, 201; DELLWING, Herbert: Die Kirchenbaukunst des späten Mittelalters in Venetien, Worms 1990, S. 8-12. Auch San Lorenzo Maggiore in Neapel besitzt ein Querhaus, das sich nach Osten in die Flucht der Umgangskapellen einreiht und nach Westen zu mit den Außenwänden der dortigen Einsatzkapellen fluchtet. Zu San Lorenzo siehe: KRÜGER, Jürgen: S. Lorenzo Maggiore in Neapel: eine Franziskanerkirche zwischen Ordensideal und Herrschaftsarchitektur. Studien und Materialien zur Baukunst der ersten Anjou-Zeit (= FF 31), Diss. Würzburg 1983, Werl 1986.

[220] Doberan war 1301 im Rohbau fertiggestellt (ERDMANN, S. 4). Der Schweriner Dom wurde Ende des 13. Jahrhunderts begonnen, sein Chor 1327 vollendet (BÖKER, S. 156f.). Die Rostocker Marienkirche entstand in ihrer heutigen Gestalt nach 1398 (Die Bau- und Kunstdenkmale in der DDR, Mecklenburgische Küstenregion, Berlin 1990, S. 380ff.).

Ein solches wurde auch an der Zisterzienserkirche in Doberan ausgeführt, das in der Literatur oft als typologisches Vorbild für Lübeck angegeben wird (*Abb.50,54,55,56*).[221] Diese nahezu zeitgleich mit den Ostteilen der Katharinenkirche, wohl vor 1301 entstandenen Querarme sind über quadratischem Grundriss zweischiffig und zweijochig.[222] Ein mittig aufsteigender Zentralpfeiler trägt wie bei den Kreuzarmen des Straßburger Münsters die einzeln kreuzgewölbten Joche.[223] Das im Gegensatz zur Lübecker Bauweise zweischalig ausgeführte Querhaus[224] verfügt an beiden Seiten über große Portale, wie es für den Bautyp üblich ist. Das vergleichbare Element, auf dem die Ableitungen zwischen Doberan und Lübeck fußen, ist der eingestellte Mittelpfeiler zum Langhaus hin, der in Bad Doberan allerdings durch „Spreizbögen“[225] zu den beiden anderen Bauteilen hin angebunden ist. Der Theorie der „lectio difficilior“ der Philologen folgend, wäre das Fehlen der Doberaner „steinernen Vorhänge“ in Lübeck als Vereinfachung anzusehen und somit als Hinweis darauf, das Vorbild in dem aufwändigeren Doberaner Bauwerk zu sehen. Dermaßen gelesen, müsste man noch eine weitere Vereinfachung in der Reduzierung des Querhauses auf ein Joch ausma-

---

221 FAIT, Bettelordensbaukunst, S. 68f.; JAACKS, S. 43; WILDE, Große Baudenkmäler, S. 14. Nach der dendrochronologischen Datierung des Katharinenchores haben manche Autoren – auf der Basis einer zeitlichen Einordnung des Doberaner Querschiffes zwischen 1294/99 und 1336 – das Abhängigkeitsverhältnis einfach umgekehrt und die Katharinenkirche als Vorbild der Doberaner Lösung postuliert. HÖPPNER, S. 90; BÖKER, S. 123.

222 SCHMIDT, Carl-Christian: Das Münster in Bad Doberan, München/Berlin 1994 (= Große Baudenkmäler 408), S. 18; ERDMANN, Doberan, S. 4. Die ältere Forschung nahm eine Fertigstellung der Ostteile erst in den 1330er Jahren an. Die Quellenlage zur Baugeschichte hat sich seit den frühen Bearbeitungen nicht geändert, wohl aber gibt es Unterschiede in der Interpretation. Die beiden genannten jüngeren Publikationen messen der Glockenaufhängung im Jahre 1301 im Dachreiter mehr Bedeutung zu und folgern daraus die erfolgte Fertigstellung der Ostteile inklusive des Querschiffes. Zu diesem Datum passt auch die Datierung der Fensterscheiben im nördlichen Querhaus. Die Nachricht, dass Abt Johann von Dalen (1294-99) das ältere Kloster niedergerissen hätte, interpretiert Erdmann nicht länger als notwendigen Hinweis auf einen Baubeginn, sondern eher als terminus ante quem, indem er den Bau in dem Moment bereits soweit fortgeschritten ansieht, dass nun der Vorgängerbau teilweise abgetragen worden sein wird. Diese Interpretation beruht wiederum auf der Tatsache, dass bereits der Vorvorgänger von Dalens eine große Summe Geldes angespart und auch bereits erste Klosterbauten errichtet hatte (SCHLIE, Friedrich [Bearb.]: Die Kunst- und Geschichtsdenkmäler des Großherzogtums Mecklenburg-Schwerin 3, Schwerin 1900, S. 560). Ihn, Konrad III. (1283-1290), sieht Erdmann als eigentlichen Initiator der neuen Klosterkirche. ERDMANN, Doberan, S. 4.

223 KAMPHAUSEN, Marienkirche, S. 29; SCHMIDT, S. 16.

224 SCHMIDT, S. 16.

225 So genannt von Wolfgang Erdmann, der damit ihre statische Funktion betonen möchte, ERDMANN, Doberan, S. 31. Nach Friedrich Schlie wies bereits Dolberg auf eine mögliche Funktion der eingestellten Querhausarkaturen hin, die in der Abschottung des Chorgestühles zu den Querhausarmen hin beruhen könnte. SCHLIE, S. 562, Anm. 1.

chen. Logischer erscheint es, die anzunehmenden Simplifizierungen als Unterschiede zu lesen. Denn in Lübeck existiert mit dem einjochigen, im Inneren fluchtenden Querhaus ein ganz anderer Bautypus, der ja zudem in der Architektur der Franziskaner Vorläufer hat. Auch der eingestellte achteckige Mittelpfeiler lässt sich innerhalb der Ordensbaukunst bereits bei der 1265/70 begonnenen Kirche San Francesco in Pisa nachweisen.[226] Aber auch im lokalen Kontext erscheint eine Kleinarchitektur an St. Marien der Lösung der Katharinenkirche näher als die ausgeschiedenen Arme in Doberan, nämlich die von Karl-Heinz Clasen, Alfred Kamphausen und Nikolaus Zaske als Vorläufer der Doberaner Konzeption erwogene einjochige und zweischiffige Südvorhalle[227] (*vgl. Abb. 49*). Ihr eingestellter Mittelpfeiler integriert sich in den Aufriss des gleich hohen, benachbarten Seitenschiffes. Mit diesen Konstruktionsmerkmalen – nämlich mit der gleichen Höhe wie das benachbarte Schiff und einem teilenden, frei stehenden Mittelpfeiler – ist diese Lösung den Querarmen in Katharinen verwandter als der entsprechende Baukörper in Doberan. Dort trennen die umlaufenden Seitenschiffe und die zum Mittelschiff eingestellten Arkadenwände einen beinahe separaten Raum ab, der eher die quadratische Vorhalle mit Mittelpfeiler, wie sie beispielsweise der Dom in Ratzeburg aufweist, in eine monumentale Form zu einem zisterziensertypisch ausladenden Querhaus zu überführen scheint.[228] Die Marien-Vorhalle könnte somit das tertium comparationis der beiden Querhauslösungen sein, wobei sich die Vergleichbarkeit zwischen St. Marien und der Katharinenkirche auf die Anbindung der Raumteile aneinander beschränkt, während die Vorhalle der Marienkirche mit Doberan eher hinsichtlich der über die Kirchenbreite ausgreifenden Raumnutzung vergleichbar ist.

Wenn das Querschiff von St. Katharinen in Lübeck auch typologisch nicht eng verwandt mit dem Doberaner ist, so offenbart sich die zeitnahe Entstehung beider Baukörper doch in der Fassadengestaltung. Die Konzeptionen der Nordfassade und die Fronten in Doberan ähneln sich. Fenster und Strebepfeiler sind die gestaltbedingenden Elemente. Beide Querhäuser werden in der Traufhöhe von einem Dreipassfries umlaufen. Doch es gibt auch Unterschiede: Die Lübecker Querhausfassaden sind Spiegel der Geschossaufteilung im Inneren, nicht so die Fronten in Doberan, an denen über einem Sockel beginnende und bis zum

---

[226] BIEBRACH, Kurt: Die holzgedeckten Franziskaner- und Dominikanerkirchen in Umbrien und Toskana, Diss. TH Dresden, Berlin 1908, S. 45f.; SCHENKLUHN, Architektur der Bettelorden, S. 69.

[227] CLASEN, Karl-Heinz: Die gotische Baukunst, Potsdam 1930, S. 122f.; ZASKE, Nikolaus: Der gotische Backsteinbau Norddeutschlands. Beiträge zur Architektur- und Sozialgeschichte der Haupttypen dreischiffiger Choranlagen von 1200 bis 1500, Habilitationsschrift (Masch.-Schr.) Greifswald 1960, S. 149; KAMPHAUSEN, Marienkirche, S. 29.

[228] Den nördlichen Querarm, der auf den Friedhof führte, vergleicht Günter Gloede mit den romanischen Paradies-Anlagen. GLOEDE, Günter: Das Doberaner Münster, Berlin 1961, S. 62.

Gewölbeansatz hoch reichende Lanzettfenster den dreizonigen Innenraum belichten.

Die Lübecker Lösung ähnelt hinsichtlich der Geschossbetonung romanischen Querschifffassaden, wie beispielsweise denjenigen der Prämonstratenserkirche in Laon oder der näher gelegenen Zisterzienserkirche Lehnin. Die Vergleiche mit gotischen Bauten führen nach Frankreich zu den Kathedralquerschiffen an Notre Dame in Paris[229] oder auch St. Urbain in Troyes, die zudem beide mit dem Außenbau fluchten.[230] Die von Papst Urban IV. gestiftete Kirche in Troyes ist wie St. Katharinen zweigeschossig, und ihr zwischen 1264 und 1276 realisiertes Querschiff besteht wie das Lübecker aus zwei Achsen, welche allerdings von einem gemeinsamen Gewölbe überfangen werden (*Abb.36*).[231] In der Mitte der zweiachsigen Innenfassade läuft in Troyes wie in der Mitte des zweischiffigen Baukörpers in Lübeck ein Dienst, dort allerdings als differenziertes Dienstbündel, hoch. Er geht im französischen Bau in die Schildbögen und die Transversalrippe des fünfteiligen Gewölbes über, hier dient der Rundstab als gemeinsames Auflager der Diagonalrippen sowie von Schild- und Gurtbögen.

In Lübeck reflektiert das in die Nachbarbebauung integrierte zweizonige und zweischiffige Querhaus zudem die Stockwerkunterteilung einer Bürgerhausfassade. Die Anlehnung an den Profanbau sticht am imposanten und dennoch eleganten Querhaus der Katharinenkirche nicht so schnell ins Auge wie bei anderen Fassadenprojekten der Backsteingotik. Als ein Extrem hinsichtlich der Übernahme profaner Elemente kann die Westfassade des Königsberger Domes gesehen werden. Ihre obere Zone gemahnt in der additiven Reihung schlichter Öffnungen in schmuckloses Mauerwerk ein wenig an Lagerhausbatterien.

C. Die Variation des Aufrisssystems während des Bauverlaufes

Im vorangegangenen Kapitel IV zeigte sich, dass zwei Planungen für das Langhaus zu unterscheiden sind, die sich wiederum beide von den Systemen des Querhauses und Chores abheben. Dem Bezugsrahmen, in dem die Wandgestal-

---

229 Die Querhausfassaden entstanden um die Mitte des 13. Jahrhunderts (das Nordquerhaus wurde etwa 1245 von Jean de Chelles begonnen, das Südquerhaus führte Pierre de Montrieul aus) in Angleichung an die äußere Bauflucht der durchlaufenden Reihe von Langhauskapellen. KIMPEL, Dieter: Die Querhausarme von Notre-Dame zu Paris und ihre Skulpturen, Diss. Bonn 1970, Bonn 1971, S. 43; KIMPEL/SUCKALE, S. 529.

230 JAACKS, S. 22.

231 KIMPEL/SUCKALE, S. 442; ONNEN, Christine: Saint-Urbain in Troyes. Idee und Gestalt einer päpstlichen Stiftung, Kiel 2004, S. 84f.

tung der Lübecker Franziskanerkirche steht und innerhalb dessen sich die Bauherren (um)orientiert haben, soll in diesem Abschnitt nachgegangen werden.

Gemeinsam ist den unterschiedlichen Wandgestaltungen der Katharinenkirche die Zweigeschossigkeit. Das von Nikolaus Zaske für die Bauten der Backsteingotik als „Widerspruchsmerkmal" in den programmatischen Gegensatz zu den französischen Kathedralen gestellte Aufrisssystem[232] war im 13. Jahrhundert bereits an den ersten gotischen Kirchen Deutschlands, in der Elisabethkirche in Marburg und der Liebfrauenkirche in Trier, realisiert, ebenfalls in späteren gotischen Langhäusern Süddeutschlands, wie im Freiburger Münster und der Lorenzkirche in Nürnberg.[233] Es findet sich auch an den für St. Marien als Vorbilder des spezifischen Aufrisses mit eingenischtem Obergaden diskutierten französischen Kirchen in Coutances, Le Mans und Clermont-Ferrand.[234] Im Hinblick auf St. Katharinen darf die Tatsache nicht übersehen werden, dass die Zweigeschossigkeit im ausgehenden 13. Jahrhundert bei den Mendikanten den üblichen Aufriss einer basilikalen Mittelschiffswand darstellte.

1. Das Polygon

Auf der Hochchorebene erscheint das Polygon jedoch als einzoniger Hochchor, dessen gerade Fensterausschnitte in dem tiefen Mauerwerk etwa drei Meter über dem Fußboden beginnen (*Abb.18*). In dieser Hinsicht ist der hohe Chor ein typischer Vertreter der Bettelordensbaukunst.[235]

Zu der Entstehung des einzonigen Hochchores der Gotik gibt es zahlreiche divergierende Forschungsmeinungen. Werner Groß leitet den Typus aus der Tradition der romanischen Baukunst in Deutschland ab, in welcher der eingeschossige Chor die typische Erscheinungsform der Apsis darstellte.[236] Dahingegen entwickelt Wolfgang Schenkluhn eine gänzlich neue Herleitungsthese, nach welcher der eingeschossige Hochchor, für den er als erstes deutsches Beispiel die Franziskanerkirche in Köln benennt, das obere Geschoss eines kathedralen

---

232 ZASKE, Nikolaus: Mittelalterliche *Backsteinarchitektur*. Ergebnisse und Probleme ihrer Erforschung, in: Wissenschaftliche Zeitschrift der Ernst-Moritz-Arndt-Universität Greifswald, Gesellschafts- und Sprachwissenschaftliche Reihe 29 (1980), hier: S. 12.

233 NUSSBAUM, S. 65f.

234 ELLGER, Marienkirche, S. 52.

235 GROSS, Werner: Die *Hochgotik* im deutschen Kirchenbau. Der Stilwandel um das Jahr 1250, in: Marburger Jahrbuch für Kunstwissenschaft 7 (1933), S. 290-346, hier: S. 327-334, bes. 332; FAIT, Bettelordensbaukunst, S. 69; besonders SCHENKLUHN, Ordines Studentes, S. 227f. , Anm. 77.

236 GROSS, S. 327-334.

Binnenchores nachbilde.[237] Die These entwickelt Schenkluhn in seiner überzeugenden Interpretation der Architektur von San Francesco in Assisi, deren Oberkirchengestaltung er von den Obergadenproportionen französischer Kathedralen ableitete. Das Spezifische der dortigen Obergadenwände macht er an dem signifikanten Verhältnis der Kämpferhöhen der Mittelschiffsgewölbe zu denjenigen der Obergadenfenster fest: In der überwiegenden Zahl der Fälle liegen die Gewölbeanfänger deutlich unterhalb der Kämpferzone der Fenster in der Obergadenwand. Dieses für die Hochfenster typische Verhältnis ist in vielen Seitenschiffen, aber auch Achskapellen, zugunsten einer Angleichung beider Kämpferzonen verschoben.[238] Schenkluhns Ableitung des gotischen einzonigen Hochchores stellt schließlich die Übertragung dieser Obergadenthese auf sämtliche eingeschossigen Chöre mit vergleichbaren Gestaltungsproportionen dar. Nicht zuletzt, weil gerade die Mendikanten früh die gotischen Formen dieses Typus realisierten und diese kontinuierlich in ihrer Architektur favorisierten, setzte sich seine These in der Literatur weitestgehend durch. Diesem Postulat der Obergaden abbildenden Hochchöre folgt auch Klaus Jan Philipp, welcher den Prototypen jedoch allein in der Oberkirche der Sainte Chapelle festmacht und die vielfältige Architektur-Rezeption im Gegensatz zu Schenkluhn als bewusste Anspruchshaltung interpretiert. Die exemte Stellung der oberen französischen Kapelle, welche der Autor in der durch den Bauherrn König Ludwig IX. forcierten Weihe der Oberkirche durch einen päpstlichen Legaten, die im Gegensatz zur Weihe der Unterkirche durch den Erzbischof steht, gegeben sieht, wäre bei der rasch und vielfach einsetzenden Rezeption der „Obergadenarchitektur" stets auch als Anspruchsgehalt mit dem Zitat mittransportiert worden. Er selbst zählt, wie auch schon Schenkluhn, Vertreter zahlreicher Kirchentypen auf, welche sich unmittelbar nach der Fertigstellung der französischen Kapelle auf diese bezogen haben sollen: Neben Bischofs- und Stiftskirchen hätten auch Ordenskirchen der Zisterzienser und Franziskaner sowie Kapellen und Pfarrkirchen nicht nur die Architektur der französischen Kapelle, sondern auch ihren angesprochenen Ausdruckgehalt wiedergeben wollen.[239] Doch gerade der Verweis auf die besondere kirchenrechtliche Stellung der Sainte Chapelle steht in einem gegensätzlichen Verhältnis zum vielfachen Aufgreifen der Architektur durch die unterschiedlichsten Kirchentypen und die verschiedensten Bauherren. Klaus Gereon Beuckers macht schließlich auf eine ältere gotische Kirche mit eingeschossigem

---

237 SCHENKLUHN, Ordines Studentes, S. 224-230.

238 SCHENKLUHN, Ordines Studentes, S. 193-196.

239 PHILIPP, Klaus Jan: Pfarrkirchen. Funktion-Motivation-Architektur. Eine Studie am Beispiel der Pfarrkirchen der schwäbischen Reichsstädte im Spätmittelalter, Diss. Marburg 1985, Marburg 1987, S. 101-103.

Hochchor aufmerksam:[240] die Kathedrale von Toul. Sie ist in ihren Ostteilen in den 1220er und 30er Jahren entstanden. Ihre Apsis sieht Rainer Schiffler als erste eingeschossige Chorlösung an einer gotischen Kathedrale an und leitet ihre Gestaltung von der Achskapelle in Reims ab.[241] Beuckers erkennt in Toul das Vorbild für die Grunddisposition des Choraufrisses der Kölner Franziskanerkirche. Auf der Basis der genannten Abhängigkeitsverhältnisse erklärt Beuckers den Typus des eingeschossigen Hochchores als Monumentalisierung der Kapellenarchitektur. Gleichzeitig spricht er sich deutlich für Schenkluhns Obergadenthese aus, deren Ableitung durch die Bauten in Paris und Assisi er zwar ablehnt, die er aber auch in der Rezeption der Kapellenbaukunst gegeben sieht. Nun trifft jedoch gerade auf die Achskapelle in Reims – anders als für die Kathedrale in Toul – nicht das obergadentypische, für Schenkluhn so bedeutende Merkmal der im Verhältnis zur Kämpferhöhe der Fenster tiefliegenden Gewölbekapitelle zu. Im Gegenteil, die Scheitelkapelle ist eines der weniger zahlreich vorhandenen Beispiele für das Konzept von gleich hohen Kämpfern der Fenster- und Gewölbedienste.

Die Schenkluhn'sche Obergadenthese stellt die einschiffigen, über einer Sockelzone einzonigen Hochchöre als Entwicklung aus den kathedralgotischen Binnenchören dar, die im Sinne einer Reduktion oder auch Essenzbildung zu verstehen wäre. Doch es stellt sich die Frage, ob der Bauteil des Chores so isoliert betrachtet werden darf. In diesen Zusammenhang spielt auch das Aufrisssystem der gesamten Kirche hinein. Für den in der Spätgotik und gerade auch bei den Bettelorden populären zweigeschossigen Wandaufriss bietet sich die einzonige Konzeption für den Hochchor geradezu an, da hier am Ostabschluss die weiteren Raum erschließenden Arkaden des Mittelschiffes entfallen. Allenfalls kann daher die Sockelzone besonders ausgeschmückt werden.[242] Werner Groß hat auf die Fülle von gotischen Chorprojekten hingewiesen, die sich an romanische Langhäuser und ihr Aufrisssystem anschlossen.[243]

Im Hinblick auf die obergadenabbildende Gestaltung im Sinne Schenkluhns stellt sich die Frage, ob sie nicht bei der Errichtung eines eingeschossigen gotischen Chores von gewisser Höhe konstruktiv bedingt ist. Auch die einzonigen Hochchöre reichten so hoch hinauf wie manch kleinerer kathedraler Chor mit

---

240 BEUCKERS, Klaus Gereon: Köln: Die Kirchen in gotischer Zeit. Zur spätmittelalterlichen Sakralbautätigkeit an den Kloster-, Stifts- und Pfarrkirchen in Köln, Köln 1998, S. 135f.

241 SCHIFFLER, Rainer: Die Ostteile der Kathedrale von Toul und die davon abhängigen Bauten des 13. Jahrhunderts in Lothringen, Diss. Mainz 1975, Köln 1977, S. 85-96, bes.: S. 94.

242 Vgl. SCHIFFLER, S. 85f.

243 GROSS, Hochgotik, S. 327. Eine Untersuchung der gotischen einzonigen Hochchöre und der an sie anschließenden romanischen Bauten sowie der gotischen Langhäuser steht noch aus.

Kapellenkranz.[244] Dementsprechend sind ihre Außenwände ähnlichen Windkräften ausgesetzt wie die Obergaden der französischen Großbauten. Und auch ihre Spannweite ist mit derjenigen der hochgotischen Mittelschiffsgewölbe vergleichbar. Die Auswirkungen der statischen Bedingungen der hohen Chorgewölbe auf den gotischen Wandaufriss haben Norbert Nußbaum und Sabine Lepsky detailliert geschildert: Demnach setzen die Kämpfer der Gewölbe im Laufe der Gotik zunehmend tiefer an, um einen besseren statischen Halt für die fragilen Obergaden mit ihren teilweise bis an die Schildbögen reichenden Fenstern zu bieten. Die konstruktive Sicherung war offensichtlich gerade im Stadium des Gewölbeeinzugs wichtig.[245] Dabei beginnt das Gewölbeauflager im Verhältnis zu den Fensterproportionen umso tiefer, je schlanker das Fenster geschnitten war. Sollten die Gewölbe von einer gemeinsamen Höhe an aufstreben, ist das beschriebene Verhältnis unabänderlich. Denn die Höhe des Bogenansatzes eines Fensters und damit der Kämpferpunkt folgt den Gesetzen der Geometrie und ist umso tiefer, je größer der Bogen, sprich, je breiter das Fenster ist.[246] Somit setzen die Gewölbekämpfer im proportionalen Verhältnis zur Öffnung gerade bei den Polygonfenstern, die zumeist die schmalsten Fenster der Kirche darstellen, so auffallend tief an.

Bereits Klaus Jan Philipp stellte heraus, dass für die eingeschossigen Hallen „ihr eines Geschoß zugleich Sockel und Obergaden (ist), denn es schließt hoch oben mit einem Dachgesims oder einer Balustrade ab",[247] und übertrug seine Erkenntnisse zu den Hallenkirchen auch auf die eingeschossigen Hochchöre. Und in der Tat sind denn auch die hohen einschiffigen Chorbauten nach den gleichen Konstruktionsprinzipien gebaut wie die Umgangschöre. Wenn sie auch nicht in jedem Fall die gleiche Höhe erreichten, so bedurfte es schon deshalb einer guten Abstrebung, weil sie im Gegensatz zu den Umgangschören kein diagonal versteifendes Strebewerk besitzen. Das Zusammenspiel von Statik und geometrischen Regeln stellt sich somit als tertium comparationis der von Schenkluhn festgestellten Übereinstimmungen der oberen Wandgliederung beider Chortypen heraus. Aber wenn sich demnach die Architekturform aus der Konstruktion ergab, kann sie nicht als alleiniges Kriterium für eine inhaltliche Interpretation fungieren. Wohl aber erklärt diese bautechnische Notwendigkeit die Ubiquität

---

[244] So weist zum Beispiel die Kölner Franziskanerkirche, die Schenkluhn als ersten Hochchor in Deutschland mit obergadenabbildendem Aufriss ausmacht, eine Höhe von 22 m auf, wohingegen der basilikale Umgangschor der Minoriten in Bologna nur vier Meter höher hinaufreicht (SCHENKLUHN, Ordines Studentes, S. 222).

[245] NUSSBAUM/LEPSKY, S. 73f.

[246] Auf den Zusammenhang mit der geometrischen Logik wies netterweise Dr. Meinrad von Engelberg/Darmstadt hin.

[247] PHILIPP, S. 97.

der Obergaden abbildenden Gestaltung der eingeschossigen Hochchöre mit tief liegenden Gewölbeanfängern.

Andererseits ist damit die Karriere des einzonigen Hauptchores noch nicht erklärt. Das rasche Aufblühen des Typus lässt an dem ikonologischen Bezug auf ein alleiniges Bauwerk, sei es eine kleine Achskapelle oder auch der königliche, doppelgeschossige Bau der Sainte Chapelle, wie ihn Klaus-Jan Philipp postulierte, Zweifel aufkommen, ebenso erscheint fraglich, warum sich eine ganze Generation von Bauleuten mit einem Verweis auf kathedrale Obergaden zufrieden geben konnte. Die von einzelnen Forschern immer wieder neu entdeckten, besonders frühen Beispiele des gotischen eingeschossigen Hochchores, wie der von Groß angeführte Westchor des Naumburger Domes oder der von Beuckers vorgestellte Hauptchor der Kathedrale von Toul, verstärken die Fragwürdigkeit einer eindimensionalen Ausbreitungstheorie. Groß' These bietet mit ihrem Verweis auf die Tradition der einzonigen Chöre, für welche er bereits in der Romanik zahlreiche Beispiele anführen kann, einen nachvollziehbaren Hintergrund, vor dem die rasche Ausbreitung des gotischen Typus plausibel erscheint. Ob es sich jedoch, wie er darstellt, um eine genuine Weiterentwicklung der romanischen einzonigen Apsis zum gotischen Hochchor handelt, ob die Rezeption bedeutender Bauten deswegen so erfolgreich war, weil die Anregung aufgrund der ausgebildeten Chorbautradition in Deutschland auf fruchtbaren Boden fiel, oder ob liturgische Veränderungen einen Wiederaufgriff der einzonigen Gestaltung herbeiführten, kann hier nicht weiter verfolgt werden.

Bei der Analyse der betreffenden Chöre muss in jedem Einzelfall geprüft werden, ob ein bewusster Bezug mit inhaltlichen Implikationen und Ansprüchen bei den jeweiligen Kirchenbauten gegeben ist oder ob es sich einfach um das Heranziehen einer aktuellen Bauform handelt.[248]

In der einzigartigen doppelgeschossigen Anlage der Lübecker Franziskanerkirche erklärt sich der Hochchor jenseits des Aufgreifens eines gegen 1300 bereits zum Merkmal der Mendikantenarchitektur avancierten Bautypus in der Widerspiegelung der erfolgten Zweiteilung in Unter- und Oberchor. Auch die karge Ausführung einer flächigen Wand mit tief genischten Fenstern, denen sich nur noch eine Rundvorlage in den Polygonecken als Gestaltungselement hinzufügt, ist in der Bettelordensarchitektur beheimatet. Sie findet sich bereits an dem 1287

---

[248] In diesem differenzierenden Sinne sah bereits Werner Groß die Rezeption der Sainte Chapelle auf diejenigen Bauten beschränkt, die über den Typus des eingeschossigen Choraufrisses hinaus ebenfalls den Formenapparat der französischen Doppelkapelle zum Vorbild haben, wie beispielsweise St. Ursula in Köln. GROSS, Hochgotik, S. 332.

geweihten Chor der Stralsunder Dominikanerkirche St. Katharinen.[249] Die stehenden Vierpässe haben eine Parallele in den Polygonfenstern der Mutterkirche in Assisi.[250]

2. Der Langchor

Wie in dem einzigartigen Raum des Unterchores, in dem einheimische Formen und Konstruktionsweisen ordensinterne Inhalte verkörpern, findet sich auch im Aufriss des Mönchschores eine zweifache Verwurzelung. Der starke waagerechte Rücksprung über der massiven Arkadenzone, bei der Pfeiler und Arkadenzwickel organisch in einer gemeinsamen Flucht verschmolzen sind, fügt sich einerseits in die große Gruppe norddeutscher Kirchen, welche allesamt die „Stapelung zweier Geschosse“ als Merkmal verbindet.[251] Gleichzeitig – und dies kann im

---

249 Hier sind die Fenstereinschnitte noch schlichter ausgeführt, ohne den Rundstab an den Laibungskanten. – Die Hochschifffenster der Lübecker Marienkirche, auf die Wolfgang Schenkluhn verweist, stimmen nicht gleichermaßen mit denen der Lübecker Franziskanerkirche überein, wie die Stralsunder. SCHENKLUHN, Architektur der Bettelorden, S. 201.

250 Zum Maßwerk siehe Kapitel VIII.

251 Die besondere Art der Zweigeschossigkeit, welche eine Reihe von Bauten der Backsteingotik auszeichnet, besteht wie in St. Marien in Lübeck in der horizontalen Trennung zweier ähnlich gebildeter Geschosse durch einen tiefen Mauerwerksrücksprung, der eine kleine Tribüne ausbildet. Arkadenzone und der darüber liegende Aufbau gleichen sich, weil die Wandpfeiler im Obergaden in einer Flucht mit denen des Erdgeschosses und den Mauern der Arkadenzwickel stehen und – dem oberen Abschluss der Fenster folgend – wie die Arkaden in einem Bogen miteinander verbunden sind. Alfred Kamphausen beschreibt diese Konzeption poetisch, indem er ausführte, die „Weise der Kathedrale (sei) zweimal gesungen“ (KAMPHAUSEN, Marienkirche, S. 27). Als Vorbilder sind häufiger französische Bauten, wie die Kathedralen in Le Mans und Coutances, angeführt worden. Doch hat Nikolaus Zaske mit Recht auf die entsprechende Gestaltung bereits des Vorgängerkonzeptes, der Hallenkirche, hingewiesen (ZASKE, Choranlagen, S.181). Hans-Joachim Kunst sieht den Dom des für Lübeck zuständigen Erzbistums Bremen als Vorbild an. Dieser weist durch seinen Umbau der Zeit zwischen 1219 und 1259 die entsprechende doppelstöckige Gestaltung auf. Aufgrund massiver Kirchenpolitik des Bremer Kapitels sei eine Übernahme der Gliederung bereits durch den Hallenplan geschehen, der gotische Marienchor habe schließlich lediglich die Konzeption weitergeführt (KUNST, Marienkirche, S. 24f.). Eine weiterreichende Vorbildwirkung des Bremer Domes postulierte kürzlich Matthias Müller, der die Übernahme des spezifischen zweizonigen Wandaufrisses an den Kirchen der Ostseeküste als Gruppensignet der Zugehörigkeit zum norddeutschen Erzbistum in Bremen, dessen Suffraganbistum Schwerin wie auch „– seit dem 14. Jahrhundert – für die Mitgliedschaft im mächtigen Städtebund der Hanse“ ansah. (MÜLLER, Der zweizonige Wandaufriß, S. 1-21). Henning Höppner interpretiert die Gestaltung in St. Marien als Synthese aus einer Lübecker Eigenentwicklung auf der Basis des „Wandpfeiler-Laufgang-Systems“ an der Außenwand der Marienhalle und der vereinfachten Gestaltung der Blindzone von französischen Bauten, unter denen er der Kathedrale in Clermont-Ferrand eine besondere Vorbildrolle zumisst. Lediglich die Ausbildung des Wandpfeilers an der Marienkirche weiche von der französischen Kathedrale ab. (HÖPPNER, S. 81f.; zu Clermont-Ferrand: BRANNER, Robert: St. Louis and the Court

unmittelbaren baulichen Zusammenhang mit dem Unterchor kein Zufall sein – erinnert der Aufriss an die vergleichbare Wandgestaltung in der Oberkirche von Assisi (*Abb.83*).[252]

Während der fragliche Aufriss in St. Marien und St. Katharinen in Lübeck die Wände eines basilikalen Chores gliedert, ist er in Assisi in eine Saalarchitektur integriert. Doch in der Katharinenkirche wird er durch die Hochchorebene im Grunde zweigeteilt, so dass die Arkadenzone in dem oberen Mönchschor nur noch rudimentär in Erscheinung tritt (*Abb.7*). Die Arkadenstützen sitzen bereits im Erdgeschoss auf, und ihre Bögen waren im Mönchschor zudem auf der Südseite wie heute, so auch ursprünglich teilweise vermauert.[253] Daher bildet die zurückgesetzte Obergadenzone das einzige vollständig mit dem Auge zu erfassende Geschoss des Langchores (*Abb.19*). So gesehen gleicht der Aufriss demjenigen der Oberkirche von San Francesco mit seiner durchgehenden Saalkirchenaußenmauer und der darüber eingenischten Fensterpartie.

Mit Assisi hat die Katharinenkirche die Proportionierung des Obergadenjoches gemeinsam, in das sich hier wie dort gleichermaßen das schmale Fenster zentral einfügt und erst etwa einen halben Meter über dem Nischensockel beginnt. Die rahmenden kleinen Wandflächen um die Fenstereinschnitte herum bewirken eine breitere Erscheinung des Joches und eine Betonung der Wand, auch wenn in Assisi das Fenster in einer flachplastischen, nahezu graphischen Blende sitzt, die bis auf die Nischenbank hinabreicht. Weitaus stärker ist in diesem Punkt der Unterschied zur Vertikaltendenz betonenden Gestaltung in St. Marien, deren schmales Obergadenfenster beinahe in ganzer Jochbreite als Blende bis auf den Boden des Rücksprunges heruntergezogen ist (*Abb.53*).[254] Zudem ist das obere Geschoss der Marienkirche im Verhältnis zur Arkadenzone höher als in St. Katharinen. Die Blindzone, die an der Marienkirche dadurch entsteht, dass die Seitenschiffeindeckung als Pultdach gegen den Obergaden geführt ist, entfällt in St. Katharinen, wo die Chornebenschiffe mit verzogenen Satteldächern versehen

---

Style in Gothic Architecture, London 1965, S. 141f.). Gerade letztere Beobachtung von Höppner, die unterschiedliche Behandlung der Fensterzwischenräume – in Lübeck als Wandpfeiler, in Frankreich als vom Arkadengeschoss hochgeführter Bündelpfeiler –, bestärkt Zaskes und Kunsts Entwicklungstheorie einer Übernahme romanischer Lokalgestaltungen. Denn das Merkmal der Pfeilerbildung vereint die genannten französischen Bauten in einer andersartigen Verwurzelung, der Tradition des in Bourges ausgebildeten wanddurchdringenden Pfeilers. Letztlich überzeugt Höppners „Kompilationsgedanke“. Hiernach dürfte die Kenntnis der französischen Gotik als Katalysator und Wegweiser zur Weiterentwicklung bekannter Gliederungen gewirkt haben.

252 Die Verwandtschaft mit Assisi konstatierte erstmals SCHENKLUHN, Ordines Studentes, S. 183.

253 Siehe S. 109ff.

254 Auf die Besonderheit der Proportionierung in St. Marien, die von zwei steilen, etwa gleich hohen Geschossen erreicht wird, hat Werner Groß hingewiesen. GROSS, Hochgotik, S. 316.

sind. Dem Mönchschor kommt hierdurch mehr Tageslicht zu, vergleichbar dem oberen Saal in Assisi.

Die undifferenzierte Gewölbevorbereitung der Lübecker Ordenskirche weicht von derjenigen in St. Marien wie auch von der in Assisi ab. Wie schon im Polygon führt jeweils eine Rundvorlage zu den Gurt- und Diagonalrippen des Gewölbes, in der Apsis geht von ihr noch zusätzlich der schmale rippenartige Schildbogen ab. Im Langchor trägt die abgeschrägte Fläche des polygonalen Wandpfeilers den breiten und reich profilierten Schildbogen. In Bezug auf das Vorlagensystem sticht an St. Marien die architektonische Betonung der Vertikaltendenz ins Auge. Bei den Franziskanerkirchen wirkt der rahmende Charakter der beiden ineinander greifenden Elemente von Wandpfeiler und Schildbogen stärker. In Assisi wird er durch die Ausmalung des breiten Schildbogens mit Prophetenfiguren hervorgerufen, in Lübeck durch die additive Reihung des Profilrahmens.

Mit den Strebebögen greift die Katharinenkirche die von der französischen Kathedralgotik entwickelte[255] und an St. Marien erstmals im Backsteingebiet übernommene Konstruktion auf.[256] Damit ist sie neben den Franziskanerkirchen in Bologna, Maastricht und Köln eine der wenigen Ordensbauten der Minoriten mit offenem Strebesystem.[257]

Anders als die beiden Vergleichsbauten besitzt St. Katharinen keine durch die Wandpfeiler führenden Laufgänge, womit sie dem späteren Aufrisssystem im Langhaus der Lübecker Hauptpfarrkirche, das gegenüber dem Chor gewisse Vereinfachungen zeigt,[258] näher steht.

Insgesamt zeichnet sich eine stärkere Verwandtschaft von St. Katharinen zur Oberkirche in Assisi ab, die sich in den großen Bezügen wie den Proportionen und der Betonung der Fläche begründet. Die Abweichungen gegenüber dem Vorbildbau erfolgen wie die unterschiedliche Gewölbevorbereitung oder Fensterrahmung, aber auch wie der Verzicht auf ein Laufgangsystem, stets in Richtung auf eine Vereinfachung hin, die nicht zuletzt der allgemeinen Entwicklung des gotischen Formenapparates verpflichtet ist.

---

[255] KIMPEL/SUCKALE, S. 150.

[256] Die neueste Forschung setzt zwar den Baubeginn der Nikolaikirche in Stralsund früher als den der Lübecker Hauptpfarrkirche an. Doch ist in der östlichen Hansestadt das Strebewerk erst nachträglich in seiner offenen Form ausgeführt. HUYER, St. Nikolai zu Stralsund, S. 80.

[257] SCHENKLUHN, Architektur der Bettelorden, S. 122.

[258] Die Bauzeit des Marienlanghauses wird allgemein zwischen 1315 und 1330 angenommen. HASSE, Marienkirche, S. 40; WILDE, Dehio, S. 458.

3. Das Querhaus

Anders ist das Querhaus konzipiert. Es führt mit dem wanddurchdringenden Pfeiler (*Abb.38*) eine ursprünglich kathedralgotische Entwicklung ein,[259] die zur Erbauungszeit des Lübecker Querhauses bereits in einzelnen Franziskanerkirchen aufgegriffen war.[260] Vornehmlich verwirklichten die Franziskanerkirchen eine vereinfachte Form, bei der die Vorlage lediglich der planen Wand aufliegt. Hierin kombinierten sie eine tradierte Gestaltung der Zisterzienserarchitektur[261] mit der hochgotischen Neueinführung.[262]

Günther Jaacks und Henning Höppner haben auf die ähnliche Konzeption des einstigen, nicht ausgeführten Basilikaplanes von St. Jakobi hingewiesen (*Abb.62*).[263] Auch dort treten die Arkadenzwickel hinter die Flucht der Vorlage zurück, die aber in Form eines Pfeilersegmentes über dem Kapitellband hochgeführt und als Schildbogen um die Fenster herum gezogen wird. Der Obergaden seinerseits setzt über einem waagerechten Rücksprung über der Fläche der Arkadenzwickel an. Damit vereint der Basilikaplan von St. Jakobi die Rücksetzung der „Füllwand" gegenüber dem Pfeiler, wie sie am Querhaus von St. Katharinen ausgeführt ist, mit der für St. Marien spezifischen Einnischung des Obergadens.

Das Schema der dialektischen Behandlung zwischen Vorlage und Wand stellt innerhalb der norddeutschen Backsteinarchitektur eine seltenere Konzeption dar.

---

[259] MICHLER, Bourges, S. 27-84; auf Vorformen des wanddurchdringenden Bourgeser Pfeilers am Querschiff in Notre Dame oder dem Chor von Gonesse haben Dieter Kimpel und Robert Suckale hingewiesen: KIMPEL/SUCKALE, S. 304.

[260] So beispielsweise in der Oberkirche in Assisi und in den beiden Choreckpfeilern der Kölner Querhausplanung (MICHLER, Bourges, Anm. 96, S. 72). Darüber hinaus sind sie auch in Bologna verwirklicht, an den Eckpfeilern des Querhauses, die zum Langhaus vermitteln.

[261] Vgl. beispielsweise die 1224 begonnene Zisterzienserkirche San Galgano oder die um 1210 vollendete Kirche in Pontigny.

[262] Auf die Kompatibilität des wanddurchdringenden Pfeilersystems mit älteren Aufrissformen, auch denjenigen der Zisterzienserarchitektur, verweist bereits MICHLER, Bourges, S. 35, 73 und S. 81. Siehe auch KRAUTHEIMER, S. 35. Franziskanerkirchen, deren Gewölbedienste über dem Arkadenpfeiler als einfach aufgelegte Vorlagen weitergeführt werden, finden sich beispielsweise in Köln, Padua, Stockholm, Berlin, Bonn oder Lyon.

[263] JAACKS, S. 52f.; HÖPPNER, S. 91f. – Beide vergleichen jedoch die Mittelschiffe der Kirchen miteinander. Sie haben übersehen, dass die zur Diskussion stehende Vorlagenführung in der Katharinenkirche bereits in dem ersten Bauabschnitt von Chor und Querhaus verwirklicht wurde. Damit entging ihnen weiter die Tatsache, dass das dialektische Verhältnis zwischen Pfeiler und Wand an St. Katharinen mit dem wanddurchdringenden Pfeiler viel konsequenter durchgeführt wurde als an St. Jakobi. Sie kommen somit zu einer anderen Einschätzung. Beide interpretieren die Mittelschiffsgestaltung von St. Katharinen als Kompilation zwischen St. Jakobi und St. Marien.

Im 14. Jahrhundert entstand in Ostpommern eine größere Gruppe von Gotteshäusern mit diesem Aufrisssystem,[264] im ausgehenden 14. Jahrhundert wurde es noch einmal an St. Petri in Wolgast[265] realisiert und gegen 1400 an der Marienkirche in Rostock[266], an St. Katharinen in Hamburg[267] und in dem Umbau des Langhauses von St. Nikolai in Greifswald. Auch im nahen Doberan ist die Behandlung der mittleren Wandpfeiler der nördlichen Querhauswände vergleichbar. Dessen Tochtergründung Pelplin hat dieses System konsequent auf die gesamte Kirche übertragen. Ihre Datierung wird in der Forschung sehr kontrovers diskutiert, die neueste Untersuchung setzt den Baubeginn an den Anfang des 14. Jahrhunderts.[268]

In Pelplin schränkt ein markanter Formenunterschied zwischen dem Wandpfeiler und den Schildbögen wie auch den Gewölberippen die Vertikaltendenz ein und setzt eine horizontale Zäsur. Weiter ist der wanddurchdringende Charakter hier eingeschränkt. Denn das Gewölbe ist nicht mit der Vorlage vorbereitet, sondern setzt oberhalb des Wandpfeilers auf einer Konsole an – ähnlich wie in St. Jakobi und im Mittelschiff der Katharinenkirche. In St. Jakobi in Lübeck, den Marienkirchen in Köslin und Rostock wie auch in Greifswald unterteilt ein Kapitellband in geschosstrennender Höhe die Pfeiler wie an den südlichen Eckpfeilern zwischen Quer- und Langhaus der Katharinenkirche. In der Lübecker Pfarrkirche und in Köslin schwächt zudem die Herumführung des Wandpfeilers als Schildbogen die Vertikaltendenz. In der Doberaner Zisterzienserkirche sind die halbierten Achteckvorlagen mit Kantenstäben nicht logischer Teil eines konsequenten Pfeilergrundrisses. Sie liegen vielmehr als besondere Vorlagen einem anders aufgebauten Pfeilerkern auf und spiegeln die Form des mittigen Freipfeilers wider (*Abb.56*). Dahingegen sind die übrigen drei Wandvorlagen des Querschiffes im kirchenüblichen Schema des „Dienstbündels“ gestaltet. An den übrigen ostpommerschen Bauten existiert schließlich wie im Mittelschiff der Katharinenkirche keine Formeinheitlichkeit zwischen Stütze und Wandvorlage. So ist

---

264 Rügenwalde, St. Marien; Köslin, St. Marien; Pyritz, St. Mauritius; Danzig, St. Marien; Pfarrkirchen in Stolpe, in Belgard, Preußisch Stargard (St. Matthäus) und im ermländischen Wormditt (St. Johannes). SKIBINSKI, Szczensny: Stadtkirchen des 14. Jahrhunderts in Westpommern zwischen Oder und Stolpe, in: Kunst im Ostseeraum. Mittelalterliche Architektur und ihre Rezeption, Greifswald 1990, S. 58-64; BECKER-HOUNSLOW, Entwicklung figurierter Gewölbe, S. 97 (Skibinski bezeichnet das Gebiet zwischen Oder und der östlich anschließenden Landschaft bis zur Stolpemündung als „Westpommern“, nach deutschem Gebrauch heißt es „Ostpommern“).

265 KOSSMANN, Silke: Die Marienkirche in Stralsund und ihre Nachfolge in Mecklenburg und Pommern, Diss. Mainz 1999, Schwerin 2005, S. 136.

266 HÖPPNER, S. 92.

267 MICHLER, Bourges, S. 83.

268 BECKER-HOUNSLOW, Entwicklung figurierter Gewölbe, S. 77-138, besonders S. 135, weitere Literatur und Diskussion des Forschungsstandes: S. 77-83.

nur im östlichen Teil des Katharinenquerhauses und in den wesentlich jüngeren Kirchenschiffen von Wolgast und Hamburg der Pfeiler konsequent wanddurchdringend ausgeführt.

Aufgrund der genannten Unterschiede des Wandaufbaues am östlichen Katharinenquerschiff zur Gestaltung an St. Jakobi ist ein Einfluss der Pfarrkirche auf die Kreuzarmkonzeption von St. Katharinen fraglich. Eine Vorbildwirkung von St. Jakobi würde auffallend viele Modifizierungen beim Bau der Franziskanerkirche implizieren: Neben der Veränderung der Pfeilerform wäre hier die Aufgabe des auf St. Marien weisenden Rücksprunges zu nennen sowie die Abwendung von dem Gewölbeansatz auf Konsolen zugunsten einer Gewölbevorbereitung vom Boden aus, die nicht zuletzt den reinen wanddurchdringenden Charakter des Pfeilers bewirkt. Die von Henning Höppner herausgestellte frühe Erbauung, die er etwa parallel zum gotischen Chor von St. Marien ansetzt,[269] lässt damit eher auf eigenständige Wurzeln der beiden Bauten für ihre Konzeption schließen. Für St. Jakobi vermutet Henning Höppner gerade im Hinblick auf die später auch in Doberan (und St. Marien) verwirklichte Pfeilerform wie auch auf die zisterziensertypische Abfangung des Gewölbes auf Konsolen einen Einfluss allgemeiner Baugestaltungsprinzipien von Zisterzienserkirchen.[270]

Für die Katharinenkirche erscheinen die Parallelen zu den bereits im Vergleich des Querschifftypus herangezogenen Bauten in Italien und Frankreich näher. Das

---

[269] Das Basilikaprojekt von St. Jakobi setzt Höppner in stilistische Abhängigkeit zum gotischen Chor der Marienkirche (HÖPPNER, S. 46). Für St. Marien nimmt Höppner in Bezug auf die ältere Forschung eine Entstehung seit den 1260er Jahren an. Sie wird heute jedoch später datiert. Der Baubeginn kann um 1280 angenommen werden. (JACOBS, Lübecker Marienkirche, S. 255-259). Aufgrund eines Dendrodatums vom Dachstuhl der Jakobikirche erschließt sich für Höppner die Notwendigkeit, dass das Basilikaprojekt vor 1295 aufgegeben worden sei. (S. 52f.). Den Chor von St. Jakobi vergleicht Höppner in vielen Details mit dem Formenvokabular von Doberan (S. 55f.), das in seinen Ostteilen von der jüngeren Forschung bereits um 1301 vollendet angesehen wird (ERDMANN, Doberan, S. 4). Mit der Spätdatierung von St. Marien und der Frühdatierung von Doberan engt sich der von Höppner aufgezeigte Rahmen zeitlich ein. Die Pseudobasilika würde demnach nicht mehr Produkt einer 90-jährigen Umbauphase, sondern bekäme etwas konkretere Konturen. Nun ist jedoch die Chorweihe erst für das Jahr 1334 überliefert. Es ist zu fragen, ob die geschichtlichen Verhältnisse nicht von der Notwendigkeit eines konkreten Bezuges der vollzogenen Weihe zum Bauzustand entheben. Denn 1317 wurde die Stadt von dem Interdikt befreit. Zuvor wird sie also nicht geweiht worden sein können. Und der in diesem Jahr gewählte Bischof Heinrich von Bocholt wurde 1321 an den päpstlichen Stuhl von Avignon berufen, weil er dort um die Anerkennung seiner Wahl zum Bischof kämpfen musste, die ihm erst 1328 bestätigt wurde. Erst seit dieser Zeit war er kirchlicherseits fraglos anerkannt. Im gleichen Jahr kehrte er wieder nach Lübeck zurück (KOHLEMANN, S. 533f.). – Die Frage der baulichen Fertigstellung der Jakobikirche müsste noch einmal im Hinblick auf die neueren Forschungen zu den Vergleichsbauten überprüft werden.

[270] HÖPPNER, S. 85f.

Querschiff von Bourges zeigt wieder einmal formale Ähnlichkeiten mit seinem wanddurchdringenden Pfeilersystem im Mittelschiff. Aber gerade die durch Typus und Aufriss bereits naheliegende Ableitbarkeit von Bologna erhärtet sich durch die wanddurchdringende Konzeption der westlichen Eckpfeiler am Querschiff (*Abb.52*), die sich hier wie in Lübeck auf zwei der Querhauspfeiler beschränkt.

4. Das Langhaus

Im Langhaus aus dem zweiten Viertel des 14. Jahrhunderts erfuhr der Wandaufriss eine starke Modifikation, nachdem bereits für den ersten Langhausplan mit der Umgürtung des Arkadenpfeilers durch ein Kapitellband eine Veränderung gegenüber dem Choreckpfeiler vorgenommen worden war, der am Neubau zu einer bloßen Kämpferplatte abstrahiert wurde. Dieser Einschnitt in den Vertikalaufriss ist weiter ausgebaut, indem die auf besagter Kämpferplatte aufsetzende Vorlage eine andere Form als der Pfeiler erhielt und indem der Obergaden in flache Nischen mehr graphisch als plastisch geschichtet wurde (*Abb.63*). Wenn hierbei auch keine sich über die ganze Jochbreite erstreckende Rückstufung des Obergadens entsteht, so ist in der Einführung von horizontalen Rücksprüngen und von einer – freilich ungestalteten – Blindzone doch eine erneute Annäherung an St. Marien abzulesen. Alfred Kamphausen erkennt zu Recht in der „feine(n) Umdeutung des Struktiven in das Optische ... den Reiz des Raummantels von St. Katharinen“.[271]

Abweichend von der Gestaltung an Chor und Langhaus von St. Marien existiert im Mittelschiff der Katharinenkirche keine Gewölbevorbereitung. Die auf der Kapitellplatte beginnende flache Rechteckvorlage ist in dieser Hinsicht entfunktionalisiert. Sie trägt lediglich die einfachen Gewölbekonsolen. Hierin besteht eine Adaption des unsystematischen Gewölbeaufbaus von St. Jakobi,[272] der für die Pfarrkirche mit Anlehnung an die Zisterzienserarchitektur begründet wurde.[273]

Das Konzept des gemeinsamen Zurücktretens von Obergaden und Arkadenzwickeln gegenüber der Vorlage ist beim neuen Langhaus beibehalten. Damit unterscheidet sich die grundsätzliche Aufrisskomposition weiterhin von der Wandgestaltung an St. Marien. Die Vorlage setzt in St. Katharinen nun allerdings auf

---

[271] KAMPHAUSEN, Raumgestalt, S. 44.
[272] HÖPPNER, S. 91.
[273] HÖPPNER, S. 86.

einer stützenden Säule an, statt als Teil des wanddurchdringenden Pfeilers wie im Querschiff über die Arkadenstütze hinweg zum Gewölbe emporzustreben.

Eine solche Gestaltung zeigen neben den wohl späteren westpommerschen Kirchen[274] einige zeitlich vorangehende Basiliken der Franziskaner in Italien.[275] Von denen lässt sich insbesondere San Francesco in Piacenza (*Abb. 35*) mit St. Katharinen vergleichen. Bei beiden stimmen die Formdivergenz zwischen den Vorlagen und den Stützen, das Auftreten einer einfachen Kämpferplatte zwischen beiden, das Vortreten der Vorlagen vor die Wandstruktur und das Vorhandensein kleiner Dachluken zwischen den beiden Geschossen überein.[276]

Während also das grundlegende Aufrisskonzept aus den Ordensbauten übernommen ist, gleicht sich die Gestaltung des Obergadens an St. Marien an. Die Bedeutung, die dem lokalen Bezug beigemessen wurde, erhellt sich vor dem Hintergrund, dass es für die gefundene flachplastische Komposition kaum Vergleiche gibt. So schließt sich durch die letzte Variation der Wandgestaltung von St. Katharinen wieder der Bezugsrahmen in der Synthese zwischen der Ordensarchitektur und der Lübecker Hauptpfarrkirche.

D. Die Westfassade

Die bereits genannte hymnische Titulierung der Fassade als „Apotheose des Bürgerhauses“[277] fußt auf der grundlegenden Erkenntnis der für Basilikafassaden untypischen Flächigkeit. Denn das Fehlen der Strebepfeiler gleicht die Fassade den Häuserfronten überhaupt erst an. In der Flächigkeit hat Richard Krautheimer ein Ideal und Charakteristikum der Bettelordensarchitektur konstatiert.[278] Während die glatte Fassade an vielen ungewölbten Basiliken[279] und Hallen[280] der Mendikanten ohne Probleme ausgeführt werden konnte, findet sie sich – konstruktiv bedingt – selten an gewölbten Basiliken. Die Katharinenkirche bildet in

---

274 SKIBINSKI, S. 59-64.

275 Z.B. San Francesco in Bologna (1263 fertig gestellt), San Francesco in Piacenza (1280 begonnen), Sta. Croce in Florenz (nach BIEBRACH, S. 38 1294 begonnen), San Lorenzo in Vicenza..

276 Diesen Aufriss führte Wolfgang Schenkluhn als Vorbild für St. Katharinen ein und sprach ihm eine wesentlich stärkere Vergleichbarkeit zum Mittelschiffsaufriss von St. Katharinen zu als der Lübecker Marienkirche. SCHENKLUHN, Architektur der Bettelorden, S. 201.

277 JAACKS, S. 55.

278 KRAUTHEIMER, S. 39; auf die „glatten“, nur mit Lisenen gegliederten Schauwände der italienischen Bettelordenskirchen macht Richard Donin aufmerksam. DONIN, S. 122.

279 Z.B. die Franziskanerkirchen in Rufach, Kolmar, Zürich, Limburg/Lahn und Königsfelden.

280 Als solche sind neben der Minoritenkirche in Soest besonders viele Hallen des Predigerordens aufgeführt worden: Frankfurt, Worms, Prenzlau, Retz/Niederösterreich.

diesem Punkt mit nur wenigen weiteren Bauten, die vor allem von den Dominikanern errichtet wurden, eine Ausnahme.[281]

Wie viele italienische Bauten verschleiert die Katharinenfront den Mittelschiffsquerschnitt (*Abb.64*).[282] Ebenfalls aus Italien übernommen erscheint die strebepfeilerartige Fortsetzung der Fassade im Bereich des Obergadens. Diese im nordalpinen Bereich seltene Bauweise, welche die Front als vorgesetzte Scheibe aussehen lässt, hat sicherlich mit zu der These verleitet, in der Fassade einen solitär errichteten Bauteil zu sehen.[283] Diesseits der Alpen sind die Schmalseiten von St. Johannis in Thorn vergleichbar ausgeführt. Sie stammen aber wohl gemeinsam mit dem Langhaus erst aus dem 15. Jahrhundert. Sie vollziehen jenseits des Kirchenraumes die Konturen der Langhausstrebepfeiler nach.[284] Des Weiteren kaschiert Lübeck die Ortgänge der Nebenschiffspultdächer durch das Hochziehen der seitlichen Giebelschrägen, die wie die Giebelmauern der gotischen Bürgerhäuser über die Dachhaut reichen.[285]

Die Lübecker Fassade ist durch ein Kaffgesims deutlich in eine untere Sockelzone und ein darüber liegendes „Obergeschoss“ sowie das Giebeldreieck aufgeteilt. Diese innerhalb der Franziskanerarchitektur übliche, horizontale Abtrennung eines unteren Eingangsbereiches kann u.a. in Maastricht, Berlin, Köln und Esslingen beobachtet werden.[286] An einigen Kirchen ist das Gesims über dem Mittelportal hochgekröpft, so in Erfurt und Regensburg, in Wien über dem Nordportal. Die Eingangszone erreicht in Lübeck, wie beispielsweise auch in Maastricht, nur etwa die Mitte der Seitenschiffe.[287] Diese Disposition ermöglich-

---

281 Hier sind zu nennen: die Basiliken in Esslingen und Straßburg, beide kurz nach der Mitte des 13. Jahrhunderts begonnen (KRAUTHEIMER, S. 29, 71), die 1331 geweihte Stufenhalle in Göttingen und die Westfassade der ehemaligen Koblenzer Dominikanerkirche. – Die Franziskaner realisierten eine gewölbte Basilika ohne äußere Strebepfeiler an der Westfassade später noch einmal in Frankfurt an der Oder und in Langenlois in Niederösterreich.

282 Eine Tafelfassade schließt die Franziskanerkirchen in Piacenza, Lodi und Parma nach Westen hin ab. SCHENKLUHN, Architektur der Bettelorden, S. 74.

283 So: LASPEYRES, Sp. 360; ERDMANN, Baugeschichte, S. 38.

284 Abb. 1 bei MUCH. Datierung des Langhauses in der neueren Forschung erst in das 15. Jahrhundert. BECKER-HOUNSLOW, Entwicklung figurierter Gewölbe, S. 157-163.

285 Die Höherführung des Giebeldreiecks über dem Hauptschiff ist Resultat der Restaurierung im ausgehenden 19. Jahrhundert. *Vgl. Abb. 64.*

286 Die Maastrichter Front ist ebenso wie in Lübeck durch ein schräges Gesims, hinter dem der obere Fassadenteil unmerklich zurücktritt, abgesondert. Auch sie ist flächig ausgeführt, die beinahe nur aufgeblendeten Strebepfeiler des oberen Fassadenbereiches reichen nicht zu ihr hinunter. Zu Esslingen vgl. KRAUTHEIMER, S. 39.

287 Eine hohe Portalzone, wie Köln sie aufweist, scheint eher die Ausnahme zu sein: An der Westfront der Kölner Minoritenkirche verläuft das Kaffgesims in Widerspiegelung der inneren Geschossaufteilung in Traufhöhe der Seitenschiffe.

te es, ein großes Westfenster weit unten ansetzen zu lassen und somit den Kirchenraum stärker zu beleuchten. Die Innenaufteilung wird hiermit jedoch negiert, wie in Lübeck auch bereits durch die zentriert symmetrische Anordnung der drei (Schein-)Portale vor den ungleich breiten Schiffen.

Der in Lübeck vertretene Typus einer Dreiportalanlage findet sich an Basiliken oder Hallenkirchen des Franziskanerordens vor allem in Italien, dort jedoch nicht mit Sockelgesims.[288] Jaacks verweist für die Gestaltung einer ausgesonderten Sockelzone mit gleich hohen Eingängen nach England und auf insular beeinflusste Bauten, als Beispiel nennt er den Dom zu Trondheim.[289] Dessen spannende Schaufassade weist in ihrer unteren Zone eine Reihung von Bogenstellungen auf, in welche die Portale integriert sind. Diese Gestaltung ist hier zum Prinzip über die ganze Fassade erhoben, wobei sie in jeder höheren Zone der vier Geschosse plastischer ausgebildet ist. Im Sockel sprengt das Hauptportal jedoch das geschosstrennende Gesims wie auch in den mittleren Abschnitten der höheren Stockwerke.

Stichhaltig ist Jaacks Hinweis nur insofern, als die Dreiportalanlage ein kathedralgotisches Motiv darstellt. Horizontal gegliederte Fassaden mit ausgewiesenen Sockelzonen finden sich auch in Frankreich.[290] Aus der Kirchenarchitektur dieses Landes stimmt mit der Westfront von Notre-Dame in Paris gerade ein Prototyp der Kathedralbaukunst in Hinblick auf den geschlossenen Charakter mit der Lübecker Portalzone überein (*Abb.71*). Die Reihung dreier etwa gleich hoher Portale ist dort kein Zufallsprodukt. Sie kann sogar als Gestaltungsziel ausgemacht werden, da der Baumeister verschiedene Kunstgriffe anwandte, um das südliche Annenportal zu strecken, so dass sein Türsturz in einer Höhe mit demjenigen des Haupteinganges zu liegen kam.[291] In Frankreich wie in Norddeutschland tritt die Wand flächig in Erscheinung. In Paris resultiert die Breitenlagerung der Fassade nicht zuletzt aus der Divergenz zwischen der inneren Fünfschiffig-

---

288 Die gotische Dreiportalanlage kann in Deutschland auf keine nennenswerte Tradition der Romanik aufbauen. Wo eine solche in romanischer Zeit realisiert wurde, entstand sie als Eingangszone einer Zisterzienserkirche, hier aber mit verdeckender Vorhalle. Innerhalb Deutschlands stellt die Westseite des Straßburger Münsters den entscheidenden Impuls zur Gestaltung einer fassadenbestimmenden Dreiportalanlage dar. UNCKENBOLD, Dieter: Untersuchungen zur Entwicklung des deutschen Kirchenportales von ca. 1250 bis 1350, Diss. Göttingen (Masch.-Schr.) 1955, S. 96.

289 JAACKS, S. 59.

290 Beispielsweise an den Kathedralen von Chartres, Coutances und Cahors.

291 SAUERLÄNDER, Willibald: Die kunstgeschichtliche Stellung der Westportale von Notre-Dame in Paris. Ein Beitrag zu Genesis des hochgotischen Stiles in der französischen Skulptur, in: Marburger Jahrbuch 1 (1959), S. 1-56, hier: S. 39.

keit und der äußeren dreiachsigen Ummantelung.[292] Die Flächigkeit ist an Notre-Dame durch aufgeblendet wirkende Strebepfeiler mit integrierten Einzelskulpturen aufgelockert, denen in Lübeck einst Nischen zu beiden Seiten des Hauptportals entsprachen.[293]

Eine Anlehnung an kathedralgotische Portalgestaltungen teilt St. Katharinen innerhalb der Ordensarchitektur mit der Wiener Franziskanerkirche, die in den 1330er und 1340er Jahren nicht nur den Trumeaupfeiler für alle drei Eingänge verwendete, sondern das Mittelportal zudem noch mit Gewändefiguren ausstattete.[294] Diese beiden Umsetzungen hochgotischer Konzeptionen gehen über die Übernahme einzelner Formen, die Roland Pieper an westfälischen Mendikantenkirchen feststellte, hinaus. Dort teilt in Münster, Höxter, Osnabrück und Soest ein zum Mittelpfosten abstrahierter Trumeaupfeiler die Eingänge in Doppelportale, über denen ein Spitzbogen einen stehenden Vierpass bzw. ein Vierblatt umrahmt.[295] Entsprechend der andersartigen Einbindung der dortigen Kirchen in das städtebauliche Umfeld befinden sich die Haupteingangsportale an der Seite[296] und stellen dort Versatzstücke einer bischöflichen Architektur dar. Für die Franziskanerkirche in Münster, deren Eingang zudem ein Rundfenster mit einer Maßwerkfüllung aus rotierenden Dreiblättern bekrönt, konnte Pieper konkret die Südfassade des dortigen Domes als Vorbild benennen.[297]

In dem oberen Geschoss der Lübecker Fassade sind zwei unterschiedliche Elemente unter dem Verdikt der Vertikalgliederung miteinander kombiniert. Dies ist zum einen mit der Anordnung zweier Lanzettfenster ein Motiv der Kirchenbaukunst, das Werner Burmeister als „Modeform“ der ersten Hälfte des 14. Jahrhunderts ausgemacht hat.[298] Sie findet in Norddeutschland im ersten Viertel des 14. Jahrhunderts ihren Niederschlag an dem gerade geschlossenen Chor der

---

292 PANOFSKY, Erwin: Gotische Architektur und Scholastik. Zur Analogie von Kunst, Philosophie und Theologie im Mittelalter, Köln 1989, S. 46.

293 JAACKS, S. 56.

294 Die Wiener Lösung liegt in der Unterstützung des Kirchenbaues durch Mitglieder des Königshauses und in deren politischen Ambitionen begründet. PARUCKI, S. 237. Lange Zeit wurden die Gewändefiguren auch stilistisch vom Kunstschaffen der Île-de-France bzw. der Normandie abgeleitet, so z.B. von SCHWARZ, Mario, S. 216f. Maria Parucki zieht in der ersten kunsthistorischen Baumonographie der Kirche hingegen stilistische Vergleiche zur süddeutschen und westfälischen Baukunst. PARUCKI, S. 231-237.

295 PIEPER, Bettelorden, S. 253f.

296 PIEPER, Bettelorden, S. 263-266.

297 PIEPER, Bettelorden, S. 254.

298 BURMEISTER, Werner: Wismar, Berlin 1926, S. 17; Günther Jaacks zählt weitere Beispiele solcher Zweifenstergruppen auf, hauptsächlich als Belichtungen von Seitenschiffen. Er erwähnt aber auch die Giebelfront des Regensburger Domes, JAACKS, S. 58f.

Wismarer Georgenkirche,[299] war in Italien aber schon Mitte des 13. Jahrhunderts an einer Franziskanerkirche, der Westfassade in Bologna, ausgeführt (*Abb. 51*).[300] Beide sind ebenfalls durch eine mittig bekrönende Kreisform geschmückt, die in Wismar wie in Lübeck eine Blende darstellt und in Bologna als Okulus fungiert.

Aber die Lübecker Fassade geht über die schlichte Wismarer Konzeption in der Einbeziehung diverser Nischen, die in Vertikalblenden zu Zweier- und Vierergruppen zusammengefasst sind, hinaus. Schmuckblenden sind in Lübeck bereits zu Beginn des 13. Jahrhunderts im Bürgerhausbau als Giebelgliederung bekannt.[301] An den Häusern kulminiert dieses Schmuckmotiv in der Mitte des 14. Jahrhunderts in „schauwandartige(n) Monumentalformen"[302]. Sie zieren meist Treppengiebel, die nur einzelne große Abstufungen aufweisen.[303] Aus der kirchlichen Backsteinarchitektur ist eine über die Verzierung von Giebelflächen hinausgehende Anwendung mit gliedernden Nischen und Blenden an den Westfassaden der Zisterzienserkirchen in Lehnin (gegen 1270 fertig gestellt) und Chorin (erstes Drittel des 14. Jahrhunderts) bekannt.[304]

Nach der Rekonstruktion von Jens Christian Holst greift dieses Motiv um 1250 an der Marktfassade des Lübecker Rathauses unter den Giebel in die Fassade hinein.[305] Es findet sich am Ende des 13. Jahrhunderts bzw. um 1300 auch an den Rathäusern in Rostock und Thorn.[306] Schließlich überführt der Neubau der Lübecker Rathausnordfassade die Blendengliederung zwischen 1343 und 1360 in eine riesige Schaufront.

Der Vergleich der Lübecker Westfassade mit den annähernd zeitgleich entstandenen Prachtgiebeln benachbarter Regionen der Backsteingotik, etwa an den Chorfassaden der Marienkirche in Neubrandenburg um 1300 oder der Marienkirche in Greifswald um 1330/40, macht die Verortung der Blendengliederung von St. Katharinen in der Lübecker Architektur deutlich. Deren Schauseiten

---

299 LUDWIG, S. 32-36.
300 ERDMANN, Baugeschichte, S. 40.
301 HOLST, Jens Christian: Beobachtungen zu Handelsnutzung und Geschossbildung an Lübecker Steinhäusern des Mittelalters, in: JbHf 35 (1984/85), S. 93-144, hier: S. 105.
302 WILDE, Dehio, S. 532.
303 WILDE, Dehio, S. 532.
304 Datierungen nach: BÖKER, S. 105.
305 ALBRECHT, Stephan/HOLST, Jens Christian: Von Lübeck bis Stralsund. Zur Entstehung eines Rathaustypus, in: Baukunst. Kunstbau. Festschrift zum 65. Geburtstag von Prof. Jürgen Paul, hg. von Gilbert LUPFER, Konstanze RUDERT, Paul SIGEL, Dresden 2000, S. 22-38, Abb. 3.
306 BUK 1, S. 143.

weisen die in Lübeck unübliche Form des Pfeilergiebels auf[307] und wie auch in Chorin eine reiche Anwendung von Backsteinmaßwerk und Wimpergen.

Ein besonders auffallendes Gestaltungselement stellt die Heraushebung der Katharinenfassade durch den Wechsel von reinen und glasierten Backsteinschichten dar. Diese Gestaltung war zur Erbauungszeit der Fassade bereits im Rathausbau,[308] in der Kirchenarchitektur und sogar im Bürgerhausbau üblich, aus dem in unserem Zusammenhang das Haus Königstraße 30 interessant ist (*Abb.74*). Denn es liegt unmittelbar gegenüber der Lübecker Franziskanerkirche und dürfte bei der Grundsteinlegung des zweiten Bauabschnittes bereits bestanden haben. Sein Giebel wird allgemein an den Anfang des 14. Jahrhunderts datiert und weist vergleichbare Blendnischen wie die Kirche auf und ebenfalls einen Wechsel aus glasierten und unglasierten Steinen.[309]

Fassadenübergreifend ist die Schmuckart in Norddeutschland zuerst im Profanbau, genauer gesagt im Rathausbau, angewandt worden, während sie in Italien bereits seit der Romanik als Verblendung des Fassadenmauerwerks mit schwarzen bzw. grünen und weißen Marmorplatten typisch für den Kirchenbau ist.[310]

Die Wechselschichten tauchen an norddeutschen Kirchen in romanischer Zeit nur an kleineren Bauteilen, wie beispielsweise an den Säulenstellungen der romanischen Vorhalle des Ratzeburger Domes[311] und den Diensten im Kreuzgang des Lübecker Domes[312], auf, dann um 1250 wandflächendeckend an der kleinen achteckigen Michaelskapelle des Doberaner Beinhauses und etwa zeitgleich mit St. Katharinen an den Seitenkapellen der Jacobikirche.[313] Vom überlieferten Baubestand her scheint jedoch St. Katharinen der erste kirchliche Großbau zu sein, der die prächtige Ausführung der Wechselschichten an einem ganzen Bauteil zur Wirkung kommen lässt.

---

307 STRAUB, Theodor: Mittelalterliche Backsteingiebel im Profanbau der Hansestädte des wendischen Kreises, Diss. Rostock 1929, S. 181f., 189.

308 Die Schaufront des Rostocker Rathauses wurde bereits um 1300 in Wechselschichten ausgeführt. HOLST, Stralsund, S. 91.

309 WILDE, Dehio, S. 571f.; STRAUB, S. 47.

310 DELFS, Fläche und Farbe, S. 42.

311 KAMPHAUSEN, Alfred: Gebaute Kleinodien. Segeberg – Altenkrempe - Cismar, Oldenburg u.a. 1952, S. 43. Er führt als weiteres Beispiel eines farbigen Wechsels von Glasursteinen die im Schachbrettmuster verlegten Steine der Innenschale der Altenkremper Apsis an. In beiden Fällen macht er oberitalienische Farbgestaltung als Vorbild aus.

312 DELFS, Fläche und Farbe, S. 42.

313 JAACKS, S. 58.

An der Westfassade von St. Katharinen entspricht der Unterteilung in Sockelzone und „Hauptgeschoss“ ein Unterschied der ikonographischen Verweise beider Bereiche. Die Portalanlage gibt sich in ihrer Anlehnung an eine kathedralgotische Gestaltung deutlich als Eingangsbereich einer Kirche zu erkennen. Notre-Dame in Paris, deren Fassade bereits aus der ersten Hälfte des 13. Jahrhunderts stammt und zu der Lübeck eine grobe formale Übereinstimmung aufweist, könnte deswegen in die Gestaltung der Katharinenfassade mit eingeflossen sein, weil die Fassade dem Baumeister als Beispiel einer Verbindung unterschiedlicher äußerer und innerer Gestaltung dienen konnte. Die Parallelen zu ihr sind dann als Hinweis auf den Topos der Eingangszone in einen Sakralbau zu verstehen.

Dahingegen nimmt das Obergeschoss auch Motive des Profanbaues auf. Denn die unmittelbare Nachbarschaft zu (noch) einem (erhaltenen) Bürgerhausgiebel, der mit Blenden und Wechselschichten den gleichen Gestaltungsapparat aufweist, lässt die Westfassade, die in die Häuserzeile der Königstraße integriert ist, als Widerspiegelung der Bürgerarchitektur interpretieren. Zwar verdeutlichen zahlreiche Kirchenfassaden der Minoriten, gerade in Italien, aufgrund ihrer puristischen Flächigkeit eine Parallele zur Hausarchitektur. Doch die Einfügung von Nischen, Blenden und Wechselschichten ist anders als bei der Reduktion auf einen Grundtyp eine bewusste, besonders gestaltende Zitierung. Für einen solch deutlichen Verweis auf die Profanbaukunst sind der Autorin innerhalb der Bettelordensbaukunst keine Vergleichsbeispiele bekannt.

Die Errichtung der Fassade fällt in eine Periode, für die die Quellen verstärkte Kontakte der Lübecker Brüder zu weiteren Bevölkerungskreisen außerhalb des Ratszirkels zu erkennen geben.[314] Zur gleichen Zeit wenden sich Personen des Rates zunehmend der Marienkirche zu, so stark, dass Birgit Noodt mit Blick auf dieses Spezifikum um die Mitte des 14. Jahrhunderts von der Etablierung St. Mariens als „Ratskirche“ gesprochen hat.[315] Vor diesem Hintergrund ist die Referenz auf bürgerliche Architektur an St. Katharinen als bewusste Hinwendung zu einem erweiterten Adressatenkreis zu werten, die einlädt, in die „Bürgerkirche“ einzutreten,[316] wo der Besucher im Langhauswandaufriss nun auch die Struktur der Hauptpfarrkirche verarbeitet findet.

Im Hinblick auf den weiten Bildungshorizont der Franziskaner und auf die italienisch anmutende strebepfeilerartige Fortführung der Fassade über die Breite

---

314 Vgl. Kap. III.C.6 und 7.

315 Noodt, S. 194 und 252.

316 Die Anregung zur Verwendung dieses pointierten Begriffes verdanke ich meiner Doktormutter Frau Prof. Schellewald, Basel.

des Mittelschiffes hinaus ist davon auszugehen, dass den Franziskanern die Parallele der „gestreiften Fassade“ zu italienischen Bauten, wie beispielsweise zu Santa Chiara in Assisi, bewusst war. Aber im Gegensatz zum Chor, wo im Zitat der italienischen Kirche Anspielungen auf die Heimatarchitektur mittransportiert wurden, dürfte hier der Bezugsrahmen andersherum zu gewichten sein. Als Katalysator zur Anwendung der Streifendekoration auf die gesamte Fassade, die bis zum zweiten Viertel des 14. Jahrhunderts in Norddeutschland bislang nur im Rathausbau nachgewiesen ist, kann die Kenntnis der italienischen Kirchenarchitektur durchaus gedient haben.

E. Zusammenfassung

Die Architektur der Katharinenkirche vereint hauptsächlich Elemente der kathedralgotischen Baukunst und Gliederungen einzelner Ordenskirchen in einer ortsgebundenen Gestaltung. Die zwei Architekturgruppen stellen gemeinsam mit der lokalen Tradition die Pole des Bezugsrahmens dar, in dem sich der Baumeister von St. Katharinen orientierte. Er bleibt für den gesamten Bau gültig. Doch die Annäherung an die Vorbilder ist in den einzelnen Baukörpern unterschiedlich stark ausgeprägt.

Im Bereich der Kathedralgotik werden neben den lokal vorgefundenen Formen, die auf dieser Stilstufe in Lübeck nur an der Marienkirche verwirklicht sind, wie der Maßwerkschmuck (aus Stuck) und die offenen Strebebögen, auch Anklänge an französische Architekturen sichtbar. Das Querhaus weist typologisch wie auch im Hinblick auf die Innengliederung Parallelen zu dem Querschiff von St. Urbain in Troyes auf. Die französische Kirche weist zudem einen vergleichbaren Grundriss auf. Die an Saint-Urbain gemahnenden Assoziationen werden durch die Tatsache, dass die Papstgründung wie die Franziskanerkirchen eine exemte kirchenrechtliche Stellung besaß, erhärtet. Auch der Typus der Dreiportalanlage ist ein kathedralgotisches Motiv. In Hinsicht auf die Flächigkeit dieser Eingangszone werden Anlehnungen an Notre-Dame in Paris sichtbar. Die Annäherung an die genannten Vergleichsbeispiele ist jedoch zu unspezifisch, um die Ähnlichkeiten als Hinweis auf die einzelnen Bauten zu werten. Sie kennzeichnen vielmehr den angestrebten architektonischen Rang.

Konkreter sind die Bezüge zur Bettelordensarchitektur. Während die kunsthistorische Analyse der Ostanlage den besonderen Grad der architektonischen Einheit von Mönchschor und Lettner herausstellte, verdeutlichte sie den Unterschied zu bekannten Krypten- und Lettnergestaltungen und legte eine Ableitung von einem doppelgeschossigen Bau nahe. Das Zerwürfnis mit dem Bischof, der vor und während der Bauzeit die Stadt und die Mendikanten mit dem Interdikt belegt hatte, führte die Streitparteien für längere Zeit an den päpstlichen Hof. Unterdessen war das Katharinenkloster innerhalb seines Ordens sehr einflussreich auf der Provinzebene, da es in den vierzig Jahren zwischen 1282 und 1322 mit einer kleinen Unterbrechung von zwei Jahren die Provinzialminister stellte. Diese Konstellation spricht dafür, den doppelgeschossigen Chor in Lübeck als baulich verwirklichte Positionsbestimmung der Lübecker Franziskaner zu werten und in dem Zitat der zweistöckigen Anlage von San Francesco in Assisi einen Verweis auf die franziskanereigenen Wurzeln zu erkennen. Auch der Aufriss des Langchores stellt mit der eingenischten Obergadenzone einen Bezug zur italienischen Kirche her, übermittelt aber gleichzeitig die Struktur des Choraufrisses der Marienkirche.

Das im Inneren seitenschiffsfluchtende Querhaus kann ebenfalls aus der Bettelordensarchitektur abgeleitet werden. Ein solches weisen auch die Franziskanerkirchen in Bologna und Piacenza auf. In Bologna findet sich wie auch an St. Katharinen zudem ein Eckpfeilerpaar des Querhauses, das dem Prinzip des erstmals im französischen Bourges verwirklichten wanddurchdringenden Pfeilers folgt. Auch an Piacenza erinnert noch eine weitere Gestaltung, nämlich der Mittelschiffsaufriss mit seiner dialektischen Behandlung zwischen Pfeilervorlage und Obergadenwand, die in einer Flucht mit den Arkadenzwickeln liegt, wobei in beiden Kirchen die Stützen anders geformt sind als die Vorlagen.
Vor dem skizzierten Hintergrund entstand eine Architektur im lokalen Gewand. Die technische Umsetzung des doppelgeschossigen Chores verdeutlicht dies in ihren kryptentypischen Proportionen ebenso wie der allgemeine Bauschmuck, welcher örtliche Parallelen hat. Auch das Querhaus ist dem gleichen Prinzip verpflichtet. Während es typologisch und in Teilen der Gestaltung den franziskanereigenen Querhäusern in Bologna und Piacenza entspricht, orientiert sich die Integration des Bauteiles in den Gesamtbau an der Einbindung der Südvorhalle in die Marienkirche. Im Langhausobergaden verschmilzt schließlich die Wandgliederung der Lübecker Marienkirche mit franziskanertypischen Aufrissen zu einer besonderen flachplastisch aufgefassten Wandstruktur.

Im Bauverlauf nach Westen werden die Übernahmen aus der franziskanischen Architektur graduell unspezifischer, während die Einflechtung lokaler Elemente zunimmt. So spiegelt die Westfassade im Gegensatz zum Chor die umgekehrte Gewichtung der Bezugsobjekte wieder. An der monumentalen Schaufront wird dem Betrachter die Verwurzelung in der örtlichen Profanbaukunst vorgeführt. Zu der Zeit um 1350 und in der Deutlichkeit kann die Adaption bürgerlicher Elemente in die Fassadengliederung nicht als Zufall oder übliches „Lokalkolorit“

gewertet werden. Damals banden sich verschiedene Bevölkerungsgruppen durch Stiftungen und Bruderschaften erstmals enger an die Franziskanerkirche, wobei sich die Ratsleute verstärkt St. Marien zuwandten. Vor dem historischen Hintergrund liest sich die Fassade wie ein Spiegel der Beziehungen zur Bevölkerung, ja sogar als Dokumentation, welche an den neu hinzugewonnenen Adressatenkreis appelliert. Indem sie Detailstrukturen des Rathauses aufnimmt, schließt sie auch diejenige Gruppe der Ratsleute nicht aus diesem tektonischen Diskurs aus, die traditionell der Kirche verbunden war. In diesem Zusammenhang gewinnt auch die während des Langhausbaus kurzfristig durchgeführte Verlängerung der Kirche um zwei westliche Joche eine Bedeutung. Sie schob die „Bürgerfassade" näher an die Straße heran und verflocht so St. Katharinen mit der Flucht der Bürgerhäuser. In der Dreiportalanlage und der Auffassung der Fassade als vorgeblendeter Tafel sind Bezüge zur Kirchenbaukunst integriert. In diesem Zusammenhang richtet sich die Farbgestaltung der Fassade an die Rezipienten vor Ort als bewusster Hinweis auf die Lübecker Häuserarchitektur, wohingegen die Assoziation an italienische Bauten eher auf intellektueller Ebene mittransportiert wird.

Die beiden Bauteile, Chor und Westfassade, vermitteln bewusst eingesetzte Inhalte. Die Verweise, einmal ganz konkret auf die Mutterkirche in Assisi, zum anderen als Hinweis auf ein monumentalisiertes Bürgerhaus, sind beide an Bauteilen integriert, denen per se eine große optische Wirkung zukommt. Während sich die Fassade an die vorbeigehende Bevölkerung richtet, präsentiert sich der Chor dem Eintretenden. Er wird in der Katharinenkirche aufgrund seiner besonderen Gestaltung ohne abschrankenden Lettner und als Bühnenarchitektur, auf die die Lichtführung der hohen Westfassadenfenster gerichtet ist, geradezu vorgezeigt. Die Inszenierung der Baukunst, mit welcher die Bettelorden ihre Chöre überhöhen,[317] ist an St. Katharinen auch auf andere Bauteile übertragen und kulminiert hier zu einer „architecture parlante"[318].

---

[317] SCHENKLUHN, Ordines Studentes, S. 166ff.; ders., Architektur der Bettelorden, S. 240.

[318] Der Begriff stammt aus der französischen Architekturtheorie des 18. Jahrhunderts. (KRUFT, Hanno-Walter: Geschichte der Architekturtheorie, München 1991, S. 163ff. und 184). Er wird hier dennoch verwendet, um das innovative Moment des Baues herauszustellen und die in der Chor- und Fassadenarchitektur implizierte Wirkungsästhetik zu veranschaulichen.

VIII. Die nachreformatorische Geschichte der Kirche und die Restaurierungsmaßnahmen des 19. Jahrhunderts

Die Quellenlage zur neuzeitlichen Geschichte der Katharinenkirche ist im Gegensatz zu derjenigen des Mittelalters als gut zu erachten. Im Zuge der Rückführung von Akten des Lübecker Stadtarchivs, die im 2. Weltkrieg in Russland ausgelagert wurden, konnten Unterlagen berücksichtigt werden, die bislang allein die Bau- und Kunstdenkmäler ausgewertet hatten.[1] Es handelt sich in erster Linie um Rechnungsbücher der Kirche, die abgesehen von einzelnen Fehlbeständen von der Mitte des 16. Jahrhunderts an bis für das Jahr 1877 vorliegen. Sie wurden bis zum Anfang des 17. Jahrhunderts von den Vorstehern, den jeweils zwei ältesten Bürgermeistern Lübecks, geführt. Gegen 1629 übernahm diese Aufgabe der jeweilige Werkmeister, welcher für die Bauunterhaltung, Beauftragung von Handwerkern und die Abrechnung zuständig war.[2] Ihm unterstand auch der Glockenläuter, der neben den gottesdienstlichen Handlungen seinen Fähigkeiten entsprechend auch für Reparatur- und Pflegemaßnahmen herangezogen und dafür gesondert vergütet wurde.[3]

Leider fehlen Dokumente aus der Zeit zwischen 1565 und 1612 und der zweiten Hälfte des 17. Jahrhunderts. Besonders informativ hingegen sind die in den Jahren 1783 bis 1852 neben den Wochenbüchern geführten „Hauptbücher". Sie schildern die wichtigsten Ereignisse etwas ausführlicher.

An dieser Stelle wird das Schriftmaterial im Hinblick auf die Restaurierungsmaßnahmen an der Kirche und ihre Nutzung nach Auflösung des Klosters summarisch ausgewertet. Auskünfte der neuzeitlichen Quellen, welche Rückschlüsse auf ältere Zustände zulassen, wurden bereits in die jeweiligen Kapitel eingearbeitet.

---

1 Kürzlich zusammengefasst in dem Bestand AHL 61-7.

2 Zur Begrifflichkeit „Werkmeister", die im Backsteingebiet eine eigene ist, siehe: GREWOLLS, Antje: Die *Organisation* des mittelalterlichen Pfarrkirchenbaues in den Städten Wismar, Rostock, Stralsund und Lübeck, in: MJ 111 (1996), S. 33-67, bes. S. 57-61. Die Bezeichnung wurde, nach Ausweis der Rechnungsbücher zur Katharinenkirche, in der Neuzeit weitergeführt. Zur Tätigkeit der Werkmeister in Gebieten mit Hausteinarchitektur siehe: BINDING, Günther: Baubetrieb im Mittelalter, Darmstadt 1993.

3 Aus den Adressbüchern Lübecks geht hervor, dass der Glockenläuter eine Wohnung in dem Hause Glockengießerstraße 2 bewohnte. Dieses ist unmittelbar in den Winkel zwischen nördlicher Chorkapelle und Polygon der Katharinenkirche angebaut. Ein jüngst entdeckter, nachträglich eingebrochener Durchgang, der von diesem Haus in die Stirnseite der vormaligen Crispinkapelle führt, könnte einem solchen Glockenläuter als „Privateingang" gedient haben.

Nach der Reformation diente die Katharinenkirche als Filiation von St. Marien und übernahm damit pfarrkirchliche Funktionen, für deren Durchführung beispielsweise im Jahre 1561 ein Taufstein erworben wurde.[4] Die Gottesdienste fanden einmal pro Woche am Sonntagmorgen statt.[5] Darüber hinaus war die ehemalige Franziskanerkirche weiterhin als Bestattungsort beliebt, wovon noch heute die zahlreichen Grabsteine, die den Kirchenfußboden bedecken, zeugen. Auch die mittelalterlichen Kapellen wurden weiter vererbt und verkauft. 1761 beispielsweise ließ der spätere Bürgermeister Lübecks, Dr. Georg Wilhelm Detharding, die südwestliche Kapelle gänzlich neu errichten und wurde 1782 in ihr begraben.[6]

Bis 1806 diente die Kirche den beschriebenen sakralen Zwecken. In diesem Jahr begannen Vorbereitungen zur Nutzung als Lazarett, wofür im November alles Gestühl herausgebrochen wurde. Ob bei dieser Aktion auch das Chorgestühl demontiert wurde, kann den Unterlagen leider nicht entnommen werden.[7] Im Jahre 1832 sind in den Lübecker Kirchen die Begräbnisse verboten worden. Das nun leer stehende Gebäude diente im weiteren Verlauf des 19. Jahrhunderts den unterschiedlichsten Nutzungen: Diverse Materialien wurden hier gelagert, Auktionen, Messen und Ausstellungen abgehalten,[8] sogar Militärbataillone einquartiert.[9]

Die Diskussion um den Abriss der ehemaligen Dominikanerkirche und die sich daraus entwickelnde Auseinandersetzung über den Umgang mit mittelalterlichen Kunstwerken war der lokale, geistige Nährboden, aus dem die Idee zur Einrichtung eines eigenen Museums für Lübeckische mittelalterliche Kunst entstand, zu dem die Katharinenkirche Mitte des 19. Jahrhunderts werden sollte.

---

4 AHL, Ältestes Rechnungsbuch, fol. 103.

5 V. MELLE, Ausführliche Beschreibung, fol. 530.

6 AHL, 61-7/123; BUK 4, S. 74.

7 AHL Protokollbuch 1717-1832, fol. 175.

8 Unter vielen unterschiedlichen Veranstaltungen ist die zwischen 1839 und 1916 etwa alle zwei Jahre durchgeführte Verkaufsausstellung des Lübecker Kunstvereins zu nennen; die zugehörigen 42 Ausstellungskataloge finden sich in der Bibliothek des Lübecker Annenmuseums.

9 Vom 23.12.1870 datiert eine Genehmigung zur Nutzung der Katharinenkirche zu Exerzierübungen des Ersatz-Bataillons, Grenadier-Regiment Nr. 89, nachdem zuvor im Jahre 1858 der Beschluss gefasst worden war, die Katharinenkirche nicht weiter für Exerzierübungen zur Verfügung zu stellen. (AHL, Oberschulb. Brief vom 23.12.1870). Aus diesem Brief geht weiter hervor, dass auch Räumlichkeiten in der Burg und die Reitbahn von Kompanien belegt gewesen sind. – Wie man sich diese Einquartierung vorstellen kann, illustriert eine nette Anekdote, die in einem Beschwerdebrief der Schule ausgeführt wird. Hierin heißt es, dass das Signalblasen den Unterricht der benachbarten Schule störe. (AHL, Oberschulb. 67, Brief vom 24.02.1871).

Heinrich Christian Zietz, Pfarrer an der Ägidienkirche, regte 1818 an, ein Museum lübeckischer Kunst einzurichten, in dem die mittelalterlichen Kunstschätze der Stadt gesammelt werden sollten.[10] Der damalige Bürgermeister Roeck griff die Idee auf, beschränkte sie aber auf die Sammlung „herrenloser" Kunstgegenstände. Als Vorbild für einen Ausstellungsort brachte er, wie Suzanne Großkopf-Knaack dargelegt hat, mit dem ehemaligen Augustinerkloster in Paris das früheste bekannte Beispiel eines zu Museumszwecken umgenutzten Sakralbaues ins Spiel.[11] 1827 hat man schließlich auf dem Hochchor der Katharinenkirche die bis dahin im Refektorium des Burgklosters aufbewahrten Kunstschätze der 1818 abgebrochenen Dominikanerkirche zunächst einmal eingelagert.[12]

1837 schlug Carl Friedrich Rumohr, dem der Verdienst gebührt, die mittelalterliche Kunst Lübecks erstmals in einem Aufsatz 1813 vorgestellt und kunsthistorisch gewürdigt zu haben, in den Lübeckischen Blättern vor, die Kirche als Museum zu nutzen, was er sich freilich nicht ohne Einziehen verschiedener Zwischenwände zur Aufhängung von Gemälden vorstellen konnte.[13]

Vier Jahre später rief die „Gesellschaft zur Beförderung gemeinnütziger Tätigkeit" ein Betreuergremium für eine zu eröffnende Sammlung von Altertümern und Kunstsachen ins Leben.[14] Im Juni 1842 führten die Vorsteherschaft und der Werkmeister von St. Katharinen mit Vertretern der „Gemeinnützigen" Gespräche, wie die Museumsnutzung, die sich nun auf den Hochchor beschränken sollte, organisatorisch durchgeführt werden könnte. Zu dieser Zeit nutzte der Werkmeister den Hochchor noch für das Kirchenarchiv und als Abstellraum.[15] 1844 ermächtigte der Senat u.a. die Lübecker Kirchenvorsteher, dem 1841 gebildeten Ausschuss geeignete Kunstgegenstände zur Verfügung zu stellen.[16] Und die Gesellschaft zur Beförderung gemeinnütziger Tätigkeit beklagte, dass sich die Eröffnung des Museums im laufenden Jahr nicht mehr realisieren ließe. Grund seien die aufwendigen Vorarbeiten zur Wiederherstellung des „Mosaik-

---

10 Für das Folgende: BRIX, Michael: Nürnberg und Lübeck im 19. Jahrhundert, München 1981, S. 200f.; GROSSKOPF-KNAACK, Suzanne: Carl Julius Milde (1803–1875), Diss. Hamburg 1988, S. 153f.; die Manuskripte der angesprochenen Vorträge liegen im AHL, Bestand 54/19.

11 GROSSKOPF-KNAACK, S. 153.

12 BUK 4, S. 196.

13 Seinen Aufruf startete er in den Lübeckischen Blättern 1837, S. 393-396. GROSSKOPF-KNAACKS Angabe, dass Pfarrer Zietz bei einem weiteren Vortrag 1822 bereits diesen Vorschlag gemacht hätte, konnte anhand der im AHL befindlichen Vortragsmanuskripte nicht nachvollzogen werden.

14 BRIX, S. 212.

15 AHL, Akten zur Katharinenkirche Vol. 2 fasc. 4.G.e)/Einräumung des Chores zum Lübeckischen Museum.

16 BRIX, S. 212.

fußbodens",[17] der tatsächlich erst 1846 erneuert wurde, bevor man im darauffolgenden Jahr die Chorfenster und deren Maßwerke austauschte.[18] Die „Sammlung Lübeckischer Kunstalterthümer" öffnete erst 1848 für das Publikum.[19]

A. Der Schmuckfußboden des Hochchores

Hatte sich die Bauunterhaltung der Kirche bis zur Umnutzung des Hochchores für ein der Öffentlichkeit zugängliches Museum auf Ausbesserungstätigkeiten beschränkt, so war es in diesem Zusammenhang zu einer umfangreicheren Restaurierungsmaßnahme am Chor gekommen.

Ihre Betreuung lag in den Händen Julius Mildes (1803-1875), des „Wegbereiters der Lübecker Denkmalpflege"[20]. Die angesprochenen Glaserarbeiten führte der in Lübeck für seine Kenntnis historischer Glastechniken geschätzte Johann Achelius (1822-1870) aus.[21] Er hatte schon gemeinsam mit Milde die Fenster des Burgklosters restauriert und in die Marienkirche eingesetzt.

Im Vordergrund des Interesses aber stand der Schmuckfußboden des Hochchores, der nach Angaben Ernst Deeckes – in seinem gemeinsam mit Milde herausgegebenen Werk der „Denkmäler bildender Kunst in Lübeck" – größtenteils „schmählich zerstört" war.[22] Seine aufwändige, finanziell vom Rat der Stadt

---

[17] LB Nov. 1844, S. 373-381, hier 379.

[18] AHL, 61-7/87, Rechnungsbuch 1836-1850, Einträge vom 17.11.1846 bis 29.05.1847, den inzwischen fertiggestellten Boden behandelte man sehr sorgsam, wie der Werkmeister am 06.03.1847 berichtet: „das vordige Chor ... (habe man) vom hinteren durch eine Barriere getrennt, der neue Fußboden des letzteren wurde ... mit trockenem Sand beworfen, demnächst mit Brettern überlegt".

[19] In der Literatur ist irrtümlich immer wieder vom Jahr 1841 oder 1844 die Rede. GROSSKOPF-KNAACK nennt in ihrer Dissertation über Milde das Jahr 1844 bzw. 1845 (S. 21 und 155). Dagegen sprechen eindeutig die Quellen zur Katharinenkirche sowie der 1844 erschienene Artikel in den Lübeckischen Blättern. Und noch 1847 verwendet Deecke mit Hinblick auf das Museum das Futur, in: DEECKE/MILDE: Die Denkmäler bildender Kunst in Lübeck, 1847. Der Werkmeister der Katharinenkirche notierte in seinem Rechnungsbuch nach Abschluss der Restaurierungsmaßnahmen am Fußboden und den Fenstern des Chorpolygons im Juni 1847, dass nun das „Local der Gesellschaft für Alterthümer übergeben" werde (AHL 61-7/87, Eintrag vom 05.06.). Glaubwürdig erscheinen vor diesem Hintergrund die zeitgenössischen Angaben Ludwig Hellers, der die Eröffnung der Sammlung für 1848 angibt, HELLER, Ludwig: Geschichte der Lübeckischen Gesellschaft zur Beförderung gemeinnütziger Thätigkeit von ihrer Gründung bis zum Jahr 1857, Lübeck 1859, S. 93.

[20] BRIX, Lübeck im 19. Jahrhundert, S. 207.

[21] Zu Achelius siehe: WEIHMANN, Horst: Joh. Jac. Achelius, der Glaser des Malers C. J. Milde, in: Jahrbuch des St.-Marien-Bauvereins 1953/54, S. 33-40.

[22] DEECKE/MILDE: Denkmäler bildender Kunst in Lübeck, Lübeck 1843 und 1847, Tafel 5.

unterstützte Restaurierung[23] bedingte umfangreiche Vorarbeiten. Denn zur getreuen Imitation der damals überlieferten Originale ließ Milde in unterschiedlicher Technik hergestellte Probestücke brennen, wie vier Tonplatten aus seinem Nachlass bezeugen *(Abb.93)*.[24]

Das (idealisierte) ursprüngliche Aussehen hat C. Julius Milde, der zu der Zeit Zeichenlehrer am Katharineum war, in kolorierten Zeichnungen festgehalten.[25] Nach seinen Vorgaben entstand auch der im Juni 1847 verlegte Fußboden in der Mariensakristei, der aus den gleichen Formsteinen besteht wie das Plättchenmosaik in der Apsis von St. Katharinen.[26]

Der Fliesenboden des Polygons setzt sich aus fünf parallel verlaufenden Flächen mit jeweils unterschiedlichem Plättchenmosaik[27] zusammen. Streifen aus zwei Reihen von einem anderen „Fliesentyp", nämlich kleinen quadratischen Fliesen, die mit Hilfe von farbigen Glasuren verschiedene Motive aufweisen, trennen die einzelnen Musterkompartimente voneinander.

Der mittlere Plattenbelag nimmt die doppelte Breite der anderen Muster-Bereiche ein. Jede der fünf Fliesenflächen setzt sich aus unterschiedlich geformten rosa- oder schwarzglasierten[28] Fliesen – neben „naturrot" belassenen – zu Mustern zusammen. Zu sehen sind Rautenfliesen unterschiedlicher Größe, die schachbrettartig wie auch zu übergeordneten Rautenmustern zusammengesetzt sind, „Florentiner" Fliesen[29] sowie Fischgrätmuster. Mitten im Fußboden des Polygons

---

23 Jahresbericht der Gesellschaft zur Beförderung gemeinnütziger Tätigkeit 1844, in: LB 1844, S. 379.

24 Diese heute im Besitz des Annenmuseums befindlichen Tonplatten sind im Inventarkatalog unter der Nr. 2466 als Probestücke aufgeführt.

25 Veröffentlicht in dem gemeinsamen Werk mit Deecke; zu seiner Person siehe: HACH, in: LB 1901, S. 15-19, 27-28, 42-44; GROSSKOPF, Suzanne: Milde, Carl Julius, in: Biographisches Lexikon für Schleswig-Holstein 7 (1985), S. 140-143 mit weiterführender Literatur.

26 Zur Frage der Funktion dieses lange „v. Alen-Kapelle" genannten Raumes siehe GREWOLLS, Kapellen, S. 185f. u. 194f.; zum Schmuckfußboden nach Entwurf von Milde siehe BUK 2, S. 167. Bruns und Baltzer verweisen allerdings nicht auf die Inspirationsquelle Mildes, die aufgrund der frappierenden Ähnlichkeit im Katharinenboden zu sehen ist. In der Mariensakristei befand sich zuvor kein Plattenbelag.

27 Definition nach Hiltrud Kier, die das „Plättchenmosaik", bei dem sich Formsteine zu Mustern zusammensetzen, vom sog. Stiftmosaik unterscheidet. Dieses – bekannt aus zahlreichen antiken Fußböden – bildet erst durch das Aneinandersetzen mehrerer Steinchen eine Form aus. KIER, Hiltrud: Schmuckfußböden in *Renaissance und Barock*, München 1976, S.10.

28 Die schwarze Glasur rührt aus der Erneuerung im 19. Jahrhundert her; diese Platten waren ursprünglich tief dunkelgrün, vgl. DEECKE, Denkmäler der bildenden Kunst, Kommentar zu Tafel V e.

29 Eine Definition der „Florentiner Fliesen" ist nicht bekannt. Eleonore Landgraf benutzt den Terminus für die fledermausartigen Formsteine in Lübeck und für eine weitere dortige Form, bei der sich Halbkreise an zwei gegenüberliegende Seiten eines Quadrates angliedern und auf den

liegt der Grabstein des 1337 verstorbenen Bischofs von Ösel, der an diesem Ort auch schon vor der Restaurierungskampagne vorhanden war und an diesem Platz bis in das Jahr 1729 zurückverfolgt werden kann, als Jacob von Melle ihn in seine Beschreibung der Lübecker Geschichte aufnahm.[30]

Die Anordnungen wiederholen sich auf dem weitaus abgetreteneren Boden des Langchores, der nur noch vereinzelt Glasurspuren aufweist. Im Gegensatz zu den Fliesen des Polygons sind die hier befindlichen aus einem unvermischten Ton, der einzelne gelbe Einsprengsel zeigt, hergestellt. Die einzelnen Platten, welche das Fischgrätmuster zusammensetzen, weichen auch von denen der Apsis ab.

Steht für den östlichen Chorbereich auch die Datierung des jetzt vorhandenen Bestandes an Fliesen fest, so ist doch unklar, aus welcher Zeit der Fußboden ursprünglich stammt. Stilistische Vergleiche der Platten einerseits und der kleinen ornamentierten Fliesen andererseits deuten in unterschiedliche Entstehungszeiten. Eleonore Landgraf, die sämtliche ornamentierten Fliesen des Mittelalters in Deutschland untersuchte, hat ihrem Thema entsprechend ausschließlich die kleinen quadratischen Tonfliesen bearbeitet.[31] Dahingegen untersuchte Wilhelm Delfs die großen Formsteine, die er im Kontext spätgotischer Plattenbeläge vorstellte.[32]

Erstere weisen grüne, weiße und ganz dunkelrote, fast braune Glasuren mit figürlichen Darstellungen auf. Sie stellen einfache Blütenformen, Lilien und Sterne dar. Stets dient die dunkelrote Glasur als Konturenstrich für die meist weißen Figuren auf grünem Grund (*Abb.90,91*). Von der Größe und Motivwahl lassen sich die Steine mit Fliesen aus Cismar vergleichen, die Eleonore Landgraf in die Zeit zwischen dem Ende des 13. Jahrhunderts und dem zweiten Viertel des

anderen beiden Seiten zwei konkav-geführte Linien in einer Spitze zusammenlaufen. Solche Fliesenformen werden noch heute verwendet. LANDGRAF, Eleonore: Ornamentierte Bodenfliesen des Mittelalters in Süd- und Westdeutschland 1150-1550 (= Forschungen und Berichte der Archäologie des Mittelalters in Baden-Württemberg), 3 Bände, Stuttgart 1993, Bd. Fundorte, S. 167. Vgl. auch HANDBUCH DER ARCHITEKTUR Bd. 2, 4, 4, Stuttgart 1903, S. 254, Fig. 400f.; der Fußbodenbelag der Katharinenkirche ist abgebildet in BUK 4, S. 57.

30 V. MELLE, Beschreibung, S. 528; Julius MILDE gab 1855 die Lage des Steines mit „der Mitte des hinteren Raumes“ vom Hochchor an (AHL LXI 1033); KRÜGER, Grabdenkmäler, Nr. LüKa7, S. 804f.

31 LANDGRAF, Band Fundorte, Fliesen ZP1, ZS 3, ZS 8, ZS 10, S. 682f.

32 DELFS, Heinrich: *Fläche und Farbe* im Lübeckischen Ziegelbau, Diss. TH Braunschweig 1920, S. 54-61, hier besonders: S. 57f.

14. Jahrhunderts datiert.[33] Diese zeigen sehr ähnliche Blüten aus herzblattförmigen Blättern.[34]

Die heute im Chorpolygon befindlichen Steine dieser Art stammen allesamt aus der „Erneuerung" des 19. Jahrhunderts, wie aus Depotstücken des Lübecker Annenmuseums zu schließen ist. Hier befinden sich drei dieser Fliesen, welche zu Erprobungszwecken angefertigt worden sind. Unterschiedliche Techniken scheinen dabei zur Anwendung gekommen zu sein, um sich dem gewünschten „mittelalterlichen Erscheinungsbild" anzunähern. Des Weiteren sind in dem Museum zwei Fliesen vorhanden, die einer früheren Zeit entstammen müssen (*Abb.89-92*). Sie weisen die im Mittelalter üblichen „Press- und Quetsch-Spuren" auf der Unterseite auf (*Abb.92*) wie auch die leicht konische Form, die zur Erzielung kleiner Fugen nützlich und üblich war (*Abb.89*). Auch die Art der erhaltenen Glasurspuren spricht nach Auskunft des Keramikrestaurators am Annenmuseum für eine mittelalterliche Herstellung. Hierbei handelt es sich offenbar um eine echte Glasur, die in Art der Emaille-Technik angewandt wurde und eng verwandt ist mit den späteren Fayencen.[35] Ihr Glanz zeigt sich an nicht beanspruchten Stellen, den Seiten und Kanten. Die Fliese mit der Inventarnummer 6756 e) (*Abb.90*) zeigt eine weiße Blüte auf grünem Grund mit schwarzem Konturenstrich, die andere (*Abb.91*) einen weißen sechszackigen Stern auf blauem Grund, ebenfalls mit Konturstrich. Eine solche Tonplatte in der weiß-blauen Farbgestaltung findet sich noch heute im Langchor. Anscheinend war das Farbspektrum der älteren Fliesen reicher als das grün-weiß gehaltene der Kopienserie (*Abb.94*).

Unter dem reichen Formenrepertoire des Plättchenmosaiks findet sich für die fledermausförmigen Florentiner Fliesen ein identisches Fliesenmuster in dem Marmorfußboden des Mittel- und Querschiffes der Dominikanerkirche Sant'

---

[33] Abbildung ZS 7 bei LANDGRAF. Generell sind für das 13. und 14. Jahrhundert quadratische Fliesen in einfachen floralen Motiven typisch.

[34] Landgraf ordnete die Fliesen, welche sie nach ihren Herstellungsprozessen in vier Kategorien unterteilt, den inkrustierten und engobe-geprägten Ziegeln zu, welche vorwiegend in Frankreich, Belgien, Holland, England und an der Ostseeküste zu finden sind. Bei ihnen wurde die farblich herauszuhebende Form mit einem kleinen geschnitzten Druckstock etwa 2 bis 3,5 mm tief in die im Streichrahmen vorbereitete Tonfliese eingetieft. Das so entstandene Negativ hat man dann mit einem weiß brennenden Ton aufgefüllt, die Oberfläche anschließend glatt gestrichen. Eine abschließende farblose Bleiglasur ließ nach dem Brand den Ton braunrot und das Muster gelblich erscheinen. Nun weisen die in der Katharinenkirche in situ vorhandenen allerdings allesamt, wie oben angegeben, neben den zwei Glasuren für das Grundmuster noch eine weitere für den Konturenstrich auf. Auch die im Depot des Annenmuseums befindlichen Fliesen weisen keine Spuren der von ihr beschriebenen Technik auf. Restaurator Epi bringt die Glasuren der Lübecker Fliesen denn auch eher mit den Vorläufern der Fayence in Verbindung. LANDGRAF, Textband, S. 32-38 und Fundortband, S. 167.

[35] Für die Hinweise danke ich Herrn Epi, Annenmuseum Lübeck.

Anastasia in Verona, den Pietro da Porlezza im Jahre 1462 entworfen haben soll.[36] Nun ist es schwer, Fußböden ihren Mustern nach zu datieren, da diese teilweise äußerst lange tradiert worden sind.[37] So taucht beispielsweise das Schuppenmuster, welches in Sant'Anastasia in Friesen an den Rändern der Seitenschiffe verlegt ist, in gelängter Form bereits vor dem Jahr 1000 in Lorsch auf, dann wieder in der ersten Hälfte des 13. Jahrhunderts in Niederlahnstein[38] und nicht zuletzt in einer Gruppe von Fliesen aus dem Löwenschen Saal des Stralsunder Rathauses, die 1350/60 datiert wird.[39] Doch lässt sich die Lübecker Fledermausform im Gegensatz zu den Stralsunder schuppenähnlichen Steinen in den Übersichten über mittelalterliche Fußböden nicht finden.

Eine Datierung in das 15. Jahrhundert stimmt auch mit der Entwicklungstypologie von Lübecker Fußböden überein, die Delfs aufgestellt hat. Nach dieser sind die älteren Fliesen in sich gemustert gewesen, wobei sie mit der Zeit selbst durch ihre Form ein Muster ausbildet hätten und unterschiedlich, jedoch einfarbig, glasiert worden wären.[40] Der überlieferte Bestand ist allerdings zu gering, um seine plausibel klingende Abfolge, die Hiltrud Kier mit ihrer späteren Datierung des Burgklosterfußbodens in Frage gestellt hat, zu überprüfen.[41]

Es ist nicht zuletzt aufgrund des möglichen Vorbildes der italienischen Platten denkbar, dass der Lübecker Chorfußboden nach 1462 neu verlegt worden ist,[42] wobei dem neuen Plättchenmosaik Friese älterer quadratischer Tonsteine inte-

---

36 Vgl. Abb. 350 und 400 in: Handbuch der Architektur 2. Die Baustile 4: Die romanische und gotische Baukunst, 4. Heft: Einzelheiten des Kirchenbaues, Stuttgart 1903, S. 240, 254; Angaben über Verona nach: WIHR, Rolf: Fußböden: Stein, Mosaik, Keramik, Estrich. Geschichte, Herstellung, Restaurierung, München 1985, S. 160f.

37 WOLTERS, Wolfgang: Architektur und Ornament: venezianischer Bauschmuck der Renaissance, München 2000, S. 216.

38 KIER, Hiltrud: *Der mittelalterliche Schmuckfußboden* unter besonderer Berücksichtigung des Rheinlandes, Düsseldorf 1970, S. 125 und 129.

39 Freundliche Auskunft von Herrn Möller/Denkmalamt Stralsund; vgl. auch HOLST, Stralsund, S. 61 und 88.

40 DELFS, Fläche und Farbe, S. 54-61. Entsprechend dieser Entwicklungsreihe setzt er den ehemaligen Sakristeifußboden des Burgklosters als frühesten gotischen Bodenbelag in Lübeck an, da hier die mosaikartige Wirkung durch Einkerbung größerer Platten entsteht. Der Unterschied der Flächenglasur zum Mörtel, der die Einkerbungen schließt, bewirkt hier die bunte Erscheinung der Platten. – Delfs stellt weiterhin die Überlegung an, das Muster sei in der Folgezeit durch den Gegensatz von glasierten und unglasierten Partien erzielt worden. Dieser Wechsel sei zunächst auf jedem einzelnen Stein vollzogen, wofür sich sogar ein 1411 datiertes Beispiel findet. Letztlich habe man in der Renaissance nur noch glasierte Platten verlegt. Demnach entspräche das Plattenmosaik der Katharinenkirche der letzten Entwicklungsstufe der Gotik.

41 Zu einer anderen Datierung kommt allerdings Hiltrud Kier, da sie keine Tonfliesenböden in Verbindung mit Estrichmassen vor dem 16. Jahrhundert kennt. So datiert sie den Belag im Burgkloster in das erste Viertel des 16. Jahrhunderts. KIER, Renaissance und Barock, S. 66f.

42 Zur Kopierfreude einmal gelungener Entwürfe: WOLTERS, S. 214, 216f.

griert wurden, die stilistisch in das 14. Jahrhundert weisen und wohl aus der Erbauungszeit des Chores stammen dürften. Die Annahme eines im ausgehenden 15. Jahrhundert erneuerten Chorfußbodens deckt sich mit den Erkenntnissen zur Umbaumaßnahme des Chorgestühles, das – ebenfalls unter Verwendung älterer Teile – gegen 1473 neu aufgestellt worden ist. Damals wurde es mit gemalten Dorsalrückwänden und einem Baldachin bereichert. Die Tatsache, dass der Fußboden des Langchores in seinem heutigen Zustand noch Aufschlüsse über die ursprüngliche Aufstellung des spätgotischen Chorgestühls zulässt,[43] ist ein weiteres Indiz, beide Erneuerungen im Chor in Abhängigkeit voneinander zu sehen.

Nach der Sanierungsmaßnahme am Chor in der Mitte des 19. Jahrhunderts stellt die Restaurierung der Westfassade zwischen 1893 und 1895 die nächste umfangreichere Baumaßnahme an St. Katharinen dar. Für sie hat man eigens Back- und Formsteine mittelalterlichen Formates herstellen lassen.[44] In ihrem Zuge wurden die beiden Fassadenfiguren neu geschaffen,[45] das Kapitell der Biforie erneuert, die Seitengiebel in gestufter Form einander angeglichen und die Front nach oben über den Dachansatz mit einem gestuften Fries verlängert.[46] Doch auch jenseits größerer Sanierungen veränderten die ständigen Reparaturen den Bestand erheblich. So ist heute kaum noch nachvollziehbar, ob die sukzessiv erfolgte Erneuerung der Maßwerke sich am Original orientiert hat.

B. Das Maßwerk

Die Maßwerke waren, sofern man das von der Technik der erhaltenen Originale an der Briefkapelle ableiten kann, ehemals aus Stuck hergestellt, der in Formen gegossen, dann in Stücke zerteilt und in den Fenstern wieder zu einer Figur

---

43 Seidel, S. 40f.

44 AHL Hochbau K 116,118: Kostenaufstellung mit berichtigtem Verzeichnis vom Dezember 1892 über die bei der Sanierung benötigten Steine für die Westfassade, deren Lieferung für den Mai 1893 veranschlagt war. Die Steine wurden im sog. Kirchenformat bestellt (29 x 14 x 9 cm) – Hochbau K 116, 118.

45 Hiermit war der Hildesheimer Bildhauer, Prof. Küsthardt, im Jahre 1894 beschäftigt. In einem Brief vom Dezember des Jahres heißt es bereits, sie seien fertig gestellt. Dessen Schöpfungen befinden sich seit der Aufstellung der Barlachfiguren im Sommer 1947 im Magazin des St.-Annen-Museums. BUK 4, S. 47; Hartog, Arie: Gefäße Gottes? Das Programm von Gerhard Marcks für die Katharinenkirche in Lübeck, in: Ausstellungskatalog: Die Gemeinschaft der Heiligen. Der Figurenzyklus an der Katharinenkirche zu Lübeck und das monumentale Werk Ernst Barlachs, Hg.: Jürgen Fitschen und Volker Probst, Bremen/Güstrow 2001, S. 75-85, hier: S. 83; AHL Kath. Kirche 1880-1905 K 1/6 (Briefe von Küsthardt vom 13.06 und 22.12.1894).

46 Die drei letzten Aspekte sind aus Vergleichen von älteren Fotos mit dem heutigen Zustand zu erschließen.

zusammengesetzt wurde.[47] Sie bestehen überwiegend aus Drei- und Vierpassformen. Reicher gestaltet sind auffallenderweise die Couronnements der Crispinkapelle. Von ihren vier Maßwerken, von denen eines wegen der Nähe zum Strebepfeiler des Langchores zur Hälfte vermauert ist, sind die drei anderen aus reicheren Blatt- und Passfiguren kompiliert und in sphärische Formen eingeschrieben. Eine sphärische Passform findet sich auch an der Briefkapelle unter den nachweislich originalen Maßwerken an der Südwand.[48]

Die ältesten Darstellungen der Katharinenfenster liefern vier Zeichnungen, welche Carl Julius Milde und Wilhelm von Hanno in den Jahren 1846 bzw. 1847 anfertigten. Sie zeigen Maßwerke, die mit den heutigen der Form nach inklusive der unterschiedlichen Nasung der Lanzettbahnen übereinstimmen.

Von Hanno war Meisterschüler des Architekten Alexis de Chateauneuf, der seit 1844 den Wiederaufbau der im großen Hamburger Stadtbrand zerstörten gotischen Petrikirche leitete. In diesem Zusammenhang unternahm Chateauneuf mehrere Studienreisen zu gotischen Objekten.[49] Auf einer solchen Unternehmung hat ihn von Hanno, der „sich beim Bau von St. Petri in Hamburg als hochbegabter Bildhauer“ auswies,[50] nachweislich im August 1845 begleitet. Die drei Maßwerkfenster, die Wilhelm von Hanno am 23.09.1846 in seinem Skizzenbuch festhielt, müssen vor diesem Hintergrund auch als Gotikstudien interpretiert werden, die den Zweck hatten, Originale kennen zu lernen und sich von ihnen Anregungen für den Hamburger Neubau zu holen. Vor diesem Hintergrund wird der Zeichner sich wohl eher für die alten überlieferten Baudetails als die Erneuerungen der Neuzeit interessiert haben. Auch ist bei ihm der fachmännische Blick vorauszusetzen, diese von jenen zu unterscheiden.[51]

Die vierte überlieferte Zeichnung stammt aus dem Jahre 1847 von Carl Julius Milde. Sie entstand für die Veröffentlichung der „Denkmäler bildender Kunst“ in Lübeck und sollte hauptsächlich auf die „Überreste eines prachtvollen Glas-

---

47 GASIOROWSKI, S. 151.

48 GASIOROWSKI, S. 154 – bei ihm Maßwerk „O“ genannt.

49 KLEMM, David: Alexis de Chateauneuf – Biographischer Überblick, in: David KLEMM/Hartmut FRANK (Hg.): Alexis de Chateauneuf 1799-1853. Architekt in Hamburg, London und Oslo (= Ausstellungskatalog Hamburg), Hamburg/München 2000, S. 111-116, hier: S. 115f.

50 KLEMM, David: Alexis de Chateauneuf – Architekt in Hamburg, London und Oslo, in: Ausstellungskatalog Hamburg 2000, S. 11-25, hier: S. 17.

51 Das Kreismaßwerk mit sechs eingeschriebenen, umlaufenden Dreipässen im Südquerhaus ist jedoch eine entwickeltere Form als beispielsweise die gestapelten Dreipässe und findet Parallelen in Hausteingebieten im ersten Drittel des 14. Jahrhunderts, beispielsweise in Albi (BINDING, Günther: *Maßwerk*, Darmstadt 1989, Abb. 71) und Coutances.

fensters“ aufmerksam machen.[52] Der Erhaltungszusammenhang mit den inzwischen dem Annenmuseum überwiesenen mittelalterlichen Farbfenstern legt auch in diesem Falle nahe, die dargestellte Maßwerkform für original gotisch zu halten.

Als Nächstes sind uns die Aufmaße von Paul Laspeyres aus dem Jahr 1861 erhalten (*Abb.5-7*). Da Laspeyres in seiner zugehörigen Publikation auf das Maßwerk aufmerksam macht, neuzeitliche Veränderungen bedauert und auch die jeweiligen Formen in den unterschiedlichen Ansichten übereinstimmen, kann vermutet werden, dass er den damaligen Zustand detailgenau gezeichnet hat. Seine Abbildungen lassen die vier bereits vorgestellten Maßwerke exakt wiedererkennen, aber auch manche Abweichung zum heutigen Bestand. Folgt man seiner Wiedergabe, so waren damals die Obergeschossfenster des nördlichen Querhauses gänzlich ohne Maßwerk, das östliche im Erdgeschoss wies allein die Leerform eines Kreises auf, und das Fenster der nördlichen Kapellenstirnwand war mit einem liegenden Sechspass über einer Reihe von drei Dreipass- bzw. Dreiblattformen einfacher als das heutige. Ebenso weicht das Maßwerk im Obergaden des nördlichen Querschiffes an der Ostseite von der heutigen Form der drei gestapelten Vierpässe ab. In seiner Publikation von 1871 hielt Laspeyres ein einziges Fenster am Nordquerschiff, das er nicht weiter beschrieb, für alt. Liegt dies an der Tatsache, dass nur das östliche der Nordfassade Kapitelle am Stabwerk zeigt(e)? Dessen Maßwerk ist heute jedenfalls ein anderes. Sein Hinweis auf zu kleinteilige Neufassungen kann sich auf die Fenster der Ostfront von Kapelle und Querhaus beziehen. Er gemahnt aber auch allgemein zur Vorsicht. Aus dem Jahr 1881 ist den Wochenblättern die Erneuerung eines weiteren Maßwerkes zu entnehmen.[53]

Insgesamt stellt sich der aktuell ablesbare Kanon von Maßwerken als recht fragwürdig dar. Die heute zu beobachtende Parallele in der Ausbildung der Maßwerke zu denen der Briefkapelle kann auch durch die Verwendung von dortigen Gestaltungen bei der Erneuerung an St. Katharinen zustande gekommen sein, so wie der Fußboden der ehemaligen Sakristei von St. Marien nach mittelalterlichen Zeugnissen aus der Katharinenkirche konzipiert ist.

Legt man einmal die vier gezeichneten Maßwerkformen zugrunde, so stimmt lediglich eine mit denen der Briefkapelle überein, nämlich die von Hanno festgehaltenen, seit Amiens vielfach in gotischen Kirchen, u.a. am Kölner Dom, aufgegriffenen, gestapelten Dreipässe. Bei dem Vergleich ist natürlich zu berücksich-

52 Denkmäler bildender Kunst zu Lübeck, Lübeck 1843 und 1847, Tafel 3 b.
53 AHL, Wochenzettel 1881, Nr. 45.

tigen, dass die schmalen Fenster der Briefkapelle nur zwei Lanzettbahnen breit sind, diejenigen der Katharinenkirche jedoch drei Bahnen aufweisen – im Obergeschoss der Querhausnordfront sogar vier, aber hier existierten ja eventuell nie Maßwerke. Somit war das Couronnementfeld an der Katharinenkirche größer und ließ auch vielfältigere Formen zu. Solche stellen die sechs umlaufenden Dreipässe im südlichen Querhaus dar, für die sich im Hausteinbau Vergleichsbeispiele aus dem ersten Drittel des 14. Jahrhunderts finden lassen,[54] wie auch das westliche der Crispinkapelle, das am elaboriertesten gearbeitet ist mit der Wiederholung von Binnenformen in der Großstruktur: Stehende Vierpässe sind um ein großes, zentral stehendes Dreiblatt angeordnet, dem wiederum drei Dreiblätter eingeschrieben sind. Die von Milde wiedergegebene Maßwerkfigur findet sich auch am Chorfenster der 1309 geweihten Deutschordenskommende in Frankfurt-Sachsenhausen.[55] Ein sphärisch gerahmtes Vierblatt bekrönt mittig zwei in einen Kreis eingeschriebene Vierpässe. Die beiden Couronnements sind jedoch unterschiedlich proportioniert, die Lübecker Blattform ist gelängter und ihre Passform zu einem ¾ Kreis geschlossen, wohingegen die Frankfurter lediglich einen halben Kreis einnimmt.

Im Jahre 1926 wandelte Carl Georg Heise das gesamte Kirchengebäude in ein Museum um, das nun Abgüsse lübeckischer Plastik, die ihren Standort nicht in Lübeck haben, aufnehmen sollte.[56] Diese Funktion hat die Katharinenkirche bis heute inne.[57] Auf Carl Georg Heises Betreiben entstand auch der eingangs erwähnte Figurenzyklus. Ernst Barlach hat zwischen 1930 und 1932 drei Figuren ausführen können, die Heise über die Zeit des Nationalsozialismus rettete. Nach dem Zweiten Weltkrieg vervollständigte Gerhard Marcks das Programm, welches in seiner heutigen Form 1947 in der unteren Nischenreihe der Katharinenkirche Aufstellung fand. Es kündet damit von der neuen Nutzung der Kirche und greift zugleich das kommunikative Potential der mittelalterlichen Fassade auf, das den Bürgern im Mittelalter mit der prägnanten Ausbildung der kirchlichen Dreiportalanlage unter den profanen Giebelmotiven die Verbindung von Kirche und Bürgerhaus plakativ vor Augen stellte.

---

[54] Albi, erstes Drittel 14. Jahrhundert, BINDING, Maßwerk, Abb. 71; vgl. auch Coutances.

[55] BINDING, Maßwerk, Abb. 295, auch das Frankfurter Maßwerk ist im 19. Jahrhundert erneuert worden, im Jahre 1881.

[56] SCHRÖDER: Zur Geschichte der Lübeckischen Museen 1800-1934, in: Beiträge zur Geschichte der Gesellschaft zur Beförderung gemeinnütziger Tätigkeit, 1939, S. 18-20, hier S. 18, und auch ders.: Museum für lübeckische Kunst und Kulturgeschichte, in: dass., S. 24ff., S. 28.

[57] Eine Ausnahme bildet die vorübergehende ersatzweise Nutzung als Pfarrkirche kurz nach dem Zweiten Weltkrieg. GERLACH, Dankwart: Katharinenkirche. Einrichtung für den Gottesdienst 1946, Masch.-Schr. Lübeck 1976 (AHL LXI 399).

IX. Zusammenfassung

Die Studie konnte auf der Basis einer detaillierten Bauuntersuchung die Kirchenarchitektur in ihren örtlichen Abhängigkeiten hinsichtlich architektonischer wie historischer Art aufzeigen und überörtliche Bezüge klären. Dabei dienten die Ausführungen zur Kloster- und Stadtgeschichte als historischer Prospekt, der in den weiteren Kapiteln auf seine Bezüge zur Baugeschichte und zu kunsthistorischen Ableitungen hin ausgewertet wurde.

Während der Arbeit an dieser Studie fanden nur partielle Restaurierungskampagnen und Sanierungen seitens der Denkmalbehörde statt. Die Mauerwerksanalyse erwies sich dennoch als ergiebig, da die Substanz der Kirche weitestgehend aus dem Mittelalter stammt. Sie wurde in der Neuzeit kontinuierlich ausgebessert, aber nicht großflächig erneuert.

Der relative Bauverlauf konnte anhand der Untersuchung am Bau sehr genau rekonstruiert werden. Zum einen bestätigte die Untersuchung des Mauerwerks die geläufige Unterteilung in zwei größere Bauabschnitte: Chor und Querhaus entstanden vor dem Langhaus. Über den bisherigen Forschungsstand hinausgehend ergab sich eine Feinchronologie der zwei großen Bauetappen, die gerade für den ersten Abschnitt wichtige Erkenntnisse mit sich brachte. Hier ist vor allem die Planänderung am Chor zu nennen: Während der Unterchor nach Ausweis der erstmals eingemessenen Substruktionen im Keller eindeutig Bestandteil der ersten Planung war, sind die Chorkapellen nachträglich, aber noch während des Bauverlaufes, in den Bauplan integriert worden. Dieser Planwechsel erklärt die im Inneren auffallenden Überschneidungen von Partien des Unterchores mit den Chorseitenschiffen und zieht als Folgeerscheinung den Typus des für Franziskanerkirchen ungewöhnlichen Binnenlangchores nach sich. Im Bereich des Querhauses angelangt, verkürzten sich die Bauetappen des ersten Abschnittes und brachten mit jedem neuen Ansatz weitere Planänderungen mit sich. Dazu gehört der veränderte Wandaufriss für das Langhaus, der schon bei Mauerung der westlichen Querhauseckpfeiler eine andere Gliederung vorsah als im Langchor und die Einziehung der Strebepfeiler, die bereits geplant war, als die Bauleute an der nordwestlichen Ecke des Nord-Querhauses angelangt waren. Gemeinsam mit dem stockenden Bauverlauf und dem sichtbaren neuen Ansatz einer weiteren Bauetappe am Langhaus ist die nachträglich am westlichen Gefüge des Querhausdaches angebrachte Unterkonstruktion zur provisorischen Verbretterung des offenen Dachstuhlgiebels ein Beleg für die Einstellung der Bauarbeiten nach Beendigung des Querhauses. Der Dachstuhl wurde nach überzeugenden dendrochronologischen Untersuchungen zwischen 1304 und 1308 aufgeschlagen. Diese Zeitspanne deckt sich mit der stilistischen Einordnungen der Kapitellplastik. Der Blick auf den Geschichtsprospekt legt Erklärungsmöglichkeiten für die beobachtete Einstellung der Bauarbeiten nahe. Demnach war sie Folge der Auswirkungen des sog. Großen Streits, währenddessen die Franziskaner gemeinsam mit der Stadt gegen den Bischof protestierten. Denn seit 1310 mussten die Franziskaner ein bischöflich und auch päpstlicherseits ausgesprochenes Interdikt einhalten, was zu starken finanziellen Einbußen geführt hat. Ein Chronist des Katharinenklosters schildert Hungerzustände und betitelt die Streitigkeiten als „Krieg". Weitere historische Indizien sprechen für einen längeren Baustillstand: So war das Jahr 1315 in Lübeck aufgrund ausgefallener Getreideernten ein Hungerjahr. Und in den Jahren 1322 und 1333 oder 1334 hielten die Minoriten Provinzkapitel in ihren Räumen ab, welche die vollständige Nutzbarkeit der Gebäude voraussetzen. Dies legt vor dem Hintergrund in dieser Arbeit aufgeführter stilistischer Parallelen des Westfassadenschmucks um 1350 nahe, von einer Fortführung des Baustopps auszugehen. All diese Indizien sprechen dafür, den Grundstein an der Westfassade mit dem Baubeginn des Langhauses in Verbindung zu bringen und diesen 1335 anzusetzen. Die stark verwitterte Kapitellplastik der Dreiportalanlage hat ihre nächste Parallele an den Kapitellen der Vorhalle der östlichen Rathausfassade, die Profile der Portallaibungen entsprechen denen der Eingänge in den Rathausneubau von 1343 bis 1352 sowie in dessen Audienzsaal. Die Balken des Langhausdachwerkes, die aufgrund nur weniger, jahrringarmer Proben ebenso wie die des Chores in das erste Jahrzehnt des 14. Jahrhunderts datiert werden, weisen durchgehend jüngere Abbundzeichen als im Chor auf. Daher kann den Autoren der Bau- und Kunstdenkmäler zugestimmt werden, welche die endgültige Fertigstellung der Kirche spätestens beim großen Provinzkapitel des Jahres 1356 annehmen, das über 400 Gäste zählte.

Die Architektur zeigt neben der Variation lokaler Architekturformen durchgehend Bezüge zur Bettelordensarchitektur wie auch Verweise auf das Anspruchsniveau der Kathedralgotik. Dahingegen ist die Ausführung dem örtlich tradierten Formenapparat verpflichtet und folgt den regional bekannten Konstruktionen.

Als kathedralgotische Motive können die in Lübeck von der Marienkirche her bekannten, für eine Franziskanerkirche ungewöhnlichen, offenen Strebebögen genannt werden wie auch das Stuckmaßwerk. Andere Hinweise auf diesen Architekturrang sind in dem nach außen leicht vorspringenden Querhaus, der Dreiportalanlage wie auch der Parallele in der Ausgestaltung des zweischiffigen und zweizonigen, im Inneren seitenschiffsfluchtenden Querhauses mit St. Urbain in Troyes zu erkennen.

Spezifischer können Vorbilder innerhalb der Bettelordensarchitektur ausgemacht werden. So ist der Typus des seitenschiffsfluchtenden Querhauses im 13. Jahrhundert an den Ordenskirchen in Bologna und Piacenza ausgeführt worden und in Köln kurzzeitig im Plan gewesen. Der Bezug zu den italienischen Bauten wird durch Detailgestaltungen wie dem hier wie da nur am Choreckpfeiler berücksichtigten Prinzip des wanddurchdringenden Pfeilers evident. Vergleiche zur Franziskanerkirche in Piacenza finden sich auch in der Aufrisskomposition des Langhauses. Die Formdivergenz zwischen den Vorlagen und Stützen bei gleichzeitigem Vortreten der Vorlagen vor die Wandstruktur sind die signifikantesten Übereinstimmungen, die eine Kenntnis des italienischen Baues nahe legen.

Die Bezugsobjekte, die über eine allgemeine Verarbeitung im Tektonischen hinaus speziell zitiert werden, können ihrer Entstehungssituation nach begründet werden. Der doppelgeschossige Chor konnte im Vergleich mit hochgelegenen Krypten und artverwandten Anlagen aufgrund seiner starken Verschmelzung von Lettner- und Hochchorbereich von diesen unterschieden und als Zitat der doppelgeschossigen Franziskanerkirche in Assisi begründet werden. Während das Kloster um 1300 in große Auseinandersetzungen mit dem Lübecker Bischof und dem örtlichen Klerus verwickelt war, wurde die Choranlage als Zitat der italienischen Mutterkirche und damit als Verweis auf die Autonomie der Franziskaner und ihre eigenen Wurzeln verwirklicht. Um die Mitte des 14. Jahrhunderts hingegen spiegelt die Fassadenarchitektur mit ihren profanen Gliederungen das neue Verhältnis der Franziskaner zu breiteren Kreisen der Bevölkerung wider, ohne die bis dahin enge Verbindung zu den Ratsherren unbeachtet zu lassen. Deren Verwaltungssitz besitzt auch noch heute eine Fassade in rot belassenen und glasierten Wechselschichten, darüber hinaus zeigen sich die bereits aufgezeigten Parallelen zum Rathaus am Bauschmuck.

Insgesamt stellt sich St. Katharinen als Architektur mit hohem Anspruchsniveau dar, das nicht nur eitel und unterschwellig integriert ist, sondern eine Wirkungsästhetik beabsichtigt, die von den unterschiedlichen Adressaten ablesbar sein sollte. In diesem Sinne integriert die Kirche gegenüber dem „franziskanisch-autonomen Chor“ im Osten die Fassade einer „Bürgerkirche“ im Westen.

X. Abkürzungs- und Literaturverzeichnis

Abkürzungen

ADL	Bereich Denkmalpflege der Hansestadt Lübeck
AFH	Archivum Franciscanum Historicum. Periodica publicatio trimestris cura collegii Bonaventurae, Ad Claras Aquas
AHL	Archiv der Hansestadt Lübeck
AK	Archäologisches Korrespondenzblatt
BT	BRANDT, Ahasver von: Regesten der Lübecker Bürgertestamente des Mittelalters 1 und 2, Lübeck 1964 und 1973
BUK	Bau- und Kunstdenkmäler der Hansestadt Lübeck 1-4, Lübeck
Der Wagen	Der Wagen. Ein Lübeckisches Jahrbuch
DB	Deutsche Bauzeitung
FF	Franziskanische Forschungen
FS	Franziskanische Studien, Quartalsschrift, Münster
Häuser und Höfe	Häuser und Höfe in Lübeck. Historische, archäologische und baugeschichtliche Beiträge zur Geschichte der Hansestadt im Spätmittelalter und in der frühen Neuzeit, Hg.: Rolf HAMMEL-KIESOW 1-4, Neumünster
HG	Hansische Geschichtsblätter
HS	Handschrift
JbHf	Jahrbuch für Hausforschung
LB	Lübeckische Blätter
LexMA	Lexikon des Mittelalters
LSAK	Lübecker Schriften zu Archäologie und Kulturgeschichte, Bonn
MJ	Mecklenburgische Jahrbücher
MVLGA	Mittheilungen des Vereins für Lübeckische Geschichte und Alterthumskunde
SF	Saxonia Franciscana. Beiträge zur Geschichte der Sächsischen Ordensprovinz, i. A. der Sächs. Franziskanerprovinz vom Heiligen Kreuz, Hg.: Dieter BERG
SHLRU	Schleswig-Holstein-Lauenburgische Regesten und Urkunden
UBBL	Urkundenbuch des Bistums Lübeck
UBL	Urkundenbuch der Stadt Lübeck
VAA	Veröffentlichung der Abteilung Architekturgeschichte des Kunsthistorischen Instituts der Universität zu Köln, Hg.: Günther BINDING
VGHL	Veröffentlichungen zur Geschichte der Hansestadt Lübeck
WRJ	Wallraf-Richartz-Jahrbuch
WiWei	Wissenschaft und Weisheit
WZ	Westfälische Zeitschrift
ZKG	Zeitschrift für Kirchengeschichte
ZVLGA	Zeitschrift des Vereins für Lübeckische Geschichte und Altertumskunde

Quellen

Gedruckte Quellen

BEHN, H.: Lübeckische Luxusgesetze und Hochzeitsordnungen, in: Archiv für Staats- und Kirchengeschichte der Herzogtümer Schleswig und Holstein 1, Kiel 1833, S. 49-108

Doctoris Seraphici S. BONAVENTURAe Opera Omnia 8: Opusc. 13 Determinationes Quaestionum circa Regulam Fratrum Minorum 1, Ad Claras Aquas (Quaracchi) 1898, S. 337-356

BRANDT, Ahasver von: Regesten der Lübecker Bürgertestamente des Mittelalters 1, 1278-1350 (= VGHL 19), Lübeck 1964

BRANDT, Ahasver von: Regesten der Lübecker Bürgertestamente des Mittelalters 2, 1351-1370 (= VGHL 24), Lübeck 1973

BREHMER, Wilhelm: Zusammenstellung der erhaltenen Eintragungen in das älteste Oberstadtbuch, in: ZVLGA 4 (1884), S. 119-120 und 222-260

BRUNS, Friedrich: Die älteren lübischen Ratslinien, in: ZVLGA 27 (1937), S 31-99

BUCHHOLZ, Georg Friedrich: Sammlung Lübecker Verordnungen, Dekrete etc., Band 13: Verlöbnisse, Hochzeiten, Kindtaufen, Sterbfälle, Luxus und Kleiderpracht, Lübeck 1780

BULLARIUM Franciscanum (Hg.: Conrad EUBEL) 5-7, Rom 1759-68, Neuauflage Rom 1898-1904

BULLARIUM Franciscanum Nova Series 1-3, Ad Claras Aquas 1929-1949; 4, Grottaferrata (Roma) 1989-1990

Die CHRONIKEN der deutschen Städte vom 14. bis ins 16. Jahrhundert 19 (= Die Chroniken der niedersächsischen Städte, Lübeck 1), Leipzig 1884

Die CHRONIKEN der deutschen Städte vom 14. bis ins 16. Jahrhundert 26 (= Die Chroniken der niedersächsischen Städte, Lübeck 2), Leipzig 1899

EHRLE, Franz: Die ältesten Redactionen der Generalkonstitutionen des Franziskanerordens, in: Archiv für Literatur- und Kirchengeschichte des Mittelalters 6 (1892), S. 1-138

FEHLING, E(mil) F(erdinand): Lübeckische Ratslinie von den Anfängen der Stadt bis auf die Gegenwart, Lübeck 1925, Nachdruck Lübeck 1978

GERLACH, Dankwart: Katharinenkirche, Einrichtung für den Gottesdienst 1946, Masch.-Schr. Lübeck 1976

GOERING, August Friedrich: Zusammenstellung von Nachrichten über die Entstehung und erste Errichtung der Katharinen-Schule zu Lübeck, Lübeck 1823

GRAUTOFF, Ferdinand Heinrich: Die lübeckischen Chroniken in niederdeutscher Sprache 1, Hamburg 1829

GRUNDMANN, Herbert: Die Bulle „Quo elongati" Papst Gregors IX., in: AFH 54 (1961), S. 3-25

HACH, Eduard: Aus dem ältesten *Rechnungsbuch*e der St. Katharinenkirche zu Lübeck, in: MVLGA 8 (1897/98), S. 114-134

HACH, Johann Friedrich: Das alte Lübische Recht, Lübeck 1839, Nachdruck Aalen 1969

HARDICK, Lothar: Nach Deutschland und England. Die Chroniken der Minderbrüder *Jordan von Giano* und Thomas von Eccleston (= Franziskanische Quellenschriften 6), Werl 1957

HÖVELEN, Kunrat von: Der kaiserlichen Freien Reichsstadt Lübeck Glaub- und Besähewürdige Herrligkeit samt Verhandener Altertums Nützlichen Gedächtnis den Einheimisch- und Ausländischen nachrichtlich ausgefärtigt und entworfen, Lübeck 1666

KIRCHRING, Gottschalk/MÜLLER, Gottschalk: Compendium Chronicae Lubecensis oder Auszug ... aus verschiedenen Authoribus als: Alberto Crantio, Hermanno Bonno Chythreo, Reimaro Kock, Reckmann, Helmoldo, Rehbeen, Angelo, Petersen u.a., Hamburg 1678

KOPPMANN, Karl: Über den franziskan. Lesemeister *Detmar*, in: MVLGA 9 (1899/1900), S. 4-13

KRÜGER, Johann Gerhard: Die beglückte und geschmückte Stadt *Lübeck*, Lübeck 1697

KRÜGER, Klaus: Corpus der mittelalterlichen *Grabdenkmäler* in Schleswig-Holstein (1100-1600) (= Kieler Historische Studien 40), Diss. Kiel 1993, Stuttgart 1999

MELLE, Jacob von: *Gründliche Nachricht* von der kaiserlichen freyen und des Heiligen Römischen Reichs Stadt Lübeck welche den Einheimischen und Fremden aus unverwerflichen Dokumenten mit aufrichtiger Feder ertheilet wird, Lübeck 1712, 2. Auflage Lübeck 1742, 3. stark vermehrte und umgearbeitete Ausgabe Lübeck 1787

MELLE, Jacob von: *Notitia Majorum*. Nachrichten über die Vorfahren, die meisten Lebensläufe von Lübeckern und anderen berühmten Männern, die sich verdient gemacht haben in der Kirche und im Staat ..., Leipzig 1707, ins Deutsche übersetzt und neuaufgelegt (= Lübeckische Beiträge zur Familien- und Wappenkunde 17/18), Lübeck 1981

MÜNSTER, Arturus von: Martyrologium Franciscanum 1. Auflage 1644, Neuauflage (Hg.: Leonardus Maria BELLO) Rom 1938

NOODT, Birgit: Religion und Familie in der Hansestadt Lübeck anhand der Bürgertestamente des 14. Jahrhunderts, Diss. Hamburg 2000, Lübeck 2000

OHLY, Friedrich: Die Kathedrale als Zeitenraum. Zum Dom von Siena, in: Frühmittelalterliche Studien 6 (1972), S. 94-158

PERLBACH, Max: Brief, in: Altpreußische Monatsschrift 10 (1872), S. 268-270

PETERSEN, Friedrich (Hg.): Ausführliche Geschichte der lübeckischen Kirchen-Reformation in den Jahren 1529-1531. Aus dem Tagebuch eines Augenzeugen und Beförderers der Reformation, Lübeck 1830

REGEL und Generalkonstitutionen des Franziskanerordens, Rom 1973

*S*chleswig-*H*olstein-*L*auenburgische *R*egesten und *U*rkunden, hg. im Auftrag der Gesellschaft für Schleswig-Holstein-Lauenburgische Geschichte, 1-11, Hamburg u.a. 1886-1990

SCHWALM, Jakob (Hg.): Die Chronica Novella des Hermann Korner, Göttingen 1895

SPUREN franziskanischer Geschichte. Chronologischer Abriß der Geschichte der Sächsischen Franziskanerprovinzen von ihren Anfängen bis zur Gegenwart, Hg.: Dieter BERG, Bearb.: Bernd SCHMIES/Kerstin RAKEMANN (= SF Sonderband), Werl 1999

STATUTA Generalia Ordinis edita in capitulis generalibus celebratis Narbonae anno 1260, Assisii anno 1279 atque Parisii anno 1292 (Editio critica et synoptica), Hg.: M. BIHL, in: AFH 34 (1941), S. 284-358

TECHEN, Friedrich: Die *Grabsteine* der Lübeckischen Kirchen, in: ZVLGA 8 (1900), S. 54-168, St. Katharinen-Kirche: S. 123-143

TECHEN, Friedrich: Die *Chroniken* des Klosters Ribnitz (= Mecklenburgische Geschichtsquellen 1), Schwerin 1909

*U*rkunden*B*uch des *B*isthums *L*übeck 1, bearb. von Wilhelm LEVERKUS, Oldenburg 1856

*U*rkunden*B*uch des *B*istums *L*übeck 2-4, bearb. von Wolfgang PRANGE, Neumünster 1994-1996

*U*rkunden*B*uch der Stadt *L*übeck 1-11, Lübeck 1843-1905

WADDING, Lucas: Annales Minorum seu trium Ordinum a S. Francisco institutorum 1-4, Lyon/Rom 1625ff., Reprint Quaracchi 1932

WEHRMANN, Carl: Verzeichniß der Gegenstände, die 1530 aus den Kirchen weggenommen und an die Trese gebracht sind, in: ZVLGA 2 (1867), S. 133-145

Unveröffentlichte Quellen

Bestände im Archiv der Hansestadt Lübeck

Hochbau Bestand 39/4: K(irchen) 1.6-1.8 (1880-1956)

Oberschulbehörde Bestand 67/d

St. Katharinen Bestand 61/7

Testamente HS 1034 d) und e)

BROKES, Hinrich: Collectio Inscriptionum Lubecensium o.J. (3. Viert. 18. Jh.) Hs 786 a+b

DENKMALPLAN der Lübecker Altstadt, Denkmalamt der Stadt Lübeck

MELLE, Jacob v.: *Testamenta* Lubecensia e Membranis authenticis accurate descripta, Lübeck 1738

SCHNOBEL, Johann Hermann: Lübeckische Geschlechter, Lübeck 1768-1802

SCHRÖDER, Hermann: Grundstücke in Lübeck bis 1600. Aus den Inscriptionen der Oberstadtbücher und nach jetzigen Hausnummern geordnet. Band: St. Jakobi Quartier 1, Lübeck 1848

SCHRÖDER, Hermann: Personenkartei des Lübecker Stadtarchivs

Bestand aus der Stadtbibliothek Lübeck

MELLE, Jacob von: *Ausführliche Beschreibung* der kayserlichen freyen und des hl. Römischen ReichsStadt Lübeck, aus bewährten Scribenten, unverwerflichen Urkunden und vieljahriger Erfahrung zusammengebracht, Autograph 1739

Literaturverzeichnis

ABB, Gustav/WENTZ, Gotttfried: Das Bistum Brandenburg 1, Berlin/Leipzig 1929 (= Germania Sacra, Erste Abteilung 1), S. 378-382

ACIDINI LUCHINAT, Cristina/SERCHIA, Luciano/PICONI, Sergio: I restauri del Duomo di Modena 1875-1984, Modena o.J. (1984)

ALBRECHT, Stephan/HOLST, Jens Christian: Von Lübeck bis Stralsund. Zur Entstehung eines Rathaustypus. Ein Zwischenbericht, in: Baukunst. Kunstbau. Festschrift zum 65. Geburtstag von Prof. Jürgen Paul, Hg.: Gilbert LUPFER u.a., Dresden 2000, S. 22-38

ALBRECHT, Uwe (Hg.): Corpus der mittelalterlichen Holzskulptur und Tafelmalerei in Schleswig-Holstein 1 (Hansestadt Lübeck, St. Annen-Museum), Kiel 2006

BADSTÜBNER, Ernst: Klosterbaukunst und Landesherrschaft. Zur Interpretation der Baugestalt märkischer Klosterkirchen, in: Friedrich Möbius und Ernst Schubert (Hg.): Architektur des Mittelalters. Funktion und Gestaltung, 2. Aufl. Weimar 1984

BADSTÜBNER, Ernst: Kirchen und Klöster der Bettelorden im sozialen und gestalterischen Gefüge der mittelalterlichen Stadt, in: Bildende Kunst 1980/12, Beilage S. 4-8

BALTZER, Johann/BRUNS, Friedrich/RAHTGENS, Hugo: Die Bau- und Kunstdenkmäler der freien und Hansestadt Lübeck 4, Lübeck 1928

BECKER-HOUNSLOW, Steffani: Der Beitrag Englands zur Entstehung und *Entwicklung figurierter Gewölbe* im Deutschordensstaat Preußen. Eine Hinterfragung etablierter Thesen zur Herkunft von Stern- und Schirmgewölben in der Backsteinarchitektur im 14. Jahrhundert, Diss. Frankfurt a.M. 1996, Schwerin 1998

BECKER-HOUNSLOW, Steffani: Malbork Chapter House and Grand Master's 'Remter' versus the '*Briefkapelle*' at St. Mary's in Lübeck: dependent or independent solutions?, in: Biuletyn historii sztuki. Paânstwowy Instytut Sztuki, Warschau 1998, S. 381-398

BENZ, Karl Josef: Ecclesiae pura simplicitas. Zu Gesch. und Deutung des Ritus der Grundsteinlegung im Hohen Mittelalter, in: Archiv für mittelrheinische Kirchengeschichte 32 (1980), S. 9-25

BERG, Dieter: *Armut und Wissenschaft*. Beiträge zur Geschichte des Studienwesens der Bettelorden im 13. Jahrhundert (= Geschichte und Gesellschaft. Bochumer Historische Studien 15), Düsseldorf 1977

BERG, Dieter: Das *Studienproblem* im Spiegel der franziskanischen Historiographie des 13. und beginnenden 14. Jahrhunderts, in: WiWei 42 (1979), S. 11-33 u. S. 106-156

BERG, Dieter: Studien zur Geschichte und *Historiographie* der Franziskaner im flämischen und norddeutschen Raum im 13. und beginnenden 14. Jahrhundert, in: FS 65 (1983), S. 114-155

BERG, Dieter (Hg.): Bettelorden und Stadt. Bettelorden und städtisches Leben im Mittelalter und in der Neuzeit (= SF 1), Werl 1992

Berg, Dieter (Hg.): Franziskanisches Leben im Mittelalter. Studien zur Geschichte der rheinischen und sächsischen Ordensprovinzen (=SF 3), Werl 1994

BERG, Dieter (Hg.): Bürger, Bettelmönche und Bischöfe in Halberstadt. Studien zur Geschichte der Stadt, der Mendikanten und des Bistums vom Mittelalter bis zur Frühen Neuzeit (= SF 9), Werl 1997

BERG, Dieter (Hg.): Könige, Landesherren und Bettelorden. Konflikt und Kooperation in West- und Mitteleuropa bis zur frühen Neuzeit (= SF 10), Werl 1998

BERG, Dieter (Hg.): Management und Minoritas. Lebensbilder Sächsischer Franziskanerprovinziale vom 13. bis zum 20. Jahrhundert (= SF Beiheft 1), Kevelaer 2003

BERG, Dieter: Franziskaner. Deutschland und Flandern, in: LexMA 4 (1989), Spalte 812-814

BEUCKERS, Klaus Gereon: Die Kirchen in gotischer Zeit. Zur spätmittelalterlichen Sakralbautätigkeit an den Kloster-, Stifts- und Pfarrkirchen in Köln (= Stadtspuren – Denkmäler in Köln 24), Köln 1998

BIEBRACH, Kurt: Die holzgedeckten Franziskaner- und Dominikanerkirchen in Umbrien und Toskana, Diss. Dresden 1908, Berlin 1908

BIEREYE, Wilhelm: Untersuchungen zur Geschichte des Bistums Lübeck von 1254 bis 1276, in: ZVLGA 28 (1936), S. 59-101

BIHL, Michael: Franziskuswunder in Deutschland, besonders im Gebiete der alten sächsischen Provinz im 13. und 14. Jahrhundert, in: FS 17 (1930), S. 26-57

BINDING, Günther: Die *Franziskaner Baukunst* im deutschen Sprachgebiet, in: Harry KÜHNEL (Hg.): 800 Jahre Franz von Assisi, Krems 1982, S. 431-460

BINDING, Günther: Die mittelalterliche Ordensbaukunst der Franziskaner im deutschen Sprachraum, in: FS 67 (1986), S. 287-316

BINDING, Günther: *Maßwerk*, Darmstadt 1989

BINDING, Günther: Das *Dachwerk* auf Kirchen im deutschen Sprachraum vom Mittelalter bis zum 18. Jahrhundert, München 1991

BINDING, Günther: Krypta, in: LexMA 5 (1991), Sp. 1554-1556

BINDING, Günther: Baubetrieb im Mittelalter, Darmstadt 1993

BINDING, Günther: Der gotische Gliederpfeiler, in: WRJ 59 (1998), S. 29-58

BINDING, Günther/UNTERMANN, Matthias: Kleine Kunstgeschichte der mittelalterlichen Ordensbaukunst, 3. ergänzte Auflage, Darmstadt 2001

BÖKER, Hans Josef: Die mittelalterliche Backsteinarchitektur Norddeutschlands, Darmstadt 1988

BONY, J.: The English Decorated Style. Gothic Architecture Transformes 1250-1350, London 1979

BRAND, Ahasver von: Königstr. – via regia? Zu einigen Problemen der historischen Frühgeschichte, in: ZVLGA 32 (1951), S. 70-86

BRAND, Ahasver von: Die Ratskirche. St. Marien im öffentlichen und bürgerlichen Leben der Stadt, in: Das Buch von St. Marien zu Lübeck, Hg.: Paul BROCKHAUS, Lübeck 1951, S. 9-19

BRAND, Ahasver von: Geist und Politik in der Lübeckischen Geschichte, Lübeck 1954

BRANNER, Robert: St. Louis and the Court Style in Gothic Architecture, London 1965

BRANNER, Robert: The Cathedral of Bourges and its Place in Gothic Architecture, Hg.: Shirley PRAGER-BRANNER, New York 1989

BRAUNFELS, Wolfgang: Mittelalterliche Stadtbaukunst in der Toskana, Berlin 1953

BREEDVELDT-BOER, Inge: Deckenbemalungen in den Niederlanden von 1400 bis 1700, in: JbHf 39 (1990), S. 127-146

BREHMER, Wilhelm: Die Lübeckischen Beginenhäuser, in: ZVLGA 4 (1884), S. 83-89

BREHMER, Wilhelm: Beiträge zu einer Baugeschichte Lübecks, in: ZVLGA 5 (1888), S. 117-156

BRINCKMEIER, Eduard: Glossarium diplomaticum. Zur Erläuterung schwieriger, einer diplomatischen, historischen, sachlichen, oder Worterklärung bedürftiger lateinischer, hochbesonders niederdeutscher Wörter und Formeln, welche sich in ... des gesamten deutschen Mittelalters finden, Hamburg/Gotha 1855

BRIX, Michael: Nürnberg und Lübeck im 19. Jahrhundert. Denkmalpflege, Stadtbildpflege, Stadtumbau (= Studien zur Kunst des 19. Jahrhunderts 44), München 1981

BROHMANN, Martina: Die Sakristei der ehemaligen Franziskaner-Klosterkirche St. Katharinen zu Lübeck. Baugeschichte und Wandmalereien im oberen südlichen Nebenchor, in: Nordelbingen 73 (2004), S. 7-42

BRUNS, Friedrich: Die Lübecker Bergenfahrer und ihre Chronistik, Berlin 1900

BRUNS, Friedrich: *Die Crispinschen Familienbilder* in der Katharinenkirche zu Lübeck, 23. und 24. Jahresbericht des Vereins von Kunstfreunden in Lübeck 1906, S. 8-11, nebst Tafel 1-3

BRUNS, Friedrich: Der Verfasser der *Lübecker Annalen*, in: Lübische Forschungen 1921, S. 255-266

BRUNS, Friedrich: *Reimar Kock*. Der lübische Chronist und sein Werk, in: ZVLGA 35 (1955), S. 85-104

BUGENHAGEN, Johannes: Lübecker Kirchenordnung, Lübeck 1531, Neuausgabe Lübeck 1981

BURMEISTER, Werner: Wismar, Berlin 1926

BURMEISTER, Werner: Norddeutsche Backsteindome, Berlin 1943

BUSCHOW, Hans: Studien über die Entwicklung der Krypta im deutschen Sprachgebiet, Würzburg 1934

CANTE, Marcus: Die mittelalterliche Baugeschichte des Doms im Überblick, in: Icomos. Hefte des Deutschen Nationalkomitees 1998, S. 21-30

CLASEN, Adolf: *Strobuk* und Smethusen. Zur ältesten Grabplatte in St. Katharinen und ihrer Inschrift, in: Der Wagen 1997/98, S. 254-267

CLASEN, Adolf: Steinerne Urkunden. Drei Lübecker *Bauinschriften* des Mittelalters, in: Der Wagen 2000, S. 138-152

CLASEN, Karl Heinz: Der Hochmeisterpalast der Marienburg, Königsberg/Preußen 1924

CLASEN, Karl Heinz: Die gotische Baukunst (= Handbuch der Kunstwissenschaft 3, Reihe: Baukunst des Mittelalters 2), Potsdam 1930

CLASEN, Karl Heinz: Marienburg und Marienwerder, Berlin 1931

CLASEN, Karl Heinz: Deutschlands *Anteil* am Gewölbebau der Spätgotik, in: Zeitschrift des deutschen Vereins für Kunstwissenschaft 4 (1937), S. 163-185

CLASEN, Karl Heinz: Deutsche *Gewölbe* der Spätgotik, Berlin 1958

CLASEN, Wolfgang: St. Marien zu Stralsund und der Kirchenbau im norddeutschen Backsteingebiet, Diss. (Masch.-Schr.) Marburg 1947

CLAUSSEN, H.: Krypta, in: Lexikon für Theologie und Kirche 6, Freiburg/Breisgau 1961, Sp. 651-653

CROSSLY, Paul: Wells, the West Country and Central European Late Gothic, in: Medieval Art and Architecture at Wells and Glastonbury (= The British Archeological Association Conference Transactions for the Year 1978), Leeds 1981

CROSSLY, Paul: Lincoln and the Baltic: The Fortunes of a Theory, in: Medieval Architecture and its Intellectual Context: Studies in Honour of Peter Kidson, London 1990, S. 169-180

CURTIUS, Carl: Thesen zu einer Disputation im St. Katharinen-Kloster zu Lübeck, in: ZVLGA 12 (1910), S. 69-79

DAUSEND, Hugo: Die Liturgie und der Franziskanerorden, in: FS 21 (1934), S. 187-191

DAUSEND, Hugo: Der Franziskanerorden und die Entwicklung der kirchlichen Liturgie, in: FS 11 (1924), S. 165-178

DEECKE, Ernst: Das *Katharineum* zu Lübeck vor 1800, Lübeck 1843

DEECKE, Ernst: Die Freie und Hansestadt *Lübeck*. Nachrichten für Freunde und Einheimische, Lübeck o.J. (1847), Neuauflagen Lübeck 1854, 1862 und 1881

DEECKE, Ernst/MILDE, Carl Julius: Denkmäler bildender Kunst in Lübeck, Lübeck 1843 und 1847

DEGLER-SPENGLER, Brigitte: Observanten außerhalb der Observanz. Die franziskanischen Reformen „sub ministris", in: ZKG 89 (1978), S. 354-371

DEHIO, Georg/BEZOLD, Gustav von: Die kirchliche Baukunst des Abendlandes 2, Stuttgart 1901

DEHIO: Brandenburg, Bearb.: Gerhard VINKEN u.a., München/Berlin 2000

DEHIO: Hamburg, Schleswig-Holstein, Bearb.: Johannes HABICH u.a., München/Berlin 1994

DELFS, Wilhelm: Fläche und Farbe im Lübeckschen Ziegelbau, Diss. (Masch.-Schr.) Braunschweig 1920

DELLWING, Herbert: Studien zur Baukunst der Bettelorden im Veneto. Die Gotik der monumentalen Gewölbebasiliken (= Kunstwissenschaftliche Studien 43), München 1980

DELLWING, Herbert: Die Kirchenbaukunst des späten Mittelalters in Venetien, Worms 1990

DIETERICH, Veit-Jacobus: Franz von Assisi, Reinbeck 1995

DITTMER, G(eorg) W(ilhelm): Burchard von Serken und seine Zeit, vom Jahre 1276 bis zum Jahre 1317. Ein Beitrag zur Lübeckischen Staats- und Kirchen-Geschichte, Lübeck 1860

DOBERER, Erika: Der *Lettner*. Seine Bedeutung und Geschichte, in: Mitteilungen der Gesellschaft für vergleichende Kunstforschung in Wien 9, Dezember 1956, Nr. 2, S. 117-122

DOBERER, Erika: Die ursprüngliche Bestimmung der Apostelsäulen im Dom zu *Chur*, in: Zeitschrift für Schweizerische Archäologie und Kunstgeschichte 19 (1959), S. 17-41

DOELLE, Ferdinand: Das *Partikularstudium* der Sächsischen Provinz im Mittelalter, in: FS 14 (1927), S. 244-251

DOLLINGER, Philippe: Die Hanse, 5. erweiterte Auflage, Stuttgart 1998

DONIN, Richard Kurt: Die Bettelordenskirchen in Österreich. Zur Entwicklungsgeschichte der österreichischen Gotik, Baden bei Wien 1935

DREXHAGE-LEISBEIN, Susanne: Reformerisches Engagement städtischer Obrigkeit in der zweiten Hälfte des 15. Jahrhunderts. Die franziskanischen Reformbewegungen in der städtischen Kirchen- und Klosterpolitik am Beispiel ausgewählter Städte im Gebiet der Sächsischen Ordensprovinz, in: SF 1 (1992), S. 209-234

DÜNNEBEIL, Sonja: Die Lübecker Zirkelgesellschaft. Formen der Selbstdarstellung einer städtischen Oberschicht (= VGHL Reihe B, Band 27), Diss. Kiel 1995, Lübeck 1996

ECKSTEIN, Dieter/BUSSE, Klaus-D./LOBBEDEY, Uwe: Dendrochronologische Datierungen in Kirchendachwerken der Hellwegzone und Untersuchungen zur Datierbarkeit von weit- und engringigem Holz, in: WZ 141 (1991), S. 337-392

EGGERT, Helmuth: Der Dom zu Cammin, Diss. Berlin 1934, Erfurt 1935

EICHLER, Hans: Die messingne Grabplatte des Johann Lüneburg in der Katharinenkirche zu Lübeck, in: MVLGA 15 (1930), S. 39-45

EICKHÖLTER, Manfred/HAMMEL-KIESOW, Rolf (Hg.): Ausstattungen Lübecker Wohnhäuser (= Häuser und Höfe 4), Neumünster 1993

EINHORN, Werinhard: Die Geschichte der *Franziskanerklöster* in Lübeck, Hamburg und Kiel, in: Katholischer Wegweiser für Hamburg und Schleswig-Holstein 10 (1970), S. 44-54

EINHORN, Werinhard: Zur *Architektur* von Franziskanerklöstern in Brandenburg und Mecklenburg-Vorpommern: Prenzlau, Angermünde, Greifswald, Stralsund, in: SF 1 (1992), S. 35-45

ELLGER, Dietrich/KOLBE, Johanna: Die Lübecker Marienkirche und ihre Wandmalereien, Neumünster 1951

ELLGER, Dietrich: Rezension zu: Jaacks, Günther: St. Katharinen zu Lübeck, in: Nordelbingen 38 (1969), S. 222-224

ELM, Kaspar: Bettelorden, in: LexMA 1 (1980), Sp. 2088-2092

ELM, Kaspar: Sacrum Commercium. Über Ankunft und Wirken der ersten Franziskaner in Deutschland, in: Reich, Regionen und Europa in Mittelalter und Neuzeit. Festschrift für Peter Moraw, Hg.: Paul-Joachim HEINIG u.a. (= Historische Forschungen 67), Berlin 2000

ERDMANN, Wolfgang: Fragen zur *Baugeschichte* und Wandmalerei der Lübecker Franziskanerkirche St. Katharinen, in: ZVLGA 67 (1987), S. 31-57

ERDMANN, Wolfgang: Infrarot-Photos des Gnaden- und Memorialbildes der Familie von *Morum* im Lübecker Dom, in: Der Wagen 1988, S. 69-75

ERDMANN, Wolfgang: Zisterzienser-Abtei *Doberan*, Königstein/Taunus 1995

FAIT, Joachim: Die norddeutsche Bettelordensbaukunst zwischen Elbe und Oder, Diss. (Masch.-Schr.) Greifswald 1954

FAIT, Joachim: Dom und Domschatz Brandenburg (= Das Christliche Denkmal 20), Regensburg 1994

FELD, Helmut: Franz von Assisi und seine Bewegung, Darmstadt 1994

FESTSCHRIFT zur 400-Jahrfeier des Katharineums zu Lübeck 1531-1931, Hg.: Richard SCHMIDT, Lübeck 1931

FESTSCHRIFT zum 450-jährigen Bestehen. 1531-1981 Katharineum zu Lübeck, Hg.: Bund der Freunde des Katharineums, Lübeck 1981

FINKE, Manfred/KNÜPPEL, Robert/MAI, Klaus u.a. (Hg.): Historische Häuser in Lübeck, Lübeck 1989

800 Jahre FRANZ VON ASSISI. Franziskanische Kunst und Kultur des Mittelalters. Niederösterreichische Landesausstellung 1982 (= Katalog des Niederösterreichischen Landesmuseums N.F. 122), Wien 1982

FISCHER, Ernst H.: Lübecker Theater und Theaterleben in frühester Zeit bis zur Mitte des 18. Jahrhunderts. Ein Beitrag zur Entwicklungsgeschichte einer norddeutschen Bühne bis zum Jahre 1765, Lübeck 1932

FRANK, Isnard Wilhelm: Die Bettelordensstudia im Gefüge des spätmittelalterlichen Universitätswesens, Stuttgart 1988

FRANK, Isnard Wilhelm: Bettelordenskirchen als multifunktionale Kulträume. Ein Beitrag zur Bettelordenskirchenforschung, in: WiWei 59 (1996), S. 93-112
FRANZ VON ASSISI. Mit Beiträgen von Gabriele Atanassiu u.a., Stuttgart/Zürich 1996
FREED, John Beckmann: The Mendicant Orders in German Society 1219-1273, Diss. Princeton 1969
FRIEDERICI, A.: Das Lübecker Domkapitel im Mittelalter 1160-1400, Diss Kiel 1957
FRIEDRICH, Paul: Der Untergrund der Stadt Lübeck, in: ZVLGA 12 (1911), S. 28-48
FRÜNDT, Edith: Bibliographie zur Kunstgeschichte von Mecklenburg-Vorpommern, Berlin 1962
FUNK, Martin Samuel: Die lübischen Gerichte. Ein Beitrag zur Verfassungsgeschichte der Freien und Hansestadt Lübeck, in: Zeitschrift der Savigny-Stiftung für Rechtsgeschichte. Germanistische Abteilung 26 (1905), S. 53-91 und 27 (1906), S. 61-91
GASIOROWSKI, Eugeniusz: Die Briefkapelle der St. Marienkirche zu Lübeck, in: Deutsche Kunst- und Denkmalpflege 35 (1977), S. 148-164
GIESE, Leopold: Bettelordenskirchen, in: Reallexikon zur deutschen Kunstgeschichte 2, Stuttgart 1948, Sp. 394-444
GILOMEN, Hans-Jörg: Stadtmauern und Bettelorden, in: Stadtmauern und Landmauern 1. Beiträge zum Stand der Forschung (= Veröffentlichungen des Instituts für Denkmalpflege an der ETH Zürich 15.1), Zürich 1995, S. 45-62
GLÄSER, Manfred: *Archäologische Beiträge* zur Datierung der Lübecker Backsteinmauern, in: AK 17 (1987), S. 245-252
GLÄSER, Manfred: Die *Lübecker Backsteinchronologie*, in: 25 Jahre Archäologie in Lübeck, Lübeck 1987, S. 210-212
GLÄSER, Manfred/HAMMEL, Rolf/SCHEFTEL, Michael: Das Haupt der Hanse: Lübeck, in: Jörg BRACKER u.a.: Die Hanse. Lebenswirklichkeit und Mythos, Lübeck 1998, S. 248-268
GLIMME, Hans Peter: Die Krypten in England. Eine Architekturform und ihre kirchengeschichtlichen Bezüge, Diss. Marburg 1994/95, Weimar 1995
GLOEDE, Günter: Das Doberaner Münster, Berlin 1961
GNEKOW, Bettina: Der mittelalterliche Kirchenbau in Holstein 1150-1300, Diss. Kiel 1989, Münster/Hamburg 1994
GRAF, Otto: Klassifikationsprobleme der Bettelordensarchitektur. Computergestützte Analysen zur Architektur der Dominikaner und Franziskaner, Diss. (Mikrofiche) Stuttgart 1995
GRASSMANN, Antjekathrin (Hg.): Systematisches Inhaltsverzeichnis und Register der Periodika und Einzelveröffentlichungen des Vereins für Lübeckische Geschichte und Altertumskunde 1855-1980, Lübeck 1980
GRASSMANN, Antjekathrin: Scheidung auf Lübeckisch. Zur Auswertung der Lübecker Konsistorialgerichtsakten um 1800, in: ZVLGA 80 (2000), S. 295-313
GRASSMANN, Antjekathrin/MEYER, Gerhard: Lübeck-Schrifttum 1900-1975, München 1976
GRASSMANN, Antjekathrin/MEYER, Gerhard: Kleiner Führer durch die Lübeck-Literatur (= Veröffentlichungen des Senats der Hansestadt Lübeck, Reihe A, Heft 10), Lübeck 1987
GRAU, Engelbert (Hg.): *Thomas von Celano*: Leben und Wunder des heiligen Franziskus von Assisi, Werl 1964
GRAU, Engelbert: Der heilige *Franziskus* von Assisi und die Gründung seines Ordens, in: Franz von Assisi, Stuttgart/Zürich 1996, S. 45-90
GREIFSWALDER Kolloquium 1978: Mittelalterliche Backsteinbaukunst. Romanische und gotische Architektur – ihre Rezeption und Restaurierung, Beiträge des 1. Kolloquiums des Arbeitskreises „Mittelalterliche Architektur und bildende Kunst im Ostseeraum", 16.-18.10.1978, in: Wissenschaftliche Zeitschrift der Enrst-Moritz-Arndt-Universität Greifswald, Gesellschafts- und Sprachwissenschaftliche Reihe 19 (*1980*)
GREIFSWALDER Kolloquium 1983: Mittelalterliche Backsteinarchitektur und bildende Kunst im Ostseeraum. Spezifik-Rezeptio-Restaurierung, Beiträge des 2. Kolloquiums des Arbeitskreises

„Mittelalterliche Architektur und bildende Kunst im Ostseeraum", 31.10.-2.11.1983 (Wissenschaftliche Beiträge der Ernst-Moritz-Arndt-Universität Greifswald), Greifswald *1987*

GREIFSWALDER Kolloquium 1987: 3. Kolloquium des Arbeitskreises „Mittelalterliche Architektur und bildende Kunst im Ostseeraum" 1987, Greifswald *1990*

GREWOLLS, Antje: Die Organisation des mittelalterlichen *Pfarrkirchenbau*s in den Städten Wismar, Rostock, Stralsund und Lübeck, in: MJ 111 (1996), S. 33-67

GREWOLLS, Antje: Die *Kapellen* der norddeutschen Kirchen im Mittelalter. Architektur und Funktion, Diss. Kiel 1996, Kiel 1999

GREWOLLS, Antje/LUDWIG, Steve: Die *Bauorganisation* an den Wismarer Pfarrkirchen im Mittelalter, in: Wismarer Beiträge 12 (1996), S. 20-32

GROSS, Werner: Die Hochgotik im deutschen Kirchenbau. Der Stilwandel um das Jahr 1250, in: Marburger Jahrbuch für Kunstwissenschaft 7 (1933), S. 290-346

GROSSKOPF-KNAACK, Suzanne: Carl Julius Milde (1803–1875), Diss. Hamburg 1984, Hamburg 1988

GRZYBKOWSKI, Andrzej: Das Problem der Langchöre in Bettelordens-Kirchen im östlichen Mitteleuropa des 13. Jahrhunderts, in: Architectura 13 (1983), S. 152-168

HAAS, Walter: Oben und Unten im mittelalterlichen Kirchenbau, in: Maike KOZOG (Hg.): Architektur. Struktur. Symbol. Streifzüge durch die Architekturgeschichte von der Antike bis zur Gegenwart. Festschrift für Cord Meckseper zum 65. Geburtstag, Fulda 1999, S. 67-84

HACH, Theodor: Alte Lübecker *Wandmalereien* (= Sonderdruck aus: Offizieller Bericht über die Vorträge des kunsthist. Kongresses in Lübeck 16.-19.09.1900, Nürnberg, S. 73ff.), Vortrag gehalten auf dem internationalen kunsthistorischen Kongress zu Lübeck am 18.09.1900, S. 1-16

HAGENDORF-NUSSBAUM, Lucia: Zur Baugeschichte von Alt St. Heribert in Deutz, in: Colonia Romanica 123 (1998), S. 44-58

HAGGENMÜLLER, Martina: Als Pilger nach Rom. Studien zur Romwallfahrt aus der Diözese Augsburg von den Anfängen bis 1900, Diss. Augsburg 1992, Augsburg 1993

HAHNLOSER, Hans Robert: Villard de Honnecourt. Kritische Gesamtausgabe des Bauhüttenbuches ms. fr 19093 der Pariser Nationalbibliothek, 2. Auflage Graz 1972

HALL, Marcia B.: The Ponte in *S. Maria Novella*: The Problem of the Rood Screen in Italy, in: Journal of the Warburg and Courtauld Institutes 37 (1974), S. 157-173

HALL, Marcia B.: The Tramezzo in *Santa Croce*, Florence, reconstructed, in: The Art Bulletin 56 (1974), S. 325-341

HAMMEL, Rolf: Hereditas, area und domus: Bodenrecht, Grundstücksgefüge und Sozialstruktur in Lübeck vom 12. bis zum 16. Jahrhundert, in: JbHf 35 (1986), S. 175-199

HAMMEL, Rolf: *Hauseigentum* im spätmittelalterlichen Lübeck. Methode zur sozial- und wirtschaftsgeschichtlichen Auswertung der Lübecker Oberstadtbuchregesten, in: LSAK 10 (1987), S. 85-300

HAMMEL-KIESOW, Rolf: *Häusermarkt* und wirtschaftliche Wechsellagen in Lübeck von 1284-1700, in: HG 106 (1988), S. 41-107

HARTOG, Arie: Gefäße Gottes? Das Programm von Gerhard Marcks für die Katharinenkirche in Lübeck, in: Ausstellungskatalog: Die Gemeinschaft der Heiligen. Der Figurenzyklus an der Katharinenkirche zu Lübeck und das monumentale Werk Ernst Barlachs, Hg.: Jürgen FITSCHEN und Volker PROBST, Bremen/Güstrow 2001, S. 75-85

HARTUNG, Wolfgang: Die Spielleute. Eine Randgruppe in der Gesellschaft des Mittelalters, Wiesbaden 1982

HARTWIG, Julius: Der Lübecker Schoß bis zur Reformationszeit, Leipzig 1903

HASSE, Max: Lübeck (= Reihe: Deutsche Lande. Deutsche Kunst), 5. Auflage München 1973

HASSE, Max: Die *Marienkirche* zu Lübeck, München/Berlin 1983

HASSE, Max: Der *Lübecker Rat* und die Marienkirche, in: ZVLGA 64 (1984), S. 39-50

HASSELMANN, K. B.: Die Gründung des Katharineums, in: FESTSCHRIFT zur Vierhundertjahrfeier des Katharineums zu Lübeck, Lübeck 1931, S. 9-21

HAUPT, Richard: Geschichte und Art der Baukunst in Nordelbingen in den Herzogtümern Holstein und Lauenburg sowie den Fürstentümern Lübeck und Ratzeburg (= Die Bau- und Kunstdenkmäler in der Provinz Schleswig-Holstein 6), Heide/Holstein 1925

HAUSCHILD, Wolf-Dieter: Kirchengeschichte Lübecks, Lübeck 1981

HÄUSER UND HÖFE IN LÜBECK 1: Rolf HAMMEL-KIESOW: Wege zur Erforschung städtischer Häuser und Höfe. Beiträge zur fächerübergreifenden Zusammenarbeit am Beispiel Lübecks im Spätmittelalter und in der frühen Neuzeit, Neumünster 1993

HÄUSER UND HÖFE IN LÜBECK 2: Michael SCHEFTEL: Gänge, Buden und Wohnkeller in Lübeck. Bau- und sozialgeschichtliche Untersuchungen zu den Wohnungen der ärmeren Bürger u. Einwohner einer Großstadt des späten Mittelalters und der frühen Neuzeit, Neumünster 1988

HÄUSER UND HÖFE IN LÜBECK 4: Manfred EICKHÖLTER: Ausstattungen Lübecker Wohnhäuser: Raumnutzungen, Malereien und Bücher im Spätmittelalter und in der frühen Neuzeit, Neumünster 1993

HECKER, Norbert: Bettelorden und Bürgertum, Konflikt und Kooperation in deutschen Städten des Spätmittelalters (= Europäische Hochschulschriften Reihe 23, Band 146), Frankfurt 1981

HEISE, Johannes (Bearb.): Die Bau- und Kunstdenkmäler der Provinz Westpreußen 5: Kreis Kulm, Danzig 1887

HELLER, Ludwig: Geschichte der Lübeckischen Gesellschaft zur Beförderung gemeinnütziger Thätigkeit von ihrer Gründung bis zum Jahr 1857, Lübeck 1859

HERRMANN, Rainer: Lübeck und die Päpste (1201-1267), in: ZVLGA 75 (1995), S. 9-52

HERRMANN, Christofer/TORBUS, Tomasz: Die Burgen im Deutschordensland Preußen – Denkmäler im Spannungsfeld der deutschen und polnischen Forschung, in: Deutschland und seine Nachbarn. Forum für Kultur und Politik (Hg.: Kulturstiftung der Deutschen Vertriebenen) 1997, S. 24-62

HERTLEIN, Edgar: Die Basilika San Francesco in Assisi, Gestalt – Bedeutung – Herkunft, Florenz 1964

HERZIG, Arno: Die Beziehungen der Minoriten zum Bürgertum im Mittelalter. Zur Kirchenpolitik der Städte im Zeitalter des Feudalismus, in: Die Alte Stadt 6 (1979), S. 21-53

HESSE, Hermann: Franz von Assisi, Berlin/Leipzig 1904, Neuausgabe Frankfurt/Main 1988

HÖGER, Annegret: Studien zur Entstehung der Familienkapellen und -altäre des Trecento in Florentiner Kirchen, Diss. Bonn 1976

HOFFMANN, Max: Die Lübecker Patrizierfamilie Lüneburg, in: MVLGA 12 (1905/07), S. 131-144

HOLST, Jens Christian: Beobachtungen zu Handelsnutzung und Geschossbildung an Lübecker Steinhäusern des Mittelalters, in: JbHf 35 (1986), S. 93-144

HOLST, Jens Christian: Zeitliche Entwicklung der *Verzimmerungstechnik*, in: Häuser und Höfe 1, S. 216-237

HOLST, Jens Christian: Die Rathausfront in Stralsund – zu ihrer Datierung und ersten Gestalt, in: Matthias MÜLLER (Hg.): multiplicatio et variatio. Beiträge zur Kunst – Festgabe für Ernst Badstübner zum 65. Geburtstag, Berlin 1998, S. 60-99

HOLST, Jens Christian: Middelalderlige fundamenter i Lybeck – og andre steder, in: By, marsk og geest 11 (1999), S. 49-62

HÖPPNER, Henning: Die Baugeschichte der Jakobikirche zu Lübeck, Diss. Kiel 1983, Kiel 1985

HUECK, Irene: Der Lettner der Unterkirche von San Francesco in Assisi, in: Mitteilungen des Kunsthistorischen Instituts in Florenz 28 (1984), S. 173-202

HUECK, Irene: Die Kapellen der Basilika San Francesco in Assisi: die Auftraggeber und die Franziskaner, in Vincent MOLETA (Hg.): Patronage and Public in the Trecento, Florenz 1986, S. 81-104

HUYER, Michael: Zur Baugeschichte von St. Nikolai, in: Paul-Ferdi LANGE (Hg.): Wenn Räume singen, Stralsund 2001, S. 75-83

HUYER, Michael: Die *Stralsunder Nikolaikirche*. Die mittelalterliche Baugeschichte und kunstgeschichtliche Stellung (= Beiträge zur Architekturgeschichte und Denkmalpflege in Mecklenburg und Vorpommern 5), Diss. Mainz 2000, Schwerin 2005

JAACKS, Günther H(inrich): St. Katharinen zu Lübeck. Baugeschichte einer Franziskanerkirche (= VGHL 21), Diss. Kiel 1967, Lübeck 1968

JAACKS, Günther H(inrich): Die abgebrochenen Sakralbauten Lübecks, in: ZVLGA 48 (1968), S. 17-38

JAACKS, Günther H(inrich): Zur Entwicklung spätmittelalterlicher Chorschlußvereinfachungen, in: Nordelbingen 40 (1971), S. 38 - 42

JACOBS, Hans-Joachim: Zur Datierung des Chores der *Lübecker Marienkirche*, in: Zeitschrift des Deutschen Vereins für Kunstwissenschaft 52/53 (1998/99), S. 241-260

JACOBS, Hans-Joachim: Die hochgotischen Chorbauten der Marienkirche in Lübeck und der Nikolaikirche in Stralsund. Zur Bestimmung ihrer kirchenrechtlichen und formgeschichtlichen Voraussetzungen, in: Nordelbingen 71 (2002), S. 11-31

JACOBSEN, Werner: Der Altar der Zirkelbrüder in Lübeck, in: Jahrbuch des Zentralinstitutes für Kunstgeschichte 1 (1985), S. 403-408

JANNASCH, Wilhelm, Reformationsgeschichte Lübecks vom Petersablaß bis zum Augsburger Reichstag 1515-1530 (= VGHL 16), Lübeck 1958

JENNY, Hans (Bearb.): Kunstführer durch die Schweiz 2, 5. Auflage Zürich 1976

JESSE, Horst: Die evangelische Kirche „Zu den Barfüßern" in Augsburg, Pfaffenhofen 1986

JOST, Bettina: Kirche und Kloster Unser Lieben Frauen in Magdeburg – ein Prämonstratenserbau und seine Stellung in der Architektur des 12. Jahrhunderts, in: Form und Stil, Festschrift für Günther Binding zum 65. Geburtstag, Hg.: Stefanie LIEB, Darmstadt 2001

KAMPHAUSEN, Alfred: Gebaute Kleinodien. Segeberg – Altenkrempe – Cismar, Oldenburg u.a. 1952

KAMPHAUSEN, Alfred: Die *Raumgestalt* der Lübecker Kirchen, in: Der Wagen 1956, S. 33-44

KAMPHAUSEN, Alfred: Die *Marienkirche* in Lübeck in der norddeutschen Backsteingotik, in: Jahrbuch des St.-Marien-Bauvereins 7 (1967), S. 16-49

KIER, Hiltrud: *Der mittelalterliche Schmuckfußboden* – unter besonderer Berücksichtigung des Rheinlandes (= Die Kunstdenkmäler des Rheinlandes Beiheft 14), Düsseldorf 1970

KIER, Hiltrud: Schmuckfußböden in *Renaissance und Barock*, München 1976

KIMPEL, Dieter: Die Querhausarme von Notre-Dame zu Paris und ihre Skulpturen, Diss. Bonn 1970, Bonn 1971

KIMPEL, Dieter/SUCKALE, Robert: Die gotische Architektur in Frankreich 1130-1270, Studienausgabe München 1995

KIRCHNER-DOBERER, Erika: Die deutschen Lettner bis 1300, Diss. (Masch.-Schr.) Wien 1946

KLEIMINGER, Rudolf: Das Graue Mönchskloster in Wismar. Ein Beitrag zur Erschließung der Bauweise der Franziskaner in Mecklenburg, Wismar 1934

KLEMM, David: Alexis de Chateauneuf. Biographischer Überblick, in: Alexis de Chateauneuf 1799-1853. Architekt in Hamburg, London und Oslo, Hg.: David KLEMM/Hartmut FRANK (= Schriftenreihe des Hamburgischen Architekturarchivs), Hamburg 2000, S. 111-116

KLOOS, Rudolf M.: Einf. in die Epigraphik des Mittelalters und der frühen Neuzeit, Darmstadt 1980

KNAPP, Heinrich: Baugeschichtliche Überlegungen zur Geschichte der Briefkapelle an St. Marien in Lübeck, in: LSAK 8 (1984), S. 7-13

KÖCKE, Ulrike: Lettner und Choremporen in den nordwestdeutschen Küstengebieten, ergänzt durch einen Katalog der westdeutschen Lettner ab 1400, Diss. München 1972

KOHLMANN: Heinrich II. (von Bocholt), in: Allgemeine Deutsche Biographie 11 (1880), S. 533f.

KOKKELINK, Günther: Hausbau und Hausnutzung in Lübeck vom 13. bis 17. Jahrhundert, in: Neue Forschungen zur Geschichte der Hansestadt Lübeck, Hg.: Antjekathrin GRASSMANN, Lübeck 1985, S. 51-62

KONOW, Helma: Die Baukunst der Bettelorden am Oberrhein (= Forschungen zur Geschichte der Kultur am Oberrhein 6), Berlin 1954

KÖPPING, Günther: Neue Ergebnisse zur Geschichte und zur Gestalt der Gründungsbauten von Dom und Domkloster in Brandenburg, in: Denkmale in Berlin und in der Mark Brandenburg, Weimar 1988, S. 156-170

KOSCH, Clemens/STRACKE, Gottfried: Überlegungen zur geistlichen Konzeption der Michaeliskirche vom 11. bis zum 13. Jahrhundert, in: Der vergrabene Engel. Die Chorschranken der Hildesheimer Michaeliskirche. Funde und Befunde, Mainz 1995, S. 33-43

KOSSMANN, Silke: Die Marienkirche in Stralsund und ihre Nachfolge in Mecklenburg und Pommern (= Beiträge zur Architekturgeschichte und Denkmalpflege in Mecklenburg und Vorpommern 4), Diss. Mainz 1999, Schwerin 2005

KRAUSE, Hans Joachim (Bearb.): Stiftskirche zu Wechselburg 2, Berlin 1972

KRAUSE, Hans Joachim: Das Kloster als Bauwerk – Seine Gestalt, Geschichte und denkmalpflegerische Instandsetzung, in: Matthias PUHLE/Renate HAGEDORN (Hg.): Kloster Unser Lieben Frauen Magdeburg. Stift – Pädagogium – Museum, Oschersleben 1995, S. 25-36

KRAUSE, Karl Ernst Hermann: Provinzialkapitel der Minoriten in Lübeck (zwischen 1245-1472), in: MVLGA 2 (1885/86), S. 35-37

KRAUTHEIMER, Richard: Die Kirchen der Bettelorden in Deutschland (= Deutsche Beiträge zur Kunstwissenschaft 2), Köln 1925

KRÜGER, Jürgen: S. Lorenzo Maggiore in Neapel: eine Franziskanerkirche zwischen Ordensideal und Herrschaftsarchitektur. Studien und Materialien zur Baukunst der ersten Anjou-Zeit (= FF 31), Diss. Würzburg 1983, Werl 1986

KRÜGER, Kristina: Ehem. Franziskanerklosterkirche *St. Johannes Baptista* (in Prenzlau), in: Dehio Brandenburg, Bearb.: Gerhard VINKEN u.a., München/Berlin 2000, S. 888

KRUSE, Karl Bernhard: Zu Untersuchungs- und *Datierungsmethoden* mittelalterlicher Backsteinbauten im Ostseeraum, in: AK 12 (1982), S. 555-562

KRUSE, Karl Bernhard: Der *Wandel* der Backsteinmauertechnik in Lübeck vom Mittelalter zur Gegenwart, in: Die Heimat 89 (1982), S. 246-251

KRUSE, Karl Bernhard: Backsteine und Holz – *Baustoffe* und Bauweise Lübecks im Mittelalter, in: JbHf 33 (1983), S. 37-61

KRUSE, Karl Bernhard: Kleines Glossar zur Geschichte der Herstellung und Verwendung von Backsteinen, in: ders.: Historisches Ziegelmauerwerk. Paper zur Architekturfortbildung im Deutschen Zentrum für Handwerk und Denkmalpflege, Fulda 1996

KRUSE, Karl Bernhard: Das *Heilig-Geist*-Hospital in Lübeck (= LSAK 25), Diss. Hannover 1997, Bonn 1997

KUBACH, Hans-Erich/HAAS, Walter: Der Dom zu Speyer (= Die Kunstdenkmäler von Rheinland-Pfalz 5), München/Berlin 1972

KUBACH, Hans-Erich/VERBEEK, Albert: Romanische Baukunst an Rhein und Maas. Katalog der vorromanischen und romanischen Denkmäler 1, Berlin 1976

KUGLER, Franz: Handbuch der Kunstgeschichte 2, Bearb.: Wilhelm LÜTKE, 4. Auflage Stuttgart 1842

KUMMER, Stefan: Archäologische Aufschlüsse zur Baugeschichte der Briefkapelle, in: Deutsche Kunst und Denkmalpflege 35 (1977), S. 139-147

KUMMER, Stefan: Archäologische Aufschlüsse zur Baugeschichte der Briefkapelle, in: LSAK 1 (1978), S. 97-99

KUNST, Hans-Joachim: Die *Marienkirche* in Lübeck. Die Präsenz bischöflicher Architekturformen in der Bürgerkirche, Worms 1986

KUNST, Hans-Joachim: Der Chor der Marienkirche in Lübeck. Eine Neubestimmung der Herkunft s. Formen, in: Mittelalterliche Backsteinarchitektur und bildende Kunst im Ostseeraum. Wissenschaftliche Beiträge der Ernst-Moritz-Arndt-Universität Greifswald, Greifswald 1987, S. 23-30

Die Bau- und KUNSTDENKMALE in der DDR, Mecklenburgische Küstenregion, Berlin 1990

Die KUNSTDENKMÄLER der Mark Brandenburg 2, Teil 1: Kreis Prenzlau, Berlin 1921

Die KUNSTDENKMÄLER der Provinz Brandenburg 2, Teil 3: Stadt und Dom Brandenburg, Berlin 1912

KURMANN, Peter: Zur Grabfigur des hl. Konrad und zu den hochgotischen Nebenbauten des Konstanzer Münsters, in: Helmut MAURER (Hg.): Der heilige Konrad. Bischof von Konstanz. Studien aus Anlaß der tausendsten Wiederkehr seines Todesjahres (= Freiburger Diözesanarchiv 95), Freiburg/Basel/Wien 1975, S. 321-352

LANDGRAF, Eleonore: Ornamentierte Bodenfliesen des Mittelalters in Süd- und Westdeutschland 1150-1550 (= Forschungen und Berichte der Archäologie des Mittelalters in Baden-Württemberg), 3 Bände, Stuttgart 1993

LANGE, Klaus: Der Westbau des Essener Doms. Architektur und Herrschaft in ottonischer Zeit, Münster 2001

LASPEYRES, Paul: Die St. Catharinen-Kirche zu Lübeck, in: Zeitschrift für Bauwesen 21 (1871), Spalte 357-364

LASTEYRIE, R. de: L' architecture religieuse en France a l' époque gotique 1, Paris 1926; 2, Paris 1927

LE GOFF, Jaques: Die Stadt als Kulturträger 1200-1500, in: Klaus BORCHARD (Hg.): Europäische Wirtschaftsgeschichte 1: Mittelalter, Stuttgart/New York 1978

LEMMENS, Leonhard: *Bruchstücke* der ältesten Chronik der sächsischen Franziskanerprovinz, in: Die Sächsische Franziskaner-Provinz vom Heiligen Kreuze. Jahrbuch 1906, Hg.: Provinzialat zu Düsseldorf, Düsseldorf 1906, S. 7-13

LEMMENS, Leonhard: Die *Provinzialminister* der alten sächsischen Provinz, in: Beiträge zur Geschichte der sächsischen Franziskanerprovinz vom Heiligen Kreuze 2, Hg.: Patricius SCHLAGER (OFM), Düsseldorf 1909, S. 1-12

LEMMENS, Leonhard (Bearb.): Ex Libro miraculorum et visionum, in: AFH 2 (1909), S. 72-78

LEMPER, Ernst-Heinz: Entwicklung und Bedeutung der Krypten, Unterkirchen und Grufträume vom Ende der Romanik bis zum Ende der Gotik, Habilitationsschrift (Masch.-Schr.) Leipzig 1963

LEXIKON historischer Berufe in Schleswig-Holstein und Hansestadt Hamburg, zusammengestellt unter Mitwirkung mehrerer Fachkollegen von Klaus-J. Lorenzen-Schmidt (= Kleine Schriften des Arbeitskreises für Wirtschafts- und Sozialgeschichte 2), Kiel 1996

LINDEMANN, Uwe: Die Kapitelle der Briefkapelle, in: Jahrbuch des St.-Marien-Bauvereins 9 (1980/81), S. 108f.

LISSOK, Michael: Von Maßwerk und Bogenfries. Baugebundene Schmuckformen in der mittelalterlichen Backsteinarchitektur Norddeutschlands, in: Gebrannte Größe. Die Sprache der Steine. Schmuckformen der Backsteingotik, Bonn 2002, S. 42-91

LOBBEDEY, Uwe: Ottonische Krypten. Bemerkungen zum Forschungsstand an Hand ausgewählter Beispiele, in: Gerd ALTHOFF/Ernst SCHUBERT (Hg.): Herrschaftspräsentation im ottonischen Sachsen, Sigmaringen 1998, S. 77-102

LOGEMANN, Silke: Die Franziskaner im mittelalterlichen Lüneburg (= SF 7), Werl 1996

LOHRUM, Burkhard: Gefügekundliche und dendrochronologische Untersuchungen am Dachwerk des Heilig-Kreuz-Münsters in Schwäbisch-Gmünd, in: Denkmalpflege in Baden-Württemberg 2/1990, S. 88-95

LORENZ, Alfred Friedrich: Doberan. Ein Denkmal norddeutscher Backsteinbaukunst, Berlin 1958

LÜBECKISCHE GESCHICHTE, Hg.: Antjekathrin GRASSMANN, Lübeck 1988

LUDWIG, Steve: St. Georgen zu Wismar. Die Geschichte einer mittelalterlichen Pfarrkirche vom 13. bis zum frühen 16. Jahrhundert, Diss. Kiel 1997, Kiel 1998

LÜTGENDORFF, W.L.: Das Maleramt und die Innung der Maler in Lübeck, Lübeck 1925

LUTTERBECK, Michael: Der Rat der Stadt Lübeck im 13. und 14. Jahrhundert. Politische, personale und wirtschaftliche Zusammenhänge in einer städtischen Führungsgruppe (= VGHL Reihe B, Band 35), Lübeck 2002

MANTELS, Wilhelm: Thidemann Güstrow. Bürgermeister von Lübeck im 14. Jahrh., Lübeck 1858

MARTIN, A.R.: Franciscan Architecture in England, Manchester 1937, Reprint 1966

MASUCH, Horst: Arbeitsweise und Ergebnisse der historischen Bauforschung – Abbundzeichen und Dachwerke, in: Niedersächsische Denkmalpflege 11 (1985), S. 70-80
MECKSEPER, Cord: Kleine Kunstgeschichte der deutschen Stadt im Mittelalter, Darmstadt 1991
MEYER, Kurt: Die Baugeschichte des Doms zu Brandenburg a.H., Diss. Berlin 1910, S. 41
MICHLER, Jürgen: Zur Stellung von Bourges in der gotischen Baukunst, in: WRJ 41 (1979) 27-86
MIETHKE, Jürgen: Paradiesischer Zustand – Apostolisches Zeitalter – Franziskanische Armut. Religiöses Selbstverständnis, Zeitkritik und Gesellschaftstheorie im 14. Jahrh., in: Vita Religiosa im Mittelalter. Festschrift für Kaspar Elm, Berlin 1999, S. 503-532
MÖBIUS, Friedrich: Die Kirchen der Prediger- und Minderbrüder (des Dominikaner- und Franziskanerordens), in: Friedrich MÖBIUS/Helga SCIURIE (Hg.): Geschichte der deutschen Kunst 1200-1350, Leipzig 1989, S. 146-189
MUCH, Hans: Norddeutsche Backsteingotik. Ein Heimatbuch (= Hansische Welt 1), Braunschweig 1919
MÜLLER, Matthias: Der zweitürmige Westbau der Marburger Elisabethkirche. Die Vollendung der Grabeskirche einer „königlichen Frau". Baugeschichte. Vorbilder. Bedeutung, Diss. Marburg 1994, Marburg 1997
MÜLLER, Matthias: *Der zweizonige Wandaufriß* in den norddeutschen Backsteinkathedralen: Künstlerische Form, soziologisches Ausdrucksmittel oder politisches Zeichen? Zum historischen Quellenwert von mittelalterlicher Sakralarchitektur am Beispiel der Lübecker Marienkirche und der Stralsunder Nikolaikirche, in: HG 116 (1998), S. 1-21
MÜLLER, Wolfgang John: Mittelalterliche *Backsteinornamentik* in Mecklenburg und Lübeck (1200 - 1350), Diss. (Masch.-Schr.) Rostock 1939
MUSEUMSBERICHT über die Überführung der westlichen Mittelschiffsfenster in das Museum, in: LB 1894, S. 655
MÜTHER, Hans/VOLK, Waltraud: Der Dom zu Brandenburg, Berlin 1935
NAGEL, Carl: Das Franziskanerkloster in Prenzlau, in: FS 21 (1934), S. 179-184
NEIDIGER, Bernhard: Die Martinianischen Konstitutionen von 1430 als Reformprogramm der Franziskanerkonventualen. Ein Beitrag zur Geschichte des Kölner Minoritenklosters und der Kölner Ordensprovinz im 15. Jahrhundert, in: ZKG 95 (1984), S. 337-381
NEUGEBAUER, Manfred/WROBEL, Sigrid/ECKSTEIN, Dieter: Die Datierung mittelalterlicher Monumentalbauten in Lübeck, in: LSAK 6 (1982), S. 201-217
NEUMANN, Gerhard: Heinrich Kastorp (um 1419-1488) (= VGHL 11), Lübeck 1932
NEUMANN, Käthe: Von Lübecks Klöstern, in: Der Wagen 1927, S. 65ff.
NEUMANN, Käthe: Das geistige und religiöse Leben Lübecks am Ausgang des Mittelalters, in: ZVLGA 21 (*1922*), S. 113-183 u. 22 (*1923*), S. 65-119
NICKEL, Ralf: Die Minoriten in Münster, in: SF 3 (1994), S. 167-209
NIEDERMEIER, Hans: Über die Sakramentsprozessionen im Mittelalter. Ein Beitrag zur Geschichte der kirchlichen Umgänge, in: Sacris Erudiri. Jaarboek voor Godsdienstwetenschapen 22 (1974/75), S. 401-436
NUSSBAUM, Norbert: Deutsche Kirchenbaukunst der Gotik, 2. Auflage Darmstadt 1994
NUSSBAUM, Norbert/LEPSKY, Sabine: Das gotische Gewölbe, Darmstadt 1999
ONNEN, Christine: Sanit-Urbain in Troyes. Idee und Gestalt einer päpstlichen Stiftung (= Kieler Kunsthistorische Studien N.F. 4), Diss. Kiel 1999, Kiel 2004
OSTENDORF, Friedrich: Die Geschichte des Dachwerks, Berlin 1908
PAATZ, Walter und Elisabeth: Die Kirchen von Florenz. Ein kunstgeschichtliches Handbuch 1, Frankfurt/Main 1955
PANOFSKY, Erwin: Gotische Architektur und Scholastik: Zur Analogie von Kunst, Philosophie und Theologie im Mittelalter, Köln 1989
PANOFSKY, Erwin: Zum Problem der historischen Zeit, in: Erwin Panofsky: Aufsätze zu Grundfragen der Kunstwissenschaft, Hg.: Hariolf OBERER/Egon VERHEYEN, Berlin 1992, S. 77-83

PARUCKI, Maria: Die Wiener Minoritenkirche, Wien/Köln/Weimar 1995

PASSOW, Alexandra: Die Briefkapelle von St. Marien in Lübeck. Baugeschichte – Ausstattung – Wiederherstellung, Magisterarbeit (Masch.-Schr.) Hamburg 1989

PAUL, Max: Sundische und lübische Kunst, Diss. Greifswald 1914, Berlin 1914

PETERSOHN, Jürgen: Der südliche Ostseeraum im kirchlich-politischen Kräftespiel des Reichs, Polens und Dänemarks vom 10. bis 13. Jahrhundert. Mission – Kirchenorganisation – Kulturpolitik (= Ostmitteleuropa in Vergangenheit und Gegenwart 17), Köln/Wien 1979

PHILIPP, Klaus Jan: Pfarrkirchen. Funktion – Motivation – Architektur. Eine Studie am Beispiel der Pfarrkirchen der Schwäbischen Reichsstädte im Spätmittelalter, Diss. Marburg 1985, Marburg 1987

PIEPER, Hans: Mittelalterliche *Statik* dargestellt an Lübecker Baudenkmalen, in: Der Wagen 1940, S. 93-108

PIEPER, Roland: Die Kirchen der *Bettelorden* in Westfalen. Baukunst im Spannungsfeld zwischen Landespolitik, Stadt und Orden im 13. und frühen 14. Jh. (= FF 39), Diss. Münster 1990, Werl 1993

PITZ, Ernst: Die schriftliche Verwaltung der Reichsstadt Lübeck vom 13. bis 15. Jahrhundert: Beitrag zur Begründung einer Aktenkunde des Spätmittelalters, Hamburg 1952

POECK, Dietrich W.: *Totengedenken* in Hansestädten, in: F. NEISKE/D. W. POECK/M. SANDMANN (Hg.): Vinculum societatis. Joachim Wollasch z. 60. Geburtstag, Sigmaringen 1991, S. 175-232

POECK, Dietrich W.: *Klöster* und Bürger, in: H. KELLER/F. NEISKE (Hg.): Vom Kloster zum Klosterverband. Das Werkzeug der Schriftlichkeit (= Münstersche Mittelalter-Schriften 74), München 1997, S. 423-451

POHLE, Ulrich: Diest, Johannes von, in: Schleswig-Holstein. Biograph. Lexikon 2 (1971), S. 123f.

POSTEL, Rainer: Hamburg und Lübeck im Zeitalter der Reformation, in: ZVLGA 59 (1979), S. 63-81

PRANGE, Wolfgang: Die Altäre der Lübecker Marienkirche mit ihren Vikarien und Kommenden, in: ZVLGA 78 (1998), S. 143-163

PYL, Theodor: Geschichte der Greifswalder Kirchen und Klöster sowie ihrer Denkmäler, nebst einer Einleitung vom Ursprunge der Stadt Greifswald, 3. Theil: Geschichte des Franziskaner- und Dominikaner-Klosters, des Hl. Geist- und Georg-Hospitals, der Gertrudenkirche und der Greifswalder Convente, nebst Personen-, Orts- und Sachregister, Greifswald 1887

QUAST, Ferdinand von: Beiträge zur Geschichte der Baukunst in Preußen. Das Schloß Marienburg, in: Neue Preußische Provinzialblätter 11=45 (1850), S. 1-75, S. 115-145 und S. 180-223

RAHTGENS, Hugo: Die großen Feuersbrünste, in: ZVLGA 5 (1888), S. 144-156

RAHTGENS, Hugo: Die Straßen, deren Namen, Pflasterung, Reinigung und Beleuchtung, in: ZVLGA 5 (1888), S. 225-282

RAMM, Peter: Die Klosterkirche Jerichow. Geschichtliche und kunstgeschichtliche Aspekte, in: Friedrich MÖBIUS/Ernst SCHUBERT (Hg.): Architektur des Mittelalters, Weimar 1983, S. 141-159

RANDLA, Anneli: The Architecture of the Mendicant Orders in Northern Europe: A Comparative Study of Scotland, the Northern Netherlands and Livonia, Diss. (Masch.-Schr.) Cambridge/UK 1999

RASMUSSEN, Jörgen Nybo: Die Franziskaner in den nordischen Ländern im Mittelalter (= FF 43), Kevelaer 2002

REETZ, Jürgen: Bistum und Stadt *Lübeck um 1300*. Die Streitigkeiten und Prozesse unter Burchard von Serken, Bischof 1276-1317, Diss. Hamburg 1951, Lübeck 1955

REETZ, Jürgen: *Stadt und Bistum* Lübeck um 1300, in: Der Wagen 1952/53, S. 19-25

REIMANN, Britta: Eine Wurzel-Jesse-Darstellung des frühen 16. Jahrhunderts in einem Lübecker Bürgerhaus, in: Pantheon 57 (1999), S. 192f.

REINERS, Heribert: Das Münster Unserer Lieben Frau zu Konstanz (= Die Kunstdenkmäler Südbadens), Konstanz 1955

ROELVINK, Henrik: Franciscans in Sweden. Medieval Remnants of Franciscan Activities (= Scripta Franciscana), Assen 1998

ROENNPAG, Otto: Johann von Diest. Bischof zu Lübeck 1254-1259, in: Jahrbuch für Heimatkunde, Eutin 16 (1982), S. 35-38

ROEST, Bert: A History of Franciscan Education (c. 1210-1517) (= Education and Society in the Middle Ages and Renaissance 11), Leiden/Boston/Köln 2000

ROOSVAL, Johnny: Den Baltiska Nordens Kyrkor (= Föreningen Urds Skrifter 2), Uppsala 1924

ROSNER, Ullrich: Die ottonische Krypta (= VAA 40), Diss. Köln 1991, Köln 1991

RÜMELIN, Hansjörg: Lüneburger Ziegelstempel am Chor von St Nikolai in Wismar, in: Wismarer Studien zur Archäologie und Geschichte 4 (1995), S. 156-165

RÜTHER, Andreas: Bettelorden in Stadt und Land: Die Straßburger Mendikantenkonvente und das Elsaß im Spätmittelalter, Diss. Berlin 1994, Berlin 1997

SABATIER, Paul: Leben des heiligen Franz von Assisi, Berlin 1897

SANDFUCHS, Thomas: Detmar von Lübeck, in: Die deutsche Literatur des Mittelalters. Verfasserlexikon 2, Berlin/New York 1980, Sp. 68f.

SASS, Karl-Heinz: Die Farbigkeit der Briefkapelle, in: Jahrbuch des St.-Marien-Bauvereins 9 (1980/81), S. 106f.

SAUERLÄNDER, Willibald: Die kunstgeschichtliche Stellung der Westportale von Notre-Dame in Paris. Ein Beitrag zu Genesis des hochgotischen Stiles in der französischen Skulptur, in: Marburger Jahrbuch 1 (1959), S. 1-56

SCHAICH, Anne: Mittelalterliche Sakristeien. Architektur und Funktion am Beispiel Lübecks, München 2000

SCHEFTEL, Michael: Buden und Gänge in Lübeck (= Häuser und Höfe 2), Neumünster 1988

SCHEFTEL, Michael: Skizzen zu einer Geschichte des Profanbaues in Lübeck, in: LÜBECKISCHE GESCHICHTE, S. 757-792

SCHENKLUHN, Wolfgang: *Ordines Studentes*, Aspekte zur Kirchenarchitektur der Dominikaner und Franziskaner im 13. Jahrhundert, Diss. Marburg 1983, Berlin 1985

SCHENKLUHN, Wolfgang: *San Francesco* in Assisi: Ecclesia specialis. Die Vision Papst Gregors IX. von einer Erneuerung der Kirche, Habilitationsschrift Stuttgart 1989, Darmstadt 1991

SCHENKLUHN, Wolfgang: *Architektur der Bettelorden*. Die Baukunst der Dominikaner und Franziskaner in Europa, Darmstadt 2000

SCHENKLUHN, Wolfgang/STIPELEN, Peter van: Architektur als Zitat. Die Trierer Liebfrauenkirche in Marburg, in: Hans Joachim KUNST (Hg.): 700 Jahre Elisabethkirche in Marburg 1283-1983. (Handbuch zur Ausstellung 1), Marburg 1983, S. 19-53

SCHIFFLER, Rainer: Die Ostteil der Kathedrale von Toul und die davon abhängigen Bauten des 13. Jahrhunderts in Lothringen, Diss. Mainz 1975, Köln 1977

SCHLAGER, Patricius: Zur Geschichte des Franziskanerklosters in *Lübeck*, Separatausgabe des Jahrbuches der sächsischen Franziskanerprovinz 1907, S. 1-21

SCHLAGER, Patricius: *Inschriften* auf Chorstühlen in mittelalterlichen Franziskanerkirchen, in: Beiträge zur Geschichte der Sächsischen Franziskanerprovinz vom Heiligen Kreuze, Hg.: Provinzialat, Band 1, Düsseldorf 1908 (Separatausgabe des Jahrbuches 1908) , S. 1-15

SCHLAGER, Patricius: *Verzeichnis* der Klöster der sächsischen Franziskanerprovinzen, in: FS 1 (1914), S. 230-242

SCHLIE, Friedrich (Bearb.): Die Kunst- und Geschichtsdenkmäler des Großherzogtums Mecklenburg-Schwerin 3, Schwerin 1900

SCHLIEMANN, Ruth: Die Bettelordensklöster St. Marien Magdalenen und St. Johannis in Hamburg, Diss. Hamburg 1999, Hamburg 2002

SCHLÖSSER, Johann Heinrich/TISCHBEIN, August Albrecht: Denkmale der altdeutschen Backsteinbaukunst zu Lübeck, Lübeck 1832

SCHLOTHEUBER, Eva: Die Franziskaner in Göttingen (= SF 8), Werl 1996

SCHMELZER, Monika: Der mittelalterliche Lettner im deutschsprachigen Raum. Typologie und Funktion (= Studien zur internationalen Architektur- und Kunstgeschichte 33), Diss. Köln 1999, Petersberg 2004

SCHMIDT, Carl-Christian: Das Münster in Bad Doberan (= Große Baudenkmäler 408), München/ Berlin 1994
SCHMIDT, Hans-Joachim: Kirche, Staat, Nation. Raumgliederung der Kirche im mittelalterlichen Europa (= Forschungen zur mittelalterlichen Geschichte 37), Weimar 1999
SCHMIES, Bernd: Ludwig Henning. Provinzialminister 1507-1515, in: SF Beiheft 1 (2003), S. 89-143
SCHMITT, Reinhard: Vom archaischen Anfang. Zur Baugeschichte der Krypta des Klosters Unser Lieben Frauen in Magdeburg, in: Zwischen Kanzel und Katheder. Das Kloster Unser Lieben Frauen Magdeburg vom 17. bis 20. Jahrhundert, Magdeburg 1998, S. 129-143
SCHREIBER, Heinrich: Die Reformation Lübecks (= Schriften des Vereins für Reformationsgeschichte 74), Halle 1902
SCHÜTZ, Bernhard: War die Lübecker Marienkirche ursprünglich höher geplant?, in: Nordelbingen 47 (1978), S. 11-20
SCHWARTZ, Theodor: Das alte Lübeck, Hamburg 1887
SEIDEL, Stefan: Das Chorgestühl der Franziskanerkirche St. Katharinen in Lübeck, Magisterarbeit (Masch.-Schr.) Kiel 1997
SKIBINSKI, Szczesny: Stadtkirchen des 14. Jahrhunderts in Westpommern zwischen Oder und Stolpe, in: GREIFSWALDER Kolloquium1990, S. 58–64
SPEICH, Klaus/SCHLÄPFER, Hans R.: Kirchen und Klöster in der Schweiz, München 1978
SPIES, H.B.: Detmar v. Lübeck, in: LexMA 3 (1986), Sp. 737
SPUREN franziskanischer Geschichte, Hg.: Dieter BERG, Bearb.: Bernd SCHMIES/Kirsten RAKEMANN, Werl 1999
STEINKE, William: Die Briefkapelle zu Lübeck: ihre Herkunft und ihre Beziehung zum Kapitelsaal der Marienburg, in: Jahrbuch des St.-Marien-Bauvereins 8 (1974/75), S. 55-71
STOLTERFOHT, Hermann A.: Bibliographie zur Geschichte der Lübecker Stadtbibliothek, Lübeck 1929
STRAUB, Theodor: Mittelalterliche Backsteingiebel im Profanbau der Hansestädte des wendischen Kreises, Diss. Rostock 1929, Rostock 1929
STRUCK, R.: Das alte bürgerliche Wohnhaus in Lübeck 1, Lübeck 1908
SUHR, Wilhelm: Die Lübecker Kirche im Mittelalter, ihre Verfassung und ihr Verhältnis zur Stadt (= VGHL 13), Diss. Kiel 1935, Lübeck 1938
TAMMEN, Björn R.: Musik und Bild im Chorraum mittelalterlicher Kirchen 1100 bis 1500, Diss. Köln 1997, Berlin 2000
TEUCHERT, Wolfgang: Petrikirche zu Lübeck (= VGHL 15), Diss. Kiel 1953, Lübeck 1956
TEUCHERT, Wolfgang: Ehemaliges St. Katharinenkloster der Franziskaner, in: Reclams Kunstführer 5, Stuttgart 1976, S. 396-199
THIELE, Susanne: Das Burgkloster als soziale Institution, in: ZVLGA 64 (1984), S. 277-285
THURM, Siegrid: Norddeutscher Backsteinbau. Gotische Backsteinhallenkirchen mit dreiapsidialem Chorschluß (= Forschungen zur deutschen Kunstgeschichte 4), Berlin 1935
TODENHÖFER, Achim: Zur Baugeschichte der Franziskanerkirche in Zeitz, in: Wolfgang SCHENKLUHN (Hg.): Zur Architektur und Plastik des Mittelalters in Sachsen-Anhalt, Halle 2000, S. 81-96
TORBUS, Tomasz: Die Konventsburgen im Deutschordensland Preußen, Diss. Hamburg 1997, München 1998
TORSY, Jakob: Eucharistische Frömmigkeit im späten Mittelalter, in: Archiv für mittelrheinische Kirchengeschichte 23 (1971), S. 89-102
ULPTS, Ingo: Zur Rolle der *Mendikanten in städtischen Konflikten* im Mittelalter, ausgewählte Beispiele aus Bremen, Hamburg und Lübeck, in: SF 1 (1992), S. 131-151
ULPTS, Ingo: *Stadt und Bettelorden* im Mittelalter, in: WiWei 58 (1995), S. 223-260
ULPTS, Ingo: Bettelorden in *Mecklenburg*, Diss. Münster 1996, Werl 1996
ULPTS, Ingo: Die Geschichte des Franziskanerkonvents in Halberstadt vom 13. bis zum 16. Jahrhundert, in: SF 9 (1997), S. 213-251
UNCKENBOLD, Dieter: Untersuchungen zur Entwicklung des deutschen Kirchenportals von ca. 1250 bis 1350, Diss. (Masch.-Schr.) Göttingen 1955

UNTERMANN, Matthias: Kirchenbauten der Prämonstratenser. Untersuchungen zum Problem einer Ordensbaukunst im 12. Jahrhundert (= VAA 29), Diss. Köln 1984, Köln 1984

UNTERMANN, Matthias: Das Mönchshaus in der früh- und hochmittelalterlichen Klosteranlage. Beobachtungen zu Lage und Raumaufteilung des *Klausur-Ostflügels*, in: Hans Rudolf SENNHAUSER (Hg.): Wohn- und Wirtschaftsbauten frühmittelalterlicher Klöster, Zürich 1996, S. 233-258

UNTERMANN, Matthias: Forma ordinis: Die mittelalterliche Baukunst der Zisterzienser, Habilitationsschrift Freiburg/Breisgau 1996/97, München 2001

URBAN, Martin: Das mittelalterliche Chorgestühl in der Klosterkirche zu Preetz und die Lübecker Gestühle des frühen 14. Jh., Diss. (Masch.-Schr.) Kiel 1950

VOGELER, Hildegard: Szenen aus dem Leben des hl. Franziskus aus Assisi. Ein Wandbild in St. Katharinen zu Lübeck, in: ZVLGA 70 (1990), S. 129-151

VOGELER, Hildegard: Die Altäre des St. Annen-Museums, Lübeck 1993

VOGELER, Hildegard/FREYTAG, Hartmut: Schlüssel zur Ewigkeit. Über mittelalterliche Stifterbilder in Lübeck, in: ZVLGA 82 (2002), S. 9-28

VRIES, A. de: De gewelfschilderingen, in: A(rnoldus) J(ohannes) Gevers/A(lbertus) J(ans) Mensema: De Broerenkerk te Zwolle, Zwolle 1989, S. 101-121

WAGNER-RIEGER, Renate: Zur Typologie italienischer Bettelordenskirchen, in: Römische historische Mitteilungen 2 (1957/58), S. 266-298

WALLRATH, Rolf: Die Krypta. Studien zu ihrer Gestalt, Geschichte und Bedeutung, Habilitationsschrift (Masch.-Schr.) Köln 1944

WALLRATH, Rolf: Zur *Entwicklungsgeschichte* der Krypta, in: Jahrbuch des Kölnischen Geschichtsvereins 22 (1940), S. 273-292

WEGEMANN, Georg: Die führenden Geschlechter Lübecks und ihre Verschwägerungen, in: ZVLGA 31 (1949), S. 17-37

WEGENER, H.: Aus der Geschichte der Stadtbibliothek, in: LB 89 (1953), S. 142-144

WEIGEL, Petra: Matthias Döring. Provinzialminister 1427-1461, in: SF Beiheft 1 (2003), S. 21-61

WEIGEL, Petra: Ordensreform und Konziliarismus. Der Franziskanerprovinzial Matthias Döring (1427-1461), Diss. Jena 2001, Frankfurt/Main 2005

WEHRMANN, Carl: Die ehem. Sängerkapelle in der Marienkirche, in: ZVLGA 1 (1869), S. 362-385

WEIHMANN, Horst: Joh. Jac. Achelius, der Glaser des Malers C.J. Milde, in: Jahrbuch des St.-Marien-Bauvereins zu Lübeck 1 (1953/54), S. 33-40

WENTZEL, Hans: Der Hochaltar in Cismar und die lübeckischen Chorgestühle des 14. Jahrhunderts, Diss. Göttingen 1935, Lübeck 1937

WIEGANDT, Jürgen: Die Plescows. Ein Beitrag zur Auswanderung Wisbyer Kaufmannsfamilien nach Lübeck im 13. und 14. Jahrhundert (= Quellen und Darstellungen zur Hansischen Geschichte, N.F. 28), Köln/Wien 1988

WIHR, Rolf: Fußböden: Stein, Mosaik, Keramik, Estrich. Geschichte, Herstellung, Restaurierung, München 1985

WILDE, Lutz: Die Entwicklung der *Stützenformen* in der mittelalterlichen Backsteinarchitektur des Ostseeraumes, Diss. (Masch.-Schr.) Greifswald 1959

WILDE, Lutz: Rezension zu: Günther Jaacks: St. Katharinen zu Lübeck, in: ZVLGA 48 (1968), S. 142-144

WILDE, Lutz: Katharinenkirche, in: *Dehio* Hamburg, Schleswig-Holstein, Bearb.: Johannes HABICH, Christoph TIMM, Lutz WILDE, München/Berlin 1994, S. 485-492

WILDE, Lutz: Die Katharinenkirche in Lübeck (= *Große Baudenkmäler* 252), München/Berlin o.J. (2002)

WINTER, Carsten: Predigten unter freiem Himmel. Die medienkulturellen Funktionen der Bettelmönche und ihr geschichtlicher Hintergrund, Bardowick 1997

WITT, Arthur: Die Verlehnten in Lübeck, in: ZVLGA 18 (1916), S. 125-197 u. 19 (1918), S. 39-92

WITTSTOCK, Jürgen (Bearb.): Kirchliche Kunst des Mittelalters und der Reformationszeit. Die Sammlung im St.-Annen-Museum (= Lübecker Museumskataloge 1, Hg.: Wulf SCHADENDORF), Lübeck 1981

WOLTERS, Wolfgang: Architektur und Ornament: Venezianischer Bauschmuck der Renaissance, München 2000

WRIEDT, Klaus: Die *Annales* Lubicenses und ihre Stellung in der Lübeckischen Geschichtsschreibung des 14. Jahrhunderts, in: Deutsches Archiv 22 (1966), S. 556-586

WRIEDT, Klaus: Zum Profil der lübischen *Führungsgruppen* im Spätmittelalter, in: Antjekathrin GRASSMANN (Hg.): Neue Forschungen zur Geschichte der Hansestadt Lübeck, Lübeck 1985, S. 41-49

WRIEDT, Klaus: *Geschichtsschreibung* in den wendischen Hansestädten, in: Hans PATZE (Hg.): Geschichtsschreibung und Geschichtsbewußtsein im Spätmittelalter (= Vorträge und Forschungen 31), Sigmaringen 1987, S. 401-426

WROBEL, Sigrid/ECKSTEIN, Dieter: Die Bauholzversorgung in Lübeck vom 12.-16. Jahrhundert, in: Festschrift für G. Fehring, Rostock 1993, S. 531-535

WROBEL, Sigrid/HOLST, Jens Christian/ECKSTEIN, Dieter: Das *Bauholz*: Qualität und Herkunft, in: Häuser und Höfe 1 (1993), S. 205-217

ZAHLTEN, Johannes: Die mittelalterlichen Bauten der Dominikaner und Franziskaner in Niedersachsen und ihre Ausstattung, in: Stadt im Wandel. Kunst und Kultur des Bürgertums in Norddeutschland 1150-1650, Band 4, Braunschweig 1985, S. 371-405

ZASKE, Nikolaus: Der gotische Backsteinbau Norddeutschlands – Ein Beitrag zur Architektur und Sozialgeschichte der Haupttypen dreischiffiger *Choranlagen* von 1200-1500, Habilitationsschrift (Masch.-Schr.) Greifswald 1961

ZASKE, Nikolaus: Mittelalterliche *Backsteinarchitektur*. Ergebnisse und Probleme ihrer Erforschung, in: Wissenschaftliche Zeitschrift der Ernst-Moritz-Arndt-Universität Greifswald, Gesellschafts- und Sprachwissenschaftliche Reihe 29 (1980)

ZELLER, Adolf: Frühromanische Kirchenbauten und Klosteranlagen der Benediktiner und Augustinerchorherren nördlich des Harzes, Berlin/Leipzig 1928

ZENDER, Matthias: Heiligenverehrung im Hanseraum, in: HG 92 (1974), S. 1-15

ZIETZ, Heinrich Christian: Ansichten der Freien Hansestadt Lübeck und ihrer Umgebung, Frankfurt 1822, Neudruck Lübeck 1978

ZIMMERMANN, Andreas: Die *Briefkapelle* der St.-Marien-Kirche zu Lübeck, in: Jahrbuch des St.-Marien-Bauvereins 9 (1980/81), S. 63-101

ZIMMERMANN, Jan: „Ein ansehnliches *Gymnasium* ...“ Die Geschichte der Bilder des Katharineums zu Lübeck bis 1942, Hamburg 1993

ZIMMERMANN, Walther: Das Münster zu Essen (= Kunstdenkmäler des Rheinlandes, Beiheft 3), Essen 1956

ZMYSLONY, Monika: Die Bruderschaften in Lübeck bis zur Reformation (= Beiträge zur Sozial- und Wirtschaftsgeschichte 6), Diss Kiel 1974, Kiel 1977

Abbildungsnachweis

BUK VI: 66
BÖKER: 49,50,59,60
DOLLINGER: S. 18
DONIN: 46
EINHORN, Architektur: 84
ERDMANN, Doberan: 54,55
ERLANDE-BRANDENBURG, Notre-Dame: 71
GASIOROWSKI: 87
HÖPPNER: 62
Lübeck, Bereich Denkmalpflege: 4-7,21,25,75
Lübeck, Museen für Kunst und Kulturgeschichte der Hansestadt Lübeck: 18,53,64,85
LÜBECKISCHE GESCHICHTE: 8
KIMPEL/SUCKALE: 36,71
RUF, Gerhard: 83
SCHENKLUHN, Ordines Studentes: 35,48
SCHENKLUHN, Architektur der Bettelorden: 41-45,47,57,58,61

XI. Index

XII. Abbildungen

1. Lübeck, St. Katharinen Westfassade

2. Chor außen von Nordost

3. Chor außen von Südost

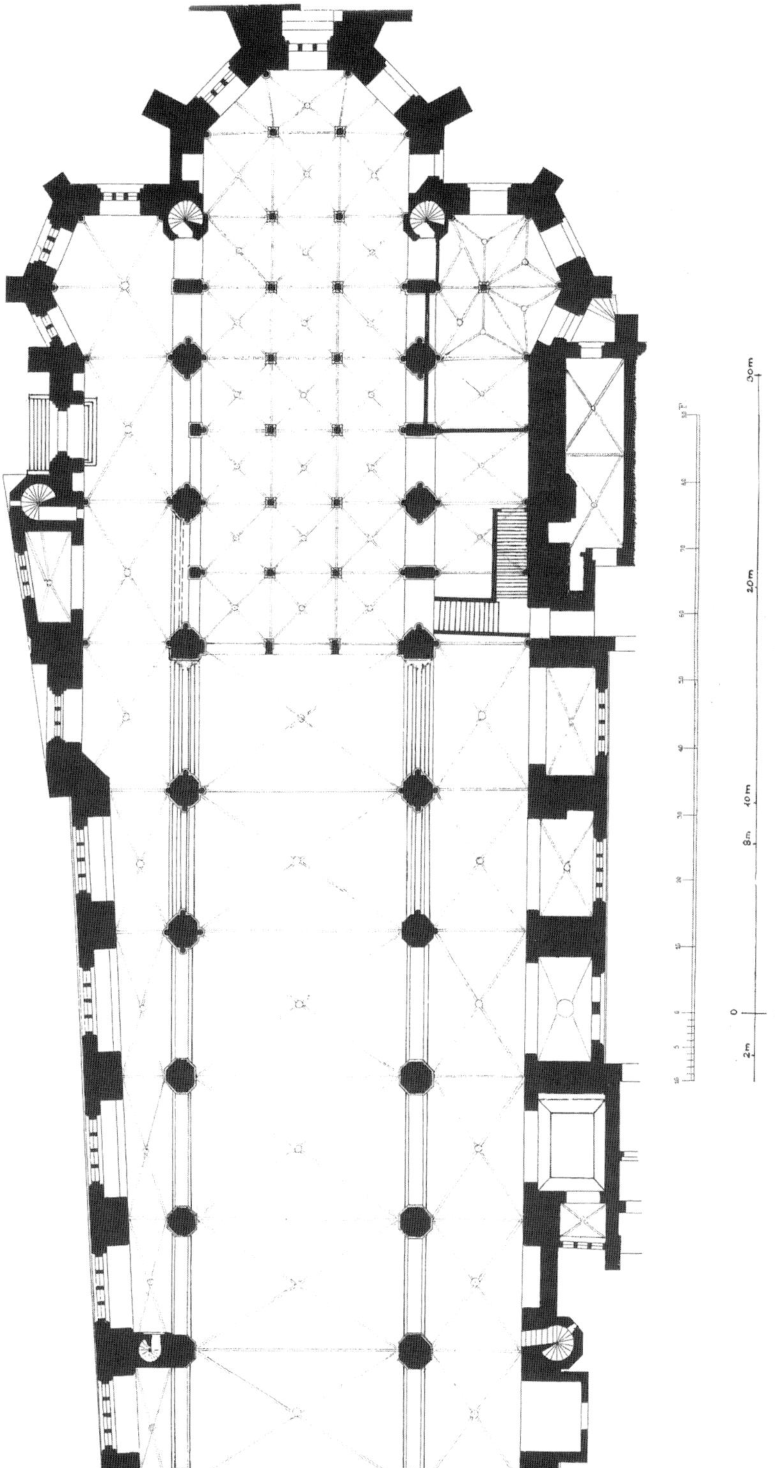

4. Grundriss von Laspeyres mit kleinen Änderungen (Maßstab 1:350)

5. Schnitt durch das Querschiff von Laspeyres

6. Choransicht von Laspeyres

7. Längsschnitt von Laspeyres mit Einzeichnungen

Lübeck 1824
(nach H.L.BEHRENS)
0 100 200 300 400 500m
N
Trave
Burg-
tor
Hafen
Untertrave
Kranen-
konvent
Koberg
St.Jacobi
Heiligen-Geist
Hospital
Beckergrube
Mengstraße
St.Marien
St.
Katha
rinen
Glockengießerstr
Holstentor
Braunstraße
Holstenstraße
Markt
St.
Petri
Johannisstraße
Fleischhauerstraße
Hüxstraße
Dankwartsgrube
Hartengrube
Mühlenstraße
St.Aegidien
Aegidienstraße
Krähenteich
Mühlenteich
Dom
Wakenitz

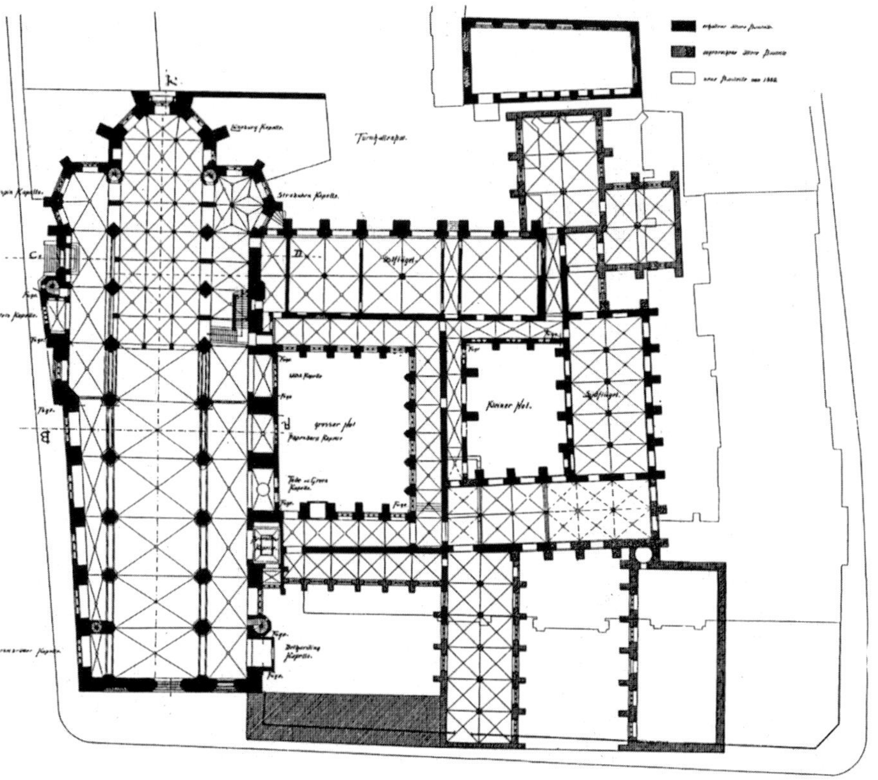

9. Grundriss St. Katharinen mit Klostergebäuden (aus BUK IV)

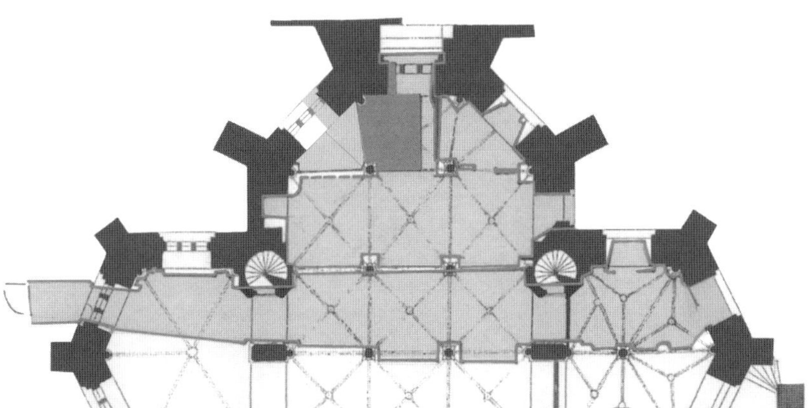

10. Grundriss des Choruntergeschosses mit Einzeichnung der Unterkellerung

11. Blick durchs Langhaus auf den Unterchor

12. Blick von oben auf die doppelgeschossige Choranlage

13. Der Unterchor nach Südost

14. Das nordwestliche Polygonfenster im Unterchor

15. Die Crispinkapelle

16. Eingang in den östlichen Kellergang

18. Der Hochchor

17. Der westliche Keller

19. Der Langchorobergaden

20. Blick auf den Südlangchor außen

20a. Blick auf den Südlangchor-Obergaden außen

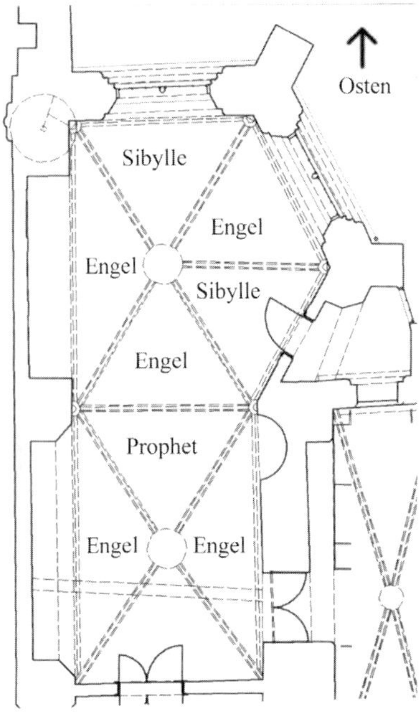

21. Grundriss der Sakristei (von Stefan Lorenz)

22. Samuel, Kreuzjoch östliche Kappe, mit Japanpapier gesichert, Zustand 2001 vor der Restaurierung

23. Engel, Kreuzjoch nördliche Kappe, mit Japanpapier gesichert, Zustand 2001 vor der Restaurierung

24. Sybille, Polygon südwestliche Kappe, mit Japanpapier gesichert, Zustand 2001 vor der Restaurierung

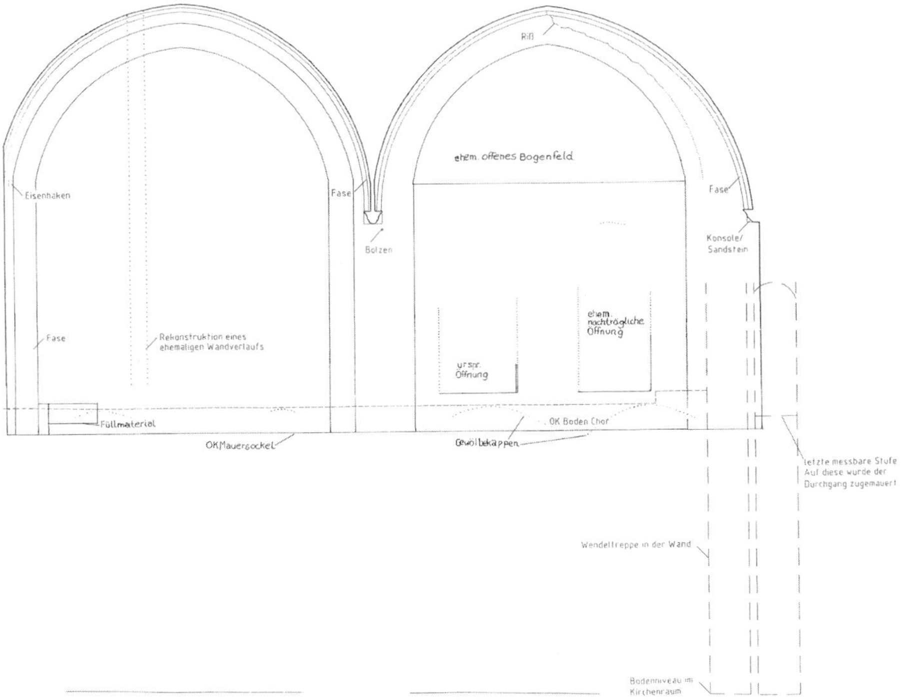

25. Ansicht Sakristeinordwand von Stefan Lorenz mit eigenen Einzeichnungen

25a. Sybille, Polygon östliche Kappe, mit Japanpapier gesichert, Zustand 2001 vor der Restaurierung

26. Gewölbedetail des Strobukkapellengewölbes, Blick von oben

27. Fassade des südlichen Querhauses

28. Fassade des nördlichen Querhauses

29. Südquerhaus von Südwest

30. Südquerhaus, nordwestliche Ecke

31. Nordquerhaus von Nordwest

32. Nordquerhaus, Anschluss Seitenschiff-Außenwand

33. Nordquerhaus, südlicher Anschluss Seitenschiff

34. Blick von Südost ins Nordquerhaus

35. Piacenza, San Francesco, Blick ins Nordquerhaus

36. Troyes, St. Urbain, Südquerhaus

37. Nordquerhaus, innere Fassade

38. Nordquerhaus, innere Ostwand

39. Nordquerhaus, innere Westwand

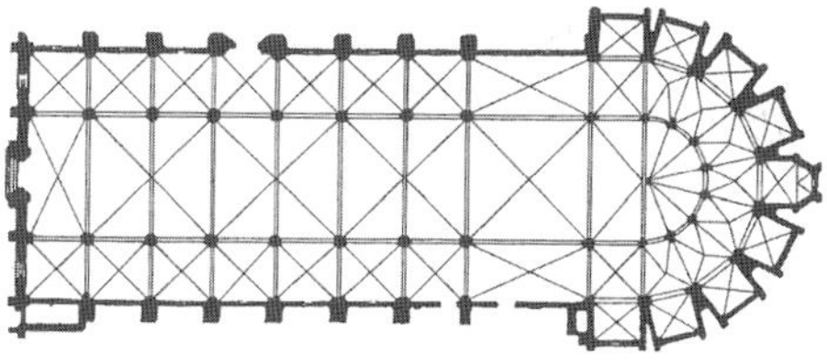

41. Bologna, San Francesco Grundriss (Maßstab 1:1500)

40. St. Katharinen Grundriss (Maßstab 1:1500)

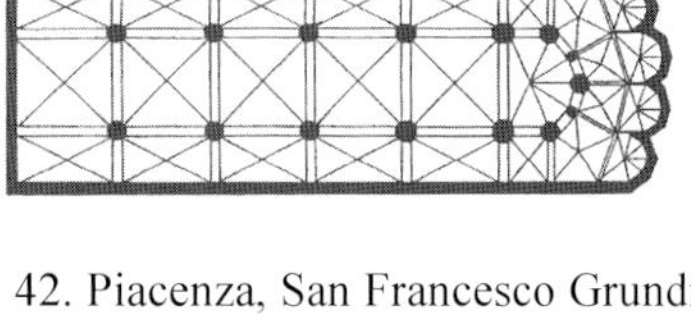

42. Piacenza, San Francesco Grundriss (Maßstab 1:1500)

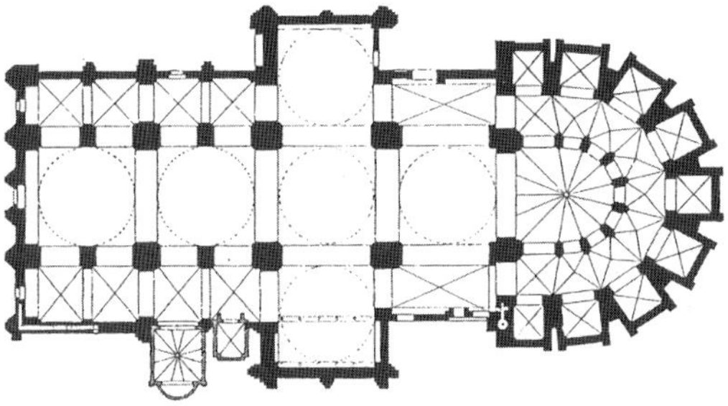

43. Padua, San Antonio Grundriss
(Maßstab 1:1500)

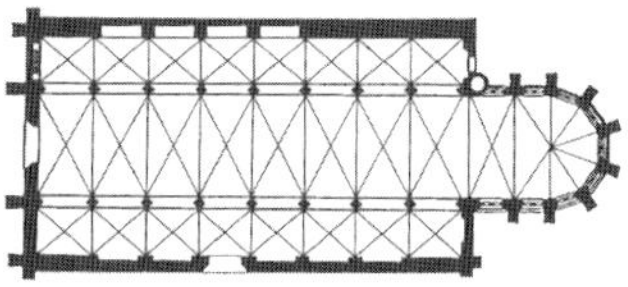

47. Köln, Franziskanerkirche Grundriss
(Maßstab 1:1500)

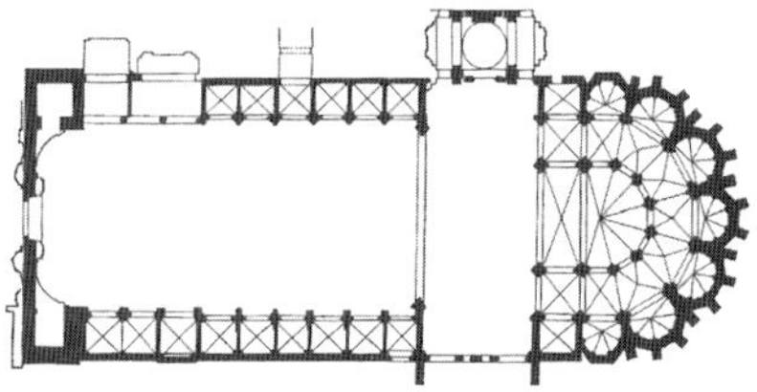

44. Neapel, San Lorenzo Maggiore
Grundriss (Maßstab 1:1500)

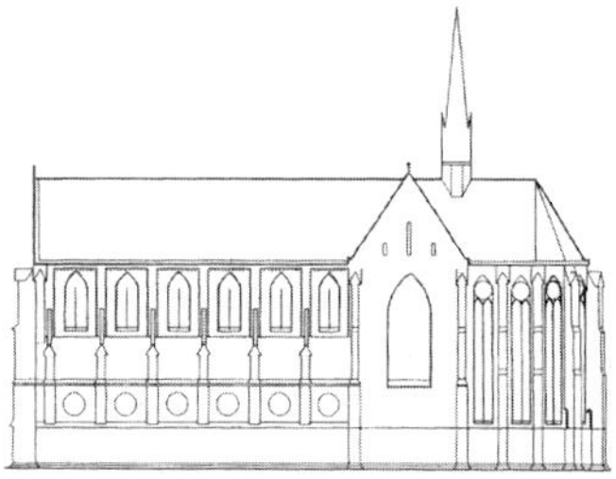

48. Köln, Franziskanerkirche,
Rekonstruktion mit Querhaus von
Schenkluhn

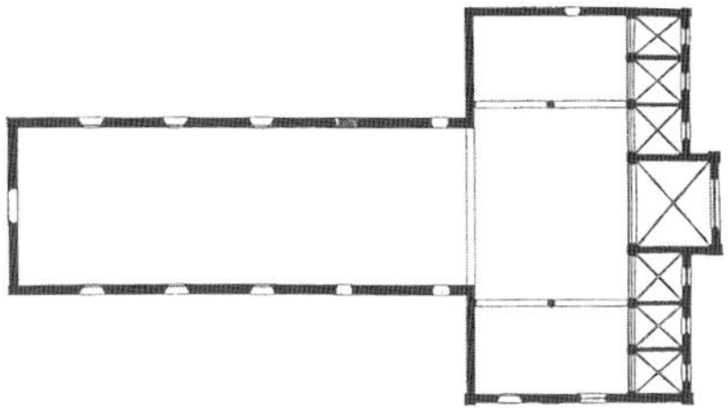

45. Pisa, San Francesco Grundriss
(Maßstab 1:1500)

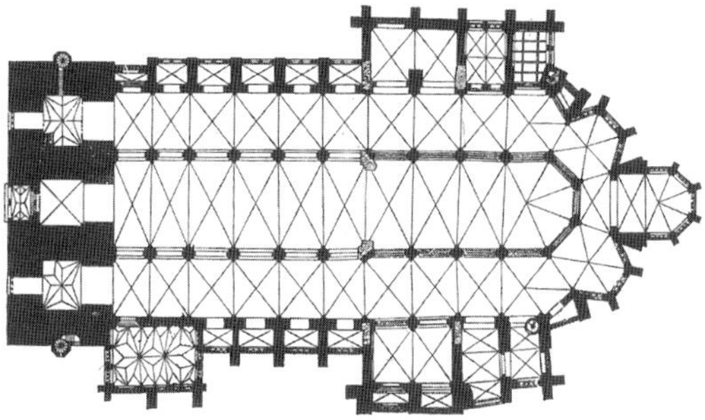

49. Lübeck, St. Marien Grundriss
(Maßstab 1:1500)

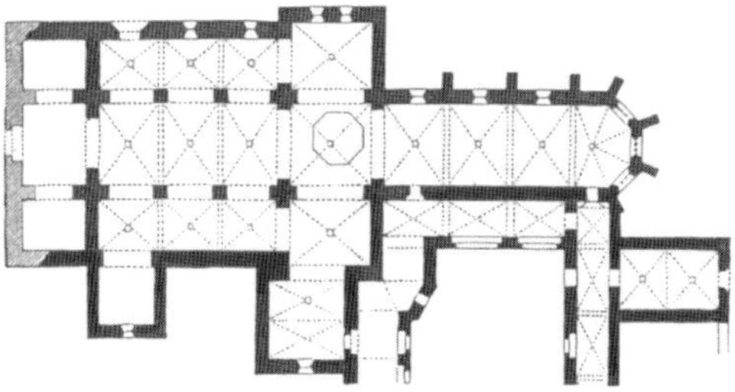

46. Iglau, Franziskanerkirche Grundriss
(ohne Maßstab)

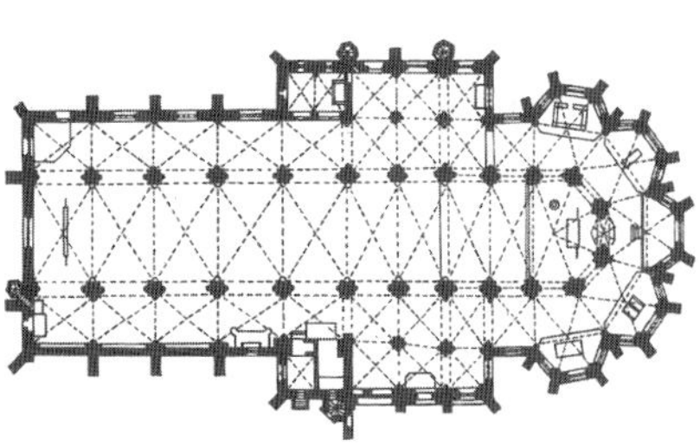

50. Doberan, Klosterkirche Grundriss
(Maßstab 1:1500)

51. Bologna, San Francesco Fassade

52. Bologna, San Francesco innen

53. Lübeck, St. Marien, Langhaus nach Südwest

54. Doberan, Klosterkirche, Südquerhaus

55. Doberan, Klosterkirche, Blick nach Ost

56. Doberan, Klosterkirche, Querhausarm

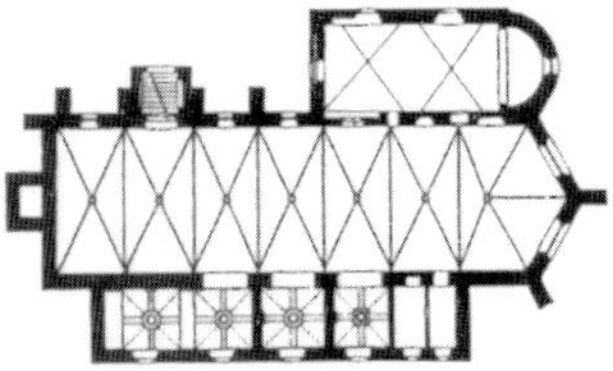

57. St. Veit an der Glan, Klarissenkirche, Grundriss (Maßstab 1:1000)

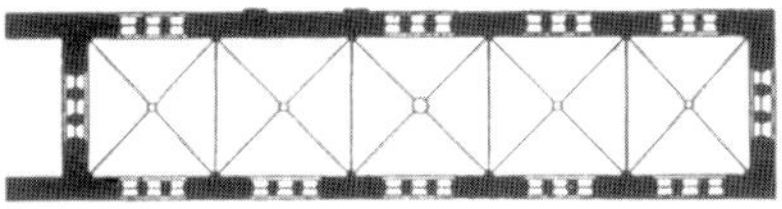

58. Prenzlau, St. Johannis Grundriss (Maßstab 1:1000)

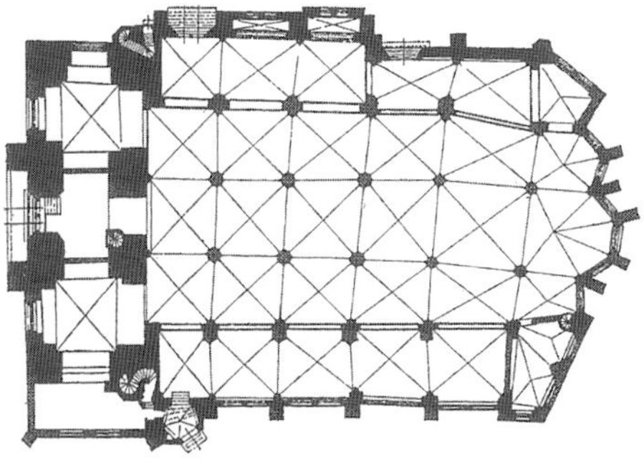

59. Lübeck, St. Petri Grundriss (Maßstab 1:1000)

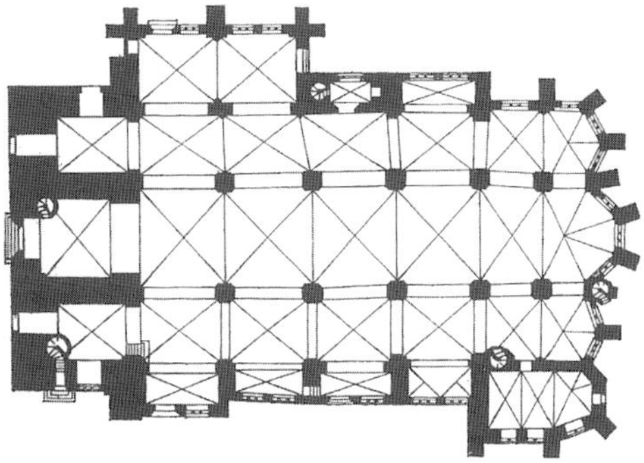

60. Lübeck, St. Jakobi Grundriss (Maßstab 1:1000)

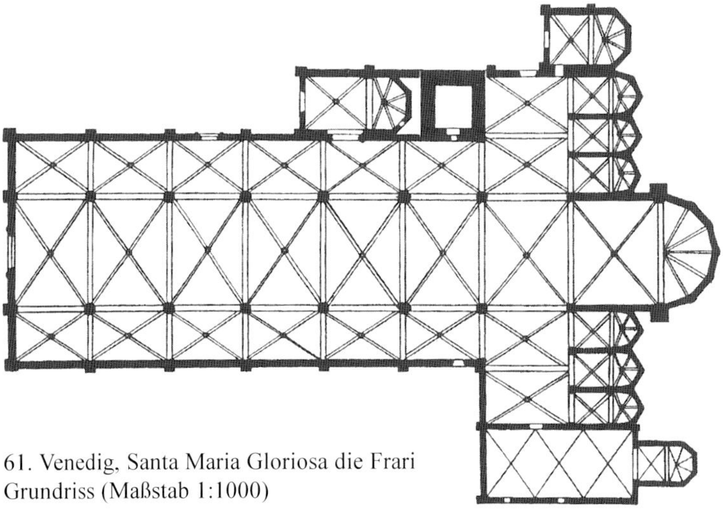

61. Venedig, Santa Maria Gloriosa die Frari Grundriss (Maßstab 1:1000)

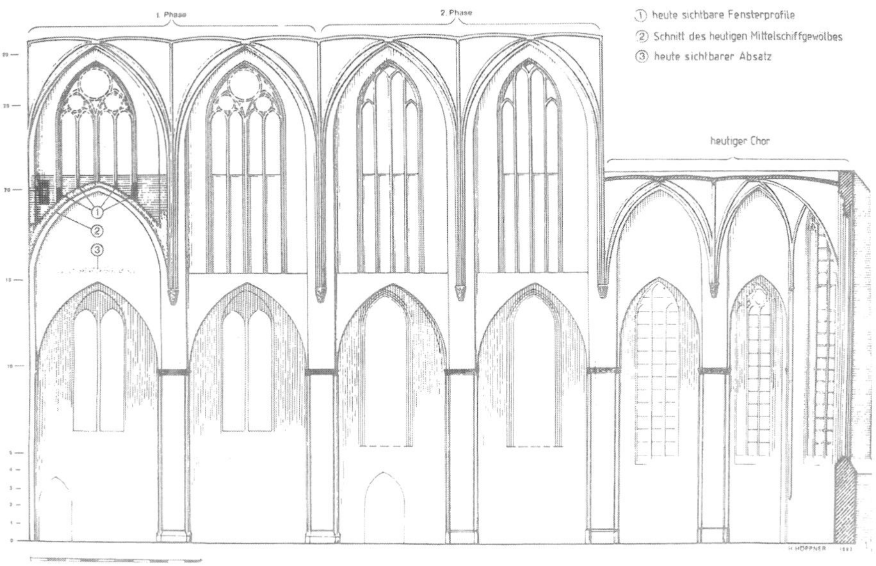

62. Lübeck, St. Jakobi, Aufriss von Henning Höppner

63. Lübeck, St. Katharinen, Langhaus innen nach Nordost

64. Lübeck, St. Katharinen, Westfassade,
Aufnahme zwischen 1864 und 1873

65. Lübeck, St. Katharinen, Grundstein an der Westfassade

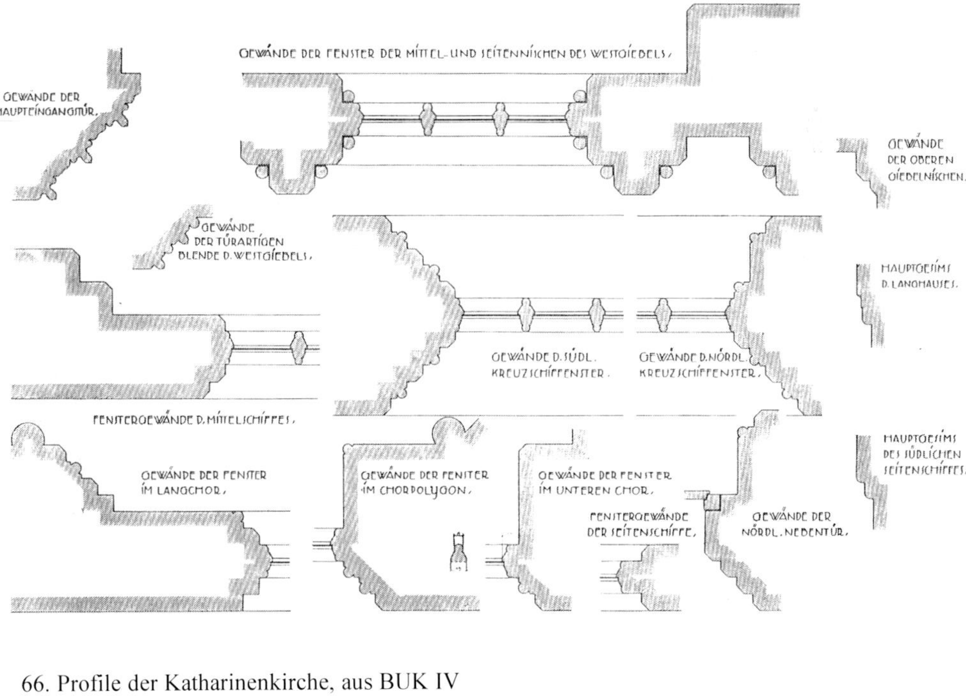

66. Profile der Katharinenkirche, aus BUK IV

67. Lübeck, St. Katharinen, südliches Nebenportal, nördliches Gewände

68. Lübeck, Rathaus, Gewände am Haupteingang der Ostfassade

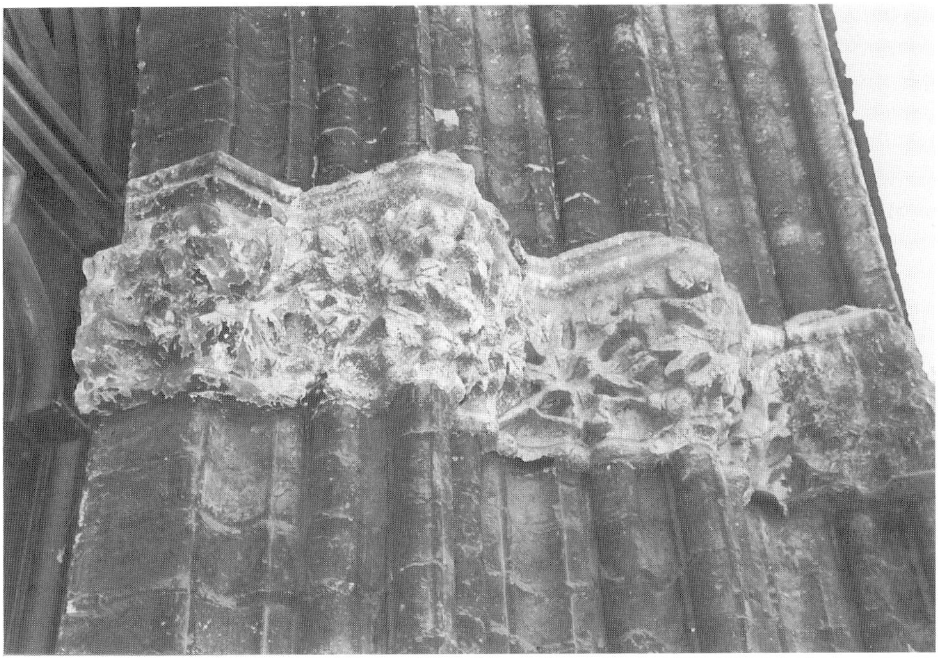

69. Lübeck, St. Katharinen, Hauptportal, südliches Kapitelband

70. Lübeck, Rathaus, Vorhalle der Ostfassade, 2. Kapitell von Süd

71. Paris, Notre-Dame, Zeichnung von Antier aus dem späten 17. Jahrhundert (aus: A. Erlande-Brandenburg, 1992)

72. Lübeck, St. Katharinen, Portalzone

73. Lübeck, St. Katharinen,
obere Westfassade

74. Lübeck, Königstraße 30, Staffelgiebel
gegen 1300, im 16. Jahrhundert bereichert
(Finke u.a., S. 22)

75. Lübeck, St. Katharinen, Schnitt auf innere Westfassade (von Laspeyres) mit Einzeichnung

76. Lübeck, St. Katharinen, innere Westfassade

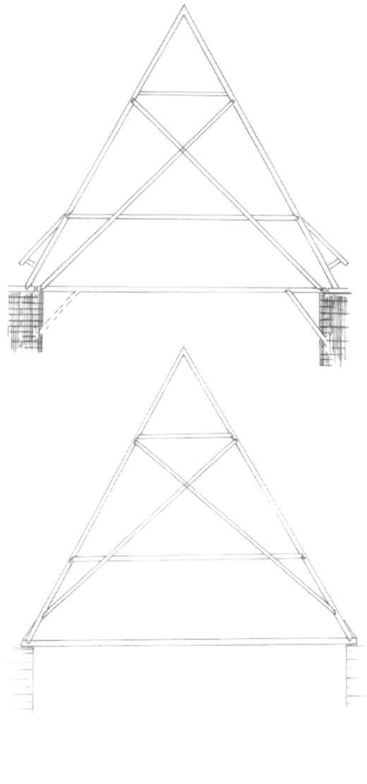

77. Lübeck, St. Katharinen, Dachwerkschemata von Chor und Langhaus

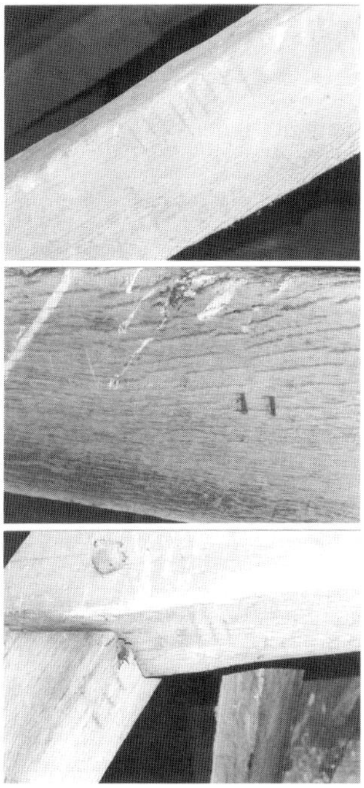

78. Lübeck, St. Katharinen, Abbundzeichen von Chor (oben, Mitte) und Querhaus (unten)

79. Lübeck, St. Katharinen, Abbundzeichen im Querhaus

80. Lübeck, St. Katharinen, Abbundzeichen im Langhaus

81. Lübeck, St. Katharinen, westliches Gebinde des Querhaus-Mittelschiffs mit Winde

82. Lübeck, St. Katharinen, Nordwand am westlichen Gewölbe des Querhaus-Mittelschiffs

83. Assisi, San Francesco, Oberkirche nach Ost

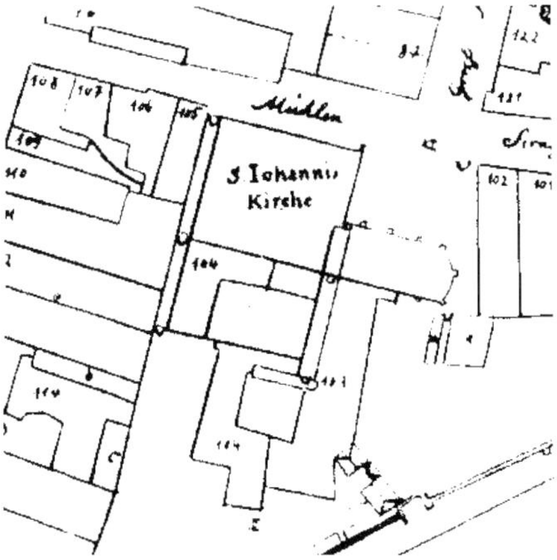

84 Greifswald, Franziskanerkirche (alle Pläne von Einhorn)

84a. Stadtplan von 1707, Ausschnitt einer Umzeichnung

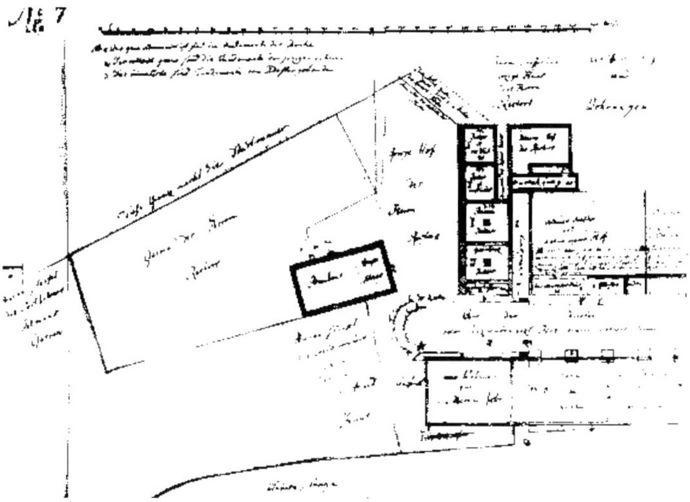

84b. Plan von 1790

84c. Rekonstruktion nach Theodor Pyl

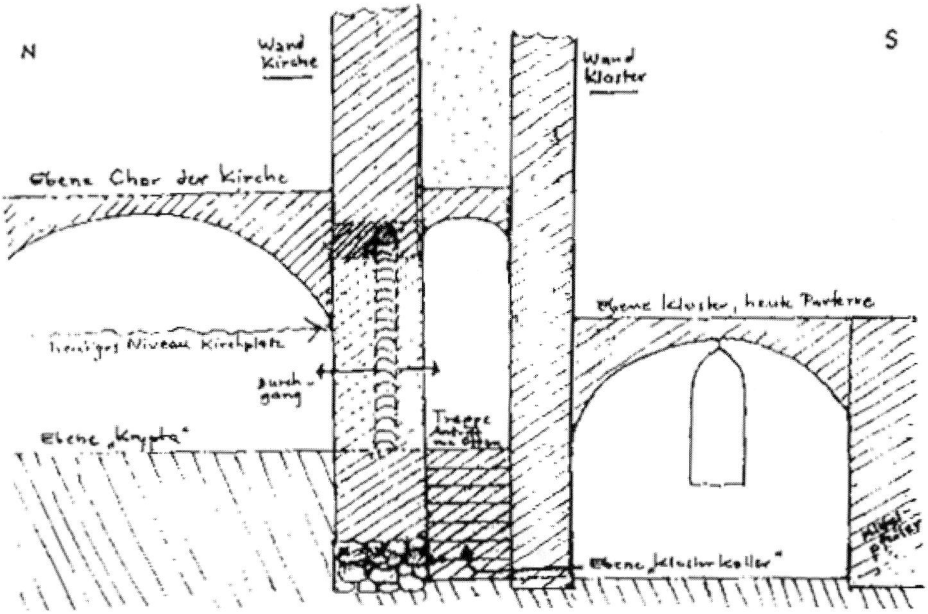

84d.1. Rekonstruktion des Durchganges zum Chorbereich von Einhorn

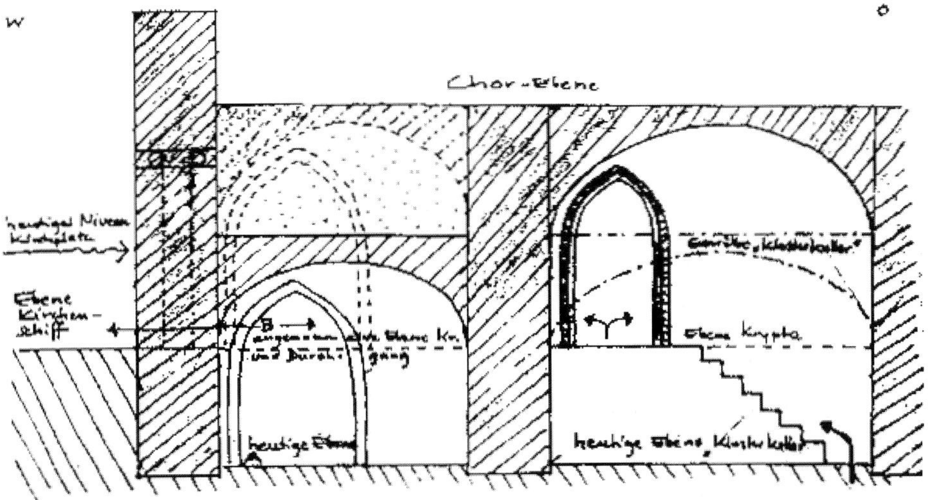

84d.2. Rekonstruktion des Bereiches zwischen Chor und Langhaus von Einhorn

85. Lübeck, St. Marien, Briefkapelle

86. Lübeck, St. Katharinen, Strobukkapelle

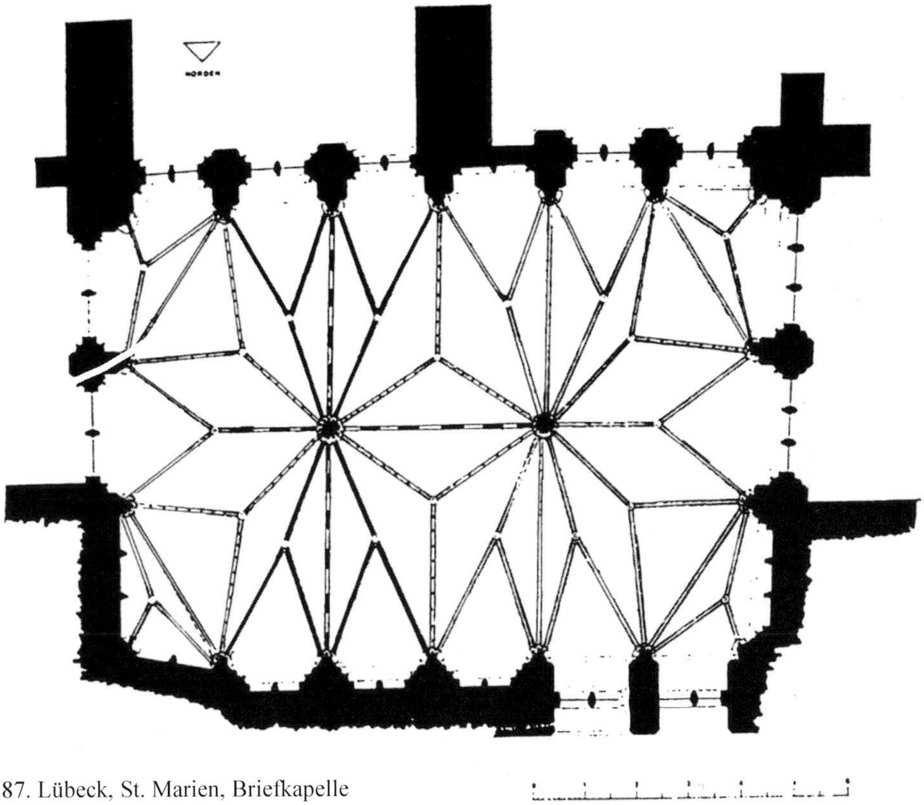

87. Lübeck, St. Marien, Briefkapelle
Grundriss

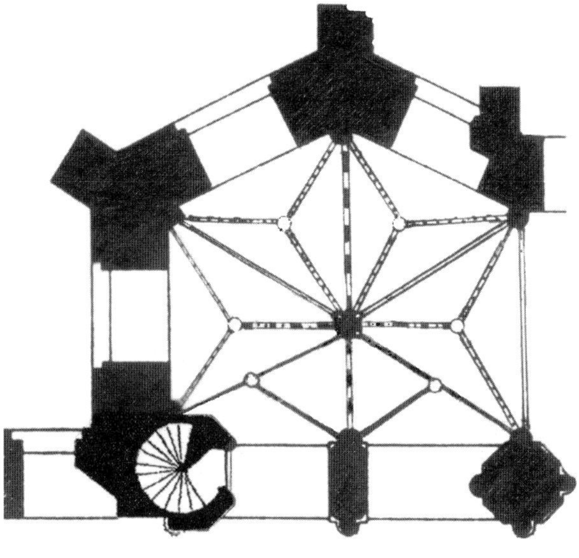

88. Lübeck, St. Katharinen,
Strobukkapelle Grundriss

89. mittelalterliche Fußbodenfliese vom Hochchor der Katharinenkirche (heute St. Annenmuseum)

90. Fußbodenfliese identisch mit Abb. 89

91. mittelalterliche Fußbodenfliese vom Hochchor der Katharinenkirche (heute St. Annenmuseum)

92. Rückseite von Fliese Abb. 91

93. Fußbodenfliese, Probebrand des 19. Jahrhunderts für den Hochchor von St. Katharinen (St. Annenmuseum)

94. Fussbodenfliese des 19. Jahrhunderts in situ im Hochchor der Katharinenkirche (2003)

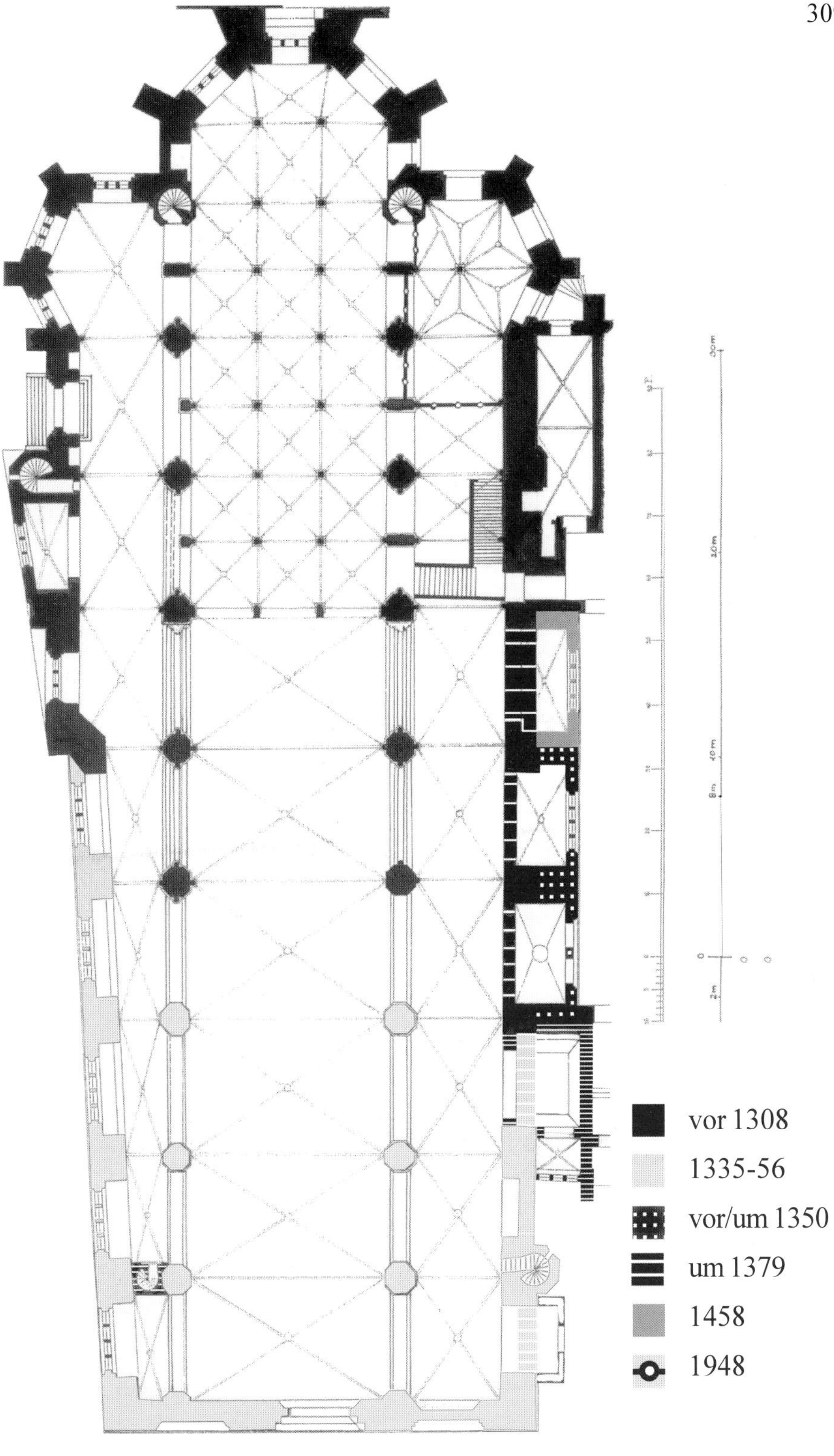

95. Lübeck, St. Katharinen, Baualtersplan (Maßstab 1:350)

Franziskanische Forschungen

Herausgegeben von Theofried Baumeister OFM, Dieter Berg, Werinhard Einhorn OFM, Leonhard Lehmann OFMCap, Johannes Schlageter OFM, Raynald Wagner OFM

Erhard Wolfgang Platzeck OFM: Das Sonnenlied des heiligen Franziskus von Assisi. Zusammenfassende philologisch-interpretative Untersuchung mit ältestem Liedtext und erneuter deutscher Übersetzung. Franziskanische Forschungen 30, 2. überarb. Aufl., Werl 1984, 72 S., EUR 13,–, ISBN 3-7666-2065-7

Jürgen Krüger: S. Lorenzo Maggiore in Neapel. Eine Franziskanerkirche zwischen Ordensideal und Herrschaftsarchitektur. Studien und Materialien zur Baukunst der ersten Anjou-Zeit. Franziskanische Forschungen 31, Werl 1986, 263 S. u. 179 Abb., EUR 56,50, ISBN 3-7666-2078-9

Andreas Speer: Triplex veritas. Wahrheitsverständnis und philosophische Denkform Bonaventuras. Franziskanische Forschungen 32, Werl 1986, 233 S., EUR 40,–, ISBN 3-7666-2011-8

Egid Börner: Dritter Orden und Bruderschaften der Franziskaner in Kurbayern. Franziskanische Forschungen 33, Werl 1988, 464 S., EUR 45,50, ISBN 3-7666-2015-0

Johannes Schlageter OFM: Das Heil der Armen und das Verderben der Reichen. Petrus Johannis Olivi – Die Frage nach der höchsten Armut. Franziskanische Forschungen 34, Werl 1989, 215 S., EUR 30,–, ISBN 3-7666-2019-3

Jozo D•zambo: Die Franziskaner im mittelalterlichen Bosnien. Franziskanische Forschungen 35, Werl 1991, 256 S., EUR 45,50, ISBN 3-7666-2020-7

Bernhard Holter OFM: Zum besonderen Dienst bestellt. Die Sicht des Priesteramtes bei Franz von Assisi und die Spuren seines Diakonats in den „Opuscula". Franziskanische Forschungen 36, Werl 1992, 368 S., EUR 32,–, ISBN 3-7666-2022-3

Jürgen Wiener: Die Bauskulptur von San Francesco in Assisi. Franziskanische Forschungen 37, Werl 1991, 392 S. mit 354 Abb., EUR 51,–, ISBN 3-7666-2021-5

Gisela Fleckenstein: Die Franziskaner im Rheinland 1875–1918. Franziskanische Forschungen 38, Werl 1992, 380 S., EUR 25,50, ISBN 3-7666-2024-X

Roland Pieper: Die Kirchen der Bettelorden in Westfalen. Baukunst im Spannungsfeld zwischen Adel, Stadt und Orden im 13. und frühen 14. Jahrhundert. Franziskanische Forschungen 39, Werl 1993, 456 S. mit 242 Abb., EUR 38,50, ISBN 3-7666-2029-0

Oliver Leffler: Wilhelm von Ockham. Die sprachphilosophischen Grundlagen seines Denkens. Franziskanische Forschungen 40, Werl 1995, 316 S., EUR 36,–, ISBN 3-7666-2035-5

Paul Zahner OFM: Die Fülle des Heils in der Endlichkeit der Geschichte. Bonaventuras Theologie als Antwort auf die franziskanischen Joachiten. Franziskanische Forschungen 41, Werl 1999, 315 S., EUR 41,–, ISBN 3-7666-2056-8

Cornelius Bohl OFM: Geistlicher Raum. Räumliche Sprachbilder als Träger spiritueller Erfahrung, dargestellt am Werk De compositione des David von Augsburg. Franziskanische Forschungen 42, Werl 2000, 451 S., EUR 38,50, ISBN 3-7666-2066-5

Jørgen Nybo Rasmussen: Die Franziskaner in den nordischen Ländern im Mittelalter. Franziskanische Forschungen 43, Kevelaer 2002, 656 S., zahlreiche Abb., EUR 55,–, ISBN 3-7666-2090-8

Maximilian Wagner OFM: Da berühren sich Himmel und Erde. Symbol und Sakrament in den Sermones des Antonius von Padua. Franziskanische Forschungen 44, Kevelaer 2002, 456 S., EUR 50,–, ISBN 3-7666-2092-4

Franz Lackner OFM (Hg.): Zwischen Weisheit und Wissenschaft. Johannes Duns Scotus im Gespräch. Franziskanische Forschungen 45, Kevelaer 2003, 212 S., EUR 38,–, ISBN 3-7666-2095-9

Jürgen Werinhard Einhorn OFM: Franziskus im Gedicht. Texte und Interpretationen deutschsprachiger Lyrik 1900–2000. Franziskanische Forschungen 46, Kevelaer 2004, 243 S., EUR 40,–, ISBN 3-7666-2102-5